U0142854

諮商與心理治療
理論與實務

何長珠、林原賢　著

釋慧開　校訂

五南圖書出版公司 印行

序

　　想寫這本書已有幾十年的歷史了！在彰化師範大學教授諮商理論、諮商技術與實習課程的最初二十年當中，因為沒有一本完整的教科書可用，寫書的構想一直存在著（當時正在攻讀兩個博士學位）。然而後來即出現Corey的中譯本，這件事就擱了下來。而在使用Corey的中譯本的十幾年當中，發現的另一個問題是Corey書中的理論部分雖然包括新資料如女性主義之探討，但有些實務上甚為實用的理論及技術，例如：溝通分析的自我狀態（Ego-Gram）量表、心理動力治療或人際歷程等深度心理學之觀點，則均未被納入，從學習觀點來說，是很可惜的事。

　　來到南華大學任教後，這個問題再度出現；此時隨著四十年來的教學和人生經歷增長，更覺得寫一本屬於中文讀者的書有其重大意義。因此逐漸累積近十年的資料、經過去蕪存菁之整理，終於完成了本書以及對讀者特別有意義的一個特色──提問討論；希望藉此能有助於學習者解決其閱讀過程中，可能產生的疑問和困擾。

　　作為一位終身追求自我成長的教師，在漫長的人生學習過程中，也累積了兩個重要諮商理論的實踐與革新。第一是把心理諮商工作的內涵由心理問題之處理，提升到心靈成長的範圍，如同Maslow、Rogers及Jung等大師所經歷的自我實現歷程般，作者現在的發現是──人生只是「靈魂靈性化」的一個旅程而已！因此，靈性治療──特別是東方靜坐納入現行西方諮商與心理治療的系統，是一個不可抗

拒的時代趨勢（見MBCT等方面之研究）！第二個是華人家族心靈排列模式之推出，它不僅可視爲是西方海寧格家族排列系統之一種本土化之努力（見2011年蔡淳慧的碩士論文）；亦可視爲是整合西方家族治療相關系統（見2010年朱貞惠論文）及二十一世紀團體治療新猷（見2009年翁淳儀論文）的一種實踐。

　　最後，爲求圓滿學習者在諮商與心理治療領域中可能的疑問，特別邀請兼具臨床心理師與諮商心理師證照的本系林原賢助理教授加入變態心理學及諮商倫理兩章，以共襄勝舉！而實例中之資料，雖已匿名處理，但對原提供者，仍不勝感謝！

　　特別要感謝在南華十年中參與本書資料整理的眾多學生，謹以此書獻給默默努力的一群同學，有你們才有這本書！

　　古人有云：「朝聞道、夕死可矣！」，庶可描述經歷30年的人生時間，終於完成此書之當下心情！

何長珠　2012.11.23

南華大學生死學系

華人生死輔導與諮商中心（CILDG）

謹以此文　獻給　張春興教授及家人　一切感恩

Contents

序

第一章

精神分析之理論與實務

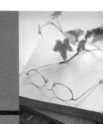

「精神分析」是佛洛依德（Sigmund Freud）於十九世紀末所開創的一種心理治療方式。其特點：經由分析來瞭解潛在意識的欲望與動機，認識對挫折、衝突的反應方式，體會病理與症狀的心理意義，並經澄清與解釋，讓病人獲得對問題之領悟；經過長期治療，善用病人與治療者所產生的轉移關係，來改善病人對人關係，調整心理結構，處理阻抗作用，化解內心之情感癥結，以促進人格之成熟及適應能力。

（一）佛洛依德（1856-1939）的思想分期

1. **科學準備時期**（1873-1886）：受Brucke的影響在生理實驗室工作埋首於神經系統組織學的研究，並出版第一個科研成果：鰻魚生殖腺的形態和構造。

2. **神經症的揭示**（1886-1895）：受Breuer影響以催眠術和宣洩法治療精神病，合著關於歇斯底里的研究，而後發現壓抑的概念和病人「性」因素的影響性。

3. **自我分析時期**（1895-1899）：此階段導致從神經學到心理學的決定性轉變，開創精神分析領域。

4. **本我心理學**（1900-1914）：系統性論述潛意識的結構和作用方式，出版性學三論和夢的解析。

5. **自我心理學**（1915-1939）：建立一個心理學的完整體系。提出本我、自我、超我三結構。出版團體心理學與自我的分析、自我與本我（熊哲宏，1999）。

（二）新精神分析的演變

十九世紀末或二十世紀初，佛洛依德的門徒或後繼者如Alfred Adler、Karen Horney、Harry S. Sullivan或Erich Fromm等陸續對精神分析提出修正。把人之「攻擊心」看作是受後天因素而表現的續發現象，而非人之原本欲望與本能。強調人的心理與行為要從人際關係來瞭解，主張治療的重心在促進人際關係上的適應，而非彌補孩童早期所受的內心創傷。

二十世紀中葉，精神分析學家把焦點從「本我」轉移到「自我」的境界。艾瑞克森（Erikson, 1950）並以「社會心理發展學說」補充佛洛依德之「心性發展學說」。安娜・佛洛依德（Anna Freud, 1966）──佛洛依德之女，則把潛抑、壓抑、外射、隔離、昇華作用等防衛機轉，依原始、不成熟或成熟之程度歸類，並與人格發展程度相配，強調治療的目標在促進個人的自我適應程度。

表1-1　精神分析之理論與發展

發展階段	本我之精神分析	新精神分析	自我精神分析
年代	十九世紀末	二十世紀初	二十世紀中
學術背景	牛頓機械物理學 進化論	電磁物理學相對學說 社會心理學 人類學	系統學 兒童心理發展學
社會環境	維也納傳統社會	美國新大陸社會	歐美國家
重要學者	S. Freud	Adler K. Horney H. Sullivan E. Fromm	H. Hartman E. Erikson A. Freud H. Harlow J. Bowlby M. Mahler
研究對象	歇斯底里、強迫症 恐懼症、焦慮症	各種精神官能症病人 （精神分裂症） 戰場神經症 環境適應障礙症	動物行為 一般嬰兒 邊緣人格障礙

（續）

發展階段	本我之精神分析	新精神分析	自我精神分析
基本學說	精神因果決定論 精神層次學說 精神結構學說 本能與力比多 嬰兒性心理 壓抑作用	文化與行為 心性發展 人際關係	非衝突性自我 社會心理發展 心理自衛機制 對象關係

第一節　名詞釋義

一、精神層次說——意識、潛意識、前意識（下意識）

　　人的精神活動，包括欲望、衝動、思想、幻想、判斷與決定，會在不同的意識層次裡發生與進行，如意識（conscious）、下意識（subconscious）與潛意識（unconscious）。佛洛依德最大的貢獻即是提出潛意識概念及意識層次論，作為瞭解人類行為與人格問題的關鍵。對佛洛依德而言，意識只是整體心靈的表層，就像冰山大部分是潛藏於水面之下一樣，心靈的絕大部分是存在於表層知覺之下的，其比例約為2：5（冰山理論）。

（一）潛意識

　　儲存了個人全部的經驗、記憶與被壓抑的題材。精神分析治療的目的，就是要使潛意識動機浮現到意識層面，這樣當事人才有做選擇的機會。每一單獨的心理歷程都屬於無意識的心靈系統，在某種條件下，由這個系統更進而表現為意識的系統。

（二）前意識（下意識）

　　在意識與被壓抑的潛意識中間，還有可能會躍升至意識層面的前意識。潛意識處於被壓抑的狀態，所以不能直接變成意識，而前意識則可直接變成意識；亦即意識都是由前意識（沒有受到壓抑，或輕微壓抑的潛意識）而來

的，意識也是前意識的表面化。

表1-2　意識層次分類

意識系統	是吾人認識自己和環境的心理部分，在人的注意集中點上的心理過程都是意識。意識是整個心理系統中的一種浮面水平，主要功能是從人的心理能量活動中把那些先天的、獸性本能和欲望加以排除。
下意識系統	或稱前意識系統，是意識系統和無意識系統之間的一個邊緣部分。特點在其中也存著無意識的衝動、欲望和感情等，並轉移到其他意識系統中。下意識系統在整個心理系統中扮演「檢查者」的作用，目的在於適合本能，又能平衡由道德良心和社會意識組合而產生的個人理想，同時不允許充滿強烈心理能量的本能滲透到意識中。如果那些被壓抑和被排除的本能以偽裝的形式，經由下意識系統達到意識系統時，必然會遇到檢查者的防禦及阻礙。
無意識系統	心理系統中的深層部分。是人的生物本能、欲望的儲藏庫。這些本能欲望有強烈的心理能量；由於社會道德標準不同而壓抑在無意識之中。不被本人意識到之能量在無意識中仍積極活動，追求滿足。由於其不受客觀現實調整，亦可視為是個人主觀之來源。

二、潛抑現象（Repression）

　　佛洛依德認為潛抑是兒童未成熟且能力薄弱的自我之正常現象，它把本能的衝動與引起本能衝動的觀念表象驅逐意識之外，是自我維護其人格統整的原始方式。一般人會把引起痛苦尷尬或不愉快的意念、回憶或欲望，壓下到下意識層次，以保護自己。

　　心理內部不可能有動機的偶然與機械的運動，這些必為過去事件所決定（決定論）。導致外顯徵候的原因有時不為自己所知覺或接受。

　　潛意識是人類最重要和最原始的部分，包含見不得人的私密經驗或性幻想，也就是不為自我所接納的被壓抑部分。潛意識呈現之方式包括夢（晚上睡覺時呈現）或投射（白天言行中的價值觀）。

　　社會上最活躍的一批人，也就是年齡在30-50歲間者；他們在理論上已被「壓抑」了多種東西；這種被「壓抑」的資料，在生活中，往往以「投射」的狀態出現，形成人生悲歡離合的種種劇本。

三、本能論

何為本能？為生存的目的而存在。例如：男性的本能對性是生理欲望超越情感欲望；女人的生存目的則在「保存」之價值，擔起「生和養」後代之責任。本能這種力量是一種「需要」，要解決這種需要最好的辦法就是「滿足」（陳小文，1994）。

（一）自我本能（Ich trieb）和性本能（Sexual trieb）

佛洛依德：「生物個體服務於自存與傳種兩個目的，這兩個目的各相獨立其起源也各不相同，而就動物而言其利害更常相衝突。」

自我本能 （Ich trieb）	包括饑餓的本能、危險害怕的本能等，如果這種本能長期受到阻礙便會導致死亡。
性本能 （Sexual trieb）	指性本能或性愛本能，如果這種本能長期受到壓抑，便會導致人格的改變和精神官能症的產生。

（二）生之本能（Lebens trieb）和死之本能（Todes trieb）

生之本能 （Lebens trieb）	生之本能包括自我本能和性本能，是表現為生存發展和愛欲的一種本能力量，最初互不依賴在較晚期才結合，成為完整的綜合體。它代表生命自身中的一種進取性、建設性和創造性的活力。每一種生之本能的目的都在於使個別器官得到享受，以保存種族生存的力量。
死之本能 （Todes trieb）	表現為殘忍、攻擊、自殺、殺人，甚至體育運動和戰爭毀滅，為生命發展的另一種力量，它是受人類死之本能的欲望所驅使，代表人類潛伏在生命中的一種破壞性的驅力。

四、夢的解析（Dream Interpretation）

根據Corey（1999）的觀點，佛洛依德對夢的看法是「夢是通往潛意識的最佳途徑。夢會把潛意識的希望、需求與害怕表達出來。」為了瞭解被潛抑下去的思維或欲望，佛洛依德主張利用催眠或夢境，探討下意識境界所表現的象徵意義。

Corey（2001）認為「夢的解析」是分析師在揭露潛意識意涵及協助當

事人頓悟未解決問題中，當事人未曾思考過的重要歷程，包括顯義的夢（易被接受的內涵）與隱義的夢（隱藏的、象徵的及潛意識的動機、願望和恐懼）。其目的是藉由探究夢的顯義內容中的象徵，揭露偽裝過的隱義夢境。

佛洛依德認為，原我中的衝動會趁人於睡眠時，以偽裝的形式騙過所有心理檢查機制而得以表現，並構成夢境。夢在一定程度上是本能緩和後之衝動。透過對患者夢境的分析，可以揭示出其本我中被壓抑的欲望。例如：負面的願望，像詛咒曾經傷害過你的人不得好死，或與「性」有關；因無法滿足欲望之需求，為顧及真正外界之壓力，便會轉換為想像（夢中情人）來滿足其欲望。

佛洛依德對夢的理論解釋認為：

1. 當事人所陳述的夢只是一種象徵性的表達，在象徵之後隱含著另外的意義。

2. 案主醒來後所陳述的顯性夢境，其實是隱性夢境經由改頭換面而來的（此過程稱為夢程）。在此一夢程中，夢的內容產生了四種變化，分別是簡縮、轉移、象徵、再修正：

    (1) 簡縮：顯性夢境中的情節，要比隱性夢境中的情節少而簡單。例如：夢到一盞以前家中用過的燈，可能是代表夢者對過去所居住的房子之懷思。

    (2) 轉移：在隱性夢境中最重要的情節，可能是顯性夢境中的次要情節。

    (3) 象徵：隱性夢境中被壓抑的衝動或欲望，改頭換面，以象徵性的表徵在顯性夢境中出現。

    (4) 再修正：案主在陳述其顯性夢境時，多半是有意無意的會對夢中情節再加以修正，甚至添枝加葉，使聽者聞之較合邏輯。例如：案主可能希望被照顧但又說不出口，於是便夢到自己生重病，使所想要的照顧可以得到滿足。

五、自由聯想

自由聯想是經由當事人不加審查，立即脫口說出當下湧現的任何念頭與

感受。其目的是讓壓抑在潛意識中衝動與痛苦記憶，有機會釋放出來，藉以抒發情緒並作進一步分析的根據。

佛洛依德認為，自由聯想要持續、長期的進行才能發揮探索潛意識的功效。經過多次聯想，諮商員才可開始認識當事人的內心問題。自由聯想的內涵與程度是受到潛意識力量的操控，諮商員不僅要聽表面內容，更要聽出隱之於內的真正意義。透過聯想的過程，引導當事人去瞭解其各項生活事件間的相互關係；聯想過程的中斷處，則可視為是焦慮的可能來源，可由諮商員來引發當事人探討焦慮的線索。

六、佛洛依德人格結構：本我、自我、超我

（一）本我（Id）

天生形成的人格基礎，乃指原始的自己。執行原本生存所需的基本欲望、衝動與生命力，存在於潛意識中不被察覺。本我不會思考，只會渴望及行動，遵循「享樂原則」（principle of pleasure）。其特性在求舒適、生存及繁殖，不能以好惡、邏輯、道德法律的觀點來評價，並隨個體的生理發展而增加其表達形式。

本我中充滿著本能、欲望的強烈衝動。本我策動的力量如受到壓抑，就會改變方向而轉移地方。佛洛依德並認為，本我是通過兩種方法來滿足肉體的需要：反射作用與願望滿足。

1．反射作用

對煩惱起源的自動反應。例如：新生兒的活動，完全受生物衝動所引發，饑餓或不適時就哭叫擺動四肢，以便滿足肉體需要，在這種狀況下，反射作用對減少緊張狀態是很有效的。

2．願望滿足

比較復雜之機制。某種生物性需要的缺乏，在原我中能激發起一種滿足這個需要的意象，從而減少與這種需要有關的緊張狀態。例如：失意的人會一直想起分手的對象。這種意象的出現會暫時減少需要的緊張狀態，但不能真正滿足需要。

（二）自我（Ego）

德文原意是「自己」，是個人所意識到的執行思考、感覺、判斷或記憶的部分。其功能對內在於滿足本我（潛意識的反抗或嬉戲）所需與要求；對外應付外界的現實，同時接受超我（來自家庭及社會的意識規則）的批判與監督，扮演兩者之間的協調者。自我所具有的心理能量，大部分消耗在對原我非理性衝動的壓抑和排除中，同時應用各種防衛機制來因應本我。

自我有意識、現實感與邏輯思考能力，遵循「現實原則」（principle of reality），考慮限制、效果與利益，藉著次級思考歷程及現實考驗而運作。

（三）超我（Superego）

意指超越求生存的本能，面對現實的需要而求存在的心理功能，是人格道德的維護者。主要在監督、批判及管制自己的行為，也是代表家庭、社會、文化環境的價值觀念與善惡道德準繩。佛洛依德認為：在冗長的兒童時期，這些經驗構成了自我裡面一個特殊的機制，使父母的影響能夠長期存在。於兒童與父母的接觸中，通過內攝機制，將父母的人格及祖先的社會道德等價值觀，內化形成人格中的超我結構。

由此可見，超我在潛意識之中，由二方面組成：自我理想——是來自父母的獎勵，並建立起理想的道德標準；良心——來自父母的懲罰，是專門用來懲罰不符合良心的思想和行為。

表1-3　Freud人格結構三方面比較

	本　我	自　我	超　我
性　質	生物性的	心理的	社會的
來　源	遺傳本能	經驗自我	文化良心
取　向	過　去	現　在	過　去
意識層次	潛意識	意識及潛意識	潛意識
活動原則	快樂原則	現實原則	道德原則
目　的	取得快感 逃避痛苦 立即的滿足	配合現實 辨真偽 安全妥協	表明是非 完美

（續）

	本　我	自　我	超　我
理　性	無理性	有理性	不合邏輯
實　質	主　觀	客　觀	主　觀

引自Potkay & Allen（1990）

七、心理防衛機轉

　　古典精神分析認為衝突是內在世界的核心；衝突導致個人願望與外在現實無法配合，繼而造成內在的緊張和焦慮並無意識地激發一系列的防衛機制，用以保護自我，延緩或消除緊張或焦慮。焦慮又分為兩種：㈠ 現實性焦慮：害怕外在世界所存在的危險，焦慮的強度與威脅程度成正比；㈡ 神經質焦慮與道德性焦慮：是內心受到干擾所引發，會通知自我採取措施否則危險將升高，直到自我崩潰為止！當自我無法藉理性而直接控制焦慮時，就會採取不實際做法──自我防衛行為。防衛則是適應的先決條件，用來減縮衝突、降低焦慮、維持內在世界的平衡。

　　個體採用一些機轉於無意識狀態中轉變自己對挫折的看法，以免心理上受到痛苦。而在臨床治療上，治療者則可以藉由觀察，瞭解患者所用的防禦功能之保護目標為何？因而深入個案的問題中，把隱藏的問題呈現出來。另一方面，治療者可以透過自我防衛的教育，指導患者採用比較好的防禦技術去取代那些不恰當的防衛行為。引領患者恢復正常的活動和人際關係。

　　佛洛依德提出十一種防衛機轉如下：

（一）壓抑作用（Repression）

　　又稱潛抑作用，是最主要的防衛機轉。將具有威脅或痛苦的想法和感受排除於知覺（意識）之外，是一種不由自主地將某事排除於意識之外的歷程，很多幼年經驗是這樣被壓抑的；所以當案主說不知道或不記得了時，要想起這點。

（二）否認作用（Denial）

　　藉由扭曲個體在挫折或創傷情境中的想法、感受與知覺的方式，來使個體拒絕或控制對外在世界某些情境的情緒反應，也是最常見的防衛機轉

9

之一。

（三）反向作用（Reaction Formation）

係指在意識層面作出與內心欲望和困擾相反的態度與行為，例如個人常會以過分的慈愛來隱藏其怨恨，以極端的大方來掩蓋內心的計較等。

（四）置換作用（Displacement）

又稱替代作用。是將本能的情緒對象改變，由另一個對象代替原來的對象以減少緊張之作法。常見的例子包括老闆罵職員、職員怪太太、太太打小孩的故事。在轉移的過程中原來的對象被埋在潛意識中，而本能的衝動勢力則存在意識之中。

（五）投射作用（Projection）

又稱外射作用。把自己難以接受的欲望或情感歸於別人身上，主觀的將屬於自身的一些不良的思緒、動機、欲望、或情感，推卸責任到他人，從而得到解脫之作法，包括嚴重的偏見或對外界危險過分警覺等習性。也是最常被引用而不易覺察的一種機轉。

（六）內射作用（Introjection）

指個人不自覺接受他人的價值觀與行為標準的狀態。尤其常見於孩子對父母重要他人之間的一種廣泛、無選擇性地吸收對方價值，成為自己人格的一部分。內射也可能是自我罪惡感的表現，模仿死者的一些性格特點，來減輕對死者的內疚感；反之，對外界社會和他人的不滿之極端情況下，也可能變成恨自己因而自殺。

（七）退化作用（Regression）

當人感受到嚴重挫折時，常會使用原先較幼稚的方式去應付困難和滿足自己的欲望。例如放棄努力，恢復對別人的依賴，甚至徹底的逃避個人責任等。臨床上的歇斯底里和慮病症常見這種退化行為之表徵。雖然短時間、暫

時性的退化現象，是正常而且極其需要的。但過分使用，便會帶來自己與他人之困擾。

（八）認同作用（Identification）

源自兒童時期性別角色發展歷程中的一部分，可提高自我價值感。通常表現爲一種無意識的模仿或順從另外一個自己敬愛和尊崇的人或團體的態度或行爲的傾向，藉此吸收他人的優點以增強自己的能力、安全感以及接納等方面的感受，掩護自己的短處。團體中的志願跟隨者常具有此類特質。

（九）補償作用（Compensation）

指個人因身心缺陷不能達到某種目標時，有意識地採取其他能夠獲取成功的活動，以彌補因原先失敗所造成的自卑感。例如：孩童或家中手足若無法獲得足夠的關注與接納，往往會表現負面的行爲來贏取注意。此種機轉因具有導正適應的價值，所以往往被認爲是有效的防衛機轉。

（十）合理化作用（Rationalization）

無意識地用似乎有理的解釋或實際上站不住腳的理由，爲難以接受的情感、行爲或動機辯護，以使其可以接受。

合理化有三種表現，三者均是掩蓋其錯誤或失敗，以保持內心的安寧。酸葡萄心理：把得不到的東西說成是不好的；甜檸檬心理：當得不到葡萄而只有檸檬時，就說檸檬是甜的；推諉（projection）：是指將個人的缺點或失敗，推諉於其他理由，找人擔待其過錯之作法。

（十一）昇華作用（Sublimation）

指個人將不爲社會所認可、接受的需求、衝動、慾念，改以符合社會價值標準的行爲來表現。佛洛依德將昇華視爲是一種表達深層渴望、個人抱負和企圖的媒介，其形式包括繪畫、戲劇、音樂、信仰和政治抱負等各種社會可接受之成就。

八、佛氏與艾氏人格發展階段理論（Theory of Personality Development）

表1-4　佛洛依德心性發展學說統整

年　齡	身心理狀態	習性、特徵	發展階段失敗者之特徵
口腔期： 0-1歲	快感區：口腔 嬰兒由刺激嘴巴、嘴唇和舌頭來得到本能性快感。	營養和快樂需求嘴巴會不自覺的張開，追求滿足感——信任這世界。	較易不負責任 例如：與人住宿時，較少參與清潔打掃工作。
肛門期： 1-3歲	快感區：肛門 有過分滿足感（肛門驅逐型）、過分不滿足（肛門保護型）兩種。	(1) 肛門驅逐型：人格特質是吝嗇、頑固和潔癖。一般表現為髒亂、大方，做事缺乏條理。 (2) 肛門保護型：一般表現為整潔、小氣，做事有條理。	過分整潔及有秩序者，易得「強迫官能症」或表現出強迫性行為。
性器期／性蕾期： 4-5歲	快感區：性器官 欲望主要通過生殖器來滿足，男女各分為兩類人格。 (1) 男性性器階段 (2) 女性性器階段	男孩認為母親是自己快樂的目標，因此想跟母親結婚。女孩會產生「戀父仇母」的情結，日後在潛意識中會尋求與父親類似之對象。 但父母若能接受這種現象為正常發展之一環，則男女兩性均可順利通過此階段，只是日後在潛意識中會認同與父母相似之異性。	影響選擇「對象」方式： 男孩→戀母 女孩→戀父 (1) 未成功通過階段之男性：往往做事不考慮後果，非常自信，並力圖證明他是一個真正的男子漢，因此常自負自誇。 (2) 未成功通過階段女性：出現受阻女性補償狀況，力求在各方面都優於男子，並且去尋找典型的男性職業，而且喜歡譴責或詆毀男人。

（續）

年　齡	身心理狀態	習性、特徵	發展階段失敗者之特徵
潛伏期：6-12歲	性驅力潛伏期，友誼限於同性朋友。	兒童失去對與性相聯繫的活動興趣，而把能量集中在其他的事情上。此階段父母變為不重要。生命任務：交朋友。出現討厭「異性」現象。	例如：學校的課業，良好的習慣，他們把自己局限在男女或女生堆中。基本學業成績成功者，易奠定日後競爭之自信心。
生殖期：青春期後	青春期（約20歲）青春期之後進入兩性的成熟關係中，能以利人的觀點去對待自身以外的人。	出現第二次性慾衝動，開始對異性產生需要和幻想，為未來的成人生活預做準備。	青少年之「自慰」或「失戀」經驗，都是正常的。

表1-5　艾瑞克森心理社會發展理論（引自宋美慧，2008）

階段	年　齡	發展危機與任務	發展順利的特徵	發展障礙的特徵
1	0-1（嬰兒期）	信任與不信任	對人信任，有安全感	面對新環境時會焦慮
2	2-3（幼兒期）	自主行動（自律）與羞怯懷疑（害羞）	能按社會行為要求表現目的性行為	缺乏信心，行動畏首畏尾
3	4-6（學齡前兒童期）	自動自發（主動）與退縮愧疚（罪惡感）	主動好奇，行動有方向，開始有責任感	畏懼退縮，缺少自我價值感
4	6-11（學齡兒童期）	勤奮進取與自貶自卑	具有求學、做事、待人的基本能力	缺乏生活基本能力，充滿失敗感
5	12-18（青少年期—青春期）	自我統整（認同）與角色混淆	有了明確的自我觀念與自我追尋的方向	生活無目的的無方向，時而感到徬徨迷失
6	19-30（成年早期）	友愛親密與孤癖疏離（親密與孤立）	與人相處有親密感	與社會疏離，時感寂寞孤獨
7	31-50（成年中期）	精力充沛（生產）與停滯頹廢	熱愛家庭、關懷社會，有責任心、有正義感	不關心別人生活與社會，缺少生活意義

（續）

階段	年　齡	發展危機與任務	發展順利的特徵	發展障礙的特徵
8	50後—生命終點（成年晚期—老年期）	自我榮耀（統整）與悲觀絕望	隨心所欲，安享餘年	悔恨舊事，徒呼奈何

九、客體關係發展（Object Relations Development）

　　個人與他人所發生的對象關係為主要著眼點以描述其發展。其核心概念是相信人最初的動機在於尋求客體或與他人的關係，而非尋求享樂。尋求客體的方法因不同發展階段而有不同，而人最終目的是為了和另一個人保持關係（詳細討論見心理動力章節）。

十、移情作用

　　根據Corey（2001）指出移情作用是當事人將以往對重要他人的關係，以扭曲現實的方式來回應治療者。分析的目的是協助當事人通過那些曾導致心性發展固著及阻礙情緒成熟的舊有之核心衝突。

　　佛洛依德認為移情是心理分析治療成功與否的重要條件。當事人經由移情反映出個人早期生活的情緒經驗。在此歷程中，當事人將其早期生活經驗對某些重要他人的潛意識感覺投射到諮商師身上，若當事人能夠成功的將個人不愉快的經驗或未完成的希望於治療過程中表現出來，再經由諮商師適當的解釋，則當事人可以產生新的洞察而獲得良好的治療效果。

　　移情的內容有所區分，其一為正移情，包括當事人對諮商師表現出喜歡、渴望、仰慕、愛慕等反應；再者為負移情，當事人對諮商師表現出不信任、不喜歡、討厭、攻擊與仇恨等反應。移情通常是先發生「正移情」接著才有「負（negative）移情」之出現。個案對治療者若只出現「正移情」正向關係時，其實還沒達到工作狀態。要有真正的治療發生，就必須經歷「負移情」，而且產生負移情通常要經歷足夠長的治療時間與次數。例如：當事人若說出「你就像我爸爸一樣冷酷計較」時，就表示個案終於重現自己成長經驗中未處理完成議題之投射。此時，治療者需能幫助個案渡過「負移情」，產生新觀點，讓個案瞭解，原來自己對父親的憤怒現在已轉變成為對所有男人的憤怒，因此而能有新的自我覺察。

Watkins（1983）、Corey & Corey（1989）將當事人的移情分為下列幾種型態：

1. **理想者**：當事人視諮商師是完美的人物，在諮商初期諮商師經驗到這種感覺後，可能會充滿自信、驕傲，可是這種偉大的感覺很快就會消失，尤其是當諮商師發現其實當事人只是在玩「自欺欺人」的遊戲時，他不敢認同自己，面對問題，卻一再以話語認同諮商師，這種不負責任的態度會使諮商師感受到緊張、焦慮，甚至挫折的感覺。

2. **專家／先知**：當事人把諮商師視為專家，要求諮商師告知答案、如何解決問題。然而，不久後會使諮商師對自我能力產生質疑。因為這類當事人基本上缺乏自信，缺乏做決定的能力，因此，寧可不負責任而將不安全感投射到諮商師身上。

3. **撫慰者**：依賴型的當事人往往依賴諮商師以滿足自己情感上的需求。在諮商師面前表現怯懦，言談中當事人可能表現害怕、不安全，甚至哭泣行為。若諮商師是異性，當事人甚至可能在諮商關係中傳達其對異性人際的需求。若諮商師無法分辨這種情感互動模式的意涵，很快會陷入反移情情境。

4. **挫折者**：當事人處於「欲進還出」的情境，一方面需要諮商師的協助，另一方面卻害怕失敗或遭受打擊。因此，若把諮商師視為挫折的來源，便可免除焦慮和自我責任。諮商師面對這類當事人，通常會覺得緊張，甚至會進一步對當事人產生厭惡或仇視的反移情，而破壞諮商關係。

筆者認為，成功的「諮商」或「治療」都是一場移情過程。需注意的是：目前一般焦點短期6-10次的諮商次數，或當事人中心及後現代敘事治療以當事人為尊之學派所接觸到的諮商關係，多半未能走到「負移情」（個案的負面議題投射在治療者身上）之程度，所以治療的層次也有可能只停留在表面感覺的改善而已。

第二節　學生提問討論

一、輔導／諮商／治療三者的區別

改變認知就是輔導，打動的是你的意識；改變感受就是諮商，打動你的感性；改變態度、行為及動機才是治療，打動的是人格。因此，建議未滿30歲的人，應去做一次完整歷程（正移情走到負移情）的諮商來完形自己。這樣在未踏入婚姻之前，可以有機會修正自己的態度、行為與價值觀，從輔導做到諮商。而年紀大於30-40歲的人，因為比未滿30歲的人多活，思考模式會更固著，所以應從諮商做到治療（正移情走到負移情到反移情之修通）。至於大於40歲及以上的人，其思考模式已經很難改變，若要處理需以更不同的方式來介入（如生大病、失業而遇到修行或家族排列等），才能達到成效。

總之，每個人的問題雖然在外表是思想概念、中層是情感情緒，其實到最後都一樣，是情結與靈魂（個人及集體潛意識）的問題；因此也可以說，所有的處理都不脫輔導—諮商—治療之範疇，只是深度有所不同而已！

二、身與心的「固著」

「自閉」這種現象之來源可能導源於在很幼年時就缺乏足夠適當照顧之經驗（如孤兒院院童），以致當事人學會用自我退縮或以最少反應之方式來因應其環境，而出現對旁人而言類似自閉之形象！就如同一個人若有過較長期的重大恐懼經驗（例如：在子宮中一直擔心會被母親墮胎），就會有「聳肩」（恐懼的身體語言）之體型出現。這種狀況久了，身體還會引發其他病況，例如：脊椎疼痛、不正等病。最近我去參加奧修心理治療訓練時，有一個新的觀點，像我們身體正面是陰而背面是陽，因為正面代表肚子，肚子代表滋養或孕育，那都代表來自女性的偉大溫柔力量。上次在投射性繪畫課程中，也曾提過如果你畫的是月亮或你很喜歡月亮，代表在你的生命裡有跟女性有關的議題，如滋養或孕育。而身體的背後代表陽，陽代表攻擊、占有，如在繪畫中將肩膀畫的很大、很方時，代表那是想要做女強人或男強人的潛

意識！這是承擔，而承擔會產生好強的個性，而好強愈久，則耗損愈大。因此在身體治療中，身體的每一部分都有陰陽的意義，而每一部分都需要協調平衡，如果出現不協調，代表你還活在自己的課題中（如好強）。而身體後下半背是一種支撐的力量，代表父親的支持，但許多人因客觀因素無法得到這方面的力量時，便可能表現為決斷力不夠或脊（尾）椎生病等現象。

荒謬的是大多數的人可以允許自己身體生病，卻不太能接受心理有問題。其實現在很多人所生的病是因為心理問題累積出來的一個果，所以請大家要察覺，自己身體的「固著」點在何處，那通常是有意義的。

三、多重人格

解離性人格疾患（dissociative identity disorder, DID），又名多重人格（multiple personality disorder, MPD），是一種較嚴重的心理疾病；精神疾病診斷與統計手冊（DSM-IV-TR）中歸類為第一軸解離症的類型。多重人格具有超過一個（若是二個則稱為雙重人格）的人格存在，就有如「在一個身體裡住著好幾個靈魂」。一個人有二個或二個以上的不同身分的人格狀態，差別在多重人格患者的每一個人格都是穩定、發展完整、擁有各別思考模式和記憶的。分裂出的人格包羅萬象，可以有不同的性別、年齡、種族，甚至物種。他們會輪流出現控制患者的行為，此時原本的人格對於這段時間是沒有意識也沒有記憶的。多重人格的產生與童年創傷有密切相關，不只是性侵害及另外很重大的傷害，受到難以應付的衝擊時，患者會以「放空」的方式，以達到「這件事不是發生在我身上」的感覺，這對長期受到嚴重傷害的人來說，或許是必要的一種因應策略。

四、當事人的逛專家（Shopping）行為

以心理分析的理論來看，這些求醫行為（shopping）的動力如下：

1. 權力之需求—控制專家→B
2. 可憐我之情緒—自憐→A

以發展階段來看，人類心理問題之根源可分為下列三種：

1. 自我概念不良（一人關係所產生之問題—A）

2. 人際關係困擾—父或母（兩人關係之困擾，易發生戀父或母情結—B）

3. 人際家庭、社會失功能現象（三人關係團體功能失能之現象—C）

若此類個案的動力是來自於想要控制專家，那他很可能是在兩人關係的發展階段（2-3歲）產生固著。此時主要是與主要照顧者產生依附關係，透過依附關係產生認同，這時候小孩會視父母為全能的神，現在社會中有很多的獨生子、女（尤其是大陸），造成父母對孩子溺愛並有高度的期待，而孩子長大後也會認為「我是最好的」，並容易發生對B固著的現象。

而B的人生目的也有兩種，一是不斷找神，另一是貶抑，找神是尋求可以幫他解決所有問題的人，但是一旦對方產生與自己期待上的落差，就會開始貶低、責怪、挑戰治療者，所以其治療的過程當然就不容易成功。

又如果他的Shopping動力是來自於自憐／戀，常常是因為在A一人關係階段，發生固著。根據心理分析之觀點，人在0-2歲時是自體戀階段，這階段是在口腔期和肛門期，口腔期處理的是即刻的滿足，所以當事人可能會有過分容易信任與不信任別人之傾向，而在肛門期的議題則主要是大小便訓練，其不適當之發展則可能造成懷疑的習性。

在幼年未曾有過完整長期的依附關係，所以在真實的長期關係中，必定有衝突；這也就是為什麼當事人必須不斷換治療師的緣故吧。

五、如何處理焦慮症的焦慮

所謂焦慮症的焦慮指的是對每一件事情都會出現過度的反應。若遇到一個人是過度焦慮，則要先問你能跟他治療多久的時間。焦慮與憂鬱的來源是不同的，憂鬱通常是得到的愛不夠，而焦慮是對自己得到的愛不確定。焦慮通常有比較確定的對象，他基本的問題來源是沒有安全感。此外，處理任何的問題，都先可以將之分為低、中、高三個層次來判斷。低：每一個人都會有的一般性焦慮（這種焦慮只要習慣做放鬆練習，例如：禪坐就可以改善）中：有特定性焦慮之內容，例如：幼年經驗使你特別害怕遇到控制性強的異性等，這是需要一段時間的諮商才能協助的社群；高：認為每一件事都是自己造成或自己是註定不能得到改變或處理等，則是很典型的長期個案之類型。

六、誠實面對自我防衛

基本上，防衛是每一個人每天都會使用的。只是你願不願意承認你有在使用它而已，它不是覺察的問題，而是誠實的問題。誠實包括對自己誠實和對別人誠實，一開始可以先練習對自己誠實。因此，可以在自己的筆記本上先探討自己有哪些防衛機轉。舉例來說，過去有個同學相當優秀，上了這門課後他為了保持這個優越感，因此經常不願承認自己有問題，這點當事人如果能夠承認便是誠實。在治療的機制中，如果你覺察了你的問題，但你不願意承認，那麼這個問題就不會改變，而通常只會帶來讓人不舒服、罪惡的感覺。因此覺察和誠實都非常重要，任何問題只要你接受它，它就會消失原來的威力了。

七、治療師的負移情

在心理治療裡，譬如九次的治療，會分為前中後各三次。通常在前三次中，治療師在講話及態度上如果讓個案覺得安全、信任，這時當事人就會進入移情準備好的狀態。每一個人都是如此，一旦你信任一個人時就會講出心裡的問題。這時你所講的缺點和問題，基本上就是你的負移情。而我們負移情的對象大部分都是我們的長輩如父母、老師、老板等——負移情在某種程度上都是不夠客觀的結果。此時治療師的反應就很重要了。因為你就是個案眼前的「長輩」，有時治療師會無法承受這個負移情。譬如這個治療師太優秀，他的生命經驗與個案完全相反，他可能無法理解個案的狀態和感受；相反的，有的治療師剛好與個案有同樣的負移情經驗，但他自己也未走出這個問題。所以我們才說——「好治療師只有一個條件，那就是：他必須是一個被治療過（healed）的人」。

因此，上面二種治療師在面對這些負移情時當然都會產生情緒的感覺，而一個治療師是否能有效，其實就是看他（她）對這情緒感覺的覺察力是否良好。

第三節　重要技巧

一、自由聯想

下面以實際操作來解釋問題。

例如：以投射性繪畫的主題來做自由聯想（某位學生A畫出一個平衡六面，分別代表丈夫、孩子、爸爸、工作、學業、媽媽等角色。他想知道該如何在這六面取得平衡。）於是老師用「迅速反應」的方式，請學生A說出聯想內容如下：

空白——不知道——爸爸——媽媽——兒子——孝順——乖巧——聽話
——好孩子——大人——有面子——幸福——快樂——美好——很光明
——自在——舒服——放鬆——好棒——輕鬆——空白

解析：

自由聯想在個案回到同樣的句子時就可以停止，從上面的例子可以分為四個階段：在空白後我們可以發現父母跟他的議題。而父母給的價值觀則出現在「孝順」之後的詞，所以可見當事人認同了父母所給予的價值觀。由此可見，從自由聯想我們可以在很短的時間內幫助一個當事人釐清他重要的價值觀（也可以叫做情結），這也是當事人認為自己很重要的一個議題。以上面看到的自由聯想來說，這位當事人其實並沒有真的要平衡六個面向的角色，那只是意識層面在忙碌的東西，在潛意識中，他的議題還是在於父母與自己之間的關係。

二、解釋（Interpretation）

「解說」是超越案主所描述或承認的陳述，可以給案主之行為、想法或感覺一個新的定義、理由及解說，讓案主能從新的觀點來看問題；或是點出案主行為、想法及感覺的主題或型態，讓案主發現——看起來獨立的陳述或事件之間——其實是有所關聯的；讓防衛、抗拒及轉移明朗化，或是提

供新的架構，讓案主瞭解自己的行為、想法、感覺及問題（Hill & O'Brien, 2000）。

（一）解說的深度

Speisman（1959）研究顯示，中程度的解釋比膚淺或太深入的解釋都來的好。解說依深度可分為三個層次：

1. 表面的：諮商員以重複或重述的方式，敘述案主已知的事情。
2. 中度的：諮商員將案主先前所陳述的內容做連結，重新整理案主先前晤談對自己不瞭解的部分，或是指出案主身體、臉部的表情所反映出來的線索。
3. 高度的：針對案主不瞭解的部分進行解說，諮商員的反應是由案主所提供的資料而來，案主之前是完全無知覺到的。

（二）解釋適用的時機

較好的使用時機是案主已有準備好要探索或檢視自己時。Corey（1991）說出解釋使用的時機：

1. 當個案的陳述內容接近其意識層面時，解釋便應適時出現。
2. 解說通常由表面現象著手，再逐步深入當事人的情緒經驗及潛意識歷程。
3. 在解說個案的情緒或內在衝突前，必須先說明其抗拒和防衛機轉的現象。
   由此可見，「解說」較好的時機，是案主已有準備要探索或檢視自己時。此外，以下幾種情況也是不錯的時機：(1)諮商員看出案主在目前的困擾中所採取的因應行為，似乎是一種重複出現的模式；(2)諮商員看出案主某些行為的心理意義，是案主並未意識到，且諮商員又判斷案主可以接受此種解說者；(3)諮商員判斷在諮商關係上有值得討論，且藉此可幫助案主有更多領悟之時（張德聰等，1995）。

（三）不同學派對「解說」的使用

表1-6　不同學派傾向的「解說」焦點

學派別	傾向的解說焦點
心理動力學派	未解決的焦慮及衝突
阿德勒學派	強調案主錯誤的邏輯
溝通分析學派	案主的心理遊戲和自我狀態
認知學派	強調非理性和理性的思考
行為學派	強調自我擊敗和適應不良的行為
案主中心學派	強調自我意象和親密感的主題（Egan, 1994）

Spiegel和Hill（1989）建議：將所有可能類型的「解說」，組織為某種連貫的架構，可適合不同的理論取向（表1-7）。

表1-7　不同類型的解說及其焦點

解說的類型	焦　點
改變的障礙	·焦點在於為何案主無法投入治療歷程或致力於治療工作。 ·對防衛或抗拒的解說，通常是治療其他衝突的先決條件。
自我覺察	·焦點在於案主如何知覺自己和他人，以及他們如何與人互動。 ·此種洞察可幫助案主瞭解造成他們在自尊或人際關係困擾上的錯誤察覺。
感受的覺察	·焦點在於案主沒有覺察出來的感受。 ·Singer（1970）論及佛洛依德時代的Interpretation是提供理性的解釋，但演變至今則是在助長當事人更多體驗性的覺察。
潛意識成分的澄清	·焦點在於案主潛意識的衝動或衝突（包括移情），其可幫助案主確認目前被扭曲的關係，並能更加瞭解這些衝突是如何在行為、感受和想法中不斷出現。
生活壓力事件	·焦點在於案主對壓力事件影響的覺察，它可以幫助案主對現況以及抑制承認壓力事件的重要性之因素，獲得較多覺察。

（四）「解說」的限制及相關議題

諮商師在使用解說的限制可能會有所猶豫：如害怕自己是錯的、害怕時

機不對、或擔心破壞治療關係，以致失之被動；或過度渴望使用自己洞察的力量：如投注在智性的挑戰、猜想，而忽略了同理及穩固關係的重要性。

而案主對解說的接受度，由Spiegel和Hill（1989）的研究顯示：與「案主的自尊」、「困擾的嚴重性」、「認知的複雜程度」、「心理的專心度」等有關；Cormier及Cormier（2000）另外還加上「案主的文化背景」作為重要的調節變項。

 ## 第四節　實務說明

一、活動設計——自我畫像與家庭動力圖

活動名稱		自我畫像與家庭動力圖		
配合主題		精神分析之理論與應用		
活動目標	單元目標	具體目標		
	一、認知方面：初步瞭解精神分析理論 二、技能方面：學習精神分析治療在投射性繪畫的應用 三、情意方面：學習解釋時之技巧與態度	1.學習到投射性繪畫的實施方式與適用時機。 2.運用精神分析理論瞭解人格與幼年經驗之相關。 3.瞭解繪畫與當事人感受投射間的關係。		
教學過程及內容		活動方法	器具	時間
準備活動 發展活動 綜合討論		投影片 繪畫	磁鐵 電腦	
1. 請老師依序講述成員所繪畫出之圖像人格類型與心理狀態。 2. 請成員提出問題再請老師做解釋。 3. 若時間允許成員可分享個人回饋。 4. 請老師講評。		講述 分享 講評	彩色筆 A4紙	

表1-8 畫人測驗的參考指標

題號	特徵	可能解釋
1	人物之結構部分，缺乏整體性	代表自我統整之程度（頭／半身／全身／手長或短／有沒有畫出腳）
2	陰影	代表焦慮，與尺寸大小成正相關
3	人物傾斜──大於15度角	心理不夠平衡──自我概念不良
4	人物畫小（只占紙張長度的1/4-1/5等）	缺乏安全感，退縮
5	巨大人物（畫滿全紙張）	自我膨脹，自制力差
6	透視畫法（衣服底下畫出身體形狀或椅子穿過桌子等）	不成熟，易衝動之個性──躁鬱之可能
7	畫出滿嘴的牙齒或露齒	攻擊（與語言有關）
8	短臂	退縮，壓抑衝動
9	長臂	企望成就或接觸他人
10	大手	動作化之行為
11	斷手	焦慮；無法勝任
12	省略手臂	對故意或性慾感到罪惡
13	斜視	猜疑、妄想

二、實例示範──投射性自我畫象前後測（左前─右後）

↑前測【前後相差一學期】後測↑

1. **前測個人說明**：投射性繪畫前測時感覺自己想要透過助人，來發掘或實踐生命的意義。一艘在海洋中的船，渴望駛向右上方的燈塔，雖然頭腦想的是往岸邊開，但畫出的海流似乎是往相反的方向駛去，現在回想那時——心中常感到心有餘而力不足。

    ◆ **前測老師說明**：首先老師說圖畫的右方代表的是未來，在畫中的確表現繪畫者的內心很想要幫助其他的人，而自己也很努力想要往前進。另外在畫中有一個重點便是在天空中的月亮，月亮代表的是母親，表示與母親之間可能有議題需要處理。

2. **後測個人說明**：後測的意象是在學期中以後，心中一直有個圖像是當個快樂的農夫。稻田可以代表我內心的許多陰暗面終於可以在太陽光下曝曬了，但是它們都還在成長發芽的階段，還沒有成熟。現在可以察覺自己的陰影是如何在人際歷程中運作。而我手上的鋤頭，表示我已有力量可以對自己的議題使上力。另外在前測圖中的月亮（母親議題），也在課堂中與重要他人關係的演練中得到解決。我知道不論她在不在身邊，都不會改變她在我心中母親的這個位置。

    ◆ **後測老師說明**：老師認為我所表現出來的並不是自卑感，比較像是因為小時候與重要他人（母親）缺乏身體上的接觸，以至於現在比較不能放開自己，而所表現出來的就會比較「硬」。因此老師建議：如果可以在表達性藝術治療下點工夫，可以在這部分的問題上得到很大的幫助。

參考書目

宋美慧（2008）。教會課後照顧對國小單親兒童生活適應之影響。靜宜大學青少年兒童福利學系碩士論文。

林明雄、林秀慧（2002）。自體心理學的理論與實務。臺北：心理。

周文欽、賴保禎、金樹人、張德聰（2000）。諮商理論。臺北：空大。

宮城音彌（1989）。精神分析導引。臺北：水牛。

梅寧哲博士（1973）。精神分析術（林克明譯）。臺北：水牛。

張春興（1989）。張氏心理學辭典。臺北：東華書局。參考資料http://www.cyut.edu.tw/~rtchang/ThreeForce.doc

張春興（1991）。現代心理學。臺北：東華。

張德聰、鄭玉英、林香君、陳清泉（1995）。諮商技巧實務訓練手冊。臺北：天馬文化。

黃正鵠（1984）。精神分析基本理論。高雄：復文。

黃堅厚（1999）。人格心理學。臺北：心理。

曾文星、徐靜（1996）。心理治療：理論與分析。臺北：水牛。

熊哲宏（1999）。心靈深處的王國—佛洛依德的精神分析學。武漢：湖北教育。

陳小文（1994）。佛洛依德。臺北：三民。

賴保禎、金樹人、周文欽、張德聰（1995）。諮商理論與技術。臺北：空大。

蕭文（1993）。諮商員對當事人情感轉移的知覺與反應模式之分析研究。彰化市：欣欣文化。

A. Bateman & J. Homes（1999）。當代精神分析導論—理論與實務（林玉華、樊雪梅譯）。臺北：五南。

Brammer, L. M. & Shostrom, E. L.（1988）。治療心理學（張娟鳳等譯）。臺北：天馬文化。

Bateman & J. Homes（1999）。當代精神分析導論—理論與實務（林玉華、樊雪梅譯）。臺北：五南。

Cormier, S & Cormier, B.（1998）。諮商師的晤談策略：基本技巧與行為處遇（王文秀等譯，2000）。臺北：心理。

Gerald Corey（2004）。諮商與心理治療：理論與實務（鄭玄藏譯）。臺北：雙葉書

廊。（原作2001出版）

Giles Barrow, Emma Bradshaw & Trudi Newton（2007）。（江原麟、陳冠吟譯）。教室裡的行為改善與自尊提升—交流分析（溝通分析）應用之實用指南。pp. 21-3。臺北：心理。

Hill, C. E., & O'Brien, K. M.（2000）。助人技巧—探索、洞察與行動的催化（Helping skills-facilitating exploration, insight, and action）（林美珠、田秀蘭譯）。臺北市：學富文化。（原作1999出版）

Michael J. Ttansey & Walter F. Burke（2002）。當代精神分析—認識反轉移關係（林明雄、林秀慧譯）。臺北市：遠流。

第二章
阿德勒與溝通分析之理論與實務[1]

　　阿德勒（Alfred Adler, 1870-1937）是二十世紀早期著名的精神分析學者，也是「個體心理學」的創始者。他曾與佛洛依德合作過十年，後因對佛洛依德的泛性論不能苟同而離去，繼而發展自己的人格理論，兩者學說的差異如表2-1所示：

表2-1　佛洛依德（Freud）與阿德勒（Adler）的比較

佛洛依德（Freud）	阿德勒（Adler）
客觀	主觀
生理面做理論基礎	社會心理學
強調因果關係	強調目的論
還原主義：個體被分為彼此互不相容的「部分」	整體論：個體是不可分割的，所有的「部分」都為整體個體所效力
對個體的研究重心在內在心理上（intra）	強調從人際角度來瞭解個體（inter）
治療重點在於建立內在心理的和諧	治療重點在於促進個體自我實現與社會興趣
人基本上是「壞」的	人非「好」也非「壞」
人們同時為本能生命與文明的受害者	人們可選擇、塑造自己的內在與外在環境

（續）

1　感謝陳建江、何玉雲、郝芝鶯、盧秀杏、戴玉婷、黃鈺淳、陳信良等人之課堂整理。

佛洛依德（Freud）	阿德勒（Adler）
對兒童發展的描述非基於直接觀察，而是事後歸納	兒童在家庭、學校等環境中得到重要的價值學習
強調戀母情結	強調家庭組成
人們是敵人，必須保護自己遠離他人	人們是同等的，他人是自己生命中的合作者
女人因羨慕男性的陰莖而感到自卑	女人因在文化環境中被輕估而感到自卑
精神官能症有「性」方面的病因	精神官能症是一種學習失敗的結果、是知覺的扭曲產物

資料來源：丁興祥校閱，陳正文等譯（1997）。**人格理論**。（原作者：Schultz, D. & Schultz, S. E.）臺北：揚智文化。（原著出版年：1996）

　　阿德勒認爲人類行爲並非僅由遺傳與環境所決定；相反地，人們擁有詮釋、影響及創造生活事件的能力，他的個體心理學之基本前提就是：只有採用整體與系統的觀點才能瞭解人格的意義。亦即個人被視爲一不可分割的整體，在特定的家人關係、社會與文化背景脈絡下，被生出、養育並生活其中。人是具有社會性、創造性與決策能力的存在體，他的行動都是有目的的，故脫離了對個人有意義的背景脈絡，就無法充分瞭解這個人。人類的人格係經由當事人所發展出來的生活目標而獲得統合。

　　阿德勒因爲幼年多病又有手足死在身旁的特殊經歷，後來發展出「自卑與超越」相關議題的學說，阿德勒關心個人對缺陷的態度甚於缺陷本身的關心。他認爲每個人在幼兒時期，就漸漸形成一種生活模式，根據此生活模式而形成生活的主觀目標，但每個人的生活模式不同，因此每一個人的主觀目標亦不完全相同，研究心理過程應以每個人的特殊心理經驗爲對象，故阿德勒的心理學被稱爲「個體心理學」，承認個人是獨立的生命有機體，把人看做是具有內在協調並努力與周遭環境合作的人。

　　個體心理學三個核心的概念如下（嚴久惠，1997）：

1. 行爲乃目標導向。
2. 人類基本上具有社會性需求、希望有歸屬感、價值感與平等對待。
3. 個體具有創造性，且以一個統整性的人格方式運作。

　　阿德勒強調當個體的世界觀改變時，回憶的特質也會隨之變化。早期回

憶與個體對自我、他人與世界的信念，以及個體的道德觀與行動計畫是緊密相合牢不可分的。在家庭裡面，他也重視排行，認為從老大到老中到老么都有因為排行所造成的特殊心理環境，此一特殊心理環境會影響個體看待世界的態度，簡單來說，家裡的排行，的確會深刻影響一個人的終極神話。

　　而人類所有的問題皆可視為是社會適應問題、社會興趣則是心理健康的指標，也是社會適應良好與否的關鍵（陳麗娟，2002）。是故，阿德勒學派的諮商，是以當事人與諮商員兩者間的合作協定為基礎的。治療的主要目標在於發展當事人的歸屬感，進而做出具有社會興趣與社群感特徵的適應行為。

第一節　名詞釋義

一、自卑與超越

　　阿德勒從小身體羸弱，在身高與長相都與家中兄弟有很大落差下，自幼便是生活在自卑與排擠之中，求學時成績平平，數學成績極差，但由於父親不斷地支持與鼓勵，他終成班上數學最好的學生。1895年進入維也納大學取得醫學博士學位，初為眼科醫師，他特別注意身體器官的自卑，認為它是驅使個人採取行動的真正動力。阿德勒也指出：1.自卑感是正常的並非變態。2.當自卑感引發克服的動機和願望時，就形成一種「超越」。這種自卑與超越的價值觀，在他的學習經驗上一直成功後，便轉變成為一種社會興趣，及合群性或社交性。

　　阿德勒（2002）認為自卑是邁向超越的趨力，每一個人都有不同程度的自卑感，因為我們總會覺得自己所處的地位是希望能加以改進的。如果我們一直保持著我們的勇氣，我們便能以直接、實際而完美的唯一方法——改進環境——來使我們脫離這種感覺。沒有人能長期忍受自卑之感，它一定會使他採取某種行動，來解除自己的緊張狀態（Adler, 2002）。

　　自卑的感覺在每個人的成長過程中，是必經的過程——自卑感是所有人類努力的來源及決定我們行為的力量。個體不斷的前進成長，並且藉由我們嘗試去「補償」我們的自卑中發展（Schultz & Schultz, 1997, p.133）。

不同性格的人在面對自卑感時，會產生不同的反應。當個人產生自卑後，大腦即開始意識到危險，人類為了解除危機，就會做出「超越自我」或者是「自我欺騙」的反應。超越自我力量的大小，端視自卑心的強弱以及個人的個性與企圖心而定。如果個體擁有旺盛的企圖心，即會產生非常強烈的超越心理，希望在其他方面有更突出的表現，藉以彌補心中自卑的部分，這時自卑成為正面的激勵力量；而具有相反性格的個人就會以自我欺騙開始自暴自棄，認為困境無法突破，而產生另一種負面、消極的行為。

過度的超越自我可能會導致另一個危機──自大。不接受他人意見、瞧不起他人，接著便開始封閉自我吸收新知以及學習的管道，個體就會開始慢慢落後，落後就會產生再次的自卑。

二、「自卑情結」（Inferiority Complex）與「過度補償」

阿德勒（1992/2002）提出對「自卑情結」與「過度補償」的看法：無論用什麼方法，如果一個人無法忍受他的自卑感就會設法擺脫他們，然而若一直無法超越，自卑感愈積愈多，各種問題也會以日漸增大的壓力逼迫著他時，他就會用各種方法來麻醉自己或設法增大自己的聲勢，然而一切都未改變，自卑感仍原封不動，精神生活在長久所受到的影響下就會產生「自卑情結」。自卑情結的定義如下：當個人面對一個無法適當應付的問題並覺得自己絕對無法解決時，此時出現的便是自卑情結。

過度補償：若自卑感強到當事人擔心他永遠不能補足其軟弱，那在奮力求取彌補當中，他將無法滿足於只是力量平衡的復原，而會要求相對過度之彌補以尋求極度比例的平衡（Adler, 2002, p. 80）。

阿德勒認為，自卑感是正常並非變態的，它引發克服自卑的動機和願望，意即「超越」，以獲取更大的成就感，是為「正常的自卑」；然而倘若自卑無法被超越，就會傾向「壓抑」，長期壓抑帶來憂鬱與無力感，即形成「自卑情結」，引起諸如忌妒、猜忌、憤怒、排斥、把精力全部花費在對付對手身上等的情緒與現象。

童年自卑情結之產生有幾種：經由器官（外貌或肢體）的自卑、過寵或經由被疏忽──不公平之待遇，個人有可能傾向於過度補償並發展出「優越情結」，這包括了對個人能力和成就過度誇張的傾向（Schultz & Schultz,

1997），說明如下：

表2-2　三種童年自卑情結

器官缺陷的兒童 （經由器官的自卑）	被驕縱的兒童 （經由寵愛）	被忽視的兒童 （經由被棄置不顧）
大多數器官或內分泌腺有缺陷的兒童，常因為別人無法瞭解他們的困難，使他們變得只對自己有興趣而成為失敗者，但是也有些人卻能夠奮力克服身體及外在環境的限制，而對社會及文化有傑出貢獻。	他們多會期待別人把他的願望當法律，他不必努力就會成為天之驕子，所以當他進入一個眾人不是以他為中心的情境，且別人也不是以體貼他的感覺為目的時，他就會覺得世界虧待了他；當他們長大後，如果別人不再對他們諂媚或順服──他們往往覺得社會對他們充滿敵意，而想要施予報復，此時如果施予處罰，只會更加強他們「別人都反對我」的信念。	他們從不知愛與信任感為何物，只因社會曾對他冷漠，他就誤以為它永遠是冷漠的，所以他不但懷疑別人，也不能信任自己。當他面臨問題時，他總會高估其中的困難，而低估自己應付困難的能力及旁人的善意與幫助，他們多數會成為失敗者，其中大多數出身為孤兒或私生子。

資料來源：丁興祥校閱，陳正文等譯（1997）。人格理論。（原作者：Schultz, D. & Schultz, S. E.）臺北：揚智文化。（原著出版年：1996）

　　在每件人類的創作之下都隱藏有對優越感的追求，這是朝向完美的一種驅力，也是所有對我們文化貢獻的泉源，人類的整個活動都沿著這條偉大的行動線上向前推進。然而，真正能夠應付並主宰其生活問題的人，只有那些在奮鬥過程中，也能表現出利人傾向的人，他們以超越前進的方式，使別人也能受益，此即阿德勒所提倡的社會興趣（Adler, 2002）。

三、家庭星座（Family Constellation）與家庭出生序

　　阿德勒學派認為家庭關係如同「星座」：父母是日月，子女是小星星，父母親子手足間的互動構成獨特的家庭環境與氣氛；特別強調手足關係及個人出生序的心理地位（長子─次子─中間子女─老么─獨子），將塑造不同的人格特質，影響個人的終極神話、生活型態與人際互動，這些都是由早年

家庭互動經驗中學習而來。

　　阿德勒強調家庭出生序，認為雖然孩子在同一個家庭長大，但每個人的心理狀態卻因出生別而有不同，出生排行乃成為瞭解個體人格的關鍵。在阿德勒學派的治療中，處理家庭動力，特別是手足關係，常是治療中的關鍵角色。表2-3是五種出生序的心理位置。

表2-3　家庭星座與家庭出生序

出生序	老大	老二	排行中間	老么	獨子
家庭星座	處於一個獨特的情境中。通常父母對於第一個孩子的到來是期望的。但弟妹之降臨，則使其體會到失寵之滋味。長子/女習慣於追隨權威，所以在態度上是保守正直及謹慎的。	對父母來說，通常採取一種較放鬆的態度。第二個孩子不會是唯一的注意中心，因此對於弟妹的來臨較不敏感且較易學習合作和妥協的技巧。典型的老二會找出與老大不同的發展方向，然後力求表現以贏得權威之肯定。	有時會感受到生命不公平的自憐心態，而成為安靜退縮的跟隨者。	通常是家中長不大的寶貝，由於前面有年長兄姐們之潛在威脅，可能導致強烈的競爭心。但若超越失敗，則可能變成畏縮、怪罪他人的逃避者。	從未失去自己在家中第一的地位，習慣被注目與關心。有更多的時間與成人共處，通常出現早熟的成人興趣及態度，但較缺乏與他人分享合作的經驗。
特徵	※長子/女、認同權威——追求工作及事業成功，容易成為家中的第三個父母。	※家中黑馬——容易離家獨立及好表現以獲得認同與人際關係。	※相對來說也可能是排行中最自由者（從小有前後左右的互動經驗），因此能比較不在意外在評價，能活出自己的生活。	※需要依賴但又想掌控的特質。	※自我感覺良好，容易眼高手低，相對有較好的成功機會。

資料來源：何長珠，上課講義，2010年9月30日。

另外，在女孩中間長大的男孩也很值得探討：如果他是長子，會有被很厲害的女性對手緊跟不放的感覺；如果他是么兒，很可能會成為玩物；如果他正好排行中間，則又會覺得腹背受敵，一般來說，他們都不太討人喜歡；但他也可能強烈反抗這種氣氛，時時防衛自己免得受女性的駕馭，因為自覺必須顯現自己的不凡與優越，所以常顯得緊張，而往極端方向發展，不是非常強壯就是非常軟弱。同樣的，在男孩間長大的女孩也是一樣，不是傾向男性化就是女性化，她也可能心理上會覺得無安全感與孤立無助。

四、生活型態（Life Style）

「生活型態」又稱「生活方式」，意指個人生活的基本方向或個人人格，且包涵了足以彰顯個人存在的一切課題。依據Corey（2004）的說法就是：人的生活方式，就是朝向生活目標前進的一種特定方式。

阿德勒強調生活型態並不是被決定的，我們可以自由選擇地來創造它，一旦被創造出來，則生活便會在一生中皆保持穩定。他認為大約在4、5歲左右，個人之生活方式基本上已定型。他提出四種生活型態並認為任何場合均會有此四種人存在，分別是：1.統馭型（或控制型）；2.獲得型（或交換型）；3.逃避型；4.對社會有益型（或利他型），說明如表2-4（Schultz & Schultz, 1997）：

表2-4　生活型態

統馭型（The Ruling Type）	獲得型（The Getting Type）	逃避型（The Avoiding Type）	對社會有益型（The Normal Person）
這類人的行為不顧及他人的行為，例如：罪犯、自殺者、吸毒者。	期待由其他人身上得到滿足，會依賴他人。常見於家庭中的老么。	不想面對生活中的問題。常見於中間立場者。	與他人合作，依他人的需要來行動，即你怎麼動，我就怎麼反應。

資料來源：丁興祥校閱，陳正文等譯（1997）。人格理論。（原作者：Schultz, D. & Schultz, S. E.）臺北：揚智文化。（原著出版年：1996）

五、虛構的終極論（Fictional Finalism）

由於阿德勒（1992）認為「我們自己造就自己的經驗」，阿德勒理論因此主張每一個人的行為都是有目的的。人會為自己設定目標，再做出與目標一脈相承的行為來。而個人目標的決定則往往是由此人的經驗、目前處境及未來的發展方向共同形成的，故非常強調找出貫串個人一生的生命課題之重要性（Corey, 2004）。

阿德勒提出「終極論」（finalism）來表示我們有一個終極的、最終的存在狀態，並有一種朝向它而追求的需求。他相信我們的目標是虛構的或是想像出來的理想，不能被現實所測出。他提出「虛構的終極論」之概念，意指幼年經驗所虛構出的想法，會引導我們儘可能地朝向一種自以為真的存在目標去生活；但最普遍、更有力地所發展出來的，是對個人「完美」理想之定義（Schultz & Schultz, 1997）。

六、基本錯誤目標

阿德勒學派重視家庭對個人的影響與個人在家庭中的地位，認為人的生活樣式受家庭星座與早年經驗影響，不良的成長情境會造成五種基本錯誤的目標與觀念：1.過度類化。2.尋求不可能的目標。3.錯誤詮釋生活及要求。4.貶低自己的價值。5.錯誤的價值觀。由此，進而衍生種種偏差行為，因此進行諮商時，必須協助當事人培養社會興趣、修正克服自卑與挫折感、修正其觀點與目標及動機。

七、社會興趣（Social Interest）

我們對社會興趣的先天潛力理解之擴展，主要依賴早期所遇到的社會經驗。對大多數人們而言，合作並表達他們的社會興趣是必要的（Schultz & Schultz, 1997）。

身為人類，自然會有很強烈的欲望要與別人相關聯，只有在這種狀況時，我們才能夠有勇氣面對並應付生活中的問題，阿德勒認為人們必須成功地完成三個主要任務才能圓滿這部分之定義：1.關係（愛），一個「屬於你」和「被屬於」的環境，它通常意指「家」或「親人」；2.工作的成就感；3.有意義的生活，不管是追求信仰、助人、跳舞或嗜好，主要是個人的

意義感。Corey則認為（1995）社會興趣是對心理健康的一種評量尺度，它反應我們給予和接受的能力，以及我們願意為他人的共同利益而合作。雖然佛洛依德也提過「愛」、「工作」與「遊戲」是人生在世界上三樣要素之觀點，但阿德勒比較強調的則是「工作」和「關係」——擴充到「社會關係」。

　　阿德勒所倡導的社會興趣並不易界定，但可視為是個人關心、關懷他人福祉的一種心理狀態，也是一種社會情感或社區情感。社會興趣也是個人尋求超越的核心，倘若缺乏社會興趣，將使人無法以健康的方法尋求超越，並可能導致各種不良適應行為的產生，如神經症、精神症、犯罪或自殺等。以社會興趣為基礎的超越，將可以引導出自我完美感、勇氣、生產性的生涯、社區參與，以及愛家庭等特質之發展，反之則會形成支配性、希望被關懷、被保護與被免除責任等特質。

　　依阿德勒學派的看法，當個人發展出社會興趣後，其自卑感與疏離感便會消失掉。人們透過分享與相互尊重來表現社會興趣。若缺乏社群感與社會興趣，則容易變得沮喪，朝向無益於生命的方向發展，最後甚至導向破壞性之毀滅或死亡（Corey, 2004）。

　　社會興趣較高的人具有包括行為、心智與情感三個面向的能力，說明如表2-5所示。

表2-5　社會興趣

行為能力	心智能力	情感能力
1.喜歡與他人互動接觸。 2.樂於幫忙他人。 3.願意對社會福祉貢獻一己之力。與他人合作的程度取決於個人社會興趣的深淺。	1.瞭解他人的觀點與需求。 2.承認人們內在的依賴性。 3.欣賞他人的貢獻。	1.同理心。 2.感受到人我之間休戚與共的情感。 3.能表達出對他人之瞭解、接納與愛。

資料來源：修慧蘭等（譯）（2004）。諮商與心理治療：理論與實務（原作者：Corey, G.）。臺北市：雙葉。（原著出版年：2001）

　　整體而言，阿德勒學派關於自卑、追求超越、生活型態、虛構終極目標、社會興趣與創造性自我的關係，可用圖2-1來表示。

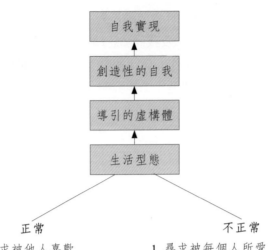

正常
1. 努力尋求被他人喜歡
2. 改善自己生活
3. 在工作中受同事與上司尊敬
4. 尋求愛的伴侶,過和諧人生

不正常
1. 尋求被每個人所愛
2. 所有一切都要完美
3. 要求被每個同事與上司的讚美
4. 尋求婚姻、追求永遠的快樂

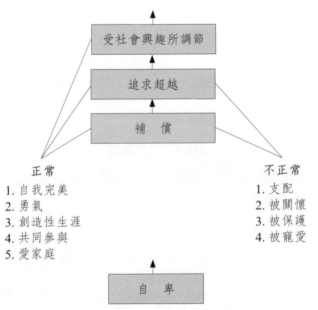

正常
1. 自我完美
2. 勇氣
3. 創造性生涯
4. 共同參與
5. 愛家庭

不正常
1. 支配
2. 被關懷
3. 被保護
4. 被寵愛

圖2-1 阿德勒人格體系與動機原則

資料來源:DiCapprio, N.S. (1983). *Personality theories: A guide to human nature.* New York: CBS College Publishing. p. 227.

第二節　提問討論

一、終極神話對個人的影響

在家庭裡面，阿德勒主張家庭排行會影響一個人的終極神話。

以排行來說，每個排行都會有一個終極神話，終極的意思就是說人一生中不自覺的會去相信，為這個神話而努力，但是又完全不會覺察到，同時也幾乎沒有覺察這當中要付出的代價之一種存在狀態。舉例來說，老大的神話就是要優越及作榜樣，所以老大比較容易成功和過分負責，這種「必須成功」或「必須負責」的信念，就是一種不自覺的神話；相對地老么通常最不會負責，因為大家對他的需求是「要可愛」，因此假設是一個「真」老么的話，不管活到幾歲，都還是很會撒嬌或耍寶的。

終極神話會形成虛構目標。所謂虛構，就是別人看起來莫名其妙，但對本人來說卻非得如此的狀況。換言之便是，不但別人不瞭解，自己也不明瞭為何要如此做，但卻又非做不可的狀況。他人不懂我們為何如此愚蠢，完全想不通，但自己卻認為理所當然的事。而且即使自己知道，也還不見得能夠自由，還是要走一場心理治療的歷程，常常覺察才能真正幫助自己。

每個人內心都有一個註定的神話，它常與手足經驗以及幼年的重要經驗有關。這個觀點與榮格理論相似，榮格在神話中發現了原型，榮格認為，每個人的心裡都有一套原型的概念，這些原型具有共通的本質，它們以神話的元素出現在世界各地的形象中，同時也是個人身上源自潛意識的產物。神話是集體的夢，神話也是原型的最終表達，而原型可說是人類社會中既典型又會反覆出現的東西。這個發現為神話和真實生活中的心理活動搭起橋梁，認識原型在人類心靈的作用，等於認識了神話對每個人的人生所發生之影響。自己的重要成長經驗讓我們顯現神話，而此神話則為我們在人間的角色寫出一個腳本。

另外，阿德勒也對其後來的心理學派與教育學產生不少影響。在教育學上，阿德勒很重視親職教育，重視教師的效能訓練或親子教育。在諮商治療歷程中重視關係發展：治療目標是平等與合作，講求主動及積極（是後來現實—認知—後現代理論之先驅）。結構部分亦可包含後來的家庭排行、終極

神話、家庭星座與評估之影響。

　　總結這部分阿德勒的重點是：從家庭系統的排行觀點，來看對個人神話與生命目標及意義選擇之影響。

二、生活型態、終極神話與手足經驗

　　由排行決定神話，神話形成生活目標（虛構目標），目標再形成各式各樣生活型態，再形成不一樣的代價與結果。

　　阿德勒將生活型態區分為以下四種：優越、控制、逃避、依賴，它跟我們人類的依附關係是有關係的。例如：安全依附的人需要的是「利他」，以自我肯定；焦慮依附的人需求的是「控制」；逃避依附的人需要「保持距離」；排除依附的人則選擇「逃避」。所以不同生活類型的人，往往會選擇能與其互補的人來產生深切的關係。

　　人類第一個原型就是「獲得」，要別人給我們才能夠活下去，為了獲得就產生控制型，獲得假如得不到，就會有自暴自棄、逃避等反應。逃避者在團體中常常是個旁觀者，而為家中奉獻最多者則為獲得型的人。阿德勒的假設是由幼年的生活狀態，可獲知生活型態對個人現階段生命的影響。此外排行呈現的意義大約有幾種，例如：統馭即優越；獲得即控制；安逸即逃避等。

　　在手足經驗中，「老大」易成為控制者，因為他們普遍會向成人（父母）之價值認同，但仍有男女之間的差異，例如：女性老大作為一個操縱者，可能會把家當成自己的世界（甚至不婚等）；「老中」較易往家庭之外發展（較早離家或早嫁等），因其神話就是競爭——心中是永遠有對手的；「老么」則易成為安逸者或討好者，因為是最後一個，兄姊易成為他的小爸或小媽，這種特質在幼年期是很可愛的，但如果終身未調整則容易產生適應困難；談到「獨子」，臺灣獨子是以父母為其中心，但大陸則因一胎化之事實，使父母之定義往往擴及雙方之祖父母，在文化上特別會產生補償、溺愛及期待的心理；這種經驗，往好處看或者更能承擔責任，但相對也可能集優越—控制—安逸與逃避之生活型態於一身；這些，應該將是二十一世紀的中國不久即將發生之新議題。

　　要注意的是：每個家庭內雖有排行但都有變化的狀態。因各自受到父母

對待、與個人性別遺傳等特質的影響，故不可一概而論。

　　例如：若孩子是在不被期待（否定與拒絕類型）的情形下出生，會影響其家庭星座的特徵，可分為兩種狀態，其心態、所受對待及形成的神話與處理原則如表2-6所示。

表2-6　否定與拒絕類型之親子關係對其生命神話之影響

分　類	Unwanted（否定）	Rejected（拒絕）
心態	我不期待你來，你卻來了	不想你來，你還來
待遇	成為被忽略、沒有聲音或看不見的人	被討厭的人，被排斥
個人存在的神話	1. 讓我悄悄的活下去 2. 易成為極端隨和之人	1. 為什麼是我？世界是不公平的（憤怒或破懷） 2. 我一定要讓你—家庭—他人重視我
處理原則	支持及肯定、協助找出其長處	覺察—宣洩及重新架構

資料來源：何長珠，上課講義，2010年9月30日。

　　另外，在處理問題時，任何環境中只要有六個人以上，很容易就會形成「家的原型結構」，有自然形成的一種微妙之排列順序；換言之，在工作場所中仍有一個家庭角色的影響存在，而個人在工作職場上所扮演的角色又通常與其家庭中之角色相關，這些都是可以延伸思考的議題。

三、「阿德勒社會興趣」與「榮格人格面具」之差異

　　「社會興趣」與「人格面具」兩者是不一樣的概念。榮格的MBIT16種人格中有四種人是社會性很強的，可是這不是人格面具的問題。

　　人格面具有兩種，一種是當面不說實話，背後則是批判；第二種類似終極神話，這便是習慣成自然，成為一種面具，內化成一種人格狀態，到後來便會行而不察。

　　而社會興趣則指的是，比如老大的社會興趣為負責與照顧；老么的社會興趣為可愛、搗蛋、不聽話；老中的社會興趣為隨和，獨生子女的社會興趣為超越、出色等，各有其不同的社會興趣的表達方式。

四、接納負面習性

　　每個人都有習性，要如何改？如何知道自己在進步，能發現習性並一步步修改呢？其實每個人的一生都是不斷的有這種超越，而且在超越的第一個階段他一定會做的很僵硬！譬如說某人從小家裡沒錢，他可能就會努力使家裡變得有錢，而且即使有錢以後，他可能也不會真的覺得自己有錢，因為到底多少錢才算有錢呢？這是一個很主觀的感覺吧！

　　然後因為他自己有錢之後，可能反而就會更瞧不起那些跟他以前一樣在過窮日子的人，他會覺得對方不上進；換言之，這種人即使有錢了，也不能變得對錢自由。

　　「知道」以後，還是會重複自己原來的習性，這是我們大部分的人都有的現象！所以問題就是說，我們每個人都有自己的習性，那這個習性要怎麼改？有什麼方法可以幫助自己改變習性？設想你若有二十五年的習性，為什麼會認為自己要一年之間就改掉？知過必改（孔孟學派）是達到完美人格的問題解決法，用在事情容易，但用在人格上就不太實際。那麼，你怎樣才知道自己還是有進步呢？何老師的經驗是：當你在重複自己舊有習性後，能夠覺察到的時間愈來愈短時，就是在進步了。真正的完美其實包括要能接受自己的不完美，接受自己的負面狀態。

　　進行心理治療敘述時，案主一定有很多負面的陳述，然而再怎麼痛苦的人，在談論結尾時，通常總會自圓其說，講出一些他自己心裡比較能接受的解釋。所以當中就存在有一個相當有趣的治療因素，我們每一個人都有一些負面的陰影，但在社會化的環境下我們會掩飾自己的負面，可是由於需要去掩飾，所以心裡的壓力就會加大，本來壓力只有1，可是到了那個環境後發現每一個人都比自己優秀，當然更不能說出自己的負面，此時的壓力就會加倍變成2。所以老師提出一個心理治療的秘密就是：當我們勇於面對問題時，它就失去威脅力，但當我們愈不能接受它時，它存在的力量就會加倍。這是幾十年來最深刻的一種體會！既然每個人都有缺點，那為什麼要去假裝自己沒有那個缺點，或者不敢在團體中承認有那個缺點呢，這都是我們身為「社會人」的現象，但是這樣做的結果是，你的生命故事因此無法改寫，你會一直重複、一直重複直到有一天終於想通了或社會化過程成熟了，才會願

意講出自己的缺點。所以若有人能自然講出或承認自己的缺點，其實正表示這個人已有相當程度的自我接受——是個難得的強者。

團體中，我們通常會信任那種會接受自己的人，而最害怕的就是那種不接受我們的人；其實愈不接受別人的人，通常就愈不能接受自己。大家都知道，一個人愈能接納別人，則表示他愈能接納自己。可是事實上，在中國文化或教育界中至今仍有一種不真實的價值觀，即老師應該是不可以「認錯」的，這豈不是強化上述的假信念嗎？所以各位不妨反省一下自己多久沒認錯了（尤其向小輩／晚輩）。

五、阿德勒學派的貢獻

在最近觀賞的一個Discovery節目中，科學家記錄灰鯨與虎鯨的生存戰影片中發現，灰鯨雖然身體比虎鯨大三倍，可是虎鯨卻能以集體力量攻擊落單的母灰鯨與幼鯨，且採取車輪戰與隔離幼灰鯨之戰術，造成母灰鯨的慌亂與失敗。此部分似乎很明顯的顯示，個別的力量是鬥不過集體合作的，但由於虎鯨在淺海面時，就會失去攻擊力，於是灰鯨利用此點，導致最後終於反敗為勝得到脫逃。這種逃脫經驗，深烙在灰鯨記憶中，所以每次灰鯨遇到虎鯨攻擊，就會往淺水面游，但科學家依然發現仍有許多的灰鯨會在戰鬥中喪生。所以這部影片就呈現兩個觀點，一是個別主義要如何才能勝過集體主義，一是受害者會學到生存資料者才能生存。所以為什麼人類常常記得的是痛苦的經驗而不是快樂的經驗，原因可能與此（生存有關的訊息之烙印）有關。

阿德勒學派是一個正向、社群取向的人生態度，它也代表西方的主要價值觀——主動、積極、正向。所以為什麼心理諮商在西方如此盛行，因為西方家庭中，家長與子女之間很少談及私心話（注重隱私之代價），在一起通常只談愉悅的話題，內心的苦處，往往在尊重個人的原則下，須自行解決。

阿德勒實際上是很多諮商治療學派的先鋒，現在很多與心理諮商有關的重要發展，幾乎都是從此開始的，比如社區工作、兒童、親職教育、班級及企業管理等。阿德勒學派的立場是非常社會興趣導向、主動與正向的，而阿德勒最大的影響就是正向心理學，在二十一世紀的現在，它似乎又再度成為新的主流。

　　阿德勒學派也可視爲是短期治療系統的濫觴，其主要特點除上述所提及的正向外，尚有平等（人格平等）、鼓勵（以事實爲獎勵）而非獎勵（以上對下）、積極主動（回到具體目標）、合作關係以建立共同目標（兩人共同做決定，事情才會成功，所以如果想對重要他人做改變，就要跟對方建立共同目標）。

　　在主觀的現實中，當自認爲自己是以客觀態度處理事情時，此時的客觀也不再是客觀，但假如一個人從小就生活在有兄弟姊妹或較多親戚族群中，甚至是開雜貨店者，他的主觀就會比較客觀；所以要覺察的就是，我們永遠都是在主觀中的客觀。當碰到重要事情要決定時，最好要自覺此點，並找一個互補系統來做商量對象，才能眞正比較客觀一點！

 # 第三節　重要技巧

一、Watkins（1992）的五個提問

（一）活動說明

1. 邀請大家依阿德勒所建構的四種生活型態（優越型、控制型、逃避型、依賴型）來分組討論，首先自我評估自己是屬於哪一類型的生活型態，群聚於同一組並回答下列沃爾頓所建議的五個提問。
2. 接著與同一組同學互相分享個人經驗，並將第四題的答案寫到黑板上，註明姓名與出生序。
3. 老師逐項講解個人的終極神話與早期記憶、出生序之間的相關聯性。

（二）Watkins所建議的五個提問

完成下列句子：
1. 「我是一個總是……的小孩。」
2. 孩童時，你認爲兄弟姊妹中誰與你最不同？如何不同？（如果當事人是獨生子女，則問他：「你與其他孩童有什麼不同？」）

3. 孩童時，你最喜歡母親與父親的部分，分別是什麼？對母親與父親，有任何難以接受的部分嗎？

4. 難以忘懷或記憶最深刻的觀察：「在你成長的過程中，你可否回想你對生命所下的任何決定，譬如：當我長大成人，我一定永遠──或我絕不允許此事發生在我的家庭（我的人生）中？」

5. 最後，蒐集二個早期經驗：「你能回想得起的最早的特殊事件為何（以現在式的口吻，詳實記錄當事人的用語）？記憶最鮮明的時刻，是什麼時候？你對這個事件有何感覺？」

（三）同學心得分享與老師解說

 ## 第四節　實務說明

一、家庭會議

阿德勒取向活動設計

一、活動名稱：家庭會議──討論家中各項問題之處置
　　1. 活動人數：分成3組，每組5-6人
　　2. 活動時間：約60分鐘（分組討論：30分鐘，心得分享：30分鐘）

二、活動目標
　　1. 引導同學明白家庭會議的重要性、目的及功能。
　　2. 讓同學實際演練家庭會議。
　　3. 使同學熟練家庭會議的領導技巧。

三、活動的理論基礎
　　1. 阿德勒學派主張人都有追求目標的本質，在這追求成就的過程中，隨著目標與價值的轉移而改變其行為，這種目標的追求就是個體生活型式的展現。
　　2. 本活動屬於阿德勒諮商程序的第二個主題：探索個人的心理動力。

四、活動流程
　　1. 依全班同學在原生家庭的排序分組，分成老大組、老中組、老么組，每一組另安排觀察員一人，負責觀察並記錄討論情形。
　　2. 將海報紙、彩色筆、樹葉形紙片發給各組成員，請每組在海報紙上畫上一棵樹的樹幹，並在樹幹上方寫下該組的團隊名稱。
　　3. 將問題情境（如家中勞務人力資源分配問題）寫在樹幹上。
　　4. 接著成員提出解決方案，每一方案經討論與表決後，訂出共同契約。

（續）

5. 畫出樹的枝幹（中間寫上共同契約項目），在枝幹上畫一些樹枝，然後對每一枝幹的表決內容作確認，成員並在自己所擁有的樹葉（約4-6片）寫上自己的名字，貼在每一枝幹的樹枝上（參考契約樹雛形）。

6. 討論完該組的契約樹後，家人共同敘述在這歷程中的心得（參考討論題目）。

7. 完成契約樹後，按組別由觀察員代表上臺分享所觀察到的情形及各組完成之契約樹與心得。

五、活動器材

1. 半開海報紙一組一張；
2. 彩色筆、麥克筆數支；
3. 樹葉形紙片（每人4-6片）；
4. 膠水數瓶。

※契約樹雛形

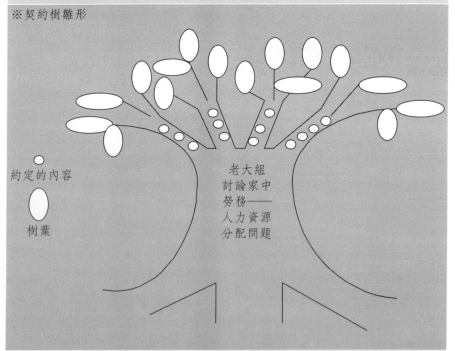

約定的內容

樹葉

老大組
討論家中
勞務——
人力資源
分配問題

六、家庭會議問題情境舉例——人力資源分配問題

　　L爸爸與媽媽（住中部）育有三名子女，大女兒在幼稚園擔任園長（南部），二女兒與二女婿均為教師（中部），小兒子在軍中擔任上尉連長（北部）。

　　某日深夜兩點多爸爸突然覺得心臟疼痛，呼吸不太順暢，於是媽媽打電話給住在附近的二女婿，送到醫院急診，檢查後醫院建議待到天亮後再至心臟科門診，做詳細檢查。

（續）

在急診室待到天亮後，二女婿跟學校請假，陪同爸爸門診，經詳細檢查沒什異樣，於是回家。三天後，二女婿深覺不妥，於是再送爸爸到醫院做全身健檢。過了四天，劉爸爸的身體一天比一天虛弱，又有發燒情形，二女婿再次請假送爸爸至臺中榮總醫院急診，到醫院後發現肝指數異常，且醫師表示這次爸爸病得很嚴重，於是安排住院繼續追蹤。

住院兩天後，醫師診斷發現病情是肝膿瘍，立刻被安排住進加護病房並做插管治療。這時醫生希望能有家屬隨時在醫院（或附近）。於是家人開始商量請假照顧事宜，經討論結果媽媽白天在醫院待命，但必須有個小孩能陪伴在旁，大女兒表示每週一、二可以請假陪伴，小兒子則利用週五下班後回到醫院於週六及週日照顧，二女婿則在週三、週四請假到醫院陪伴，……就這樣渡過兩週，爸爸病情好轉，安排住至普通病房。

但爸爸住院期間，大女兒強勢的主導照護問題，讓家中產生一些衝突，例如：大女兒要求小兒子無論如何一定要請長假照顧爸爸，但職業軍人的身分讓他「人在江湖、身不由己」，滿懷委屈……凡此總總顯示當初的決定有些瑕疵，於是二女婿想利用過年全家團聚時機提議家庭會議，以免將來再有不愉快發生。

（一）劇中人物個性描述：

1. 媽媽：任勞任怨，標準傳統婦女，處理問題較無主見。
2. 大女兒：做事急躁，個性堅持己見，總認為自己是對的。
3. 二女兒：能體諒、體恤父母辛勞，但總覺得媽媽偏心姊姊。
4. 二女婿：原家中排行老么，孝順、負責，委屈往肚裡吞，處理事情較不果決。

七、活動規則

1. 鼓勵每位成員踴躍發言，激盪出切實可行的共同約定。
2. 對於他人所提出的意見或建議暫緩批評，但可修正或綜合他人的意見。
3. 契約內容決議的方式由各組自行決定。

八、討論題目

1. 當你遵守共同契約的具體行為及貼上代表自己的樹葉時有什麼感受？
2. 在活動中你是否有充分表達自己的意見？如果沒有是為什麼？
3. 在家庭生活中，要如何調整才能維持這份共同的約定？

（續）

九、討論結果

契約樹圖像	組員姓名
	組類型——老大／老中／老么組
	票選數—— 如果你老了，你會希望自己受到本組決議的對待嗎？
	本組獲得_____票
該組討論情形（決定結果）	
老師回饋	

 第五節　溝通分析（TA）

一、PAC人格結構理論

　　PAC理論又稱為溝通分析（Transactional Analysis, TA）、相互作用分析理論、人格結構分析理論或交互作用分析。由Eric Berne於十九世紀50年代在《人們玩的遊戲》（*Game People Play*）一書中所提出。他修改傳統佛洛依德的人格理論而創立了PAC人格結構理論，是一種針對個人的父母—成人—小孩部分之人格結構所做的有系統的心理分析方法。其基本定義及假設為：當一個人對另一個人作出回應時，即存在一種社會交互作用，這種對人們社會交互作用時的人格之分析，就叫做交互作用分析。

　　個體的個性是由三種比重不同的自我狀態構成，也就是「父母」（par-

ent）、「成人」（adult）、「兒童」（child）狀態。經驗的主觀成分，成為
與不同發展階段有關的自我狀態組合中之「兒童」部分；至於可能性的評估
與客觀能力，則構成了「成人」部分；而我們與別人的關係，以及對他們的
效法與模仿，則成為「父母」的部分，其內涵可來自周遭許多不同的人物。

　　一般來說，「父母」包括我們從周遭的「大人」拷貝來的所有行為、
思想與感覺。以權威命令和優越感為標誌，通常表現為統治、訓斥、責罵等
家長式作風。當一個人的人格結構中P成分占優勢時，這種人的行為表現容
易為性好照顧、保護或教導、批判；「兒童」C包括小時候經驗過的行為、
思考與感覺，它可能會在當下重播——象徵幼兒的衝動反對或服從和任人擺
布。當一個人的人格結構中C成分占優勢時，其行為表現為遇事畏縮（不做
決定）或感情用事喜怒無常。「成人」A則包括適合當下現實的行為、思考
與感覺——表現為注重證據和善於進行客觀理智的分析。這種人能從過去的
經驗中，估計各種可能性，然後作出決策。當一個人的人格結構中A成分占
優勢時，其行為表現為：冷靜客觀、慎思明斷、內心計較。

二、控制型父母（CP）v.s.撫育型父母（NP）

　　因為我們經驗的人格結構有三種類型，所以我們面對當下處境也會有
三種相對應的功能類型。P（parent）父母類型乃是關於我們如何為自己與
他人負責的部分，又分為控制型父母（controlling parent, CP）與撫育型父母
（nurturing parent, NP）。它們描述自我狀態的兩大類功能：控制與照顧。源
自於這兩類功能的行為都可以是正面且有利的，也可以是負面或是限制的。
P又區分為父親與母親雙方。父親的正面表現方式是教導，負面是批判。母親
的正面表現是協助幫忙，負面是可能會造成壓力的期待。依此行為模式，控
制型父母（CP）又可分為批判型（critical）、結構型（structuring）；撫育型
父母（NP）又分為棉花糖型（marshmallow）與撫育型（nurturing）。

　　父母功能型自我狀態與行為模式的表現如下：

父親（＋）——控制型父母

　——＋：結構型，表現教導

　——－：批判型，表現批判

母親（－）——撫育型父母

——→+：撫育型，提供協助幫忙。

——→－：棉花糖型即壓迫型，表現出期待的行爲。

三、適應型小孩（AC）V.S.自然型小孩（NC）

同樣地，關於如何表達屬於我們自己特殊認同的兒童類型，則可區分爲適應型（adapted child, AC）與自然型（natural child, NC）。適應是順應他人的要求，是父母師長眼中的乖小孩，也是主管的最愛。自然型則是我們欲望與需求的自由表現，所以會呈現出有創意、不受束縛的行爲。

適應型在正面是表現出合作、聽話的態度及自發性的行爲；在負面則有順從／叛逆或不成熟等行爲表現。

兒童功能型自我狀態與行爲模式的表現如下：

兒童（Child）——→+：**適應型兒童**（adapted child, AC）

　　　　　　——→+：合作，聽話乖巧

　　　　　　——→－：順從／叛逆，不受束縛、有創意爲其特色

　　　　　　——→－：**自然型兒童**（natural child, NC）

　　　　　　——→+：自發，裝可愛

　　　　　　——→－：不成熟，表現出不負責的態度

四、成人我

成人功能型自我狀態與行爲模式的表現如下：

成人（Adult, A）——→+：理性、客觀的行爲表現

　　　　　　——→－：操縱，以最少代價得到最大利益

表2-7　溝通分析PAC各種模式的特徵

模　式	態　度	言　詞	姿勢……等	實　例
批判型	挑剔的、對抗的、期待順從、警告	必須、應該、一定要、絕對不行	插腰、高高在上、皺眉頭	滾出我家——除非你做到，不然就別回來。
結構型	肯定的、令人鼓舞的、設定界限、表達期許、保護安全	將會、期望	有節制的、穩固的、有分寸的、專注的、堅決的	請你專心聽，就會知道下一步要做什麼了。

（續）

模　式	態　度	言　詞	姿勢……等	實　例
棉花糖型	大驚小怪、過度保護的、讓人喘不過氣來、溺愛縱容的	讓我來、好可憐、我來幫你	撫慰、觸摸、靠在某人身上	如果你做不到也不用擔心，我瞭解！
撫育型	鼓舞的、同理的、接納的、感激的、通情達理的	喜歡、關心、做的好、需要我幫忙嗎？	開放的姿態、微笑、掛慮的／令人欣慰的	我知道你很難專心。來！我幫你起個頭。
成人型	清醒的、客觀的、合乎邏輯的、實際的、警覺的、體諒的、接納的	如何？討論	放鬆的、感興趣的、機警敏銳的、眼光接觸	好的，你想要現在繼續或是想要在休息的時間讓我陪你做完功課？
合作型	友善的、體貼的、說話得體的、恭敬的、有自信的	請、謝謝、幫忙	專注的、克制的、自動的、分享的	做得好！你需要什麼幫助呢？
順從／叛逆型	順從的、焦慮的、討好的／叛逆的、攻擊的	不可以、不會／試圖、希望	垂頭喪氣、封閉的／苛求的、詛咒的	還沒下課，我不可以去廁所！／不可以去廁所，我會尿在教室！
自發型	好玩的、有創意的、精力旺盛的、表情豐富的	喔、真棒、好好玩	輕鬆的、真實自然的、熱心的、快樂的	來吧！大家一起來比賽。
不成熟型	不負責任、自私的、粗心大意的、輕率的、不假思索的	不要、我、我的、不	失去控制、不恰當的、情緒化的、太吵鬧	喔喔！讓他們再等一會兒吧，我得喝完咖啡。

資料來源：江原麟、陳冠吟（譯）（2007）。教室裡的行為改善與自尊提升—交流分析（溝通分析）應用之實用指南。（原作者：Giles Barrow & Emma Bradshaw & Trudi Newton）臺北：心理。

與他人間的舉止行動，可以運用上述這些模式來加以描繪。我們的負向行為有時可能是缺乏學習，或是缺乏對不同選擇的覺察所造成。可以開始嘗

試在當下改變並學習新的行為舉止，轉換成正向的選項，以促進溝通與增進成效。

 第六節　PAC測驗（Ego-gram，總分100分，每人得分可轉換為「計分表」中之剖面圖，來加以討論）

題號	題目	2 （很符合）	1 （普通）	0 （不符合）
1	打斷他人的談話，迫不及待的抒發己見。			
2	偶而會嚴酷的批評，攻擊他人。			
3	必定嚴守約會時間，很有時間觀念。			
4	懷抱理想，努力的想要實現夢想。			
5	重視社會的規則、倫理、道德。			
6	強烈的要求他人要有責任感，討厭做事散漫的人。			
7	對於小瑕疵也不放過，絕不打馬虎眼。			
8	對於部屬或晚輩要求嚴格，熱心教育他們。			
9	在要求自己的權利之前，必定盡到自己的義務。			
10	經常說出：「……應該……」、「……非……不可」的話。			
總分合計				
11	很能體諒他人。			
12	在人際關係上，頗重視人情。			
13	發現對方優點時，會稱讚他。			
14	受人之託時，不會覺得厭煩。			
15	喜歡照顧孩子和他人。			
16	可以融會貫通所有的事物。			
17	能夠寬待部屬和同事的失敗。			

（續）

題號	題目	2（很符合）	1（普通）	0（不符合）
18	能夠聽進別人的話，與他人發出共鳴。			
19	喜歡做菜、洗衣、打掃等家事。			
20	樂意參加社會服務工作。			
總分合計				
21	先衡量自己的利害得失後才採取行動。			
22	與人對談時，很少會訴諸感情。			
23	仔細分析事情，慎重考慮後再下決定。			
24	聽取正、反面的意見，以作為參考。			
25	凡事皆以事實的依據做判定。			
26	不是情緒化的人，請求理論。			
27	決定事情時，絕不拖延時間，行動快速。			
28	做事爽快，有效率。			
29	冷靜的預測未來情況後再行動。			
30	身體不適時，絕不勉強。			
總分合計				
31	非常任性，隨心所欲。			
32	對任何事情都有強烈的好奇心。			
33	對於娛樂、食物的追求，都以滿足自己為標的。			
34	有話就說，毫不客氣。			
35	想得到的東西若不到手，絕不罷休。			
36	經常使用「啊，好棒！」、「咦？」等感歎詞。			
37	常以直覺判定事物。			
38	興致一來就埋首苦幹，廢寢忘食。			
39	常對自己生氣。			
40	看電影會隨著劇情流淚。			

（續）

題號	題目	2 （很符合）	1 （普通）	0 （不符合）
		總分合計		
41	自己心中所想的事情不會告訴別人。			
42	希望自己討人喜歡。			
43	對什麼事都很消極、退避三舍。			
44	通常都是與別人妥協，而非強迫別人接受自己的意見、做法。			
45	非常在乎別人的臉色、表情以及對自己的評價。			
46	常能咬緊牙關度過艱苦時期。			
47	努力達到別人對自己的期望。			
48	把自己的感情深埋心中，不輕易表現出來。			
49	內心有很強烈的自卑感。			
50	很想擺脫自己定型的自我形象。			
		總分合計		

資料來源：陳虹樺（2007）。雙重夥伴模式自然領域實習輔導增能課程之個案研究（電子版）。未出版碩士論文，國立花蓮教育大學科學教育研究所，花蓮縣。

計分表

分數	CP （控制型父母）	NP （照顧型父母）	A （成人型）	FC （自由小孩）	AC （順從小孩）	
20						A
19						A
18						A
17						A
16						A
15						A
14						A
13						B
12						B
11						B
10						B

（續）

分數	CP（控制型父母）	NP（照顧型父母）	A（成人型）	FC（自由小孩）	AC（順從小孩）	
9						B
8						B
7						C
6						C
5						C
4						C
3						C
	批評（1-10）	照顧（11-20）	成人（21-30）	自由（31-40）	順從（41-50）	

資料來源：金佩華、陳玲洪（2008）。自我狀態量表（Ego-gram）的信效度檢驗。管理科學文摘，Z1期，pp. 301-302。取自：http://www.cnki.com.cn/Article/CJFDTotal-GLKW2008Z1219.htm

參考書目

江原麟、陳冠吟（譯）（2007）。教室裡的行為改善與自尊提升─交流分析（溝通分析）應用之實用指南（原作者Giles Barrow & Emma Bradshaw & Trudi Newton）。臺北：心理。

金佩華、陳玲洪（2008）。自我狀態量表（Ego-gram）的信效度檢驗。管理科學文摘，Z1期，p. 301~302。取自：http://www.cnki.com.cn/Article/CJFDTotal-GLKW2008Z1219.htm

修慧蘭等（譯）（2004）。諮商與心理治療：理論與實務（原作者Corey, G.）。臺北市：雙葉。（原著出版年2001）

陳正文等（譯）（1997）。人格理論（Schultz, D. & Schultz, S. E.）。臺北：揚智文化。（原著出版年1994）

陳虹樺（2007）。雙重夥伴模式自然領域實習輔導增能課程之個案研究（電子版）。未出版碩士。花蓮：國立花蓮教育大學科學教育研究所。

陳麗娟（2002）。社會適應欠佳兒童在阿德勒諮商團體中改變歷程之研究。未出版之碩士論文。屏東：國立屏東師範學院教育心理與輔導學系。

黃光國（譯）（2002）。自卑與超越（Adler, A.）。臺北：志文。（原著出版年1870）

蔡美玲（譯）（1992）。瞭解人性（Adler, A.）。臺北：遠流出版社。（原著出版年1935）

魏麗敏、黃德祥（2008）。諮商理論與技術精要。臺北：考用。

嚴久惠（1997）。阿德勒取向遊戲諮商團體對國小社會適應困難兒童輔導效果之研究。未出版之碩士論文。高雄：國立高雄師大輔導學系，高雄。

DiCapprio, N. S. (1983). *Personality theories: A guide to human nature.* New York: CBS College Publishing.

Watkins, C. E. (1992). Adlerian-oriented early memory research: what does it tell us? *Journal of Personality Assessment, 59*, 248-263.

第三章
榮格分析心理學之理論與實務[1]

　　榮格（Jung）原已讀過佛洛依德（Freud）《夢的解析》，但無法完全瞭解，再次閱讀時，發現佛洛依德將「壓抑機制概念應用到夢」之立場雖引起其興趣，但並不同意佛洛依德把夢視為只是一個被意識扭曲的表面，反而認為夢是天性的一部分，沒有欺騙人的意圖，只是盡力來表達個人的某種意念而已。

　　與佛洛依德在學術立場上正式分裂後，榮格在沉潛療傷的過程中逐漸體會到一種非比尋常的狀態，感覺似乎只有打開神話學的鎖匙才能找到精神生命存在的方式。之後便夢到一系列特殊的夢——「只有在晚間最初的幾個小時才能變成小女孩的小白鴿」；另一個是某種東西死去同時又活著的「古世紀的死者復活之夢」。之後更夢到「第一次世界大戰即將爆發的幻象」，也從那次開始，榮格正式開始進行面對潛意識個體化旅程的實驗（劉耀中，1995）。

　　榮格認為：潛意識的形象不是由意識產生的，它的完整性是所有生物和精神事件的真正精神導師，而人的最大限制就是自己的意識。也就是說，人們只有重新生活在自身的原型之中，才能擺脫精神上的迷惘和無助。

　　此外，榮格也認為，原型是情結的核心，它會將相關經驗吸引在一起並形成情結，而情結也從這些相關經驗獲得力量、進入意識，並在人的行動中有所表現。

[1]　此章節感謝蔡佩娟、陳姿百、孫淑芳、林妙華、李建憲、林家甄、武麗英的資料蒐集與課堂內容整理，於此加以致謝。

在榮格的人格理論中，人格作為一個整體就被稱為心靈（psyche），它包含意識的或潛意識（個人潛意識、集體潛意識）所有的思想、感情和行為的層面。構成個體人格心靈結構的元素有：自我（ego）、情結（complexes）與人格中的四種原型（archetypes）：人格面具（persona）、阿尼瑪和阿尼瑪斯（anima；animus）、陰影（shadow）及自性（Self）（Schultz, 1997）。

而榮格學派的分析與心理治療之重點則著重在釋夢（dream interpretation）與積極想像（active imagination），以下將針對這些概念分別說明。

第一節　名詞釋義

一、潛意識（Unconscious）

榮格認為，無潛意識能自主性的影響並干擾意識，它除了儲藏著被壓抑與被遺忘的個人記憶，此處稱之為個人潛意識（personal unconscious）的存在外，同時還提出了集體潛意識（collective unconscious）之觀點，並認為兩者形成互補關係。個人潛意識包括個人嬰兒期壓抑的內容，其內容主要是情結；集體潛意識則包括集體遺傳的內容與本能，其內容主要是原型（archetypes）（劉耀中，1995；Robert, 1997）。

（一）個人潛意識與情結（Complex）

個人潛意識類似於佛洛依德前意識（pre-conscious）的概念。它是一個儲存槽，放置著那些曾經被意識所處理過，但由於過於瑣碎或紊亂而被遺忘或壓抑的東西。

當我們在個人潛意識裡存放愈來愈多的經驗後，我們開始把它們組合起來，這就是榮格所謂的「情結」。情結是隨著一個共同主題所組織起來的情緒、記憶、知覺以及欲求的模式和核心。個人潛意識的內容除了由名為「帶感情色彩的情結」外，還包括後天經驗沉澱的記憶，它們構成心理生活中的個人和私人的一面。

情結具有心理能量和引力，能把一些觀念和情感吸引到自己的周圍。人

可以意識到它，也可能沒意識到它。在個人潛意識裡有許多情結，這些情結具有某種特別的情緒基調，會困住意識；或用潛意識影響言談與行動，像胡鬧鬼一般影響周遭的人、事、物，但有些情結既屬於個人無意識，又屬於集體無意識。

榮格更相信情結不一定只來自我們童年與成年經驗，也可能來自我們祖先遺留下來的記憶，那些包含在集體潛意識裡的種族遺產（Schultz, 1997；Schumacher, 1977；Casement, 2004）。

（二）集體潛意識（Collective Unconscious）

榮格反對佛洛依德對潛意識的實質及結構的理解，他認為潛意識才是「母體」，是意識的基礎，亦可說，集體無意識是主體，自我是它的對象，因而產生榮格獨創的重要概念——集體潛意識。

在深層心理學模式中，集體潛意識被定位於較個人潛意識更深層之處。榮格界定的集體潛意識實際上是指有史以來，沉澱於人類心靈底層的、普遍共同的人類本能和經驗遺存。這種遺存既包括生物學意義上的遺傳，也包括了文化歷史上的文明的沉積，容納著從祖先遺留下來的生活記憶與行為模式。這種潛意識並不能意識到自身的內容，它們以原型的構成存在著，表現為原始意象。我們不能否認它是知識的重要來源。作為人類的心理中具有傾向性、制約性的心靈規律，它們對人類的行為、理解和創造產生著重大影響。如面具（persona）、阿尼瑪（anima）阿尼瑪斯（animus）、陰影（shadow）以及自性（self）等（常若松，2000；楊素娥，1998；榮格，1990）。

二、原型（Archetypes）與象徵（Symbol）

（一）原型

又稱作「原始模型」，這一概念表明了集體潛意識中無數確定形式的普遍存在，是集體潛意識中的古老記憶。原型就是本能自身的潛意識意象，它是本能行為的模式與母體，也是宗教、神話、傳說以及童話故事的基本內容。生活中有多少典型情境，就有多少個原型，它們會在個人的夢裡和視覺

影像中浮現。

　　榮格一反佛洛依德的想法，認為人類生命的特質不只是孩童時期的經驗，還有一個是「人類整體生命的型態」，從一出生就有的，是「本能性底層」的一部分，也是榮格所說的集體潛意識的原型。榮格解釋他的原型理論時用了一個非常生動的說法：「在人類和動物等的內心，都存在著潛在的本能之像。」

　　榮格的原型理論中很有特色的一點乃是關於神話原型的闡述。他的理論從本質上解釋了神話與人類的關係，以及不同系統神話之間的聯繫。簡單地說就是：為何世界各地不同民族、不同語言系統、不同人種之間的神話體系中，會有這麼多性格、職能相同的神（例如：太陽神、女神、母神、戰神、死神等），以及關於這些神很相似的傳說？除了歷史和人文的因素外，還在於人類心理深層的原型意識之同質性。原型屬於超驗的範圍，是無法被描述或說明的。它無法直接認知，只能透過其作用來覺察，如阿尼瑪（anima）、阿尼瑪斯（animus）都潛存於人類的深層結構中，不被感知，但是當男女墜入愛河時，這個力量就顯現出來一樣。

（二）象徵

　　原型在集體潛意識之下，常以象徵來表示。象徵是原型在這個世界上的顯現，是一些經驗中產生的具體、細緻的形象，帶有原型層面的意義和情感。但是象徵並不等同於它們所代表的原型——原型是經驗的心理模式，而象徵則是其各種表現；原型作為一種認知方式存在於我們所瞭解的生活之外，而象徵則是起源自生活，並指向不為我們所理解的原型本身。

　　以下列舉原型與象徵之間關係之例：

　　（原型→象徵）

　　　上帝→白人

　　　惡魔→男人

　　　英雄→男人

　　　恐懼→黑色

　　從上面原型與象徵的關係之間，我們會發現它們往往存在於人類的潛意識中不曾察覺，形成種種僵化思考。而榮格之貢獻便在於巧妙地將其歸類為

四種原型：人格面具、阿尼瑪和阿尼瑪斯、陰影與統合我，並加以聯結到人類心理問題之處理之中（榮格，1974；Schultz, 1997；Robert, 1997；Schumacher, 1977；Walker, 1995；Jung, 1959）。

三、人格面具（Persona）

是人格的外層，是包裹在眞正人格之外的面具，是由環境制約所形成並在他人面前表現出來的一種假象，意思是「呈現的人」，而非「眞正的人」。人格面具是爲某種特殊目的而採用的心理建構與社會建構。是一個我們在面對公衆之時，用來表現我們自己的面貌，因環境而發展出來並被不斷使用的那一部分個性，是我們意識的表層部分，也是我們的社會面罩，但卻是一個和我們眞實面貌不太相同的外型。榮格相信人格面具是必須的，因爲我們總是被迫要扮演多種角色，以期望在學校裡、在工作中、在和許多不同類型的人相處時，都能適宜得體。

在榮格學派心理學中，人格面具（來自希臘文，意指「透過面具發聲」）這個字之本意爲對外界的表現。人格面具由心中內射的父母、社會角色責任及同儕期待形成。就像一層外皮，調停內外，其功能跟自我、陰影、陰性特質、陽性特質及自體間皆具有互補的動態關係，人格面具爲自我及外在世界搭起橋梁。由於面具的形成與功用都與外部世界的社會現實休戚相關，基於這種原因，榮格將面具視作心理上具有集體性格的部分。

如果人的個體性受到壓抑或忽略，迫使外在期待代替了個人的立場，以符合集體的理想（collective ideal），就會產生問題。如果硬要配合外在的價值，人對自己及他人的舉止就會虛假造作不眞誠，此屬於自知的層面。例如：看到長官會敬禮，看到小孩就表現出權威，一種職業做久了也會有固定的職業表情，所以可以說：人格面具之下通常隱藏著陰影（Schultz, 1997）。

四、阿尼瑪斯（Animus）和阿尼瑪（Anima）

榮格認爲人類在本質上是雙性的，在心理層次上，每個性別透過相互生活了數百個世紀所產生的經驗來展現另一個性別的特色、性情與態度。女性人格裡有陽性的層面，即「陽性原型」或稱爲「阿尼瑪斯」（Animus）；

男性人格裡也有陰性的層面，即「陰性原型」或稱爲「阿尼瑪」（ani-ma）。榮格將這一種對稱稱作「性異原型」（contra-sexual archetype），它們扮演通往潛意識的橋梁，代表在個人心中的異性形象特徵，是如何以普遍被認識和行爲的方式運作的。

榮格有時將阿尼瑪稱爲男人的虛陰，阿尼瑪斯稱爲女人的虛陽，而「虛」在此有兩層涵義：一是指其存在於個人意識個性之下，二是指其運作不良。例如：阿尼瑪會導致不合邏輯的思考或行爲（如敵我不兩立的價值觀），而阿尼瑪斯則會製造煽動性的陳腔濫調和不理性的意見（多愁善感或容易激動）。

人類自無始以來的各種神話當中，總會表現出雌雄同體的觀念，這種心理的直覺投射，大部分會以神性結合、對偶的形式或雌雄同體（hermaphro-ditischen）的自然造物主之觀念來呈現。因此個體化過程所關切的不只是個人陰影材料的類化，而且也是覺察與心靈中相對性別成分的整合（如中性人之概念等）（Schultz, 1997；Corsini & Wedding, 2000；Robert, 1997）。

五、陰影（Shadow）

黑暗的自我，人格中最原始的、低級的，近乎獸性的方面，源於生命進化的種族遺傳，這一概念的內容與佛洛依德的「本我」（id）相近似，是性格中被排斥和不能被接受的面向，存在於所有原型最深層的根部。一般而言，陰影具有不道德或不名譽的特性，包含個人本性中反社會性習俗和反道德傳統的特質，陰影也同時是自我施展意向、意志和防衛的無意識層面。

陰影同時還是生命活力、自發性、創造力及所有情緒的出處。如果陰影被完全壓制，心靈就變得駑鈍而毫無生氣。引導陰影力量方向的是自我的功能，它要能控制動物的本能到讓人被認爲是有教養的文明人，同時又要讓本能得到足夠的抒發，來提供創造力與活力。

榮格認爲，意識的陽光與無意識的陰影應該是同時並存的，每個人的自我都會在心靈中投入相應的陰影，但他也同時承認個人陰影的特質受到個人與文化因素的強烈影響。東西方宗教對美善價值的過度重視，易使人在遇到矛盾時失去心理的平衡，反易走向極端，作出邪惡之事，因此榮格從心理學

的角度出發，強烈反對現代社會將自我理想化之價值取向（劉耀中，1995；Robert, 1997；Schultz, 1997）。

六、自我（Ego）v.s.自體（Self）

（一）自我（Ego）

自我就是有意識的心智，是心靈當中關於認知、感覺、思考以及記憶的那個部分。自我以選擇性的方式在活動，在我們身處無數的外界刺激裡，只有一部分的刺激被允許進入到意識層次。它帶來連續性、統整性和身分感，是一種我們得以認識到自我與我們身處世界的穩定性因素。

對榮格來說，自我是一種情結，一個摻雜情感的自身表象集合，既包括意識層面，又包括無意識層面；既是個體的，又是集體的。要言之，自我是人對自己的看法及隨之產生的有意識和無意識感情（Schultz, 1997）。

（二）自體（Self）

又可稱「自性」（self），是無意識的。榮格曾說：他的生活，是「自性」的覺悟過程，從覺悟到認識自己，就是「自我」（ego）遇到「自性」的經驗，那是一種超自然的神聖經驗，是一種產生敬畏的經驗，也是個人整體人格統一的意象。「自體」是人的心理核心，強調的是人的心理完整性，在榮格心理學中，「自我」（ego）只是人的意識中心，「自體或自性」才是整體心理的中心。

在榮格看來，他稱人類所追求更宏大完美的人性的原型為「統合我」（self）。即是心靈自身更高的組織原理之原型，是一個聯合的、整合性、協調的全部人格。在統合我的原型裡，意識與潛意識歷程彼此類化，所以人格的中心部分──統合我，便從意識自我──ego，轉移到意識與潛意識這兩個對抗力量彼此達到平衡的某個中途點。最後，來自潛意識的東西往往會對人格擁有較大的影響力。不過種種統合過程，通常必須要等到心靈的其他次系統都已發展成熟之後，這個原型才得以浮現。在榮格的理論裡，這將會發生在中年時期（40-60歲之間）（劉耀中，1995；Robert, 1997；Schultz, 1997）。

七、個體化歷程（Individuation）

榮格相信生命最早期的任務是強化自我，在與他人的關係上於世界上占一席之地，並完成個人對社會之職責。生命第二部分的任務，發生在當個體發現年輕時代所追求的外在成就已失去了往日的重要性之時，此時正是重新審視自己未發展的部分，更完全地實現這些人格的層面時間，他稱這些過程為個體化，其目的是在盡可能透徹地認識並完成自己。

「個體化」是自性發展的過程，亦即朝向全體覺察的心靈發展之歷程。榮格發現，當意識和無意識、自我和本我之間存有良性的互動時，人們便能感受到自己獨特的個性，同時也與人類實存深處無際無涯的經驗之海洋相通，從而使自己的生活真正地具有創造性、象徵性和獨特性，個人藉此整合心靈的許多層面，以成為他╱她真正的自己；亦即一個個體，一個統合而獨特、但與心理整體不可分割的完整個人。由於「個體」要和我們最深處、最後、不可比較的獨特處相結合，因此我們可以把個體化轉譯為「走向自己」或者「實現自己」。

榮格認為心理治療的最終目標是透過發掘和體驗夢境、幻覺、積極聯想與日常生活當中的種種原型象徵和形象，以幫助當事人的一種個體化進程（Corsini & Wedding, 2000；Robert, 1997；Jung, 1959）。

八、同時性（Synchronicity）

同時性是一種有意義的巧合現象。榮格一直尋求一個理論性的概念，以說明這種類似《易經》中所提出的超自然現象。同時性現象意指有意義的巧合。當精神或身體狀態與事件同步發生時，它們之間的關係就不再是因果相關。例如：當發現一種內心感知到的事件（如夢、幻象等）與外界現實相呼應，這種同步現象便發生了。榮格不將此解釋為因果相關，而看做與潛意識中活動的原型過程有著根本的聯繫，這種聯繫就是巧合事件的主觀意義而非因果關係（何長珠補充——通常意識與潛意識的溝通之間仍有一種時間和空間的距離，造成吾人是以意識來理解自己的潛意識；但若事件有其重要性，則可能加速其溝通速度，造成意識和潛意識同步發生之可能）。

原型具有超越性，它們並不侷限於心理的領域；而可以從心靈母體內

部，我們的外在世界，甚或同時從兩方面跨越進入意識。當兩者同時發生時，便稱爲同時性的現象（Murrary, 2001；Robert, 1997）。

 ## 第二節　提問討論

一、「佛洛依德之本能說」與「榮格之原型說」

佛洛依德把本能稱爲id，是與生俱來的生命能量，活下去的能力。

「本能論」（instinctive theory）是佛洛依德人格理論的動力學基礎；他認爲人具有兩種本能，一是生之本能；一是死之本能，這兩種本能作用相反，卻同時並存，這兩股力量乃是構成人行爲的原動力。佛洛依德對於本能的看法，提出了與傳統不同的新見解，認爲本能不只是生物的、先天的東西，還包括了早期經驗的沉澱物，由此佛洛依德強調了童年對於人格成長的深刻影響，成爲發展心理學的開創者之一。他並從本能決定論的觀點出發，認爲人的內在並非和諧的統整體，內在的人格結構間（本我與超我）會不斷地拉扯、分裂與衝突，從而產生種種不適，甚至因此而產生神經症。他並以焦慮論來解釋這些神經症的病理，認爲「自我」是焦慮的根源，而一切神經症的基礎均存在於神經質焦慮（neurotic anxiety）。焦慮的先行存在是「因」，其他的精神疾病症狀則是「果」，並且提出自我防衛機制的說法，來說明人是如何處理這些焦慮的。

然而對榮格而言，原型才是心靈能量與模式的主要來源，它構成心靈象徵的終極來源。心靈象徵會吸引能量、賦予結構，最終導致文明與文化的創造。原型代表心靈的眞正要素，與本能像對應物一般相互連屬，有著密切相關，而心靈過程則似乎是精神與本能間能量流動的平衡。榮格將心靈建構成一個光譜圖案：原型在紫外線這端，本能則在紅外線那端，本能與原型總是以混合而非純粹的形式出現，心靈光譜的原型與本能在無意識中相遇，彼此混雜並結合成能量與動機，然後以衝動、進取、觀念與意象等型態出現在意識中。原型、本能和原始意象三個概念是榮格從不同角度對集體潛意識的界定，他們共同揭示了集體潛意識作爲人類心靈規律存在的必然性。

原型就類似認知心理學的基模（schema），所謂基模就是：當一個刺激

或一組刺激出現時，當下反應的傾向、態度或風格。我們每個人為了面對生活的挑戰，必須形成許多自動化組型，這些自動化組型通常帶有情緒的載量（loading），會形塑我們反應的類型及影響我們行為的方向。然而「原型」與「基模」仍有所差異：原型是普遍性的；基模是個別性的。

原型為何會成為我們每個人都有的經驗事實？是因為它用「象徵」的形式出現，例如：「鳥」的象徵是自由。每一個原型都有一個象徵的概念來回答，此一象徵會隨著文化和環境而改變。例如：西方文化天使的象徵對應於東方文化相當於仙女。另外，如紫微斗數、八字、占星等系統，雖然使用不同的名詞，但都具有近似的內涵。這就是文化的集體潛意識。

試以右側之「手掌圖」為例來說明榮格觀點，手掌圖上面代表意識層次，虛線代表從那裡開始會有陰影（面具以下），陰影常常是我們不能覺察的，也就是進入潛意識的狀態。陰影都包含有情結，例如：一個女生很討厭有錢的男生，雖然知道這不合理，但就是討厭，這可能就是包含了某個情結，可能因為第一個分手的男友就是有錢人。

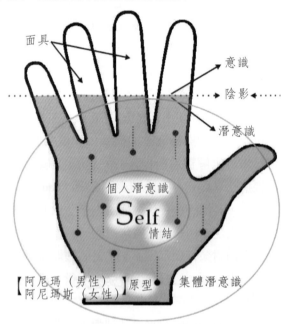

意識的下面是潛意識，潛意識包含兩個部分：個人潛意識和集體潛意識。個人潛意識包含較多的重要家庭經驗和累世經驗；集體潛意識則包括個人潛意識和累世的生存物種之經驗。瞭解一個人之所以困難，就因為包含了看得見的脈絡和看不見的脈絡。集體潛意識以「原型」的形式表達，像種種不必多加解釋但大家都能懂的抽象概念（例如：英雄、巫婆），也是一種經過多年文化所發展出來的、你知我知，不言可喻的存在。例如：在原型中有一個很重要的部分，我們稱為「大母」（大地之母）。大地就像母親，沒有

大地人就無法存活，但她也給我們很多苦難！因此大地之母就是比母親更大的一種撫育與承受之概念。當女人結完婚後成為一個母親（也有很多人以另一種方式成為母親，例如：修女），其特徵就是照顧、撫育和容受。因此照顧、撫育和容受就成為母親的概念，也形成大地之母的概念。有了這種理解之後，我們就能知道「母親」並不只是指「女人」。但當「大母」的保護照顧到了一個極端的程度，就是一種很恐怖巨大的力量，因為在她之下我們是沒有辦法自己作主或決定的。這些，都是集體潛意識中的原型經驗。

二、「自我」與「自體」

　　榮格對「自我」的定義是：「它彷彿是構成意識場域的中心；就它構成經驗人格這個事實而言，自我是所有個人意識與作為的主體。」意指個人擁有一個展現意志、慾求、反思和行動中心的經驗，自我就是意識的中心。當小孩能夠說出「我」時，便已經是在自我意識上邁出一大步。自我意識的長成是歷經嬰兒到成人許多階段的過程，發展到一定階段後，人類的自我意識大體上便經由個人成長與教育來塑造，榮格稱自我的兩種特徵為「一號人格」和「二號人格」，一號人格代表核心自我，二號人格則代表從文化中習得的自我。

　　自體（self）是人格顯露的中心，是自我（ego）的原型核心。自我也就是「意識的我」，自體就代表「潛意識的我」、「內在的我」，包含集體潛意識和個人潛意識。榮格後來使用自體（self）的概念取代佛洛依德的自我、本我、超我，以曼陀羅（mandala）為象徵。人藉由個體化歷程，從自體（self）走向「自性或統合我」（Self）。

　　生命在大約40歲以前都是屬於入世（社會我）的狀態，有許多需要完成的任務（如：成家、就業），但在生命的後段會自然而然的想要跟自體結合。例如：你或我，有一天可能會突然驚醒，發現正在追求的東西不是自己真正想要的，這就是內在我的覺醒。人生就是一場「回向原點」的歷程（由self→Self），每個人對原點的定義不同，但一定要走完一圈。當人開始困惑自己為何還處於入世中時，其實就是出世的開始，因為還在入世狀態時就不會有此苦惱——有太多確定的目標需要達成。人總是要先走完半圈，後續才能走完一整圈。

三、「內射」與「人格面具」

　　孩子在2歲以前的生命目標主要就是努力活下去。若因緣俱足，這個目標圓滿達成，則會使當事人獲得基本安全感，也就是所謂的「安全依附」或「好的自我概念」。但若一個孩子同時有四個主要照護者，像是「父親、母親、爺爺、奶奶」一天24小時提供無微不至的照顧時，他的安全感就會太大，從來沒有餓過或受傷過，反而會使這樣的孩子成為一個小霸王，他／她的內在意向可能就變成是「全能的神」——「我是最好的！最棒的！」如果持續以這樣的方式長大，那優點就是會變得很有信心，但缺點會是過分的自我肯定，而且會有一種習慣——不喜歡聽到他人的批評，因為那會與當初的「我好棒」產生衝突。而當2到4歲進入幼稚園之後，老師自然而然會根據外在客觀標準，選出比較優秀、會幫忙的小孩來作為領袖，而不會選擇嬌生貴子／女，這就是一種社會化的過程。這時，剛才提到的孩子就會比只有一個媽媽照顧的小孩，更不能忍受別人的忽視，於是會用吵鬧或拒學的方式爭取注意，這就叫做「動作化」（acting-out）。因此，我們可以透過兒童或當事人的言語、行為來瞭解他的心理。而這些主要的人格特徵，不論其為「攻擊」、「退縮」或「合作」，在心理學中之假設認為，這些都與當事人的成長經驗、手足排行都有著密切的相關，特別是與主要照顧者之態度及反應有關——「你怎樣對我，我就覺得我是怎樣的人，然後我就會怎樣來對待自己和別人」，這就是「內射」，久而久之它就成為這個人的人格面具，也是自我概念最早的形成來源。由此可知——自我概念最先是被動的，後來才變成一種選擇，而這種狀態是連續統整的。

　　人格面具具有幾個功能，最主要的功能就是防止內在衝突。上文提到的小孩，從父母那邊學會的是「為所欲為」，等他到了學校，為了要適應環境，他可能學會的是「幫老師做事，作一個乖小孩。」這就是他的面具。面具戴久了，會和自己分不開。如果一個人不論什麼時候永遠都帶著微笑，久了之後，笑變成真的，他可能就會不知道自己內心真正的需要是什麼。心理成長的目標在於成長與改變，藉由開放、表露、回饋和覺察，面對「真實的自己」，人依然是可以改變和處理的。

四、「陰影」與「面具」、「情結」、「個體化歷程」之間的關係

「母親」這個角色的工作就像神，總是無條件的在愛著孩子。也因此大部分的人講到母親時，都是想到溫暖的感覺。但是實際上當妳成為一名母親時，有時候還是會產生陰影的，例如：心底隱隱有這樣的感覺：「這三個孩子雖然都是我的驕傲，但卻讓我一生沒什麼成就。」這是當事人有時候會產生的感受，但卻讓他人與自己不能接受，也說不出口，因為發現自己是如此自私。種種這些不能讓自己接受的事情、不能講出來的難過，就可以統稱為「陰影」。一般來說，只要能讓陰影減少範圍、失去勢力，讓曝光率增加的做法，都算是心理成長的過程。事實上，陰影是人「存在的本質」，當人的自我概念一旦得到發展（社會化）的時候，陰影就已開始如影隨形般的跟著我們了，但它也是一股改變及成長的原動力，失去陰影就沒有光明的映照；陰影不需要被消除，但是需要被瞭解、被覺察與被處理。

個體化歷程中當然會有陰影面產生。榮格的分析心理學談到我們在過外在生活時，都會有一個面具，而面具的下面則是受到陰影的影響（陰影是一個心理我），我們的面具常常是一個理想我的化身，這個理想化的我，通常是我們對重要他人或環境認同的結果。

在陰影的部分，它採取的是一種情結的表現方式，情結會以兩種投射的方式來出現：

1. 會把自己沒有的部分認為別人也不會有

例如：自己的心理有不能信任別人的部分，你就會投射為別人也不容易信任對方。此一結果其實是自己不能信任對方所致。

2. 將自己有的部分投射到對方身上

例如：你自己很重視公平的原則，所以你在和別人相處時，就會很不自覺的去判斷對方是否公平。

不論正面的投射或反向的投射，都屬於投射的一種。此乃分析心理學中最主要的內涵。

對榮格而言，所謂的個體化，就是將自己的面具（意識能知道的部分）和陰影（潛意識未必知道的部分）兩邊對抗的力量能夠統合起來予以調和平

衡。若能將兩者加以統合，隨著每天生活的不斷成長，到最後你就能讓自己處於一個「統合我」（Self）（亦稱為「自性」）的存在狀態。每次當你遇到負面的事情時，你都能從負面中看到好處、意義，如此就算處於一個統合我的狀態，那也就達到一個個體化成熟的歷程，此時自己個性中特別的優點和缺點都能夠同時展現，而且還能夠圓融共存，這就是一個個體化的人生。由此可以發現榮格不同於佛洛依德，對陰影採取的是一個「接納」的態度。

五、陰影與人生階段

　　多數人是在40-50歲之間進行內在重新調整的歷程，因為很多想要改變的部分已無能為力，那已是生命的事實，所能做的就是把優點更擴大。假設一個人知道自己脾氣很急時，他是不是就比較能接受別人脾氣很急的狀態？他是不是終有一天會體認到，急的人會受不了慢的人；同樣慢的人也應該會受不了急的人吧！這樣，終於他就可以更平等的對待自己和別人，而這個時候就是他統合存在的時候。我們可以以這樣的例子來審視自己目前的存在狀態，這樣的歷程通常要經過幾十年的練習過程。

　　通常人在20-30歲之間，是走向理想我的階段。30-40歲時，則可能是人生衝突最大的時候，因為個人的理想我與現實我之間常常會有互相不滿意對方的情況。約在40歲前後的人生中站時，才會出現統合我之成長歷程，會開始瞭解到以前那麼在意得不到的母親的愛或在意小孩的成績不夠優秀，其實都是自己陰影的投射。當一個人的生活歷練愈多，並對自己的陰影加以承認時，他的生命就會愈圓融。而這樣的承認，必須從生活的經驗中覺察、體悟而來。總結來說：人生不同階段接受陰影面的狀態也有所不同，如表3-1所示。

表3-1　不同年齡階段的人與陰影之關係（以10歲為分隔點來舉例）

10-20歲	30歲	40歲	50歲	60歲	70-80歲
陰影形成之歷程	開始發現及對抗	處理陰影	接納陰影	感謝陰影	轉化、綻放光明

　　此外，如果我們把能量狀態分成五種不同的強度，藉以說明人生與陰影

的關係，我們會發現大多數人一生中的狀態都是在＋1和－1之間旅行；而＋2或－2則是所謂的生命高潮與低潮；前者人人想要、後者個個想免，事實是——每個人通常都一定有一個高潮與低潮；甚至，從學習的觀點來說，唯有度過最低潮才不會再有更低潮吧。

表3-2　能量評估（＋2到－2之5點）與問題高低（低—中—高）

```
＋2：一生中最快樂的時候。
＋1：正向、積極、快樂、努力等人生常見的正面情緒狀態。
0：歸源於無並含萬有，也是所謂平衡（表面）或寧靜（裡面）的狀態。
－1：失望、挫折、焦慮、無奈等人生常見的負面情緒狀態。
－2：絕望、萬念俱灰、想自殺的時候。
```

而關於「零」的能量又有質地的不同，這和人生的經歷與修行的程度有所相關。例如：對名牌衣物的使用立場，可以從小時候的「不相干」，到青春期的「排斥」或「渴望」，再到成年期的「愛用」或「拒用」，最後再達到老年期的「不相干」這樣的歷程，這頭尾之間兩種「不相干」的狀態，內涵當然大有不同。因此所謂「天人合一狀態」，在作者之瞭解，就是把「有事變成沒事」的能力；這樣的人因為比較快能覺察陰影的存在或出現，所以可以同時選擇「放下」的反應，因此不需虛耗個人寶貴的能量，去生產負面的情緒經驗並與之對抗。

事實上，通常只有一個人能接受自己的陰影時，也才能接受別人的陰影。當修行到愈接近零的裡面層次時，也就是到了接近「古井無波」的境界，是最大的寧靜，也就是佛法中所謂的「常寂祥」。人的能量到了最後、最好的狀態大概就是如此吧。

六、情結與藝術媒材之引發

心理狀態有正面或負面之分，人看待問題時，表面上是認知反應為主，但實際上決定如何表現則為情感因素所控制。舉例來說，認知上感到不安時，情感上就會出現為自卑或自憐，行為表現可能就是自我放棄或過度補償。人類每個人的狀態都是受到這三個部分的影響。

榮格把這些因素糾結後之狀態稱為「情結」。在個人潛意識部分，我們

最重要的部分就是情結。所謂情結就是讓人特別喜歡、討厭、難過、或渴望追求等之部分，能把相關觀念和情感吸引到自己周圍的一種現象。當我們在個人潛意識裡存放愈來愈多的經驗後，就開始把它們組合起來，而成為所謂的情結（complex）。例如：如果要你對「愛情」下一個自己的定義，你若認為愛情應該是浪漫的，那感情的態度就不會太專情，而形成與那個情結有關的生活態度或方式。

情結不只來自我們過去的生活經驗，也包括來自我們祖先遺留下來的記憶和集體潛意識。奇怪的是：人可以相信生理的遺傳（例如：智商、相貌），卻不太相信心理的遺傳（例如：祖先遺傳給你的好勝心等），若合理觀之，遺傳應當能夠含納兩者。

每個人都會有情結，並且我們常常會將其合理化，試圖用來說服自己和別人，也因此我們每個人的觀點都不是客觀的。同時，我們也都受到情結的控制，情結何時稱之為情結？就是當我們不自覺的相信它之後就成為情結，因為我們已將其合理化。可以說，很少人對自己的情結是清楚的。因為它與今生或前世的重要資料有關，但事實上一般人多半只能由今生的角度來看待情結，意識到它與個人的經驗有關，例如：「一朝被蛇咬，十年怕草繩」的例子等。

情結常有被過分放大的現象。但心理諮商系統的作法是不用自己的立場去說服對方，而要接受當事人的立場「假設為真」。唯有能真正接受對方的心理時，才能夠接受對方的情結。此時處理對方的問題便是處理潛意識的問題。表達性藝術治療能夠結合不同媒材，像用鐵絲編織顯現生命故事，用黏土表現陰影的時候，當事人才會有具體的感覺出來。所以在榮格的治療中之所以使用許多藝術創造的方式，乃是因為這些東西才能夠碰到人的感受；碰到人的感受，才能碰到人的內在動機；碰到人的動機，改變才能發生。

七、「個體化歷程」與「自我實現」

榮格的「個體化歷程」，即是馬斯洛的「自我實現」。自我實現中的「真」是科學、「善」是宗教、「美」是藝術，這個世界上無論科學、宗教或藝術，只要一門深入就可自我實現。個體化歷程和自我實現，皆是先入世後出世再入世的一種旅程。

表3-3　榮格個體化歷程與人生階段之關係

「本我—超我—自我」→自我（面具、陰影、防衛機轉）→自性（self→Self）

幼年（0-12）	少年—成年（12-40）	中年—老年（40-60）

　　一個人一出生先入世，到了40歲有所領悟才開始出世，60歲以後體會更深時則再入世，這時才能完成精神上所謂的個體化旅程。倘若現在的你還停留在想拿高分、得學位或追求種種世俗之務，那麼就代表自己還停留在物質的入世階段，尚未邁入精神的出世階段。

　　大部分的人在20多歲，開始會對自己有一個重大決定，比方繼續唸書或工作等，而接下來的旅程，就是為當初所做的選擇付出代價。例如：某些女生很會唸書，一路唸到博士，這樣的女生在傳統文化的限制下，在婚姻方面的成績可能就不會太好。然而對榮格來說，20歲開始有：社會我—心理我—個人我的層次分別，我們必須將自己調整到可以接受的狀態，接受之後會轉變成成熟我、統整我，這就是成長的開始。而一個人的成長與修心有很大關係，覺察是很重要的課題，若只覺察而不誠實面對是不能成長的，反而會讓自身感到很痛苦，所以說覺察與誠實之間有重要的相互影響之關係。

八、「轉化的象徵」（Symbols of Transformation）

　　當一個小女孩走過青少年階段到結婚然後成為一位母親，是要經過好幾個階段的轉化，這些轉化也都包含著象徵。例如：唸幼稚園的時候穿著蓬蓬裙，可以很多事情都不會或不知道，但別人仍會覺得這個小女孩很可愛。可是如果一個媽媽還穿著蓬蓬裙，而且很多事情都不會，別人看待的眼光便和看小女孩時不一樣了。可見每個階段都會有其代表的特徵，心理上也是如此。在心理現象中看的是當事人對自己的問題有沒有過分防衛，防衛雖然是正常狀態，可是也顯示出對心理學沒有很多的瞭解。此外，如果某人能夠談論自己的問題，但是卻帶著很多的眼淚，或者出現很平靜好像在講別人的事一般之狀態，這兩種象徵所代表的階段就又不太一樣了，可見人類心理的成長是有不同的階段和表徵的。以改變的歷程而言，對佛洛依德來說只要去挖出壓抑的潛意識，就可以愈來愈瞭解自己是誰。榮格則覺得每個人的意識都包含

了潛意識，所以隨便說出的一句話都可以是潛意識裡的東西，兩個人的觀點一個是過去式，一個是現在式，切入的觀點是非常不同的。

九、「受虐者心理」與「施虐者心理」

人最基本的底限就是「活著」，「活著」本身有可能是非常動物性的，因此人具有陰影也是一種事實。當遇到每個人心中的陰影時，該怎麼處理？每個人在世界上都是各取所需，各付所該付出的代價。想要有個英俊的先生，就要冒著很多人也喜歡他的風險，一直得跟他的各個外遇對象對抗，這時候，「你是誰」就很重要了。如果當事人是個理想主義者，通常就會離婚，並且不再信任感情；但在這裡所讓她受苦的其實只是她的理想，而非這件事的事實。反之，如果這個當事人是從一個沒有爸爸的家庭中長大的小孩，就會有強烈的欲望——「無論如何都要維繫住這個家庭」，也因為這樣的需要，讓她在先生外遇這麼多年來，能夠做到忍耐，因為她的終極神話就是無論如何都不離婚，要跟自己證明這個家永遠都有一個叫「爸爸」或「先生」的人存在。

雖然這兩個女人的抉擇表面看起來似乎是不平等的，但基本上的心理需求卻完全平等。

而從二人關係的立場來看，施虐者與受虐者會藉由需求的交換而各自得到滿足。施虐者和受虐者在心理動力上的發現是，兩方當事人就是想要「扯平」，這件事才會不斷糾纏下去。受虐者的潛意識需求可能是「我挨你打，因為你其實很可憐！」施虐者的潛意識需求則是「為之前的受虐求一個公道！」。當一個太太二十年都在獨力養家，表面上似乎是她在拯救她的先生，但同時其實也在精神上癱瘓她的先生變成更無能。因此可以說；在施虐和受虐關係裡，不管這兩種人在外人看來是多麼不平等，可是他們其實在內心需求上都是平等的才會繼續下去。

換句話說，每個人的世界都被「私」（我執）所控制——凡被所控、必有所求。施虐者與受虐者，若非彼此可以扯平，事情無以為繼。然而如果易地而處，你我也可能會做同樣的事，除非你能調整原來的心性。因此，人不要假借「愛」的名義去做事情，更重要的，應該是去瞭解「愛」背後所蘊藏的真實機轉為何。

有三種關係影響到人的一生，「一人關係」即是人和自己的關係，「兩人關係」是父母、男女或子女彼此間的關係，「三人關係」即是團體（家庭、學校、工作場所與累世種族經驗）相互間的關係。若是一個施虐者用某種方式威脅受虐者不能離開自己（例如：傷害對方的家人），便是從兩人關係走到三人關係。因此在處理時，須介入「個人」和「家庭」兩個向度。目前心理學中的家庭治療多半只處理到「一人關係」在「兩人關係」或「三人關係（只包含家庭）」中的困擾，這是橫切面（現實）的介入方式；但海寧格式的家族治療則著重在「兩人關係」背後的「三人關係」（包含家庭與家族）之糾纏脈絡，從橫切面的事實心理因素與縱切面的脈絡心靈因素來同時看待與處遇事情。從橫切面來看，會有世俗對錯的評價；但從縱切面來看，事情可能就沒有如我們所看到的，有那麼絕對的對或錯，因為因果的脈絡已延伸到更完形的背景圖形中了。

十、與雙親的正向／反向認同關係

佛洛依德解釋自己跟異性親長（父或母）的關係，往往不是認同（模仿）就是反叛（反向認同）的結局。我們可以思考一下對自己影響比較大的是父親還是母親？以及他（她）給你們子女的感受主要是壓力或是期望？結果你可能發現個人內在所投射出來的自我，最後似乎仍舊是在完成與父親或母親有關的任務，例如：面對自己不負責任的父親，子女往往成為一個特別負責的人；或面對過分掌控自己之母親，子女也成為一輩子想要掌控男人的女人等。由此可見，人的選擇有很多時候其實是不自由的。我們若不喜歡自己雙親身上的某種特質，例如：「老實無用」，當然會希望自己的伴侶身上沒有這種特質，這便是「反向認同」，其實是因為自己「有」這種特質，才會希望對方身上「沒有」不是嗎？

十一、陰陽特質的平衡

關於這正向／反向認同的解說，廣義的部分又可看作是「陰與陽」的觀點。佛教的「有緣來投胎」，一般的說法是因為男女都是性荷爾蒙組合而成，女性就是女性荷爾蒙較多（一般稱之為「陰」），男性就是男性荷爾蒙

較多（一般稱之為「陽」），可是每個人都有分配不平衡的問題，所以我們會有陽性較強的「女生男相」，以及陰性較強的「男生娘娘腔」等各種組合之可能。

每一個人都包含男性與女性的特徵，一般來說可以用5：5的方式來解說。5：5為最好的比例，但依社會需要的觀點來看，在一個較穩定或是較傳統的社會中，7：3反而會是較適合的比例；反之，在一個變動性較大的社會中，還是5：5最適合，因為此種比例的彈性較大，較容易呼應環境的變化。

每個人都有陰陽組合的問題，如果一個女性的陽性特質特多，女性特質就相對較少，而她所找的對象通常就會是陰性特質比較多的人，如比較溫和或溫柔的人；但在結婚之後當事人可能會發現，這雖然使得相處容易但卻造成自己要負起較多之責任，久而久之可能會覺得對方無能。結婚擇偶其實就是每個人潛意識的呼求，找到自己沒有的「另一半」，而那另一半通常就是和你個人特質組合上能夠互搭的人。但在這些過程中，我們往往都是戴著面具找伴侶，呈現較好部分的自己，其實對方也是帶著面具與我們相遇，所以要到真正結合以後，彼此陰影的負面部分才會出現。結婚後之所以要有五到十年的適應期，就是因為我們到婚後才會真正露出本性，在這過程中人才會愈來愈瞭解自己，也才會被要求付出結婚的真正代價：忍耐或寬容。在相處過程中看對方不順眼時，就想改變對方，但當你很想改變對方的時候，不也是對方很想改變你的時候嗎！大部分的人要用二、三十年的時間來磨這些功課。結婚十年的人可能還是咬著牙在忍受，到了二十年時就會想「人生就是這麼回事」，等到快要老死的時候又會回過頭來珍惜，體會到對方也為自己做了許多事。

人生歷程就是這樣由正轉到負，再從負轉到正。所以「結婚」其實可說都是為了幫助自己個體化、完整化。但此「完整」不等於「互換」（例如：太太不會賺錢但很會買菜、先生很會賺錢但什麼事都不會做），而應該是「互依」——個性上的互補；這樣的情形在其中一個人死後，另一個人不會失去生活功能，依然可以自立。更進一步來說，人不一定要跟他人結婚，人更重要的是可以跟自己結婚——跟自己的陰影磨合。人生一場就是要跟自己相處，亦謂「陰陽和合」，這即是「中性人」的概念：女人能做男人的事，但不失去女人的溫柔或軟弱；反之，男人亦然。重要的是，在與親密對方相

處之過程中，完成讓此生人格更統整之進化目標。

十二、心理治療與心靈治療的交叉

　　一般而言，精神官能症是指治療後可改善的心理疾病，和某種內分泌過高或過低有關，也與家庭社會生活或生命經驗之失衡有關，例如：憂鬱症、焦慮症、邊緣人格、強迫性人格等。精神疾病則是腦內部化學元素之變化已經產生病變到一個程度，無法輕易改善而只能控制的疾病。例如：精神分裂、自閉症、失憶症等。在海寧格家族排列的錄影帶中，精神分裂或自閉症者（精神疾病）在做過家族排列後，仍是可以有（約三分之一）明顯的改善。因此，除了生理、心理之外，遺傳和學理的部分之研究都應該加入對第三個因素──潛意識部分之影響的探究。雖然傳統醫學觀點的看法認爲一旦罹患精神分裂，大多是無法治癒的，但目前仍有一些灰色地帶，是有待更多資料來澄清和發展。

　　榮格在其自傳中曾提到，「在今天所謂的精神官能症個案中，很多人在別的時代是不會成爲精神官能症的；這些人之所以成了精神官能症患者，是因爲人格分歧之故。要是他們生活在人可以藉由神話與他們祖先的世界聯繫起來，並且眞正體驗到了這些感受，……他們便可消除自身的人格分歧。我在這裡所指的是無法忍受神話的那些人，還有那些既無法找到通向科學角度來看的外在世界的道路，又不滿足於以聰明玩弄文字以自欺欺人的人。」

　　研究阿德勒學派的人都知道：幼年的虛構（擬）神話會形成日後的終極目標，甚至終身不悔。所謂虛構，就是別人看起來莫名其妙，對本人來說卻非得如此不可的價值觀，此即虛構。榮格認爲醫生如果不能從自身體驗來瞭解各種原型的神聖眞實性，這樣的治療只能獲得消極（表面）的療效。他這種看法，無疑的，是聯結意識與潛意識世界的一種立場。

表3-4 心理與心靈及能量之關係圖

	心靈學分類		心理學分類	能量學觀點
精神的生死	自性（Self）／靈性（Spirituality） ↓ 種子、命　　　善、美		無	紫（頂輪） 靛（眉心輪）
	自我（ego）／面具（下有陰影） 防衛機轉		超我 （外在規範）	藍（喉輪）
	（終極神話／一生中一定要做的事） 自體（Self）／心靈、靈魂（soul）、業（karma）		自我	綠（心輪）
	↓　　　　　　　↓ 情結（下有「原型」）個人／集體潛意識		本我	黃（太陽輪） 橙（臍輪） 紅（海底輪）

（何長珠課堂資料，2007.10.7）

　　圖示第二層，榮格在心靈的部分提到情結、陰影、人格面具，在靈魂的部分提到集體潛意識。圖示第三層則可顯示榮格所提出的自我（ego）和佛洛依德的自我（ego）不同，可見榮格的自我，包括佛洛依德的本我、自我、超我。

十三、何謂「大夢」

　　佛洛依德認為「夢是通往潛意識的大道」，而榮格則認為夢是在傳達訊息，具有補償、展望未來及未雨綢繆的作用。榮格對個人夢境和大夢（big dream）一直嚴加分別。大夢來自集體潛意識（collective unconscious），本質是一種原型。做夢者通常一輩子都會記得。榮格（1960b）「通常證明為心靈經驗這座寶庫裡面最寶貴的寶石。」（頁290）

　　大夢在榮格的定義中，一個是個人潛意識，另一為集體潛意識。而在我們個人一生中大約會做三到五次的大夢。何謂大夢？大夢通常會出現在人生狀況曖昧不明的時候，而且時間很長久，可長達三年、五年不等的時間，持續陷在同一個環境中沒有變化，然而那種時候若做了一個不太能解釋又會重複的同一類型的夢，如此就可以稱為大夢。大夢通常是對個人有意義的，做了夢之後，生活周遭往往會發生很大的變化，這就是個人的大夢。

筆者年輕時候曾經很嚮往出國唸書，但因為家庭狀況等因素，所以無法順利依照自己的意願做事。在這種情況下多年之間，常做到一些很類似的夢，夢到自己在游泳，但游了一段時間後，忽然發現自己怎麼在草地上游泳，站起來後又發現自己正在淺水中游泳，醒後才忽然體悟到自己的困境——是一種「龍困淺灘，無可奈何」的感覺。像這樣過了約五年，又常夢到自己總在天上飛，此時心中也才開始稍微有了瞭解——「一飛上天做蛟龍」，不久之後居然考上臺灣當時最大的一筆獎學金，而終於得到出國讀博士圓夢的機會，這便是大夢之例。

 第三節　重要技巧

一、曼陀羅（Mandala）的繪製

瑞士心理學家榮格採用梵語Mandala一字，來形容他及他的病患所畫的圓形圖。曼陀羅在梵文中具有「完成擁有本質、精髓的事物」的意義，榮格把它們解釋成自性與整體的一種原型表達，曼陀羅的意象通常在分析的過程中，出現於夢、繪畫或藝術作品裡，成為個體化已在進行中的一種證據。曼陀羅顯示了將個人潛力發揚光大，以及將你我內在性格模式全部實現的自然力；換言之，也就是聯通意識與潛意識世界的一種橋梁功能。

藉由神聖的幾何繪畫圖形用作靜思冥想的工具，由一個中心點向外放射的圓及方形構成，是通往中心（center）之路，使所有事物回歸到自性的0中心點這本是修行的目標。而榮格把繪製曼陀羅解釋成：靈性發展的目標在於「達到中心，完成個體化」。曼陀羅的圓形結構象徵自性／自體（Self），亦即個人存在的全部經驗與潛能，包括意識的與無意識的，賦予個人發展過程中的意義感與目的（今泉浩晃，1989；Maggie Hyde, 1995）。

二、榮格釋夢（Dream Interpretation）

榮格認為，絕大多數的夢是具有心理補償作用的，而夢可以從兩個方面來解釋：客觀方面，這是指夢者生活的外在環境；主觀方面，是夢者內心情境與過程的顯現。他非常強調要瞭解夢的整個系列而不是其中的某一個，其

中又以「大夢」的概念最為人所熟知。

　　榮格解夢的方法中，有兩個概念很重要。第一個是自由聯想，在一個病人敘述完自己的夢之後，榮格便會要求他們自由聯想夢中的各種象徵與形象，以備解夢意。榮格認識到夢中的每一因素都象徵著不同的個性，只有夢者才能破解而非他人；第二個重要概念是象徵之擴展：在獲取夢者的聯想並對其涵意與目的作出初步解釋之後，榮格便從各種相近的原型當中，尋求對於夢中象徵更高層次的理解，以擴充當事人對自己之瞭解與覺察（Robert, 1997）。

三、積極想像（Active Imagination）

　　積極想像又稱「主動想像」，是榮格開發出來的一門技術，用以增強和發展自己與無意識間的聯繫，特別是夢中或幻覺中出現的內在形象。在榮格心理學中，積極想像扮演著兩種角色，一方面被動地接納各種內在的無意識內容，另一方面又以靈活的方式，積極而有選擇性地予以應對。

　　積極想像與夢不同，因為在榮格看來，夢是自然產生的現象。然而積極想像也不同於誘導出的幻覺，因為在幻覺之中，個人總是在追逐著以自我為中心產生出的各種思緒與期望（Robert, 1997）。

 第四節　實務說明

一、活動設計

活動一：「我是誰？」
活動練習： 　和你的同伴一組，告訴對方「我是誰」？ 　但不能回答姓名、性別等社會普遍認可的答案。
反思： 　　自我本身就是一個情結。當我們不能回答普遍認可之答案時，此時就較易透露出個人的情結。例如：「我是一個喜歡自然的人」，此時就會透露出私我的經驗，也就是人對自己的看法。 　　自我情結不可能是我們實存經驗的全部，而比較可能是一個自我表徵，表徵即是象徵之意。例如：同學回應「我是鳥」時，這隻鳥可能有許多不同

（續）

的意象，如飛翔的鳥、迷途的鴿子等。不同的人有不同意象的回應，因此也顯示我們無時無刻在透露自我表徵的資料。

　　由上觀之，榮格強烈反對現代社會將自我予以理想化的意圖。因為每個人都是不一樣，不一樣的人若是訂出共同的理想時，反而是不夠客觀的。

活動二：面具（Persona）——指我們希望別人相信的部分

活動練習：

(1) 請告訴你的伙伴，你最希望別人認為你是一個什麼樣的人？你給予人的第一個印象為何？

(2) 請你的伙伴回饋對你的第一印象為何？

(3) 對於「你希望給予別人的第一印象」和「別人回饋給你的第一印象」的差距有什麼樣的解釋？

(4) 請你告訴對方，你剛剛合理化的是什麼？

分享：剛剛的練習對你有什麼樣的幫助嗎？

反思：

　　從活動的回應當中即可以看出一個人的統整狀態，當一個人的人格達到社會性成熟的階段時，他所期望給予別人的第一印象，與別人對他所表達出來而感受到的第一印象，會愈來愈趨於一致性。

活動三：我的陰影

活動練習：

告訴你的同伴，妳不能接受的自己之缺點是什麼？

（與活動二的「面具」作聯結，思考「面具」與「陰影」的關係。）

反思

```
┌── 面具（社會我）────────► 理想化／認同
└── 陰影（心理我）────────► 情結／投射
```

　　在榮格理論中很清楚的呈現「得失乃一體兩面」的特點。不過大多數人容易接受自己的優點，卻不願接納自己的缺點。其實我們的優點即是我們的缺點。如果我們有這樣的洞識，就能夠愈來愈接受自己。例如：

　　假設我們是一個非常追求完美的人，我們會對自己和別人有不自覺採取高標準的傾向，這可以成為我們的優點但同樣也是我們的缺點，因為當我們和別人相處時會讓對方感到有壓力。若你瞭解到自己有完美主義的特質時所做的就是去覺察和控制。我們都以為優秀就是儘量追求卓越，殊不知這樣的態度不盡然適用於任何環境之中，我們也必須學會放下的身段，以因應不同環境中的挑戰，其實，每一個人生階段都有個人需要調適和改變的地方，這才是人生的真相。

　　所以陰影是人類生存中很奇妙的機制，它也是讓自己能夠更優秀的唯一機制。生命中的不快樂、憂鬱可能來自陰影，但此陰影卻是使生命走向完滿的催化劑，因此陰影也可成為一種力量。

第五節 測驗

一、柯西與強生個性性向量表人格測驗（MBTI）

（一）施測

內外傾向人格測驗方案設計

活動題目	你瞭解自己與他人嗎？（柯西與強生個性性向量表人格測驗）
教材來源	個性：獨特的反應傾向（吳政宏，2000）
活動目的	1. 瞭解個人自己的性格特徵與類型。 2. 幫助不同性格的人，彼此互相認識、瞭解與接納。 3. 建立圓融及具成長性的人際關係。
活動時間	一小時
準備設備及材料	1. 筆 2. 個性傾向測驗卷（含計分表） 3. 筆記型電腦 4. 投影幕
測驗量表內涵	1. 本測驗包含91題，是以心理學家榮格（C. G. Jung）的人格理論為基礎，以 The Keirsey & Johnson Temperament Sorter（柯西與強生個性性向量表）為主，加上 *Celebrate My Soul* 一書作者 Dr. Reginald Johnson 上課講義與吳政宏所設計的題目綜合編著而成。共包括四組向度： 第一組：外向型（E）／內向型（I）：外向的人喜歡將精力專注在外在的人事物，內向的人則專注在內在的思想世界。 第二組：感官型（S）／直覺型（N）：測量個人偏好的知覺模式。偏重感官的人喜歡依靠五官感覺作為主要知覺模式；偏重直覺的人主要依賴心靈的間接知覺，來聯合思想或連接來自外在有關的知覺。 第三組：理性型（T）／感性型（F）：測量個人經由理性或感性的方法來判斷資訊。理性取向表示偏好使用客觀、非個人與邏輯的方式獲得結論；感性取向較可能依據個人或將他人的主觀感覺納入考量。 第四組：判斷型（J）／知覺型（P）：測量個人面對外在世界時，偏好判斷或知覺取向。判斷取向急於使用理性或感性模式儘快達成決定或結論；知覺取向習慣使用感官或直覺模式持續蒐集資訊，並儘可能延遲下判斷。 2. 根據四組向度的組合，產生十六種不同類型的人格。 (1) ISTP：冷靜旁觀、保守安靜，以好奇心來分析及觀察人生。

（續）

有出人意外的幽默，對與人不相干的原則、因果關係、機件如何運轉等較感興趣。專注於自己認為有必要花心思的事上，否則是浪費時間及精力。

(2) INTP：安靜、謹慎、考試出眾的，尤其在理論與科學的科目。擅於精細的推論，通常主要的興趣在理想，對宴會及閒聊沒興趣。

(3) ESTJ：實際、天生的生意人及機械專家。對那些看起來沒有實際利益的事不感興趣，但需要時也會全心投入。喜歡組織及經營事業、活動，如若能記得考慮他人的觀點與感受時，可以是位好主管。

(4) ENTJ：熱心、坦白，能研究的，各種活動的領導者，擅於條理分明及機智的談話有如公開演講。喜歡追求新知、有時展露出超越其經歷的積極與自信。

(5) ISFP：孤獨幽默、安靜、友善、敏感、仁慈、保守等特質，不強行將己見加諸他人。雖然不喜歡作領導者，卻是忠誠的追隨者。喜歡以輕鬆舒緩的態度來行事。喜歡眼前時刻，而不想因過分的匆忙或費勁弄拙。

(6) INFP：為人友善、充滿熱情與忠誠，但很少表達出來，直到他們清楚認識你後才表達出來。喜愛學習、觀念、語言與獨立作業的方案。具有一下延攬太多的事，然後再設法完成的傾向。但太重視人際關係，較少重視地位及生理環境。

(7) ENFJ：喜好交際、頗受歡迎、富同情心，敏於讚美與批評。敏感以及負責的。一般而言，能真正關切他人的想法與需求，且處理事物能顧及別人的感受。能輕鬆機智地提出計畫或引導小組討論。

(8) ESFJ：天生熱心腸、健談、受人歡迎、負責。積極的成員，天生的合作者，擅於製造和諧氣氛。總是善待某人，特別於受鼓勵、讚揚時，工作最具成效。對直接明顯影響人們生活的事情最感興趣。

(9) ISTJ：安靜、認真、集中注意力、徹底、實際、合理、可靠、有秩序的，喜歡事情有組織、負責認真的。只要是應該做的，就下決心完成，不管別人的勸阻或抗議。

(10) ISFJ：個性安靜、友善、盡責，全力以赴以完成應盡的義務，對方案、團體嚴守不踰，小心準確。其興趣通常不在技術方面，對需要處理細節的事物，頗有具體仔細應付的能耐。忠貞、體貼、敏銳、勇於關切他人的感受。

(11) ESTP：善於隨機應變，無牽無掛、隨遇而安，偏好機械事物與運動，合群、社會適應力強、頗能容忍。一般而言，此類型者具有保守的價值觀，不喜歡冗長的解釋，對於能加以處理、應付、拆開與組合的事物，頗為得心應手。

(12) ESFP：外向、隨和、接納、友善，有獨樂樂並與眾同樂的天性。喜愛運動及策劃，熱心參與周遭活動。對此類型來

（續）

說，覺得記憶事實遠比專精理論容易應付。對於需要豐富常識，以及處理人事之實際能力的情境頗為得心應手。

(13) INTJ：有創意思考，由自己的理想及目標所驅策。對喜歡的工作，不管是否有人幫忙，均能設法克服予以完成。具有懷疑、批判、獨立自主的態度，個性堅決有時近於頑固，為了能在重要的方面取勝，必須先學習在不重要的方面讓步或割捨。

(14) INFJ：以不屈不撓取勝，以創意完成要做的事。工作中表現他們最好的努力。沉靜有力的、忠實的、為別人著想的，敬重堅定的原則，喜歡被尊重，遵循他們認定是好的事物。

(15) ENTP：敏捷聰穎、富於創新、機靈與直言不諱。不能堅持某一觀點，喜歡改變主意，常為了好玩故意提出不同的論點。能機智的解決新的挑戰性問題，但可能忽略例行的工作。易轉換興趣，對所要的任何事物，都會很技巧的找到合適的理由。

(16) ENFP：熱情洋溢、精神抖擻，富創意、想像力，對於做任何本身感興趣的事，總能做得有聲有色。勇於解決問題，且樂於助人。常依恃其隨興自發的能力而不事先準備。無論想要什麼，都可找到牽強的理由。

實施步驟說明

1. 分組。（二人一組）（3分鐘）
2. 簡介四組個性的氣質特徵。（5分鐘）
3. 預先寫下個人認為自己的人格類型。（彼此暫不分享）（4分鐘）
4. 預先寫下個人眼中夥伴的人格類型。（彼此暫不分享）（3分鐘）
5. 填寫個性傾向測驗卷，將符合自己個性的選項（A或B）擇一打勾。（以直覺填寫）（20分鐘）
6. 說明如何統計測驗卷分數，二人一組互相為對方統計結果。（5分鐘）
7. 依表找出測得的人格類型：

思考型（Thinking Types）	ISTP	INTP	ESTJ	ENTJ
感覺型（Feeling Types）	ISFP	INFP	ENFJ	ESFJ
感官型（Sensing Types）	ISTJ	ISFJ	ESTP	ESFP
直覺型（Intuitive Types）	INTJ	INFJ	ENTP	ENFP

8. 檢視個人人格類型與預先之異同處，並自我分析。（5分鐘）
9. 分享實際與預測結果及感受。（15分鐘）

計分方法

1. 計算各橫行打勾的數目。
2. 按箭頭指示將打勾的數目相加。
3. 選擇得分較高的英文字母後，予以組合。
4. 依表找出測得的個性組合。

（二）解說

依據以上測驗結果，受測者依次分析寫出個人之面具、陰影、情結、防衛，以對自己有整全的認識。

舉例如下：

人格類型	ENTJ
防衛機制	
面具	
陰影	
情結	

參考書目

吳政宏（2000）。個性：獨特的反應傾向。臺北：永望。

常若松（2000）。人類心靈的神話——榮格的分析心理學。臺北：貓頭鷹。

張春興（1991）。現代心理學。臺北：東華。

馮川（2001）。重返精神家園——關於榮格。臺北：笙易。

楊素娥（1998）。榮格分析心理學派之神話觀。未出版之碩士論文，輔仁大學宗教研究所，臺北。

劉耀中（1995）。榮格。臺北：東大。

賴慧峰（2010）。教師生命意義與曼陀羅圖形的相關研究——以佛光山生命教育研習營教師爲例。未出版之碩士論文，南華大學生死學系研究所。

今泉浩晃（1989）。個人生涯設計——曼陀羅思考訓練實用手冊（彭德中譯）。臺北：遠流。

奧修（2004）。脈輪能量書Ⅰ：回歸存在的意識地圖（沙微塔譯）。臺北：生命潛能文化。

Burger, J. M.（1999）。人格心理學（林宗鴻譯）。臺北：揚智。

Capuzzi, D & Gross, D. R.（2006）。諮商與心理治療理論與實務（伍育英等譯）。臺北：培生。

Casement, A.（2004）。榮格（廖世德譯）。臺北：生命潛能。

Corsini , R. J. & Wedding, D.（2000）。當代心理治療的理論與實務（朱玲億等譯）。臺北：心理。

Eellenberger, H. F.（2002）。發現無意識——動力精神醫學的歷史與演進（劉絜愷等譯）。臺北：遠流。

吳康（譯）（1998）。精神分析引論新講。（原作者Freud, S.），臺北：桂冠。

Fincher, S. F.（1998）。曼陀羅的創造天地：繪畫治療與自我探索（游琬娟譯）。臺北：生命潛能文化。

Fincher, S. F.（2008）。曼陀羅小宇宙（游琬娟譯）。臺北：生命潛能。

Hyde, M.（1995）。榮格JUNG（蔡昌雄譯）。臺北：立緒。

James, A. H.（2006）。榮格解夢書——夢的理論與解析（廖婉如譯）。臺北：心靈工坊。

Jung, C. G.（1997）。榮格自傳——回憶‧夢‧省思（劉國彬、楊德友譯）。臺北：張老師。

Jung, C.G.（2006）。人的形象和神的形象（林宏濤譯）。臺北：桂冠。

Jung, C.G.（1999）。心理類型學（吳康等譯）。臺北：華岳文藝。

Jung, C.G.（1990）。榮格分析心理學——集體潛意識（鴻鈞譯）。臺北：結構群。

Jung, C. G.（1999）。人及其象徵（龔卓軍譯）。臺北：立緒。

Jung, C. G.（1974）。未發現的自我（葉頌壽譯）。臺北：晨鐘。

Robert, H. H.（1997）。導讀榮格（蔣韜譯）。臺北：立緒。

Stirling, J. D., Konathan, S. E. & Hellewell, K. S. E.（2002）。心理病理學（楊大和等譯）。臺北：五南。

Stein, M.（2001）。榮格心靈地圖（朱侃如譯）。臺北：立緒。

Sharf, R. S.（1999）。心理治療與諮商理論：觀念與個案（游恒山、邊光昶譯）。臺北：五南。

Schultz, S. E.（1997）。人格理論（陳正文等譯）。臺北：揚智。

Jung, C. G. (1959). *Conscious, unconscious, and individuation. In the archetypes and the collective unconscious, Collected works*. Princeton, NJ: Princeton University Press.

Schumacher, E. F. (1977). *A Guide for the Perplexed*. N. Y.: Harper & Row.

Walker, S. F. (1995). *Jung and Jungians on Myth*. New York & London: Garland Publishing.

第四章
存在主義與意義治療之理論與實務[1]

存在治療的運動有許多支流，並不是由一個人或特定團體推動成立的。它是1940到1950年代的一股哲學潮流，從歐陸各地的心理學和精神病學團體自發地湧出；目的是想要幫助人們解決一些當代生活中的兩難之境，如孤獨、疏離與無意義感等。一般認為，存在主義治療是一種影響治療實務的哲學取向，無確切的治療模式與特定的治療技術，並非一個治療學派，但其主要觀念與命題，卻對治療實務的應用極具價值。

存在主義取向反對正統精神分析和行為主義對於人性本質所抱持的決定論觀點。精神分析認為個人自由是被潛意識的力量、非理性的驅力，以及過去的經驗所限制，行為主義則認為自由是被社會文化制約所限制著。存在主義治療者雖然能夠認同在人類的處境中，這些觀點都有部分的真實性；但是更強調人類對自身遭遇的詮釋，有選擇的自由。其前提假設是：人們並非環境的犧牲者，我們是自由的，並且要對自己的選擇和行動負責。因此鼓勵當事人仔細思考生命，認清可選擇的替代方案，並在其中有所選擇與做決定，這些才是治療的目標。

存在治療取向視當事人的狀況為對生命感到厭倦，或不善於處理生活，他們需要被協助來詳細地檢查自己的生活領域，並決定最適合的道路，這樣一來就能夠找到自己最後的方向。存在治療是一種對生命價值和意義的追尋過程，治療者的基本工作是鼓勵當事人探索自身的各種選擇機會，以協助當

[1]　感謝以下同學之相關整理——釋見蔚、張毓芬、陳雅芳、許瓊月、簡伊佐、鄭淑芬、吳文淑、梁素妹、黃美玲。

事人創造出更有意義的存在。（李天命，1993）

存在取向的貢獻有以下五點：

一、把人放回治療的中心焦點，注重人類存在的實際狀況。

二、把死亡看成為一種正向力量的新觀點，認為死亡帶來生命意義。

三、提供一個完整的架構，來瞭解人類所關心的共同主題。包括：自由、孤獨、死亡、恐懼、焦慮、勇氣、愛等。

四、強調治療關係中人性的品質。

五、提供健全的哲學基礎，建立個人性的治療風格，認真處理當代人們所面對的掙扎。

代表人物主要包括Frankl、May、Yalom，以下將逐一介紹：（易之新譯，2003）

一、Frankl發展的意義治療法，乃是此一取向在歐陸的代表。

二、May則是影響歐陸存在治療與美國的人本心理治療結合之重要人物。

三、美國後起的Yalom融合個人之臨床經驗、研究、哲學與文學素養，而發展出獨樹一格的存在治療取向。

第一節　名詞釋義

一、存在心理治療的六大命題

存在治療強烈反對將心理治療認定為一種技術，這主要源自存在主義的人性觀，由此衍生出存在治療一系列指導治療的主要命題與概念。存在治療認為，存在的意義從未固定，且永遠不會固定，我們只有透過自己的投射不斷地創造自己。人類恆常處於一個轉換、蛻變、發展與成為的狀態，而「成為一個人（being a person）」暗示著我們不斷地發現我們的存在，並賦予存在新的意涵。但是這些現象卻有共同的存在主題，人們會提出「我是誰？」、「我過去是誰？」以及「我該何去何從？」等問題，這類問題所指向的就是人類存在的共同基本層面，它們可以被概括為以下六大命題（Corey, 2003）：

㈠覺察到死亡和非存有（Nonbeing）。

㈡焦慮是生活的一般狀態。

㈢追尋意義、目的、價值和目標。

㈣創造個人認同，建立有意義的人際關係。

㈤自由和責任。

㈥自我覺察的能力。

以下試就這六大命題，加以說明：

（一）覺察到死亡和非存有（Nonbeing）

存在主義者不把死亡視為負面的事件，他們認為對於死亡狀態的覺察能夠提供生活的意義；人若想瞭解生命的意義，就不得不思考死亡。如果我們拒絕接受人終將死亡的事實，生命將會變味並失去意義。反之，若能體驗到人終將一死，就能瞭解到並沒有無限的時間，能夠完成我們的計畫，而將更加重視現有的時光。換言之，增加對死亡的覺察，能夠增進我們的生命力和創造力的泉源，生與死並不是對立的兩端，而是互相依賴的，雖然物質上的死亡毀滅了我們的生命，然而對死亡意義之探討卻反能拯救我們（Yalom, 1980）。

「認清死亡」在心理治療上扮演著重要的角色，這會產生一股力量，讓我們改變舊有的習慣，並以更真誠可靠的方式來生活（Yalom, 1980）。因此存在主義治療的焦點之一，就是去探索當事人在他們視為有價值的事上，做到了什麼樣的程度。只要不是病態的將「隨時會死」的恐懼盤據在心中，當事人應該能夠發展出對死亡的一種健康之覺察，藉以評估他們目前的生活型態，並思考在自己的生命中應做些什麼改變。如果能肯定生命的有限性，並儘可能充實的活在當下，那麼我們也相對比較不會被生命的結束所困擾。

（二）焦慮是生活的一般狀態

焦慮，源自於個人為了追求生存的努力，以及維持和肯定自我存在的努力，這些都是人類必須面對的處境，存在主義者將焦慮分為一般性和神經性兩種。一般性的焦慮是在面對事情時適當的反應，這不需被抑制，更可作為

引起改變的動機。相對的，神經性焦慮較常不被覺察到，並且會使人產生無力感。健康的心理狀態需要減少生活中的神經性焦慮，而努力和儘可能的與一般性焦慮共存，因為事實是：若沒有任何焦慮，那麼生命將無法延續，也無法面對死亡（May & Yalom, 1995）。

存在主義治療者會幫助當事人學習，如何忍受曖昧與不確定，並學習不去依靠他人而活，這些都是從依賴到獨立的旅程中之必經路。當事人雖然在拋棄了過去的不當模式，且重新建立新的生活模式後，會伴隨著習性改變所造成的焦慮不安，但是當人能從新的存在方式中體驗到滿足感後，焦慮就會漸漸減少。

（三）追尋意義、目的、價值和目標

人類不同於萬物的特性之一，就是追求生命的意義和目的。促使當事人來尋求諮商與治療內在衝突時，大部分都以存在的問題為中心，例如：「我為什麼在這裡？」、「我想要從生命中獲得什麼？」、「什麼事物能賦予我生命的目的？」。存在主義提供了一套概念架構，來幫助當事人探索人生的意義：

1. 拋棄舊有價值的問題

當事人拋棄了傳統的（或是被灌輸的）價值觀，但卻找不到其他可以取而代之的新價值而處於真空狀態時，這個治療過程的任務可以幫助當事人，讓他練習以整體的生活和自我存在的方式兩者間之協調為目標，創造出一種新的價值體系。

治療者的工作是去信任當事人，有能力找到源自於當事人內在，且能提供他自身有意義的生活之價值體系。故在教導當事人以自己的能力，探索新的價值來源時，治療者對當事人的信任是非常重要的。

2. 無意義感

若當事人覺得生活似乎毫無意義的時候，可能會懷疑是否值得再努力，甚至懷疑是否值得活下去，依照Frankl的說法，這種無意義的感覺，是現代生活所不可避免的存在性焦慮感。

它有點像是Frankl說的「存在的虛無」（existential vacuum）──由於個

人命中註定的目標並不存在，因此人們必須面對自己創造自己生命意義的事實。經驗到無意義感和建立新的價值觀，都是極具意義的生活歷程的一部分，也是在治療中應處理的主題。

3. 創造新的意義

意義治療法（logo-therapy）的目的是在幫助當事人找尋生命的意義，治療者的功能並不是直接告訴當事人生命的意義應該是什麼，而是要點出一件事實：即使遭受苦難，人們還是能在其中探索到意義（Frankl, 1978）。

Frankl也主張，遭遇到痛苦、罪惡、沮喪以及死亡的人們，可以藉由挑戰個人的絕望，而贏得最後的勝利。然而意義並不是我們可以直接找到或是能獲得到的東西，這句話看似矛盾但卻是事實，我們愈是理性地去追求意義，愈可能失之交臂。Yalom（1980）和Frankl都認為：「像快樂一樣，意義是要間接地追尋的。」在生命中，意義的獲得，往往是人們執著地投入於創作、愛、工作或建設性工作後的副產物。

（四）創造個人認同，建立有意義的人際關係

我們每個人都想要探索自我——也就是說去找到（或創造）我們個人的本質及自我認同，但這並不是一個自動化的過程，它需要勇氣。許多存在主義的作家都討論到孤獨、無歸屬感以及疏離等現象，可能都是當事人無法和他人或自然界發展出緊密聯結後的結果。

一般人都傾向於從權威人士尋求指示、答案、價值和信仰，面對生命中的衝突時，不懂得信任自己，靠自己的力量從自身內在尋找答案：這種作法不但出賣了自己，成為他人期望下的存在，並且使自己變成了自己的陌生人。

1. 存在的勇氣

要學習從自身內在來指引自己的生活的確需要勇氣（Tillich, 1952）。我們努力掙扎著去探索、創造以及去維持存在之中深刻的核心部分。當事人最大的恐懼之一，就是他發現自己的存在沒有核心、沒有自我、沒有內容（substance），有的只是他人對自己種種期待後的反應。

在正式諮商時，治療師可以先邀請當事人，接受他們已經運用「失去自

我」的方式來生活這個事實，然後探詢他們用了哪些方式來讓自己無法和自我接觸。一旦當事人有勇氣承認這種恐懼，並將這種恐懼感用語言表現出來或和他人分享，那麼這種感覺就不再那麼難以抵抗了。

2．孤獨的經驗

存在主義者主張人類部分的處境是在體驗孤獨。但是他們也認為，我們可以透過探視自己的內心，去體驗分離的感受來獲取力量。不要忘了：我們必須親自賦予自己生命的意義，而且也必須獨自決定，自己應該如何活過這一生。

人類的存在事實是：既孤獨又得與他人聯結，這個命題看來像是個矛盾，但這樣的矛盾卻描述出了人類存在的本質。若想要逃避這樣的狀況，或是認為這種狀況應該被解決，都是錯誤的。每一個人終究是孤獨的——雖然他或她，可以用種種方式讓自己感覺好像不是如此！

3．關係的經驗

我們是人類，必須依賴和他人之間的關係而生存。我們希望在他人的世界中占有一席之地，我們也希望在我們的世界中感受到一些人的重要性。

治療者的功能之一就是幫助當事人去分辨他和別人的關係，是一種神經質的依附（像是永不分離之概念），或是一種雙方都能從這樣的關係中獲得生命肯認（life-affirming）的關係（分享而不占有）。治療者可以激勵當事人去檢定自己在這樣的關係中獲得了什麼，也可以幫助當事人探索，如何才能創造出有治療性的、健康的，以及成熟的人際關係。

4．與我們的自我認同搏鬥

覺察到我們終將孤獨的事實，會讓人感到可怕，有一些當事人會拒絕接受他們的孤獨和獨立，因為害怕面對自己的孤獨感。Farha（1994）指出，有些人因此陷入了儀式性的行為模式（如永遠有人保護自己），這樣的行為模式將他們固著在童年早期所獲得的意象或認同當中。他認為人們為了逃避存在孤獨本質的體驗，往往都陷入一種特定的行為模式中而不自覺。

治療旅程的一部分，包含了治療者挑戰當事人去檢視他們用什麼方式放棄了自我認同，特別是讓他人來決定自己的生命。存在主義治療者拒絕給當事人簡單的解決答案，治療者只會促使當事人去面對，他們必須獨自找到屬

於自己的答案的這個事實。

（五）自由和責任

　　一個存在主義獨特的主題是，由於人們擁有自由選擇的可能性，因而能夠在相當大的程度上決定自己的命運。即使我們好像是毫無選擇餘地的被拋擲進入於這個世界，我們的生活態度和我們成為什麼樣的人，仍然是種種選擇的結果。由於這種「本質性自由」的存在是不變的事實，我們就必須接下自己生活的責任。存在主義哲學家Sartre（1971）指出，我們會不斷地面臨到自己要成為一個什麼樣的人的選擇，事實上，只要我們存在的一天，這樣的選擇就不會結束。

　　我們得對自己的生活負責，還得對我們的行動以及沒有採取行動之後果負責。就Sartre的觀點而言，人們註定是自由的，他主張我們應承諾去為自己選擇。他曾說：「我們就是自己的選擇」。一種不誠懇的存在模式包含了兩個部分：其一是缺乏了為自己生命負責的自覺；其二是處於被動的狀態，並假定自己的存在大部分是被外在力量所控制著。相反的，「誠懇生活」指的是真實地探討與面對自己存在的價值。

　　Frankl（1978）也將自由和責任結合在一起。他的基本前提是：自由必須受到特定的限制，我們不是在任何情況和條件下都能自由的，但是我們也可以起而抵抗這些限制。最終的狀況是，這些條件都可經由我們自由的選擇來做決定，但是我們也須為這些決定負起責任。

　　治療者應協助當事人去覺察他自己和自由的密切關係，然後鼓勵當事人冒險學習去運用這些自由，若不這麼做，就是讓當事人處於殘缺的狀態，並且讓當事人神經質地依賴著治療者。諮商者必須做到兩項基本的工作：第一，邀請當事人去認清自己是怎樣讓他人來替自己做決定的；第二，鼓勵人們往自主和負責的方向前進。

（六）自我覺察的能力

　　身為人類，我們能夠反省和作決定，因為我們有自我覺察的能力。自我覺察的能力愈高，我們自由的可能性就愈高（見第五命題）。因此拓展自我

覺察，便能夠增進我們圓滿生活的能力。我們可以選擇去拓展或限制我們的意識，由於自我覺察是大部分人類能力的基礎，因此決定拓展自我覺察是個人成長的第一個重要經驗。

這樣的覺察包括了增加對各種選擇的覺察、影響個人因素的覺察和個人目標的覺察，這是所有諮商的目標。諮商者必須讓當事人知道，要花代價才能訓練出如實的覺察能力。

當我們更能覺察的時候，想要「溜回老套」（go home again）就會更加困難。對眼前的狀況置之不理可能會讓人感到安全，但同時也讓人毫無生氣；然而當我們打開自己內心世界的那扇門之後，我們雖可以預期得到更多的掙扎，但同時也潛在著更多願望的實現。

在這個任務中，治療者的主要工作就是去點出案主是如何侷限了自己的生活方式，並幫助他們覺察自己在促成當下的處境上扮演著怎樣的角色，由此使案主逐步接受改變自己未來所需承擔的責任。

至於治療者與案主的關係，存在治療強調的是人對人的關係，也就是強調在治療關係中「臨現」（presence）品質的重要性。因為治療師與案主在存在的本質是具有一種共在的聯結，因此治療師應以真誠的同理心與案主分享感受，並尊重案主有潛能來處理自己的困境（Corey, 2003）。

二、Viktor Frankl

（一）Frankl的意義治療理論大要（沈亦元，2003）

Frankl的意義治療所要治療的對象主要是，由存在空虛引發的存在挫折或意義的虛無現象，也就是他所謂的「心靈性精神官能症」或「意義性的官能症」。要針對這樣的現象進行治療，Frankl發展出他個人稱為心靈動力學的理解，此一理論內涵可概分為以下三大部分，意義治療的基本理論可以概括為三層，每層又分三個側面。

第一層的三個側面：1.意志的自由；2.意義（探索的）意志；3.生命的意義。

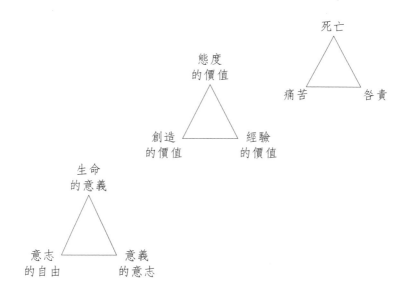

1．意志的自由

　　Frankl在第一層最基礎的意義理論中，首先肯定人具有意志抉擇的自由。雖然他並不否認人的身心構成，仍然在相當程度上受制於生理、環境與文化等客觀因素，但是人具有突破限制的精神自由，可以在生死交關的實存處境中展現出來，他自己在集中營的體驗便是例證。

2．意義（探索的）意志

　　Frankl認為，在存在主體意志自由的條件下，人的存在最具特色之處便在於，具有追尋意義、價值與目標的意志。Frankl強調，此一意義追尋的意志與傳統精神分析所謂的心理本能驅力不同，因為前者是主體的自由，後者則是被決定的條件。

3．人生的意義

　　這個側面指向具體的人生意義。Frankl認為，人生的幸福與否來自意義的尋獲，人若是只追求快樂幸福，而不反思意義，則幸福很容易便喪失，但是一旦能夠把握意義，則幸福便尾隨而至。此乃自由意志在追尋意義的過程中，所延伸展現出來的生命價值內涵。

　　第二個層次的三個側面指向具體的人生價值之義蘊，分別是：1.創造意義的價值；2.體驗意義的價值；3.態度意義的價值。

1．創造意義的價值

首先，Frankl所指的創造性價值是，個體生命所能給予他人與世界的眞善美價值，如藝術創造、工業發明、房屋建築，乃至各種勞心勞力的日常工作皆是。

2．體驗意義的價值

其次是體驗價值，Frankl認爲體驗價值一般要比創造價值更有深度。原因是它更考驗到個人在某種客觀條件被剝奪的情況下，仍能有主體意義賦予的體驗，例如：臨終病人的生病體驗以及Frankl自身的集中營體驗皆是。

3．態度意義的價值

第三個側面是態度價值，它比體驗價值還要高，因爲這是隱藏在生命主體一切創造及體驗活動背後的品質，它才是生命主體是否能成就終極意義的關鍵。

第三個層次的三個側面，可說是態度價值在具體生命情境中的進一步深掘，分別是：1.受苦；2.責疚；3.死亡或無常。這三個側面也是構成我們生命存在極限境況的主要意涵。

1．受苦

第一個側面，受苦是主體在追求人生幸福過程中的受挫經驗，它導致了身心靈與社會各層面的痛苦，而主體如何在此情境中賦予意義以實現主體價值，便是考驗之所在。

2．責疚

第二個側面，責疚是主體在承擔人生責任過程中的受挫經驗，它是受到限制的主體想要實現其主體意志價值時，因面對超過其所能所產生的痛苦經驗，例如：看到集中營同伴的慘死而束手無策的壓力便是。

3．死亡或無常

第三個側面的死亡與無常，則是所有人類都無法逃避的終極命運，它對主體價值與意義的考驗是最根本的一項（Frankl, 1967/1995）。

（二）分析方式

一般而言，意義治療法的分析方式，是企圖透過意義全觀的方式，擴大

案主的意識自覺，幫助他們釐清現實處境的課題，以及自身對此課題所需承擔的責任，協助案主做出符應其自我認定的決定。至於具體分析的方式，可以用意義治療針對自我評估的操作過程來加以說明，「意義分析自我評估」內容如下（Crumbaugh, 1987）：

1. 使個案能夠完全知覺到自己目前的處境。
2. 檢視其未被發揮的潛能，過去曾有但現在未能肯定的成就，及潛能所蘊含的是「期望成為什麼」。
3. 幫助個案尋找他所想要成為的存在（個案潛意識中一直在找尋，而能以自身潛能去實踐的一個新的生命的意義）。
4. 進行意義分析練習的表格填寫

　　表格一：終身的志向、雄心、目標以及興趣（終極神話／這一生不自覺要做的事）。

　　表格二：你在性格與環境上的優勢點（你幸運的助力），以及你的成就感。

　　表格三：你在性格與環境上的劣勢（你的壞運氣），以及你的失敗。

　　表格四：導致你衝突的特定問題。

　　表格五：你未來的希望：你真正想成為的生命存在。

　　表格六：你未來的計畫：對於你想成為的生命存在，如何去付諸實行。

　　表格七：進度一覽表（等個案有所進展時才開始填寫）。

　　在進行實際的分析步驟前，要先確定個案並無藥物治療的需要，或不具備器質性的神經官能（如腦傷）傷害，同時確定個案的精神問題主要是因存在空虛的狀態所引起的，然後才開始進行實際的分析步驟。配合上述七個表格，實際進行的分析步驟則如下：

1．步驟一（自我評估）：儘可能地面對挫折與不適的感覺

　　這部分是前述表格三與表格四的資料綜合。企圖是從案主存在受挫的負向經驗中，分析出形成當下惡性循環的困境成因。

2．步驟二：成就感與自信心的開展

這部分是前述表格一與表格二的資料綜合。所要檢視的是被那些痛苦挫折遮蔽的雄心、資質與成就。但是案主通常因為受限於第一階段分析中的挫折經驗，在正向經驗的呈現上往往會有大幅低估的情況，此時治療師需引導個案反省既有經驗中的正向質地，使個案自覺到其本有的成就與價值。如此個案才有可能開始接納自己，而這個接納的態度必須被強化，並建立起穩定的習慣，以取代先前被自我所排斥的傾向。

在進行這個步驟的分析時，同時要配合激發創造性的想像力，以及擴展意識的自覺兩項技術。例如：鼓勵案主每天花5分鐘的時間運用想像力去描繪自己想成為的那種受歡迎的人。

3．步驟三：尋找有意義的生活價值

首先，要協助案主對其生命經驗建立起真摯的接觸（encounter）關係，以克服其存在的疏離與孤獨，並尋求案主對治療師的真正認同感。

其次，需要著力發展的是克服案主對較高力量（high power）的懷疑，並協助其建立與較高存在層面力量的接觸。

三、Rollo May存在治療

（楊紹剛，2001；伍育英、陳增穎、蕭景容等譯，2006）

（一）理論大要

身為美國存在心理學及存在心理治療理論的創建者，羅洛梅（Rollo May）的存在治療理論極為博雜。首先闡述他所認定的六大存在特徵，繼而以他的焦慮本體論、愛的本體論為主要理論說明的對象，然後再略微觸及他對由此延伸出來的人格、意志與自由抉擇等觀點的論述。

1．羅洛梅（Rollo May）認定的六大存在特徵

(1) 自我核心：每個人都有不同於他人的獨特性。

(2) 自我肯定：個人保存其自我核心的勇氣。

(3) 參與：個體必須與他人交往，建立和保持必要的相互關係。

(4) 覺知：人對自我核心的主觀認識。

(5) 自我意識：以上四點與生物共有，但是人領悟自我的特殊能力卻是獨具的。

(6) 焦慮：與自我意識相伴而生，是人在面臨存在威脅時產生的痛苦情緒體驗。

2．焦慮本體論

他把焦慮放到本體論的層次理解，認為焦慮是存有肯認自己以對抗非存有威脅的經驗。根據此一定義，他進一步討論焦慮產生的根源、焦慮與人格和學習的關係，以及焦慮與恐懼、衝突、敵意的關係。

關於焦慮對人的存在之影響，他的基本看法是，焦慮既具有破壞性的力量，同時也具有建設性的力量。倘若人能面對正常的焦慮處境，從中汲取人格成熟的能量，則便能夠有創造性的發展。相反的，倘若人不能面對正常的焦慮處境，則其破壞性的能量便有可能對人造成傷害，甚至形成神經性的焦慮官能症。而這也是治療師在處理案主的存在議題時，需要具備的基本認識。

3．愛的本體論

如同焦慮的本體論一般，羅洛梅對於愛的存在性質亦有正反兩面並存的類似觀點。他認為愛欲這種人類存在最深刻的衝動，可以是一種退化的力量，也可以是一種進化的力量。

羅洛梅對於愛的基本觀點認為，愛是隨著獨立能力的發展而相對應的發展，因為只有能夠獨立自主時，才能在心醉神迷中奉獻我們自己和失去我們自己。至於愛的活動，性可以藉四種方式深化人的意識：(1) 通過柔情（tenderness）；(2) 通過肯定，一種有意義的認同感；(3) 通過超越自我；(4) 通過認識到做愛過程中，自己的全部快樂不只在於釋放緊張，而是要向對方付出。

羅洛梅更據此將其存在分析的觀點延伸至意志與自由的領域探討，以形塑其更完整的存在心理理論。

至於其心理治療理論強調的是，治療師與案主之間動力性的互動關係。他廣泛吸收佛洛依德的面談法、夢的解析、自由聯想，以及對童年生活的重視和理解。其他學者的參與觀察、人際關係學說、文化與人格理論，以及羅

傑斯的無條件正向關注、成長理論與會心療法等觀點，而後改造融入他自己的心理治療實務中（楊韶剛，2001）。

（二）分析方式與原則

基於對存在及人本的關懷與重視，羅洛梅並不特別重視治療的技術，不過他曾依據自己的存在分析觀點，以及他所融入的其他心理治療觀點，提出存在心理治療在分析治療時所應遵循的六點原則：

1. 治療師要肯認案主是獨立存在的個體，因而在技術上應採取靈活的態度。
2. 存在治療是兩個獨特個體之間的互動，而不只是分析者對被分析者的情感轉移。
3. 治療師與案主之間的關係要真實誠懇，應把案主視為存在參與者。
4. 避免治療師的行為阻礙和破壞另一個人的「臨現」（presence）體驗。
5. 治療的目的是使案主充分體驗到自己的存在。
6. 治療目標在使案主能正視自己的選擇，並做出符合自己存在道德的選擇。

四、亞隆（Irvin D. Yalom）

（一）理論大要

亞隆對治療的哲學立場是「人大於部分的總和」，不論我們再怎麼瞭解心靈的各個組成部分，還是無法瞭解到意義，因為意義是由掌管所有部分的這個「人」所創造的。所以任何意識形態的心理治療實證研究都可能造成錯誤，因為只是「有限」的瞭解。所以要契入另一個人內心世界最適當的方法就是現象學的現象本身，這樣才可能真正進入他人的經驗世界。這也就是同理心、臨場感、真誠、傾聽、不批判的接納等技巧所描述的狀態。換言之，要瞭解病人的私密世界，不要只把焦點放在病人偏離常態的架構中。

亞隆認為存在心理治療是一種動力取向的治療，把焦點放在基於個體存在而產生的種種重要經驗。但是此一取向拒絕簡化的定義，認為支持存在導

向的基礎，須是深層的直覺。亞隆相信，大部分經驗豐富的治療師都採取了某些存在之洞視（直覺），但是卻無法具體回答何謂存在取向。存在主義心理治療屬於正式理論之外並無法明確教導。很多治療師甚至不知道有這種關鍵成分（靈性）之存在。它很難描述、更難定義，有人可能定義其為慈悲、關懷、當下、深層碰觸、智慧等超意識（人中有我—我中有人）之狀態。

亞隆認為任何事情都有選擇的權利與責任，而選擇又有正負的代價。人的能量雖用於覺察，但是真正進行的時候，卻因為認知和行為的不同而使實相仍在差距之外。

因此，亞隆藉由佛洛依德與存在分析取向的對照，說明存在觀點的精神動力之不同：

1. 精神分析的基本動力結構公式：驅力→焦慮→防衛機轉。

2. 存在分析的基本動力結構公式：終極關懷的覺察→焦慮→防衛機轉。

亞隆在此所指的終極關懷，是當我們反思個人在世的處境、存在、界限與可能性時，必然會觸及到一切根基之根基，亦即「存在的終極深層結構」。這個反思的過程通常會被某些急迫的經驗（邊界處境）所催化，例如：死亡、自由、孤獨與無意義等而形成存在的動力衝突。

1. 死亡

瞭解死亡的不可避免，以及想要延續生命的慾望，兩者間的張力就形成存在衝突的核心。

2. 自由

從存在的角度看，自由意味著欠缺外在結構，只有虛無和深淵，於是我們面臨無所依據的處境，以及我們對根據和架構的渴望。這兩者間造成的衝突，便是存在性焦慮動力的來源。

3. 孤獨

不是寂寞沒有人陪的人際孤獨，也不是部分自我脫離人心後之孤獨，而是最根本的孤獨——脫離造物和世界的孤獨。個人孤單的進入存在也終將孤單的離開。於是我們不得不承認自己的孤獨，卻又渴望接觸，成為更大整體的一部分，這兩者間所形成的張力，便造成所有存在衝突的起源。

4．無意義

人是尋求意義的生物，卻被拋進未必有意義的宇宙，這個動力衝突變成了我們存在的基本困境。

亞隆認為：死亡、自由、存在的孤獨、無意義等組成了心理動力的主體基本動力結構。

此外，他也指出：存在動力學並不執著於發展模式，因為並沒有令人信服的理由來假定根本和最初是相同的概念，因此存在治療模式不囿於往事，反而致力於將未來逐漸變成現在。

但是這個觀點並不排除從發展的架構來探討存在的要素，因此兒童的死亡概念發展也可以成為存在治療的範疇。總之，存在取向對治療師的重大啓發——就是要能在治療過程中，承受存在所造成的根本不確定性這個特質。

（二）分析方式與原則

亞隆以死亡的心理治療，說明存在治療分析方式與技巧的例證。

1．死亡是一種邊界處境

所謂的邊界處境是指一種迫使人面對自己在世界上存在處境的事件，一種急迫的經驗。面對個人的死亡便是一種無可比擬的邊界處境，其力量足以使人在世界上的生活方式產生大規模的轉變。

2．面對死亡與個人的改變

癌症能治癒精神官能症。亞隆曾有一位患有嚴重人際恐懼的患者，在罹患癌症之後奇蹟似的恢復正常。並非死亡會消除生命之悲哀，而是預期死亡可以提供豐富的觀點，來關懷生命中更重要的終極眞理。

3．個案體會到生命無法拖延的處境

許多癌症病患說自己現在的生活更為充實，因為他們不再把生活拖延到未來的某個時刻去實現 。經由疾病，他們瞭解到只能活在當下——永恆的時態不在未來而在當下。

4．數算你的祝福

人們多麼容易忽略這個令人獲益的簡單訓誡。平常我們並沒有發現自己眞正擁有或眞正能做的事，反而總想著缺少或不能做到的事。瑣碎擔心、

名聲、自尊阻礙了成長的發展。但若能把死亡牢記在心，就能對無數存在的既定事實持感恩、欣賞之心。引述斯多葛學派的話，就是：「想學會如何生活，就要沉思死亡。」

5. 去除認同（De-identification）

大約只要30到45分鐘，選擇一個安靜平和的環境，請成員針對我是誰的問題，在不同的卡片上列出八個答案，最重要及接近核心的放最下面，然後請當事人沉思判斷——從最上面的卡片開始，放棄這張卡片（這個特性）會是什麼情形？直到被迫放棄所有八種特性（八張卡片）。然後再幫助對方反向進行，幫助其整合起來。此種練習可以產生很大的情緒和反思。

去除認同是阿沙鳩里（Roberto Assagioli）心理綜和論（synthesis）的重要部分，藉著有系統的方式要人想像去除自己的身體、情緒、欲望，最後是思維能力，試圖幫助人達到「純粹自我意識的核心」。

6. 日常心理治療中的死亡覺察

治療師無須提供經驗，只需要幫助病人體認自己周遭無所不在的死亡就好了，一般人通常會否認或選擇性的忽略、提醒我們存在處境的事，治療師的任務是扭轉這個過程，捕捉這些提醒我們的事，因為對方並非敵人，而是追求整合和成熟的有力盟友。

7. 他人的死亡與存在的覺察

許多人因為親近之人的死亡，而得以深入體認自己也會死亡。治療師可以藉著個案的夢境，協助個案整理眾多感受，運用更有意義的方式，處理當事人的每一種情結。

死亡焦慮也和生活滿足成反比。因為當生活令人滿意時，死亡比較不令人煩惱；生活較不滿意時，對疾病及其結果則會有較困擾的看法。換言之，一個人的生活滿意度愈差，就愈容易出現憂鬱、焦慮、憤怒，以及過度關心疾病和醫療照護水準等問題。表面看來我們可能會認為：不滿足和幻滅的人比較歡迎解除痛苦的死亡，可是事實上，反過來看才是正確的。

8. 重大事件

任何挑戰病人固定世界觀的事，都可以作為治療師的著力點——敲開病人的防衛，讓他看見生命內在的存在。治療師將會發現，發生在病人生活

中的重大事件（特別是無法挽回的事）都隱藏著存在的焦慮，例如：分居和離婚，這些經驗都是痛苦的，以致於治療師常常錯把焦點完全放在減輕痛苦上，卻忽略了深入治療內層的豐富契機。

9. 以人為的方法增加死亡覺察

有些諮商團體運用「存在性震撼治療」（existential shock therapy），請每個人寫下自己的墓誌名或訃聞。另有些治療師會運用引導想像的技巧來增加死亡覺察，要求參加的成員想像自己的死亡——會發生在什麼地方？什麼時候？詳細描述你的想像，想像自己的葬禮。其次是生命週期練習團體，幫助成員把焦點放在生命階段各主要議題與上述事件間之相關的探討。

10. 與垂死者互動

末期病人的團體治療常常強而有力，能引發巨大的情感，分享許多智慧，與垂死者接觸的可能方法如下：

(1) 邀請日常心理治療的病人參與觀察末期病人的團體。

(2) 引介一位罹患末期癌症的病人，進入日常的心理治療團體。

11. 給予治療師一個可以逐漸強化效能的參考架構

一個完整的信念體系（包括宗教和非宗教）能提供治療師安全感，就好像詮釋對病人的幫助一樣。信念體系讓治療師能控制病人臨床突發的種種素材，強化治療師的自信與掌控感，使病人發展出對治療師的信賴與信心——這是治療的必要條件。

（三）治療的立足點

1. 生活的滿足與死亡焦慮

治療師不能被往事嚇住，人並不需要重新過四十年完整歲月和整合的生活才會補償過去四十年陰影的生活。托爾斯泰小說中之主角伊凡‧伊里奇透過面對死亡所面臨的存在危機，在剩下幾天的生活中轉化了自己。可見即使只是溯及過往，便可使生命產生新的意義。

2. 減敏感法（Desensitization）

藉著重複的接觸，使人習慣任何事情——甚至死亡。死亡並不是人類存在處境的唯一成分，死亡覺察的考量只闡明了存在治療的一個面向。為了得

到完全平衡的治療取向，我們必須檢視每一項終極關懷治療的意含。死亡幫助我們瞭解焦慮，提供了一個心理動力的架構，作爲詮釋的基礎，它也是一種能夠激發視野大幅轉變的邊界經驗（Yalom, 1980/2003）。

 # 第二節　提問討論

一、存在主義四項基本精神──自我實現、對話的相逢、本眞性、在世存有之內涵

（一）自我實現

自我實現是實現人生在世的目標與理想，追尋生命意義，使個體趨向於成熟完整。以超個人心理學的觀點而言，自我實現是人不斷的改變成長與超越的歷程。以榮格分析心理學的觀點，自我實現即是走入個體化歷程，使人格意識中的正負、陰陽能夠相遇，繼而接納，最後達到統合。

廣義而言，每個人的一生都在追求自我實現，將一生中的重要事件互相交織；換言之，「自我實現即是個體化歷程」。狹義而言，若以POI的自我實現量表來看，人口中約只有1%-5%的人可以達到充分自我實現的程度；但廣義的說，每個人其實也都可以多多少少出現自我實現者的特質，像是能夠獨立、可以與人群相處等；不過其中某些向度，像是傾向孤獨、獨立，保有赤子之純眞心，喜歡做的事情會不介意社會標準等，則屬特殊向度；可見即使到達自我實現，也不等於社會適應良好（表面效度）。

存在主義談「自我實現」與「主觀時間」的關係，假設一個人一生中都沒有經過挫折，唯一一次的挫折是在大學時期的失戀經驗，那麼對這個人而言，大學失戀一事便可能成爲永遠的存在，在腦海裡這件事情永遠都不會消失，也永遠都不會改變。這就叫做「主觀時間」。主觀時間是很重要的，剛剛我們講過永恆即在當下，只是大部分人都做不到。自我實現特質的人就是能夠「常常（大部分時候）活在當下」。

在此本文作者延伸榮格的理論解釋爲，Self意味著已然成爲自己，它包含對自我、小我需求的瞭解，同時也容納其他小我需求的存在，因此是一種天人或人我合一的狀態。而self則意味著世俗意義的自我實現，照顧的主要

是自我需求的滿足。至於這兩者間的關係——每個人成長的歷程，首先都要
走過self（心理層次的自我實現，例如名聞利養之獲得），才能到達Self（心
靈層次的自我實現，例如由物質轉向精神之追求業）的境界。

（二）對話的相逢（Dialogue Encounter）

對話的相逢是一種靈魂的交談，意指兩個人的存在共同經驗到剎那間
的深度締結。尼采曾說過：「沒有共同的靈魂，就沒有共同的世界。」而且
靈魂本身可以藉眼睛這個靈魂之窗（帶有前世的記憶）來傳達，所以才會有
「來電」、「一見鍾情」等說法。

（三）本真性

人生存於世，其本真性通常都是受到各種虛擬的實相所遮蔽，處於一種
「背真」的狀態，只有在人生境遇中遭遇到重大事件，例如：接續遭逢巨大
的斷層時（如癌症—失戀等）才有機會暫時揭開遮蔽，進入「本真」。

每件事情如果能如現象所呈現般的真實時，稱為「實相」，實相其實
是會不斷改變的，所以才說人生「無常」。而且任何一個實相都有其正、負
兩面，所以才說「福兮禍所倚、禍兮福所生」。但事實上，由於人性趨吉避
凶的生物特性，大部分的人幾乎都只想活在正面的虛擬實相之中（如「我是
好人」），而且還不自覺的希望一切都是在正的假設（如「諸事吉祥」）之
中，這其實就是「被真」，也就是失去本真性。

（四）在世存有

一位病患被告知罹患癌症到其死亡這段期間，往往才開始追尋存在的意
義。個人因為時間感產生改變，在時間、空間的限制下，展開對生命（而非
生活）意義的追尋；反而有可能造就出「剎那即永恆」的現世存有之體驗。

二、綜觀存在主義治療

存在主義的治療是一種影響治療實務的哲學取向，雖然它不算一個學
派，因為沒有很確定的模式或技術，但它卻是所有學派的基礎。因此倘若一

個老師所學的是存在哲學，那麼這位老師上課的內容其實等同於一種正見治療，因爲它爲所有心理治療之理論提供一種哲學的思考，而哲學思考的本身，便是人性或人生意義的基礎。

每個人過去的經驗會變成現在價值觀的基礎，這可視爲是一種決定論；但存在治療提供的卻是一種反決定論，反決定論意謂：過去不會決定你的未來，只要你活在當下就可以對過去作修改。存在的哲學立場是：人永遠有自由，有選擇與負責的自由。憂鬱不快樂的人常常會說：是環境害我這樣！將責任放到對方身上，這其實是把自己放在沒有選擇權的情況下；但事實是在最壞的情況，人都有選擇權，例如：你雖然自覺是沒有選擇的得到癌症，但還是有選擇權決定如何過往後的生活，瞭解自己的選擇，然後創造出你的存在；換言之，存在治療所提供的是一種「沒有選擇時（下）的選擇權」。

助人的工作者之專業準備，其實不只要有人生觀而已，還要有哲學觀，存在主義在心理治療學派裡主要的貢獻也在於此！對我們「幫助別人」這件事，本身要先能鋪陳一個脈絡和背景出來。存在主義哲學主要的幫助，便是先提供一個重要的「本眞」背景之澄清。

以下將以四個存在主義的特質來談本章作者對心理治療的理解：（一）第一個觀點還是「存在」；（二）存在主義的取向反對傳統價值；（三）覺察自己；（四）後設認知。

（一）第一個觀點還是「存在」

存在不是名詞，而是一個動詞。是可以幫助我們理解「臨在」（presence）的一個清楚背景。我們跟別人在一起的時候，除了要覺察我想要怎樣、我討厭什麼、我、我、我之外，只要那個現場有另外一個人存在，那麼他就有權利選擇，「他想要／不要怎樣」；如此方可避免主觀。

（二）存在主義的取向

存在主義的取向反對正統（也就是古典）精神分析和行爲主義對人性所抱持的決定觀點，主要因爲在二十世紀的那個時代，最被強調的心理治療焦點是潛意識分析，存在主義認爲，既然我們身上已有一個潛意識的巨大存

在，那麼也就暗示某種程度我們是沒有辦法為自己作決定，存在主義所反對行為主義的理由亦在於此。前者是決定論，後者是經驗論，兩者都是存在主義所不同意的，因為當你相信決定論或經驗論時，也就是表示事無可為，沒什麼好努力的了。

精神分析認為個人的自由是被潛意識的力量、非理性的扭曲壓抑的一種封閉系統。何謂封閉系統？比方說我們這個文化裡若是大家都只能講好的事不能講壞的事，那就是封閉；而在一個文化中，人人若只希望自己有好而沒有壞，也算封閉系統。

各位今天能夠坐在這大學課堂裡，就代表我們都已經被社會化成功，社會化成功的現象就是二元思考，也就是對立性的價值觀。我們知道什麼是對的、什麼是錯的，什麼是該追求的、什麼是不該要的，而當這個世界有二元、對立的時候，我們才會有正負之別。心理治療的目的，通常也不外都是讓人由負轉正。可是請問：這真的就是世界上最終極的價值嗎？因為「正與負」的區別，往往都是社會及文化所製造出來的，所以要小心覺察！

（三）覺察自己

人大部分的時候不會去覺察自己的，他人給予批評時，通常第一個反應就是防衛。而如果我們不是一個習慣常常接受別人回饋的人時，我們自然也會不敢回饋別人，而把他人的「回饋」聽起來成為是「批評」。因此，我們每一個人聽別人講話，會在腦海裡形成對自己有意義的架構，可是我們需要發展的第二層能力，乃是「檢核」，就是當頭腦在聽別人說話產生意義架構之後，再度加以客觀檢核而非防衛檢核的能力。

（四）後設認知

人們總是習慣聽自己喜歡聽的，可是這並沒有辦法讓我們成長，成長是要混血，採納不同意見後統合的結果。所以，不管是什麼時候、聽到什麼、有什麼感覺，自己要學的是對這個感覺再作分析，meta-cognition knowledge，一般翻譯作「後設認知」，也就是對自己內在的認知（解釋），再加以覺察的一種知覺。

大家在練習自我覺察時，要練習「分離」的工夫。其實每一個人的內心都存在著兩個自我：社會化後的我與組成我的這個我。當面對事情難過產生情緒反應時，要能練習離開當時情緒的狀態，不管是痛苦、笑或哭，都將自己置於這件事情之外，要覺察還有另一個內在的我的存在；這在心理學上稱為「後設的我」，那一個「後設的我」正在看待這個「隨情境起舞的我」，這就是「分離」的練習。

三、對焦慮的覺察

一個悲觀傾向者或一個人長期處在不好的狀態時，所要做的就是去覺察自己的狀態，並能跳開當時的情境。不管用什麼方法，用正的鼓勵或負的刺激，焦點都只有一個，就是讓個案產生警覺，覺察自己又落入習慣的思考模式。因為人對自己習慣的思考，很難有所警覺，存在主義治療就是要讓當事人有這個警覺，讓他知道是「我」、「自己」選擇了這個狀況，當你有能力幫助當事人走到「我對這個狀況有責任」時，「有責任」這個部分就回到存在主義哲學很重要的特質，就是「自我選擇」的權利以及所承擔的義務。

除了瞭解現在是焦慮的以及瞭解自己為什麼焦慮外，我覺得對大家很有幫助的另一種作法，就是對焦慮程度加以「低─中─高」分類的習慣之養成。無論何時，當你有焦慮時，覺察自己是處於是低、中、高哪一種程度的焦慮。另外配合覺察自己是屬於一般狀態的焦慮（情境性焦慮），抑或是特質性焦慮。特質焦慮指的是天生緊張兮兮型的人，沒事還會找事來煩惱；情境焦慮則例如：某位老師發脾氣，因為上課學生都沒有回應，他揚言學生再不說話就不再上課了，讓學生對目前的情境產生現實的壓力。但是其實情境焦慮還是會因為當事人是否有特質焦慮而產生不同的反應。因此下次遇到焦慮的時候，鼓勵大家先去覺察自己的焦慮是什麼？又是哪一種程度的焦慮？如果知道自己是屬於高焦慮類型的人，就要常常提醒自己覺察，因為這種人往往習慣於對每件事情都過度反應而毫不自覺。

另外還要介紹一下所謂的神經質依附。大家知道依附型式有四種：安全型、焦慮／矛盾型、畏懼型、排拒型。這其中神經質依附屬於焦慮型依附：即希望自己與別人有好關係而獲得安全感，精神分析的說法認為可能是兒時與最重要他人的關係不夠安全，而產生的一種習慣性焦慮（但其實懷胎經驗

亦會產生影響）。這種類型的特質是對與他人親密關係的需求往往較高。例如：有人成長過程中，從小到大的每一個階段，幾乎都不能沒有好朋友的關係，但階段一過去之後，往往便無情地不再聯絡。

四、責任和存有之間的關聯

存在不是到死亡才會遇到，透過「我是誰」的澄清，我們即可瞭解個人現在最重要的角色是什麼。所以存在治療很重要的就是覺察，覺察什麼呢？亦即反思個人的專注、知覺與判斷。例如：現在死了一個人，你雖然面無表情，但心裡其實對此事一定會有所評價，像是「他是一個壞男人！」而你心裡是否覺察到那其實是因為家裡有個壞爸爸的緣故？**大部分人的覺察**都會要走過「先主觀、後客觀」的事實，而唯有當自己能夠開始思考「我是誰」，心裡對自己的反應產生一些細微的覺察時，才會產生新的自由與責任，這就是覺察。覺察對大部分的人是在遇到兩種情況下才有反應：一是有刺激的情況，而且是在負面的刺激下才會提高覺察的警覺性。但是每當人遇到這個「負面刺激」，通常會落入原有的習性架構中，若能覺察到自己的習性時，人才會比以前更自由、更能負起真正的責任，這才是對自己的真責任！而不是父母、學校、社會給你的假責任！這樣的人才會有新的創造，並在創造中追尋新的意義。

我們人在什麼時候會覺得幸福？是擁有的時候？還是失去的時候？還是失而復得時呢？正因為這樣，所以我們每天都活在不同的焦慮當中，人有很多種情況讓自己焦慮，而在存在治療裡面講求的是：覺察自己的習性來改變自己的「非存有狀態」。而這個非存有狀態於存在治療裡面有人稱作「假存有」，什麼是非存有或假存有？就是忠實於自己真正的感受並且重新定義你的意義，在忠實於自己的過程中，要想想看意義跟現在的生活之間有什麼關係？如果你的生活雖然朝九晚五非常有秩序，但是幾乎沒有介入任何個人內在思辨的生活，這樣的生活就叫作假存有。一般人常未經深思熟慮而活在假存在之中。假存在的來源，其一是過去的習慣經驗而形成，另一為合乎社會價值標準。合乎社會價值標準雖可得到些好處（如婚姻的安全感），但又不想付出代價承擔責任（如被綑綁住的婚姻），因此，一生處於連環錯誤中而

不自覺。眞存在因爲涵蓋著眞誠信念之抉擇，所以比較能對抗社會的壓力及外在的標準。

治療目標就是要幫助增加個人的責任感，當一個人的假存太強時很容易成爲個案。也許有人會問，如果一個人到死都沒有覺察，可是也活的好好的，何必須要覺察？這樣的人其實是白白來世界一趟，也就不能瞭解接下來所說的「擺脫習慣」。生活的習慣還能改，生命的習慣要改就困難了。什麼是生命的習慣呢？就是你的價值觀——活著的方式。所以我們要幫助對方瞭解是什麼形成他眞正的焦慮？焦慮有很多種變形的形式，例如：一個學生很焦慮，他可以不來上課、可以逃課、可以考試偷作弊、甚至退選，這都是他的焦慮因應。人在「被迫面對」的時候焦慮最大，所以「責任」就愈顯很重要。責任是讓當事人自願面對！所以存在治療很重要的技巧就是「澄清事實和解說」，不斷澄清和解說以增加思考與覺察，第二個技巧是支持當事人面對他們長期以來試圖逃避的焦慮。必要時得push對方讓他們面對現在的行爲，認清現在所採行的方式之所以不夠有效，是因爲當事人沒有眞正的存有過。幫助當事人以更眞誠的態度來接觸個人之生命，接納自己、別人和世界，這就是存在治療的目標。

五、病苦的意義

疾病對人的意義可分爲兩種，第一種疾病是對個人的磨難；第二種面對疾病只能有三種對應的方式：1. 逃離；2. 鬥爭；3. 接受，這是人的本能。人生必須經歷挫折，才有改變的機率（至少有機會但不一定會改變）。廣義地說大家都有某種程度的心靈疾病，這主要是因爲執著與放不下所造成。

另外，雖然存在主義未必把死亡視爲負面事件，反而主張察覺死亡更能夠提供生命的意義，但在臨終者身上，有時候很難透過存在主義之治療，協助其建立健全的生死觀，這主要是因爲絕症患者在臨終時，整個身心靈狀態都在下降，此時已無法透過任何治療來讓患者有所覺察，所以平時就應提早就這方面有所領悟與學習。最近曾與一些醫護人員討論，某些患者若能於剛診斷出惡性腫瘤之時，就開始進行心理治療，透過早期自我覺察，或許更能達到效果。

六、存在主義與宗教的關係

（一）無神論與有神論的存在主義

1．無神論存在主義

(1) 沙特（J. P. Satre）──自爲存有

要把握沙特的思想，一定要瞭解自爲存有（being-for-itself/pour soi）與自在存有（being-in-itself/en soi）的基本區分。自在存有就是物質的存在，它沒有過去、現在和未來，只是依循著自然定律運動，它就是它自己。自爲存有是指意識（consciousness），意識是有對象的，但意識不等於任何對象，並且是自由的，它是向著未來的，所以它可說是被它「不是什麼」來界定的。沙特經常用虛無（nothingness）來形容自爲存有。

自爲存有的一個基本特質是自由，「自由」的行動是自決的，不是由外在或內在的條件決定的，所以自爲存有可說是自己創造了自己。既然如此，不肯去爲自己的存在負責任，而將責任推卸在環境、他人或角色的要求上，都是不眞實的存在──沙特（1966）稱之爲「假存有」（bad faith）。

另外，沙特也提出一些論據去否定上帝──認爲人藉著把自己躲藏在宗教和科學裡，不去超越自己和創造自己。所以宗教只是用一種屈從於神的道德觀念去束縛人，而信仰本身就是一種bad faith──循著這樣的脈絡，我們可以接續自問以下的問題：

1. 我是誰？
2. 我自己是誰？
3. 矛盾的我是什麼？
4. 我所遇到的現實與理想是什麼？
5. 我想成爲的是什麼？

一般人回答「我是誰？」的問題，其答案往往都是社會性角色的扮演（父母─夫妻─子女─師生等），這樣的答案是屬於外控型（認爲環境由外在所控制）的人格。中國傳統文化即非常強調這種外在角色之完成（如盡忠、盡孝等倫理）。但事實上，理想的人格應該在兩者之間求取一種平衡；太過於外控型或內控型的人，都需要爲此付出代價，不能等同眞正的自我

實現。

(2) 齊克果——丹麥的哲學家（Kierkegaard, 1831-185）——存在先於本質

他提出個人選擇自己的看法，認為每個人來到世上雖然在集體中出生、生活、死亡，但是決定自己一生要成為怎樣一個人的還是由自己決定。這就是存在主義中存在先於本質的概念。

(3) 尼采（Nietzsche, 1844-1900）——自由意志

強調人的自由意志，認為假使我們釋出的自由意志能夠凌駕外界的力量，則我們將更有創造力與原創性，這也就是他所謂的超人。

尼采有一句名言：「只有知道為何而存活的人，才能夠承受如何生存的問題。」以這句話，我們可以來做個練習，每個人生活中自認為最重要的生命價值觀是什麼？是為何而活呢？請每個人提出一個自己的主要價值觀。

尼采認為某人認為自己運氣不好，例如：中國的女性容易有宿命觀，此種情形就是不接受個人責任的虛偽。當人說是命定如此的時候，以尼采的觀點來說就是不接受個人責任的說法。

(4) 海德格（Heidegger, 1889-1976）——自由與責任

指出個人在單獨自處時，才會發覺自身的自由，瞭解自身的命運全都操作在自己的手裡，因而感覺到自身責任的重大，並產生焦慮。

海德格相信世上有兩種基本存在的模式：

①忽略存有狀態：沉浸於生命分散注意力的日常瑣事中，逃避、墮落、麻痺、藉著不引人注目而逃避選擇。海德格稱此為不真誠的模式。

②注意存有狀態：人能真誠的存在。不只注意存有的脆弱，也會注意自身存有的責任，會碰觸自我創造、掌握改變自己的力量，覺察自己是超越的自我，也是經驗的自我。擁抱自己的可能性和極限。

(5) 保羅‧田立克（Paul Tillich）——宗教是人的終極關懷

保羅‧田立克則用存在主義的模式來定義並解釋宗教，他從傳統假定的神聖領域向世俗領域靠近，肯定今生此刻個人的主體經驗。人的終極關懷是把以往強調人的超越、和世俗絕然不同的世界，慢慢移轉到和今生今世與此時此刻有所相關的境界。他認為這種關懷也是終極關懷，應該可以屬於一種宗教。

這種說法為人文主義開拓出另一空間，也擴大了宗教的定義和範圍，這在當時是很重要的觀點，今天仍有很多人引用他對宗教的看法，來證明世俗流行的思想也屬於宗教，如馬克思主義的信徒把其建構的理想世界當作終極關懷，所以馬克思主義也應算是宗教的一種。

(6)馬丁布伯——宗教是人與神、人與人之間心靈的契合

猶太裔的馬丁布伯（Martin Buber）認為宗教重在人和神的關係，宗教的目的在人與他們所崇拜的神達到最後的秘契，它主張不僅是人和上帝，還要在人和人之間達到心靈契合的秘契，這才是宗教最重要的本質。

（二）有神論的存在主義

1. 馬丁・布柏（Martin Buber）

他是一位猶太籍的神學哲學家，其主要貢獻為提出「我—它」與「我—汝」之異同。他認為當人的主要價值觀為前者時，其對世界與他人之觀點是功用取向的——有關係時用之、無關係時棄之；因此是以自身存在為中心的一種世界觀，也可視為是個人主義原則表現之極致。但當人的主要價值觀為後者時，則傾向於將自己與他人的重要性可以並列，因之才有可能產生同理或合作互助等關係型態！

他的這種價值觀運用到神學上，所主張的是有神的存在主義，認為神的存在是所有「我—汝」關係之基礎，而且先於所有我—汝／它的關係而存在。就此觀點而論，神，是所有人類有意義關係之本源與發生之場所！因為就布柏而言，一個人正是因為與自己及他人之關係交會才遇到神的；所以他的名言是——「在與世界完全存有的交會中，你就會遇到神」；而所有的顯現並因此發生。（http://www.myjewishlearning.com/beliefs/Theology/God/Modern_Views/Encountering_God.shtml）

2. 祁克果（Soren Kier Kegoard）

倡自丹麥的祁克果，重視個人生活，以個人的自覺回歸於存有。其後存在主義者，主張有神的有雅士培、海德格、馬色爾等，主張無神的有沙特等。存在主義以人為中心、尊重人的個性和自由，認為人是在無意義的宇宙中生活，存在本身沒有意義，但人可以在存在的基礎上自我造就，活得精

彩。

　　有神的存在主義這一名詞最早由法國有神論的存在主義者馬賽爾提出。存在主義是一個很廣泛的哲學流派，主要包括有神論的存在主義、無神論的存在主義和存在主義的馬克思主義三大類，可以指任何以孤立個人的非理性意識活動當作最眞實存在的人本主義學說。

　　二十世紀的60年代以前，在西方的存在主義者始終可以分爲有神論與無神論的兩個陣營（後者比如薩特），他們共同描述了人生是不能被證明有什麼永恆價值的、人生是不可能自行脫困的、是荒謬的、被拋棄的甚至是一場災難（奧特嘉所言）。這一些無神論的存在主義者，以卡謬爲代表選擇做一個誠實而孤獨的人。

　　存在主義者對虛無（Nothingness）根源的判斷便是兩派論者的差異所在，有神論的存在主義者沿用了全部無神論存在主義者的說法，並提出結論說：正是因爲人類離開了他們的造物主，所以才會陷入這種莫名的虛無感當中，人生的價值也因此只有在與造物主的聯合當中才能體現出來（引自維基百科，zh.wikipedia.org/zh-tw）。

（三）宗教與存在哲學的關聯性

　　社會價值觀（富裕、有地位、高學歷）、家庭價值觀（賢妻良母、好男人）、個人價值觀（自我實現）構成了人生追求的旅程。人們在追求這些的同時也產生了一些痛苦和抉擇，進而思考我是誰？我這一生要如何活？所以廣義的定義而言——任何一個人只要他面對自己的生命眞誠抉擇、認眞思考，那麼他就可以稱的上是個存在主義者。

　　追尋意義並做意義的抉擇過程中，不見得每個人都能得到滿意的答案，有些人就會走入宗教（佛教或基督教等）。

　　信奉宗教的人認爲每個人都有光明的種子——都是光之子。不管什麼宗教都是帶領你走向光的旅程。人類的開始都是從光開始的；光代表物理、代表熱，光如果沒有能量是不可能繼續發展的，宗教哲學認爲過去信奉的是肉身的父母，現在則是心靈靈性的父母，信仰是由心而生的。信奉佛，佛就在你心中，最後我就是佛；信奉基督教，基督就在你心中。人生的意義也是走

向光的旅程，一旦修行成爲光（天人合一的狀態），就可望成爲宇宙存在的一部分。

（四）結論

西方的宗教哲學是從基督教神學研究慢慢演進而來的。有學者認爲基督教與哲學的關係是互補論，基本上是正確的。如黑格爾認爲哲學與基督教是互補的，因爲基督教也是表達同一種眞理，只是用神話的方式，而不是理性和概念的方式而已！另外如東方信仰所追求的「道成肉身」，則是用象徵之方式表達「神性與人性是同一的」這樣的哲學眞理。

其實生命是豐富的，而並非哲學或宗教可全然涵蓋的，所以也不代表哲學或理性以外就沒有可信賴的東西。重點是——不管是宗教或存在哲學都是需要靠「人」去實踐才能完成的。離開了「人」的存在的事實，就只是文字而已。

七、「高峰經驗」與「個體化歷程」的比較

馬斯洛（1968）所揭示的「高峰經驗」或「超個人經驗」，是一種靈性達到高峰狀態的心境，類似「天人合一」、「天地與我並生，萬物與我爲一」的境界。古今中外的宗教、哲學家、藝術家，甚至戀愛中人都有類似的經驗。這可以說是靈性達到了一種出神忘我與圓融的境界。馬氏認爲此種經驗是人生最幸福圓滿的時刻，在此高峰經驗中，人可以坦然面對死亡的來臨而解脫生死。而且高峰經驗有一個特色就是處於一種完全無憂、無懼、無壓抑、無防衛、無控制的境界；雖然短暫卻很透徹，是一種暫時對壓抑的完全捨棄。所有一切的恐懼在刹那間，都會消失始盡或戛然而止。

心理學家榮格（Carl Gustav Jung, 1876-1961）在自傳中，曾敘述過自己的死亡經驗。他在一次心臟病發作，瀕臨死亡邊緣時，覺得好像漂浮在離地球表面很遠的地方，他知道一切都要過去了，雖然這種感覺很痛苦，卻給了他很強烈的滿足感。後來榮格知道他必須回到人世間，心情反而沉重萬分。接下來的幾個星期，榮格一直處於瀕臨死亡的狀態，而且看到最美麗的幻象、有過最美麗的體驗。

第三節　重要技巧

一、治療技術

意義治療可視爲是存在主義的後續，原文爲logotherapy。「logo」是希臘字，它相當於英文中的意義（meaning）。其焦點放在「人存在的意義」以及「人對此意義的追尋」上。也是存在心理學應用在治療心理疾病上所發展出的一支最重要的諮商理論，亦被稱爲「維也納心理治療學派」。

意義治療大師Frankl（1963）提出以下幾種作法：

（一）矛盾意向法（Paradox Intention）

對於預期焦慮的病人，Frankl提出矛盾意向法，要病人故意去恐懼他所害怕的東西，使病人的態度顛倒。使當事人可以客觀的觀察自己的焦慮，茲舉一個案例如下：

一位年輕的醫科學生，每當他要進行手術時，就會開始擔心若主任走進來，他就會控制不住的發抖。所以他只好在每次手術前喝大量的酒，來克服這個困擾。為了改善這個情況，治療師要他每當主任走近手術室時，就對自己説：「主任來了，我要向他顯示我是多麼善於顫抖。我一定要表現給他看，我可以顫抖得多麼美妙。」經過這樣的治療後，個案的狀況果然有了改善。

由上例可看出，矛盾意向法應用了人類所特有且附屬於幽默感的自我超越能力，使個案能與自己的困擾保持一段距離。不過在運用這些技巧時，治療師需要確定創造出眞實的意念取向來否則便不能成功，因爲沒有意向，便沒有改變行爲的力量。

（二）減反省法（De-reflection）

減反省法適用來解決當事人的過分注意和過分反省，繼而開始行動。反

省通常是潛意識的自動化思考，反省過度時往往會阻礙了行為的進展。因此必須藉著減反省來重建自己身心。減反省法的另一功用是希望當事人能將注意力轉到生活的積極面，朝未來的方向看，而避免將注意力集中在目前的困境。茲舉案例如下：

一個19歲的女精神病患來找Frankl，當事人一直將焦點放在自身的病症上，急欲知道到底是什麼原因導致她的問題，但Frankl則要她將注意力轉移此問題，他說：「我知道你的內在現在正有些危機困擾著你，但就讓我們暫時將這些困擾忘掉，看看還有什麼別的等著你去完成。」

由於造成當事人精神疾病的原因有許多是無法改變的（當事人的家族病史、家族遺傳的焦慮體質），因此Frankl採用減反省法，希望當事人能藉著思考未來生存的意義和方向而減少目前之困擾（Yalom, 1931）。

二、存在治療學派的輔導

係奠基於一種「引導而非主導」的人性觀。其治療目標不在於排除個案的內心衝突，而是幫助個案洞察自己的狀況，並且察知自己的慣常行為模式，激勵他們跳脫出被害者的身分，以一種「暫時與當局者分化」的角度重新認識自己；換句話說，也就是要求個案訴說自我、解釋行為背後的欲求，提供個案洞察自我行為的能力，看清楚自己過去畫地自限的束縛，頓悟一個人的孤獨，明白活著就是一種向死亡靠近的必然，以便調整追求存在意義的腳步，掌握真正想要而且自己給得起的人生。

人要尋求意義是其生命中原始的力量（Frankl, 1995）。張利中（2001）認為：能夠「尋獲生命的意義」，似乎是人類在面臨許多困境與災厄的最終解決之道。

三、自我認同

把自己的角色認真的扮演好，自然會得到生命價值的實現與意義的昇華。

「自我認同」是一個自我建構（self structure），代表一種存在的狀態，也是個人的驅力、能力、信念等內在自我建構的動態組織，這建構的內在元素會隨時間的改變而不斷的汰舊換新，經歷一段時間後，其整個結構可能會有些改變。故整個建構發展愈好，則個體愈能體會自己的獨特性和與別人的共同點，愈清楚自己的優缺點及自己如何在世上走出自己的路；反之若發展不好，則個體愈不清楚自己與他人的異同，愈須依賴外在評價自己。

四、覺察

自我覺察可以決定自我的發展，不斷的覺察帶來持續的成長。

（一）自我覺察者的特色

1. 瞭解自我身體狀況、認識自己不同的特點。
2. 能認識瞭解自己的內在感受及情緒，察覺自己對很多事物個人的想法。
3. 瞭解過去家庭與學校生活如何影響自己的發展與成長，知道自己的理想。
4. 清楚自己的溝通模式。
5. 瞭解自己在群體中同時扮演多種角色，與各種角色對自我的要求。

（二）自我覺察訓練

1. 整理並記錄自己從小的經驗與感受。
2. 主動分享、願意傾聽：可運用「周哈理（Johari）窗戶」的四個人際知覺狀態來做練習。

周哈里窗戶（J. Luft & H. Ingzam, 1955）

你知 我知	你知 我不知
我知 你不知	你我 都不知

3. 將焦點移回到自己身上。

4. 學習運用不同的情緒字眼描述自己的感受。

5. 不再逃避問題:「沒關係、過了就好了,時間會解決……」。

假設個案說出了自己的主觀印象,那麼諮商員就可以回饋個案較客觀之觀點,當兩者交叉碰撞,則可以為個案帶來新的感受。簡單來說就是個案與諮商員之詮釋,經過溝通與澄清後,則可望為個案帶來新的選擇。

五、反思

意指學習從不同的觀點看待問題,存在意義治療應由不斷的反思而得之。

每當思索某個主題達到一種結論時,可以想像有一個與你相反立場的人會如何質疑你的結論,此時,你該如何解釋與回答。這種心智的鍛鍊,久而久之可以讓人很快地思考回應解決對策,甚至能「引導」對方說出矛盾之處。這種與內心對話的過程中,常常需要自己找出一堆問題來,思索並解答之。最親密的「良師益友」,英文稱之為「Mentor」,就是你的內心。這種與內心對話的過程,稱之為「反思」。常帶有反求諸己的意味。所以,反思=自我省思=換個角度想一想。

反思是有系統且有自覺的思考,一個反思的人不僅會對自己的行為、決策等深刻的去思考,也會對看到或聽到的事務反省與省思,還會利用各種不同的資源(經驗、研究報告、別人的忠告及意見、個人信仰及理念等)來幫助自己做決定。一個懂得反思的人,思考一定是多面向及多元的,而且對別人的意見、看法和建議,都較能抱持開放且容許的態度。

六、真誠(真實)

一個人的存在之「真實」或「真誠」,是哲學,也是心理諮商或自我成長的前提。

真誠是自我的完善。因此,君子以真誠為貴。不過,真誠並不是自我完善就夠了,而是還要完善事物。自我完善是仁,完善事物是智。仁和智是出於本性的德行,是融合自身與外物的準則,所以任何時候施行都是適宜的。

但是要修養真誠就必須做到物我同一、天人合一。而要做到這一點，既要靠學習來理解，更要靠實踐來實現。自己的真誠更容易啓發他人之真誠，當真誠無處不在、無時不有時，世界也就更美好了。

七、臨在

可望不可求的人生禮物！

二十世紀20到30年代，德國和法國二位作家分別地把他們思考成果公諸於世。一位是馬丁·布柏（Martin Buber, 1878-1965），另一位是馬賽爾（Gabriel Marcel, 1889-1773）。各人在出版自己的書之後，才發現了對方而互有似曾相識的感覺。歸納來說，他們的哲學都強調一種人與宇宙及他者的深度交往。好像人的靈魂（本體）參與到表象（當下）之中，層層的面具都「剝」下後，靈魂在幾乎不自覺的情境下親自登場，進入人與人——我、與物、與神的關係中。這種經驗叫「臨在」，是心與心的「邂逅」，彼此整個地施與受，是無價的人生禮物。人唯有如此的經驗，才能體會何謂真活、何謂真正幸福、何謂價值。

臨在中出現的對象已從時空存在（存在的初義）一躍而成價值性的存在：「你」。「你」不同於「他」（陌路，或否定我、置我於度外者），也不同於「我」（笛卡爾式的主體，與他者形成主客對立關係的主體）。這個臨在的「你」整個地「在」我面前，在互識與互愛的刹那間，雙方的防衛全部解除，不含雜質的純我出現了。「我」已不重要，自我意識完全消失，取而代之的則是「我們」感。馬賽爾的「你」超越了此人他人，而是這個包容你—我的整體，是聯結你—我的那個「結」，是那個聯結的「關係」本身，這才是他提倡的奧秘之焦點，可稱之爲「絕對你」或大寫的「您」。

八、自由

人有自由選擇做決定，也須爲這些決定負責任，但心的自由會帶來焦慮，治療的目標便在協助當事人面對，幫助當事人努力找到正確的行動，創造有價值的存在。

自由意志是相信人類能選擇自己行爲的信念或哲學理論。一般使用上，這個詞有客觀和主觀的附加意義，客觀是行動者的行動不完全受預設因素影

響,主觀是行動者認為自己的行動起因於自己的意志。構成自由意志的主要架構包括:宗教、倫理、心理、科學等方面,舉例而言,在宗教範疇,自由意志可能意謂全能的神並不以其力量掌控個人的意志和選擇;在倫理學,自由意志可能意謂各人在道義上要對自己的行為負責;在科學領域,自由意志可能意謂身體的動作,包括大腦在內,不是完全由物理因果所決定的。

自由意志存在與否,在哲學與科學的歷史上一直是爭論的核心議題。人類的思想法則習慣接受有因必有果,因此衍生出必然因果的自然律,這對主張自由意志的哲學家又是一大挑戰,在此就「意志自由」與「因果律(自然律)」的矛盾做一個澄清:

1. 人類有理想、有目的之行為,並不表示就等於自由無限。意志自由雖是達成自我實現目的的手段,但同時也需負擔道德法律上的責任。
2. 沒有必要打破因果律來建立意志自由。

 # 第四節　實務說明

曼陀羅之製作與分期說明

在西方柏拉圖的作品中,即已出現以圓為萬事萬物起源之說。北美的印地安文化也認為創造圓是神聖之舉。西藏的曼陀羅繪製則更融合了圓形及四方形,再加上數字、象徵及圖案等排列,來作為冥想的視覺輔助工具。榮格對於曼陀羅則把曼陀羅視為內在自性與整體狀態的一種原型表達,而曼陀羅的圖形則反映了「自我與自體」的分合模式。

(一)創作

1.材料

(1) 12乘18英寸白色或黑色圖畫紙,有大圓在圖中。

(2) 各種畫筆、顏料。

2.創作人數與環境

曼陀羅可以由個人獨自完成或與團體共同完成。在一個不會受到打擾的時間與空間內,可以以靜坐、音樂、焚香等方式活化意識並進行創作。

3. 記錄與觀察

(1) 註明創作曼陀羅的日期，爲自己的曼陀羅命名。

(2) 創作完畢後開始注視著圖案來產生聯想，並將自己的直覺感受記錄下來。

（二）解說

藝術治療師凱洛格（Kellogg, 1990）曾分析數千幅曼陀羅，發現由十二種曼陀羅的圖形所組合成的一個大圓模式，稱之爲「大圓系統」，它象徵個人成長上一種連續性的循環模式，也代表著每個階段所要面臨的任務和挑戰。大略說明如下（賴慧峰，2010；Fincher, 2008）：

1. **空無期**：充滿陰暗、甚至全黑色彩，可能僅是畫個留白或色彩暗淡的圓。

2. **喜悅期**：會有許多散布的微小圖案，色彩多爲藍、黃、淡紫及粉紅色。

3. **迷宮期／螺旋期**：曼陀羅呈現螺旋形圖案，且往往出現象徵春天的淡色系。

4. **開端期**：會出現諸如：點、圓、胎兒或正三角形、小船、彎曲線，色彩偏向淡粉紅、淡紫色及藍色。

5. **目標期**：曼陀羅類似一個標靶，由許多顏色及圖形所組成，色彩鮮明亮麗。

6. **矛盾衝突期**：多會出現一分爲二的圖形。第三個圖案往往會重疊添加於中間。有時候是一幅風景圖，有些像中國的八卦。

7. **圓內外加四方形期**：圖形以 4 爲特徵；如：十字形、四方形、星形及具備四片花瓣的圖案。

8. **自我功能期**：五角星圖案或五片花瓣之花朵圖案，「卍」字也頗爲常見。

9. **結晶期**：傾向爲可愛、互相對稱的圖案，含括大於「4」的偶數，如六角星等。

10.**死亡之門期**：出現暗指精神之苦的十字架，輪圓、X圖形、倒三角形都很常見，典型的顏色是靛藍色、紅色。

11.**分裂期**：曼陀羅圖案看起來像切片的派，且每片的顏色均不同。

12.**超越狂喜期**：象徵光源，聖餐杯或接收從上方注入光的曼陀羅；人

　　體保持手向外伸展的姿勢及飛翔的鳥也是常見的圖。

　　實例練習——請依據上述資料練習判斷，說明下圖所屬於之大圓分期

為何？

參考書目

丁晨（2003）。世界的斷裂與接應，一位極重度多重障礙者生命意義之探討。嘉義：南華大學生死學研究所。未出版。

王慶節、陳嘉映（譯）（1990）。存在與時間。臺北：桂冠。

伍育英、陳增穎、蕭景容（譯）（2006）。David Capuzzi & Douglas R. Gross著。諮商與心理治療理論與實務。臺北：麗文。

成顯聰、王作虹（譯）（1990）。Paul Tillich著。存在的勇氣。臺北：遠流。

李亦欣（2005）。應用瀕死經驗於創傷個案諮商之探討。南投：暨南國際大學輔導與諮商研究所。未出版。

李天命（1993）。存在主義概論。臺北：臺灣學生。

沈亦元（2003）。弗蘭克意義治療理論及其於生命教育之蘊義。臺北：政治大學教育研究所。未出版。

何春蕤（2001）。反思與現代親密關係《親密關係的轉變》導讀。臺北：巨流。

余德慧（1998）。生活受苦經驗的心理病理：本土文化的探索。本土心理學研究，**10**，69-115。

吳芝儀（譯）（2005）。敘事心理與研究。臺北：濤石。

易之新（譯）（2003）。Yalom, I. D.著。存在心理治療（上、下兩冊）。臺北：張老師。

陳宣良（譯）（1990）。存在與虛無（上）。臺北：桂冠。

張春興（1981）。現代心理學。臺北：東華。

張春興（1989）。張氏心理學辭典。臺北：東華。

張利中（2001）。「尋獲生命意義」的時態與心理歷程。南華大學生死學通訊，**5**，31-35。

傅偉勳（1998）。死亡的尊嚴與生命的尊嚴——從臨終精神醫學到現代生死學。臺北：正中。

楊紹剛（2001）。尋找存在的真諦——羅洛‧梅的存在主義心理學。臺北：城邦。

廖世德（譯）（2001）。Micheal White & David Epston著。故事、知識、權力。臺北：心靈工坊。

趙可式、沈錦惠等（譯）（1995）。Viktor E. Frankl著。活出意義來：從集中營說到

存在主義。臺北：光啓。

謝汝光（2003）。微宇宙音樂穿透dna：進入生命中的身心靈。臺北：自然風文化。

Corey, G（2003）。諮商與心理治療理論與實務（修慧蘭校訂）。臺北：雙葉書廊。

Ezra Bayda（2002）。存在禪──活出禪的身心體悟（胡因夢譯）。臺北：心靈工坊。

Eden Donna & David Feinstein（2006）。能量醫療（蔡孟璇譯）。臺北市：琉璃光。

Irvin D.Yalom（2003）。存在心理治療（上）（下）（易之新譯）。臺北市：張老師文化。（原書於1980年出版）

James C. Crumbaugh（1987）。生命的主題──如何從意義分析中獲得自我實現。（游恆山譯）。臺北：書泉。

Rollo May（1994）。焦慮的意義（朱侃如譯）。臺北：心靈工坊。（原書於1950年出版）

Viktor E. Frankl（1995）。活出意義來──從集中營說到存在主義。（趙可式等譯）。臺北：光啓文化。（原書於1967年出版）

阿姜布拉姆著，賴隆彥譯（2007）。禪悅。臺北：橡實。

Sahaja Yoga國際網頁「三脈七輪」簡介Chakras & the Channels of Energy, http://www.sahajayoga.org/chakrasandsubtlebody/default.asp

Harold I. Kaplan, Benjamin J. Sadock (1998). *Synopsis of Psychiatry: Behavioral Sciences/ Clinical Psychiatry*, 8th Edition. Maryland: William & Wilkins. (http://www.socialwork.com.hk/psychtheory/therapy/existence/existential.htm)

第五章
個人中心[1]治療

　　個人中心取向以羅吉斯（Rogers）為代表，他生長於美國中西部，一個宗教氣氛濃厚、生活嚴肅的家庭，從小就接受小大人的磨練，有清教徒的性格，認真勤奮遵守規則，是個很有科學頭腦的人。大學讀農學，受宗教討論會的影響，改修歷史，希望將來做牧師，後因不滿意灌輸式教學法，脫離宗教研究，改修心理學課程，與佛洛依德（Freud）、艾里斯（Eills）並列為二十世紀的三大心理諮商名家。

　　早期從事兒童輔導工作並在大學教授諮商與心理治療，1942年出版《諮商與心理治療》一書。1957年出版《治療關係與衝擊：精神分裂病患的心理研究》一書，其他的成就為：1959年榮獲美國心理學會科學特殊貢獻獎。做過許多發展個人成長團體的研究，並將其理念應用到不同的團體類型中。1970年，他甚至將個人中心取向的觀念運用到政治上，並致力於宣導世界和平，曾獲世界諾貝爾和平獎提名。1970年代聲望已如日中天，其影響力已經超過原有的範疇——心理學界而走向社會運動，跨足到政治的領域，同理心的發展也由「個人」走向「家庭」、走向「社會」再走向「世界」。

1　　本章節感謝以下學生的理論與課堂提問整理：陳雅琪、曾詩婷、葉曉穎、林美英、陳美吟、宋淑鈴、張郡寧、邱碧瑩。

第一節　名詞釋義

一、羅吉斯理論發展階段

表5-1　個人中心學派演變

階段	焦點	註釋	應用面
1940 — 1950 年代	乃「非指導性諮商過程」，反映、澄清當事人的語言和非語言溝通行為	非指導性的諮商方式，強調諮商者應創造開放和非指導性的氛圍。	個人
1950 — 1960 年代	當事人中心治療	從當事人的立場去體會其主觀的知覺，認為當事人的自我實現傾向，才是引導當事人改變的自發性力量，但此改變需以不傷害他人為前提。	個人
1960 — 1970 年代	成為真實的自我	當事人應該對自己的經驗開放，信任自己的體驗，發展自我評價，以及發展體驗過程中的自發性。 所謂「真實」的意思要包括負面部分，例如：父母雖知道自己的孩子有缺點，但依舊愛他。以及敢把自己不好的一面呈現出來，暴露在他人面前而不會覺得不好，也接受別人的不好。這是身為諮商師最重要的條件。 「體驗開放」亦包括正、負面，我們真正的良師正是「負面經驗」。經歷此點方能走向「價值中立化」，最後成為「真正的接納」。此階段不主張測驗技巧，故Rogers忠於自己的信念、拒絕建立任何機構來成為自己的山頭。	教育（改名為—學生中心教學法） 會心團體
1970 — 1980 年代	個人中心治療法	Maslow的自我實現理論此時可加入，教育中的人本教育亦屬此派。此期Rogers興趣的主題有：人如何獲得擁有分享以及如何屈服於權力？如何控制別人和自己等。 1970年因反越戰的問題，開始帶團	個別及團體諮商、教育、家庭生活、領導統御、組織發展、身體保健，以及跨文化和種族間互動和國際關係

（續）

階段	焦　點	註　　釋	應用面
		體，並出現世界和平的觀點。當前的自然療法亦是在這個脈絡下所走出來的路，靈性追求則為其下一步的發展。	等。
1980－1985年代	以人為中心	83歲的Rogers，卻呈現出極為年輕、大膽、激進與圓融的生命。他化解了自己身為人文治療者與人文研究者之間一輩子的分裂，也為人文取向的心理學研究與實踐，指出了一個康莊大道： 1. 他不再相信知識的確定性。 2. 他不再認為實證科學方法是合適研究人文心理學的方法。 3. 他認為人文心理學研究的核心方法是深層的感通，也即是深度的同理心。這點的明朗，也正是將他的治療理論與研究方法由分別獨立而統整一體。於是在治療中的實踐（行），也就與對治療的研究（知）合一了；知與行也可以是一體之兩面的了。（翁開誠，2004）	具體地提出人文心理研究可行的研究步驟，可說是他理想中的人中心（person-centered）取向心理學研究的綱領與宣言，也可說是心理學中解說性研究（Interpretive Research）的標竿。

　　羅吉斯強調治療者的態度、人格特質以及治療者和當事人之間的諮商關係，是治療過程產生效果的主要因素，故「關係」和「愛」是重要的治療要素。這個立場亦使本學派成為各大學派中最為學習者所普遍接納之學派，但其實接納的對象除了「別人」還更應該包括「自己」。「要接納自己到什麼程度」才最適當則是最困難的議題，每個人都很愛自己卻不一定會接納自己。此外，因受到現象學的觀點影響，Rogers也不主張做衡鑑、測驗和把諮商當作一種技巧來運用（賴保禎、金樹人、周文欽、張德聰，1996）。

　　由於羅吉斯來自於清教徒家庭，亦影響到他對人性本善的價值觀，此外選擇性善也是西方基督教的觀點。

　　在理論部分，他是從非指導學派（non-directive）（1940-1950）走向當事人中心（1950-1961），再走到個人中心（1960-1980）。非指導學派就像母親的接納包容角色，因為他發現那種一針見血的分析方式不見得就能幫得上當事人的忙，所以還要加上「接納」跟「同理」；他也反對傳統心理治療

中「指導性與權威的諮商方式」。強調立即性的情境而非當事人的過去經驗、強調治療關係本身就應該是一種成長性的經驗（劉安眞，1999）。

非指導系統之後的下一個階段，就是當事人中心，因爲他強調案主應該爲自己的成長負起完全的責任；諮商是有方向的，應由當事人來引導（劉安眞，1999）；明確地將焦點放在當事人的自我實現傾向，這才是引導當事人改變的自發性力量；並提出技巧不是重點，諮商師的人性化態度與立場更爲重要（Ivey, Ivey, & Morgan, 2002）；他並因此發展出有名的同理心四個層次——「嗯哼」回應同意就是第一個層次，「摘要內容」是第二個層次，「感受、反映」是第三個層次，「感受、反映」再加上「解決問題的可能方向」，這就是同理心的四個層次。

接下來就走到最後一個發展，爲了強調諮商過程中的人性化，因此又改名爲個人中心。羅吉斯自1963年後，注重個人在治療中與生活環境中權力的運用，以及權力對個人適應的影響。開始由權力的觀點出發，致力於宣傳和平的觀念，甚至期望經由諮商與治療能解決人類的紛爭，包括會心團體、人本取向社區工作坊、衝突的解決與世界和平運動的推展等。羅吉斯於1970年將名稱改爲人本取向，又將其理論擴展成爲個人中心治療法，強調治療是人對人的關係而非助人者對被幫助者的關係（劉安眞，1999）。

二、羅吉斯的人性觀

羅吉斯受現象學的影響，認爲「自我」（或本書在此稱爲「現象我」）是現場中獨特的部分，由一連串的主觀知覺及種種有關「我」的概念、感受及價值觀所組成，「自我」經由個體與環境之間的互動而發生，因此人對環境世界是有著主動的詮釋權，意即人能夠創造自己的主觀世界。另外，羅吉斯視人爲「有機的整體」，一個人包括其思想、行爲和生理上的組織結構，都有其基本動機驅力，在不斷的調整與變動中，努力達到自我擴展、發展、成熟與實現。因此對人性的看法是積極樂觀的、理性的、能夠自立，對自己負責，而且有正向的人生取向，認爲人有潛能可以達到獨立自主獲得生活進步，並邁向自我實現的境界。

整理羅吉斯的人性觀點如下（呂勝瑛，1984）：

1. 對人類尊嚴的信念：每個人都能夠為自己做決定，並尊重每個人如此做的決定。

2. 主觀的基本優勢：人基本上是活在個人主觀的世界裡。總是朝著自我選擇的方向，實現他自己的需要。

3. 有自我實現的傾向：人有一種成長與發展的天性，相信人基本上是社會化的、向上向善的、理性的和切合實際的，朝著自我實現的方向邁進。

4. 人是值得信賴的：人的心底深處是善良的，亦是可信賴的個體。

5. 人比其智慧更為聰明：人比其本身的意識思考更為聰明，在沒有防衛心理的情況下，個體的反應常優於意識的思考。

6. 羅吉斯認為人格發展是有機體持續進行的評價歷程：亦即個人與現實世界互動時，總以能否滿足自我實現的需求加以評價。在環境中，由於受到別人的尊重而知覺到的「對自我的重視」，會把別人的價值觀「內化」為自己的價值觀。人格發展早期，則藉由「他人的積極尊重」來形塑「自重」。通過這個說明可發現，如果能獲得別人的積極尊重和個人的自重感，則會有正常的人格發展（賴保禎、金樹人、周文欽、張德聰，1996）。

三、理論基礎

（一）現象學說

羅吉斯以現象學的理論與方法，來探討個體的行為，強調現象我；也就是知覺的自我。Combs & Snygg（1959）認為現象學原理強調，個人所知覺的不見得就是實際存在的，而是個人相信其存在，從過去的經驗及機會中學會去如此知覺之結果。依此原理，個體行為的現象場地就是其主觀的知覺領域，而不是客觀的事實，前者才是決定行為的主要因素（賴保禎等人，1996）。

每個人時時刻刻都在變化中，因此想要客觀是非常困難的，只能對當下的現象作一個假設性的描述。所謂的「現象我」有一個有趣的現象就是——「只有知覺到的時候才會存在」，因此可以推論人永遠活在有限的知覺

當中，而當事人會有問題，常常是因為對自己的情境沒有達到完整的瞭解所致。

（二）有機體學說

「有機」簡單來說，所指的就是一個會呼吸有生命的細胞，它必須和外界交換訊息，改變內在的組成才得以存活，所以有機的特質就是「開放和彈性」。一個有機的完形個體，必須包括其思想、行為及生理上的組織結構。在個體的發展過程中，個體需要開放自我、學習與接納經驗，才能健全發展實現潛能。研究個體行為時，亦要從有機體的形態著手，才能深切瞭解行為的內在與外在因素。換言之，瞭解有機體的整體性與綜合性，比廣泛地調查其各自獨立的心理作用更為重要。

羅吉斯認為有機體天生有生長發展的能力，所以只要準備一個較為安全與完整的情境，作為「自我實現」的理想形象，就會形成向前行為的引導力。表現出來的就是「自我實現」，「自我實現」即指有機體內在潛能的展現，使其成為真正所要成為的自己（賴保禎等，1996）。

（三）人際學學說

蘇利文（Sullivan）認為人格是人際行為的全體，個人是社會交互作用的產物。個人心理成長唯有在人際關係中，有良好的適應才能有健全的發展，一個人若脫離人際或是在特定的人際中，可能會形成特定的人格，例如：小學老師有小學老師的風格，大學老師有大學老師的風格等。人格的形成不能脫離人際關係，拋棄人際關係來探討人格是空洞而毫無意義的。

羅吉斯受人際學說的影響，在治療過程中，特別重視有益的治療關係及建立良好的治療關係。提出溝通是人際關係最主要的行為因素，其內涵包括：1.自我一致；2.同理心；3.積極尊重；4.無條件尊重（賴保禎等人，1996）。

（四）意義治療學說

在治療當事人的過程當中，若諮商師善於運用同理心的技巧，就會讓當

事人愈講愈多、愈講愈深，如此在最後會形成一種自我整理的工作，所以個人中心的精神，幾乎可視為是敘事治療的始祖。

　　讓個體成為一個「完全發揮功能的人」，其特徵為發展以自我實現為基礎的內在評價系統──信任自我，對經驗開放，能真誠的生活，充分知覺所有內在及外在訊息，樂於追求成長。Rank認為治療者在治療過程中，主要工作是幫助當事人瞭解及接納自己。治療之所以有效，乃是藉著治療關係，使其發揮自我導向的能力，而不是治療技巧功勞。羅吉斯強調當事人應自己負起諮商責任，諮商師僅提供當事人自由傾聽的情境與氣氛，而不太重視諮商技巧（賴保禎等人，1996）。

四、自我實現

　　羅吉斯著重於「個體的獨立性」和「個人的統整」，治療焦點放在「人」上面，而非當事人當下所面臨的問題，他認為一個人內在資料完整時，事情自然能解決。「自我實現」是羅吉斯對人性觀最重要的內涵，認為人性發展到極致的境界，就會成為一個「充分發揮功能的人」。羅吉斯認為自我實現是與生俱來的需求，人類的行為是經由自我實現的力量所引導，是一種正向、積極的能力，驅使人們朝著維持個人存在及促進個人成長的方向發展，是一種不斷成長與形成的過程。

　　幫助一個人成為充分發揮功能的人是最佳的心理治療目標，充分發揮功能的人具有下列的行為特質（Rogers, 1961；呂勝瑛，1984；賴保禎等人，1996）：

（一）對經驗開放

　　一個充分發揮功能的人能體驗所有的情感與態度，而比較沒有防衛性的行為，對自己的本性相當瞭解，其人格特徵是坦率、誠實和變通的。

（二）享受存在的生活、過誠摯的生活

　　能享受存在的每一刻，對每一經驗（好或壞）的感受是新奇的，沒有極端的偏見與行為。

（三）發展內在的自我評價、擁有內在的信任感

對自己有信任接納的感覺，充滿信心經常有自動自發之行為，能憑直覺與瞬間的考慮就採取行動，而不一定靠推理與知性的行為。

（四）具有自由感

相信未來是由自身決定的，而不完全受制於幻想、外在環境及過去事件的影響。

（五）具有創造力

常能欣賞與製造生活中的各種小變化，非常有彈性。

（六）有繼續成長的意願

沒有最後的目標，而比較是活在過程中的價值觀。

五、治療性的關係

治療關係具有哪些特徵，才有助於創造出一個適當的心靈氣氛，讓當事人在其中能夠經歷並促發其產生改變所需要的自由呢？根據Rogers（1957；1987）的說法，以下六點就是發生人格改變所需要的充分必要條件：

1. 兩個人有心理上的聯結感（充分條件）。
2. 當事人正感到不一致或焦慮之狀態（充分非必要條件）。
3. 治療者在這個關係中的狀態是一致的或統整的（充分條件）。
4. 治療者能夠對當事人出現無條件的接納與關懷（必要條件）。
5. 治療者對當事人的內在參考架構感到同理性地瞭解，並努力把這樣的感受傳達給當事人（呈現一種關係的狀態，為必要條件）。
6. 治療者對當事人同理性的瞭解和接納能傳遞給當事人瞭解。

治療者的三個基本態度，形成治療關係的核心：

（一）真誠一致（Congruence）

治療者和當事人展現了彼此的真性情，並一同參與成長，包括真誠或真實（realness）。意指有勇氣、開放、可接受質疑與被質疑。自我一致的意思是諮商師的內在經驗與外在表現一致，能開放的向當事人表達自己真實感覺及態度，也包含能真誠的拒絕別人。這種真誠與一致能促進當事人正向與負向情感的表達，以及與諮商師誠實的溝通。

真誠與一致有六個要項（Egan, 1988）：

1. 不過分強調專家角色。
2. 能自由／自發性的與當事人溝通，沒有衝動也沒有壓抑。
3. 能自我肯定，但不具攻擊性。
4. 不防衛：不掩飾個人的弱點或自誇，也不攻擊他人。
5. 一致性：諮商師的言行能表裡如一。
6. 分享自我：能適時自我表露，向當事人開放自我。

（二）無條件的正向關懷和接納

每個團體內都會有比較難相處的人，也就是行為較偏離常態者。一般人因此會與對方保持距離，而不會有積極尊重之產生；然而無條件的正向關懷和接納就像一道光，會照射在每個角落，並不會因為黑暗就不照射。即使一個人表面上做出了壞行為，但依然能相信其本質上是性善的，有潛能改變的，以溫暖的態度接納他而不附帶任何條件，這種作法可使當事人在一種沒有威脅的情境下，重新探索和成長。

（三）正確的同理性瞭解

能從當事人的立場正確敏銳地瞭解當事人的體驗與感覺，並且將此傳達給當事人，便能協助當事人瞭解可能尚未覺察的自己，而更能對經驗開放。

何長珠（2011）認為：同理心是一種態度，這種態度是一種內在的價值觀之表現。一般來說有兩種同理，一種是表面互動時表現的同理（言語同理），一個則是不期望回報、想要幫助對方的心的同理。在諮商師的訓練或成長過程中，同理常會被誤會為一種言語，言語下面常混淆有諮商師的價值

觀和習性，這是前者的類型，還不是眞正的同理。

治療關係促使當事人改變的進程爲：安全→表達→整合→接納→眞實（如實）→客觀。解釋如下：

1. **安全**：當事人能夠更寬廣地探索他們的信念和情感。
2. **表達**：當事人可以表達恐懼、焦慮、羞愧、怨恨、憤怒以及其他的情感。
3. **整合**：透過治療，當事人減少了自我扭曲，也能漸漸地將衝突矛盾及困惑的情感做整合。
4. **接納**：當事人感到被瞭解與被接納之後，就愈來愈不需要防衛，並且也愈來愈能夠對自己的經驗開放。
5. **客觀**：對他人有比較正確的知覺，也能夠瞭解和接納他人。
6. **眞實**：漸漸地較能夠說眞話，更欣賞現在的自己，行爲也變得更有彈性及創造力，較不會屈就自己去迎合他人的期望，也比較少從外界尋找答案。

Rogers最後的結論是認爲，治療的核心條件就是治療成功的必要條件，但仍不等於是讓各種當事人都能改變的充分條件。

六、同理心的基本概念

Carl Rogers說同理心是：「諮商師能夠正確瞭解當事人的主觀世界，並且能將這種瞭解的內涵傳達給來談者，察覺並經驗到當事人蘊含著個人意義的世界，就『好像』是諮商師自己的世界。但諮商師雖能瞭解當事人的主觀世界，卻並不失去獨特的自我。這樣，眞正的改變就能夠發生」（張德聰、黃正旭、黃素菲，2001）。

換言之，所謂的同理心，乃是能夠將心比心站在對方的立場著想，好像如同來談者一般的去感受其情境，但卻並不跟來談者一樣深陷於其中（同情），也不以自己的邏輯（推理）去想像，並以對方瞭解的表達方式讓來談者瞭解到你是眞正瞭解他的談話方式（張德聰等人，1993）。

多位學者對同理心的定義進行爬梳如下：

（一）共鳴性瞭解或同理心瞭解

羅吉斯將之定義爲：體會當事人的內心世界，彷彿自己的內心世界一般，可是卻永遠不能失掉「彷彿」（As If）這個感覺。

（二）正確同理心

1966年，Truax開始主張同理心含有兩種成分：一爲諮商師能感覺到求助者的迷惑、生氣或害怕，好像那些感覺就是諮商師自己的感覺一樣，這便是同理心瞭解中的主要感覺部分。二爲諮商師再以求助者所能的語言，把自己所感覺到的告訴求助者，這便是同理心瞭解中的主要溝通部分。

（三）初層次同理心與高層次同理心（Primary Empathy and Advanced Empathy）

Carkhuff（1969）與Egan（引自王文秀、廖新春、陳美芳、嚴霽虹、蔡順良、曹中瑋，1992）先後提出初層次同理心與高層次同理心的區別。

1．初層次同理心

初層次同理心是對來談者明顯表達的意思及感覺，做一個基本的瞭解與溝通，以協助來談者從自己的觀念及思想中探索及澄清自己的問題。常用的初層次同理心之口語表達，包括（張德聰、黃正旭、黃素菲，2001）：

(1)同理當事人的內容：你剛剛說的是……；你是說……。

(2)同理當事人的感受：你覺得……；你感到……。

(3)同理當事人的理由：你覺得……因爲……；因爲……所以你認爲……。

(4)同理當事人的意義：你的意思是……；你認爲……。

2．高層次同理心

高層次同理心則是對於來談者更深層的感受，尤其是說了一半或隱藏在話中的意思加以深入的瞭解與溝通，以協助來談者對自己及其問題產生新的觀點與新的瞭解（張德聰、林香君、鄭玉英、陳清泉，1995）。

使用高層次同理心的時機與目的在於：

(1)將來談者所談的資料聯結統整起來，得到一個結論，以讓來談者能看到事件或問題的全貌。

(2)諮商師不僅瞭解來談者的觀點，更能從這些觀點看出來談者隱含的眞意。

(3)諮商師將體會到的這些隱含之意表達出來，提供刺激來談者，以不同的觀點來思考問題，提供來談者另一參考架構。

通常的原則是：在談話中，諮商師不要太快給予對方高層次同理之反應，而應該待關係建立穩定後再使用（賴保禎等人，1996）。

（四）人種治療性同理心（Ethrontherapeutic Empathy）

Parson（1993）則提出人種治療性同理心這個概念來說明在同理當事人時，是要考慮當事人所處的文化、種族、階層、社經地位的差異，而且要以知覺性、認知性與情感性角色取代的態度，來感受當事人內心的一切心理活動與外在眞實的環境影響（廖本富，2000a）。

（五）想像性同理心（Imaginative Empathy）

Margulies（1989）在他所寫的“*The Empathic Imagination*”一書中，勇敢而小心的提到：「想像性同理心，乃在強調進入他人內在世界的一種主動與搜尋的特性；是運用想像來協助當事人建構一個新世界」（廖本富，2000b）。

（六）敘事同理心（Narrative Empathy）

Omer（1997）將能夠嘗試去分析並表達出當事人問題的「內在情緒邏輯（Inner Emotional Logic）」的同理性敘說歷程，稱之爲「敘事性同理心」（廖本富，2000b）。

同理心的使用目的如下（張德聰等人，1995）：讓來談者瞭解諮商師能清楚且完整明瞭的理解。讓來談者有機會更完全、開放的表達。建立良好的諮商關係。疏導來談者的情緒。增加來談者的自我瞭解。強化來談者的自我接納。協助來談者負起自身的責任、面對問題。釐清來談者的自我概念。

同理過程中也可能產生以下的錯誤（賴保禎等人，1996）：同理心誤成同情心；同理誤成推理；不夠真誠；分享不足；缺乏經驗；文化差異；判斷對錯；不夠專注。

七、治療者的功能與角色

個人中心治療者所扮演的角色，是以治療者本身的存在和態度為基礎，而不是藉由特定的技術來指導當事人。治療者將他們自己作為影響當事人的工具，他們和當事人的接觸就是「人與人的關係」。其功能在於營造一種能夠幫助當事人成長的治療氣氛。當感受到治療者真誠的關懷、尊重、接納和瞭解，當事人就能夠軟化他們的防衛與固執的觀點，並發展更高層次的個人功能。

羅吉斯提出理想諮商師應有的表現（林孟平，1988）：有能力和當事人進行全面的溝通；所作的回應經常切合當事人想要表達的意念；對當事人有平等的看待；能瞭解當事人的感受；能設法謀求瞭解當事人的感受；能掌握當事人的思路；在語調上能反映出完全體會當事人的感受。

林孟平（1998）與Corey（2004）亦提出治療的目標包括如下幾點：

1. 對自己有較為實際的看法。
2. 較具自信和較有能力自主；更能承擔責任。
3. 能真誠表現感情，而不害怕失去他人的尊重。
4. 對自己有較積極的看法和評價。
5. 較少對自己的經驗作出壓抑。
6. 行為上表現較成熟、較社會化，適應力亦增強。
7. 較易克服壓力和挫敗。
8. 性格上顯得較為健康，人亦變得較具統合性功能。
9. 能以現實的觀點看待他人，對自我與他人有較大的接納。
10.有繼續成長的意願。
11.心理防衛減少而對自我有較現實的看法。
12.理想我與現實我能更密切的結合。

八、羅吉斯的六大原則與諮商十二步驟

最後，關於諮商方法，羅吉斯曾提出六大原則：

羅吉斯第一個原則：「從長遠來看，我發現當我不瞭解對方卻假裝瞭解時，是無助於關係發展的。」因為建設性的關係無法建立在虛假之上。

羅吉斯第二個原則：「我發現當我接納自己時，將有助於我對案主問題的處理。」也就是學到要信任自己對案主的反應，這樣會使自己和案主的關係更加真實。因為真正的關係是不斷在變化，不會是靜態的。

羅吉斯第三個原則：「我發現當我允許自己去瞭解另一個人時，那是非常有價值的。」這項原則變成個人中心諮商的基石。他相信大部分的人在溝通之前都會預設立場，因此，羅吉斯認為一個最好的諮商師所能做的就是「傾聽」。

羅吉斯第四個原則：「我發現當我能夠打開心胸去面對他們在我或他人面前所展現的生活現實面時，那將是很有價值的。」

羅吉斯第五個原則：「愈能瞭解自己和別人，我就愈能打開心胸去接受生活的現實面。」

羅吉斯第六個原則：「在我的經驗中，人們基本上會往向上的方向邁進。」

九、小結

Cain（1990）曾針對個人中心取向的價值與重要性進行評估，他指出羅吉斯在1940年代創立非指導性諮商的時候，當時只有少數的治療取向，他說：「然而到了現在已經發展出200種治療取向的時候，個人中心取向仍然在主要的治療系統中繼續占有顯著的地位，這就很值得重視了。」

它之可以歷久彌新，乃因其深入人類核心的需要，即「關係」和「愛」。這句話，時至今日（2011），似乎仍然有效！！

個人中心取向亦廣泛地應用在各種機構中訓練專業和半專業的助人工作者，如張老師的訓練，以及危機處理方面，幫助第一線危機處理人員如看護、醫療、教育、牧師來處理導致危機的生活事件，像是意外懷孕、生病、失去心愛的人等。

半專業工作訓練取向有：

1.個人中心（焦點短期治療）

將焦點放在找例外、奇蹟（與敘事治療有關），但不能處理個案比較深的焦慮，因此治療過程較不完整。一般做4-6次治療。

2.各種潛能激發課程

標榜「從零往上走」的概念，如用於訓練保險從業人員，方法如冥想、自我暗示、正向自我催眠等。但不處理負面的問題。

3.問題解決模式——主要為處理認知（澄清+建議）

「De-briefing危機處理模式」：921大地震時暫時失序狀態所發展出來之危機處理模式，其原則為讓當事人總是有事可以做、有話可說，如繪畫、舞蹈、建築等，使當事人得以將自己受刺激的情緒得到一個管道，充分表達出來。

第二節　提問討論

一、為何說：人類有正向成長的趨力？

人性的本質一般人常用的分類如下：

一、｛ 性善
二、｛ 性惡
三、｛ 可善可惡：受外在環境影響，可能走向性善或性惡。也就是說經由塑造，人是可以改變的，教育與經驗相當重要。
四、｛ 不善不惡：其本質為中立狀態，比較和修行有關。

以當事人中心觀點來說，人性絕對是性善的，但多數人可能認為「可善可惡」居多，要如何相信人是性善的呢？為何羅吉斯如此肯定人是性善呢？首先我們要先探討「人性是善」這句話的立場。

多數人相信人「可善可惡」，那又該如何使惡的部分變成善呢？因為唯有性善的時候，人才會走向自我實現，而這樣的自我實現對別人及自己而言才有意義。如果沒有通過內在思辨的歷程，是不容易相信羅吉斯的立場的。這樣的話，同理心永遠只會是一種技術，而不會成為你的人格。羅吉斯的想

法太容易被質疑反對了，但是他的立場始終確立，並且在心理學領域中占有一席之地，各位可以深入想想看，為什麼呢？

我們跟羅吉斯的差別，主要是在經驗層次的位置。各位應都體會過出自內心的憐憫，這就是羅吉斯所說的性善。可是這個部分如果沒有保養它—這個很純、很美的光，那就會落到大多數人現在的情況——為了競爭自利，可能表現出可善可惡的樣貌！可是當你要去影響一個人的時候，就有一個選擇權，你可以只看他表面所出現的不好行為，但也可以相信他那個本質仍善的部分，然後從那個地方跟他互動。羅吉斯為什麼會獨撐這幾十年的諮商理論之天下霸主寶座？就是因為他抓到了人性的本質——向光。

其次我們可以將人類的本質分為「本體我」與「現象我」兩種來討論。本體我是「自性與本覺」，是即「光亮和愛」。而現象我則是「感覺」。當我們打坐達到「靜定」的狀態時，即進入了「本覺」。

而「無常」或「現象」狀態的定義則是相信世界上不論什麼價值，都是我們附加上去的，不是它真實就有的意義；每一個意義都是從人本身經驗裡面所知覺的部分塑造而來，也就是後現代及敘事所說的「主觀的真」；當你有了這個瞭解時，你對周圍的事情就不會再像以前那麼執著；因此到一個階段後，就可以達到對外在經驗採取中立觀的狀態，這也就是佛教系統所說之「中觀」立場。

當我們說：「我們沒有能力擺脫這些不愉快的經驗和環境！」當人這樣講的時候，表示人對這個環境經驗是一直在「起反應」，才會覺得這個環境是無奈。通常「苦」其實是自找的，因為對你來講你要相信它是苦的，它才能讓你覺得有苦到！舉例說明：假設某人有5萬元月薪要分配給3個家庭來用，每個家庭只能用1萬5千元，但他又覺得事實上每個家庭只用1萬5千元來過生活是不夠用的，這種判斷就會讓當事人起苦惱心！反思另一個問題是：是誰認定說需要1萬5千元以上才能夠用呢？常常是由生活經驗造就了我們的標準來決定的。像你跟同學比、跟同事比，他月薪5萬元一個人花用，你5萬元三家人花用，你當然比他辛苦；這是一種觀念，另一種觀念就是「你比他偉大很多，也更會用錢很多！」不是嗎？所以，「萬相都是心造」，你覺得自己很了不起、還是覺得自己很可憐，也都是心造的結果。常常這樣來分析、來體會就會慢慢瞭解：很多事情都不干你的事，是你自己要變成這樣的

想法或變成這樣的結果。有人是物質上很苦的狀態，可是在精神上他們眞的也比別人活的更有質地。建議大家——從現在開始，要練習把事情想清楚、想完整，不要只落在自己的舊習性中循環。

　　人從本體開始是善的，但是我們每一個人遇到惡的時間、方式、對象都不一樣。可以說，只要你活在人間，沒有人能肯定自己永遠不會遇到惡，這是不眞實的假設。所以，「人」的本質性善，只是「種子」，到了成年（大約20-40歲之間），一定會變成有善或有惡之分，這也是人生的分水嶺，也就是你要決定自己要相信的是：人是善的還是惡的？自己有選擇，選擇完了就會走向那條路。

　　如果你相信人間是惡，就算做錯事被揭發也沒有一點道歉的心，這樣的人絕對有自己合理化的理由，但我們可以說惡人在世宛如生在地獄，因爲他得到再多也不會快樂。生命的觀察告訴我們：覺得錢「最」重要的人，不會有眞正的快樂。而「天堂」的意思則是——你基本上相信人性是善的，既然如此，遇到問題時你就會化惡爲善，包括對自己或對惡人亦是如此。

　　「本質」是指人的最初狀態，又稱「種子」。種子從沒有人變成人，「初生」則指已經是人的狀態，這在演化論上已經歷億萬年的歷史，已經有一個很大的跳躍。所以，在「種子」這個狀態之前絕對無善無惡而是渾沌狀態。換句話從發生學的歷史來說，不管你是哪一個系統，剛開始時一定是善的（指光和熱的狀態），例如現在很多物理學的資料指稱，人要變成人之前，要先形成爲固體，固體跟液體、氣體一樣，他們的最小單位，都是氣體。固體的最小單位是氣體，氣體的最小單位是更微細的訊息波。只是我們的科學目前還沒辦法分析這個最小的單位（零磁場）。奈米或夸克是我們現在可分析的最小的單位，但其下還有更小的單位（如西格師粒子），只是目前的科技尚未能確認而已。以佛法來說，修行人在很深的入定中可以看到一根頭髮的解剖橫切面約有一千四百億個微生物的存在，修行人在入定狀態可以看到這種細微存在（淨空法師電視講經，2007-10）；可是對一般人來說，這是接近不可思議的知覺經驗。而且，所有無生物的狀態都可以從人類的生長史來看，海生物的狀態時我們的確有過第三隻眼，是在兩眼中間，只是第三隻眼後來退化到頭腦裡，變成直覺與預測功能所在的下視丘。換句話說第三隻眼變成高級的存在（靈性），但我們現在眼睛所能看到的都只是物

體表面的存在。因此不能瞭解：真正最後的終極的存在是沒有善惡之分的，所謂的「大道無情」大概就是這意思。所以應該瞭解：只要有善就會有惡，因為那是一個二元化的存在思辨狀態，只有沒有善惡的時候才是中立完整的，那也就是「空」或「無」或「究盡」。

二、他／她經驗了什麼？

我們每個人都是以自己為主體來體驗自己和人生的。所以，若有一個小孩從小就生長在有六個父母的家庭：父母、公婆、爺奶；跟一個小孩生在只有一對父母的家庭，這兩個小孩在主觀上看待事情的態度當然會不一樣，因為他們的經驗是不同的。從心理學的觀點而言，人往往從周圍的重要他人怎樣對待他，然後就變成了誰。如果從小父母就跟你說你最聰明，基本上，你會相信自己是聰明的。這當然還包括成長經驗中的外在影響（如學校或排行之影響等）。這就是大部分人「現象我」的狀態。

人們其實無時無刻都活在現象我的狀態中而不自覺。所以當我們思辨某人「他是誰時？」這裡有一個重要的成分要介入就是：「他經驗了什麼？」這就是現象我的問題。假設有一個人的媽媽總對他說：「你最聰明、最可愛！」然而實際上，他並沒有那麼的聰明可愛，那請問要到幾歲他才會清楚這些話只是媽媽的愛？通常要到大約國中（約14-15歲）思辨力充分開發時！這時候的他就會有點分裂，他可能會跟媽媽說：「不要再說我聰明，我不是真的那樣！」因此他就會成為兩個狀態：一個狀態是他知道這是媽媽對他的期望，也可能就變成自己對自己的態度「我是聰明的」。第二個狀態是：他知道自己不聰明，只是媽媽愛的表現而已。

這裡就出現一個「主觀的我」（裡面就有自我概念，自我概念是主觀的）和一個「客觀的我」，主觀的我是：「我並沒有那麼聰明，但我知道我在家人心中是最棒的（客觀）」。所以，他最後有可能就盡自己的潛力範圍儘量做到最好，此時，他已經把「他自己是誰」和「他父母所要他相信的期望」已經融為一體。所以我們可以說那個被給予無條件積極關注的個體，他個人的中心主體性就在主─客交融的自我主觀裡。即使是後者，當事人已經知道自己不夠聰明，但有感於母親的愛，通常情況下，這仍然有助於當事人對自己擁有好和正向的自我概念。

因此在父母管教或與重要他人的重要經驗中（通常是幼年留下的情感性記憶），每個人形塑了自己的自我概念和人生觀。而其內涵，可分兩種：

模式一：正→正（快樂的人，使人樂於親近）

模式二：負→正（有能力的人，較有助人的能力）

第一個模式：這是最簡單的模式，就是正才能導向正，假設一個人幼年時得到很多正向經驗，他才有能力給別人正向經驗。第二個則是負導向正，舉例說明：媽媽說：「你是我們家最不聰明的孩子，你是沒希望了。」在這樣負向環境下成長的當事人，比較容易走向自暴自棄的路程，也可能會有一段長時間的自我懷疑，但最後還是會找到自我的方向（或正或負）。這樣的人如果沒走出來，以後可能會恨媽媽或恨自己，甚至變成像媽媽一樣的人！但如果他能從這裡面走出來，就會比模式一的人更有生命的內涵。因為模式一的人沒有什麼負面經驗，所以他幫助別人時就可能心有餘而力不足，較有限制。模式二的人因為自己是從負面走出來的，所以他當然比模式一的人，更有幫助對方的觀點或辦法。

三、適合個人中心理論的諮商師需具備哪些條件？

每一位諮商師都有其學習過程，就像一名廚師一樣必須先從基本功學起。一開始先學會選菜、調味、火侯到學會燒一樣菜，慢慢再擴充成五樣或十樣；總是要先學會做菜的本質，累積基礎後才能再來創造。因此創造的基礎是先精熟，接著才能變化創造出新菜色。同理，會燒十樣菜的廚師與會燒二十樣菜的廚師，功力自有不同。諮商師亦然，會有其不同的本質例如：認知派、關係派、感受派——就跟各個廚師會燒不一樣拿手菜一樣無好壞之分。因為個人中心理論中心思想為「愛和關心」，故合適的諮商師須具備：1. 關係學派（愛）取向；2. 為接納型（非認知型）——個性溫和；3. 有耐心者。因為個人中心諮商所花費的時間與次數，往往也較長、較多。

四、對待一棵長歪的樹

或許有人問：若當事人蓄意隱瞞治療師，治療師是否值得繼續同理當事人？我們可以想想，當事人為何需要做假呢？他有可能是合理化行為而不覺察，也有可能他知道自己在說謊。例如：學生偷東西被老師發現，雖已證

據確鑿但學生還是不承認，老師該如何處理呢？面對此時之狀況老師應先認清自己的角色及立場，再進一步瞭解學生有沒有作假？以及為何要作假？或許他對你作假是必須的。比方說，我們種了一棵樹，在某些原因下提供樹的陽光被擋住了，如果樹想活下去自然就會向一旁生長，所以看起來就是歪歪的，或許有些人並不喜歡長歪了的樹。但面對這樣的情況我們該說是樹的不對、不好嗎？或許有些人會認為長歪了的樹只是想得到陽光而已，其實它非常有生命力吧！個人中心理論受到許多人的懷疑，當我們有疑惑時，或許可回應到自己的「本心」，去瞭解一下自己對生命的態度。問問自己，當生命遇到挫折時或許會走歪，但難道生命一定要走的很直，才是好嗎？你認為的大師就應該沒有缺點嗎？羅吉斯確立自己的學術地位之後，即使他強調溫暖支持性的治療關係，在一次訪問中他還是承認——母親曾經給予過他很負面的評價！如果羅吉斯沒有從他母親身上獲得過負面評價，他又如何能繞過大石頭，而成為大師？人們一直想要遇到絕對的完美，其實世界上並沒有絕對的完美，「絕對的完美乃出自克服自己的不完美」，所以只有不斷的在克服不完美的人才是真正完美的人，值得尊敬。請大家試著對這些問題有所深思，我猜想是不是因為我們現在的老師們自己也是二元論文化之產物，以致於只在意是好樹還是壞樹，而不在意這棵樹是否還有其他的機會？所以針對舉例的偷竊學生，應該先設法真誠地與他對談而非只是要去捉他的語病！當你能真誠的瞭解這學生是不是有什麼困難，試著想去幫助他時，通常他臺面下的理由就會浮現，而同時學生的良心和道德判斷資料也會出現。請大家相信：每個人做任何事的臺面下理由都只是想活下去，或者是活的更好一點；只是有些人對「好一點」的定義暫時發生了問題。個人中心理論基本上認為每個人都是對的或好的，如果有人不對或不好，基本上也是為了自己的對或好而做的，所以這個學派才會持反診斷的立場；他們不是不相信精神科醫療之診斷，而是認為：即使是正確的診斷也未必能幫上當事者的忙，如果當事人被診斷出有憂鬱症，當事人一聽到消息，陰影豈不再加一層？如果說，存在主義是「意義」的學派的話，那麼個人中心主義的強調就應該是「潛能」的學派吧。

又如治療師面對沉默不語的當事人，如何才能無條件的關懷同理呢？這在遊戲治療裡的訓練中，是最重要的第一步。第一：當事人為什麼不可以

不說話？為什麼一定要講話？遊戲治療就是以兒童為主，個案不願意說話可能就是在抗拒，他可能抗拒很多東西，但他就是把他要抗拒的東西放在眼前來呈現。他抗拒你的真正原因，可能就是在抗拒他班上的導師、父母、抗拒他自己。你只要能接受這觀點：孩子永遠是最可憐的，老師要他去他就必須去，他最多只能做到去了但不說話而已！所以在最初的5到10分鐘，不要一直問對方：「你現在想要做什麼呀？」在遊戲治療裡，我們會問遊戲治療師：「你為什麼要問這些話？是因為你不能接受孩子在這邊不講話嗎？」面對抗拒型個案，若你能從心裡接受他來是很不得已的，他能來已經很好了。遊戲治療師可以看看環境中是否有可以吸引他這個年齡層的東西，例如：特別的繪本、小玩具、畫紙、蠟筆，把東西擺在他的座位附近，擺在治療師跟個案之間的地方，然後跟個案說：「初次來這邊，不一定要跟我說話的，你可以做做你想做的事，畫畫、聽音樂、捏土都可以的。」第一個小時的目標，是讓個案覺得來這裡舒服，這樣抗拒就不成問題了。

　　當我們與當事人訪談時，假設當事人不能再握有優勢時很可能會惱羞成怒，而出現終結談話的作法，此種時刻很可能造成尷尬。諮商師可能痛恨自己多管閒事而產生個人「我執」的反應，思考到底值不值得再這樣幫助對方；但如果對方真的爆發出情緒來，訓練有素的諮商師不會把「負」當作「負」來處理，可以很真誠跟對方回應說：「你在生氣！表示這件事情還有機會挽救，也表示你很在意這件事情，但除了生氣，還有沒有別的方法呢？」同理反應通常分四種層次，只是說話技巧上運用不同，但如果沒有「同理心」還是會傷害別人。舉例來說：遠方友人因病痛折磨而來訪，假設諮商師只有外表同理而無內在的同理心時，可能會這樣回答：「你看你多棒，你已經那麼痛苦了，還跑那麼遠來找我幫忙；我相信你只要繼續相信自己，絕對可以度過難關的！」這句話可能表面上聽起來是同理，但其實沒有用「心」，因為沒有關心到當事人當時心裡上的實際需要。假設諮商師能夠幫忙當事人把所有的需要，在諮商師的能力範圍內將它們聯結起來，即使諮商師沒有說出好聽的話還是有做到同理心。以上例為例，包括提供額外的時間或代為打聽其他醫藥資源等，都可算是真同理之表現。

　　所以同理心有兩層，上面一層是「技巧」，下面一層是「真心」，同理心就是真心。如果對偷東西的學生說：「老師對你講了那麼多，你怎麼

都還不知道老師的苦心！」此時老師同理的對象就變成是自己了！而很多家長也不知不覺地「要求小孩做家長」，例如：「你怎麼都不懂爸爸有多辛苦？」表面上是上對下，但實際上是透露出：「我已經不知道要怎麼做你爸爸了！」雖然眞實人生總是會如此發生，但是需要記住：永遠都要讓自己保持在「覺察」狀態，這樣就不會反應的太離譜！

五、移情、投射、關心或同理的態度？

「移情」是由佛洛依德最早提出，可以釋義爲「我們過去對特定關係的經驗藉由現在的某人又再重現」，例如：年幼失去父母者會特別同情孤兒；「投射」在精神分析學派與完形治療中均有提到，是個人針對事情的一種否認且不願意誠實面對之行爲，例如：小氣的人會計較別人是否小氣，但不能承認自己亦然等。

有人把「同理的態度」質疑爲是治療師的移情，若與移情的定義做對照，就會知道移情與同理態度的差異所在，兩者不能混爲一談。

各位每個人都是有父有母才會有你們，那麼你們的父母，是不是有一個角色是比較嚴格的、教導的；另外一個是比較接納的、抱怨的、期望的呢。這通常代表了多數的男性特質跟女性特質，也就是父性特質和母性特質。而女性特質就是比較像本章個人中心理論中的治療師角色。

在人生20-40歲之間，眞有心理問題要輔導時，大部分人都會找朋友或是兄弟姊妹，而這些助人者共通的特質就是「耐煩」。這情況是指──她也知道妳就是勸不聽，但她還是會陪你。這就是關心，這個關心就是同理的範圍。同理心不是一個技巧而是一種能力。我不知道這樣說是否適合，因爲在某個程度上來說，它是一種本性。我們之中總是有人比較愛多管閒事或者是熱心，雖然這種也算是同理心，但同時他又會批判你，甚至給予建議告訴你怎麼做，這應該叫做關心。因爲同理心最重要的特點就是「不批判」。像這種很關心別人的人，通常都會傾向父性、或是男性特質，他會幫你忙，但是他又會告訴你是哪裡做錯了。

六、「一致性的焦慮」與「不一致的焦慮」

　　不一致的焦慮就是主觀和客觀之間產生落差，例如：你想「糟糕，我完全被老師說中我的狀況，所以從現在起要找更多相關的書來看。」這就是「一致性的焦慮」，就是當你遇到老師比較有點負面的回饋時，然後你對這個回饋作一個判斷，覺得老師這個判斷還算客觀，因此願意承擔起自己的責任，這就叫一致性的焦慮。

　　不一致的焦慮，可能就會變成說，你是一個完美主義、自我要求很高的人，聽到老師的負面回饋，就會覺得自己很不好，為什麼都不能做到？然後你可能就會回去，把所有何老師講的資料、講的書都拿出來看，但在心態上還是不一致的，為什麼？老師講那句話也許只是要你調整一下自己的學習態度，包括在這堂課上學習的態度。可是你聽到的訊息卻不是如此！你聽到的消息是你「不夠好」，所以你想要趕快變的更好，這與前者的差別很大。一致性的焦慮是比較客觀冷靜，不一致的焦慮就會把這責任又回過頭來，變成自己的不是，反應會比較強烈。

　　再舉個例子，人際溝通分析的理論內含主要就是四個好：「我好—你好」、「我好—你不好」、「你好—我不好」、「我不好—你不好」。在這裡面，「我好—你好」和「我不好—你不好」都是一致性的人，所謂「我不好—你不好」的人，是所謂的反社會人格。他從小覺得這個世界有圍牆阻隔，在競爭中長大，什麼叫好呢？就是我贏你；什麼是不好呢？就是我輸你。所以對這種人來說，他沒有什麼悲憫感；即使傷害了很多人都不會認為自己有錯，為什麼？因為他的家人也遭受過傷害啊，所以現在只是以眼還眼而已。這種人是不會有焦慮的，納粹時代的希特勒及殺手頭頭應該都有這種人格的成分。會有焦慮的應該是「我好—你不好」及「你好—我不好」這兩種人，他們成長的機會也才最大。

七、「助人」其實是為了「自己」

　　很多在張老師等系統工作的人，最初的動機可能是出自於愛心，就是要去學「幫助別人的技巧」，但剛開始時總是很難發現，這樣的愛心其實是表層的，之後慢慢在學習的過程中，不斷發現自己身上的問題，然後最後才有

當①出現的時候，絕對是①＋②＋③＋④一起反應

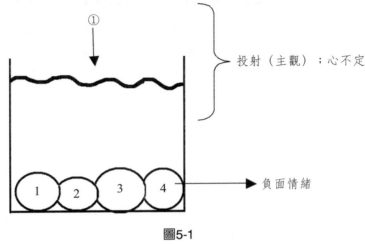

圖5-1

能力開始幫助別人。所以喜歡幫助別人的人要小心，可能裡面隱藏的其實是要「幫自己」。

　　想要同理，要能實踐兩件事情，第一件事就是「慈悲」。實踐的第一個條件就是慈悲，慈悲就是心要安定。我們每個人都是一杯水（如圖5-1），在本體的層面大家都有光，可是我們每個人都有不同的負面經驗，可能是家庭給你的─①號問題、學校給你的─②號問題、或是最愛的孩子給你的─③號問題、親密關係給你的─④號問題、前世的遺傳等。可以說，每個人都有一些負面的東西，所以當事情一發生的時候，其實是①號家庭的問題來找你了，但你卻不可能只用①號問題來回應，人總是用①＋②＋③＋④加起來的東西，來回應原本只是①號的問題。所以我們永遠都處在投射的狀態，所投射的就是你的主觀，但因為你已經習而不察了，哪裡會覺得自己只有用①來回答它呢？你自己覺得很客觀的時候其實也都不客觀，這才是事實。所以在這些狀況中，我們的心都是很不安定的，所謂的不定就是不清淨。所以想要有同理心，最重要的一點，就是要變的比較心定，那要怎樣心定？最快的方式就是開始練習「靜心」──每天打坐30分鐘。為什麼心定就會慈悲呢？因為在心定的狀態水面就是平的，你才會看到自己與對方的不平。所以想要幫助別人，雖然動機很好，但實際上是不容易做好的。

第一件事的第二個方法就是「捨得」。到今天為止，各位有沒有施捨的習慣？有沒有定期供養需要幫助的人的習慣？就算你很窮，也可以每天提供給需要的人一點點錢（10元／100元等）吧，無論方式如何，你們可以自己衡量判斷。要把自己有的東西給出去。這個①②③④雖然是負面的，也顯示它是自私與自利的，我們每一個人不「捨」之前，就是活在這個狀態──自私和自利是常態現象，常人難以跳脫。所以第二個方法不難，只是需要去做我們本來不去做的事，去做了就叫捨得。本來就有在做的人，你就再要求自己的標準高一點，譬如說原來一個月寄1000元給佛寺或教堂或家扶中心，那就變成一個月捐1500元，就是要練習擴大自己的慈悲心，這個心能夠像水一樣平之後，就是無私。無私以後，自然就能同理了。

第二件事就是擴充自己的生活經歷。20歲和40歲的生活經歷是不一樣的，但是有一個條件就是「往苦處去找意義的深化自我之道」。20歲的生活經歷，可能是參加學校佛教社團或是慈善義工；30歲的、40歲的、50歲的生活經歷可以愈來愈大，可以照你自己的狀況來走。譬如說，覺得做慈濟義工很辛苦，那你就去接近慈濟，接近苦處才有機會自我反省，一般人都以為接近苦處會被傷害，其實是他們不知道「接近苦才沒有苦」的這個秘密。

八、同理是人性的秘密

研究發現：各種諮商學派均可達到約70-80%的有效性，但是大部分的人最喜歡選用的仍是個人中心學派，因為此學派不傷人，也給予很多的蜂蜜，可是也因為如此，當事人很難真正改變。為什麼一般人都喜歡被人同理呢？因為它符合一個人性的秘密就是，「永遠覺得被愛的不夠」，所以諮商對於問題程度低的當事人特別有效，如「疏忽」型之個案。在小學中如果可以建立義工系統，例如：退休的老師，來擔任義工媽媽／爸爸，效果可能比社工系統更有效，因為她們所需要的只是一點點甘霖而已。

但對於問題較難的當事人（個案問題可分低─中─高三個層次，各種不利因素只有一、兩個的話算低，五個以上算高），就不能只用當事人中心方法，中等難度以上之個案，比較適合配合其他模式如心理動力、認知治療等。

真正的當事人中心，諮商者要保持有能量的狀態，「永遠看到希望」是當事人中心的核心態度。

在成長的過程中總會遇到一些人能瞭解自己，仔細回想一下，這些人是用「言語」讓你的心理被瞭解了？或是用「行為」讓你明白你的心靈被瞭解了？還是「他們只要一點你，在剎那之間」就感到被瞭解？要在第三種情形才算做「心靈溝通」，不過「心靈溝通」是可遇不可求的，有可能來自於人、自然、神明，剎那之間忽然有一個全新的感受，而且此種感受你又可以接受，才叫做「心靈溝通」。

以某當事人為例，當事人的父親很會發脾氣，當事人是從小被父親嚇大的，今日他的父親生病住院，當事人很怕去見他父親，因為只要見到父親，當事人又重新回到「孩子時期」，即使他現在已長大成人了。此時若能利用「同理心—個人中心」協助他，使當他下次見到父親時，情況能有所改變，當事人對於和父親關係的改善十分雀躍。下次上課時和老師相遇，老師輕拍他的肩膀而未言語。此種不需透過言語而只有輕拍的動作，就是一種心靈溝通。

每一個人的一生之存在，其實大部分時候都是孤獨的。這種「獨生獨死、獨來獨往」的事實，剛開始時對於此種狀態可能會感到悲傷、害怕，但若能接受事實，就能減少抗拒。在這個過程中，人們也都會尋找許多「取暖」的方法，都可以採用，只要心裡知道這是什麼就好，不要把真相搞混，就可以幫助自己。

同理的療效，基本的假設是能治療了人類基本的「孤寂感」，雖說人本質是「獨」，但求雙或求全，則是大多數人生的一場故事。如果你在一生中能和很多人都結了好緣，但臨終時他們都不在你身邊，相信你也不會太難過，因為真正好的關係，是在心中而不是在行為或外表體驗的。

總結來說，「同理」要從瞭解自己出發。給予自己正確的愛，自己改變了，和周圍的人互動的方式也會跟著改變，如果能完全的瞭解對方的現象和自己的現象，就是完整的同理了。

九、所謂真誠

促使當事人改變的充分必要條件之一是「兩個人有著心理上的接觸」，個人中心學派受到質疑的理由時常是：「當治療者真誠地表現自己，可以同理當事人，但假設在心理上並無法真正認同當事人的行為，心理上還會有真正的接觸嗎？」

也許我們可以想想，個人中心學派治療者的「真誠」要到何種程度？很多學生認為「真誠」等同於「誠實」，這不僅要對個案誠實也要對治療師自己誠實，不過當治療師對自己誠實時，有時卻會傷害到個案。

諮商師的真誠會傷人可能有兩種情況：1. 經驗太少；2. 經驗太多。真正的「真誠」可能有一個等號就是「謙虛」，在互動中，治療師需要接受當事人以及自己的不完整可能，假設一個治療師擁有「謙虛的真誠」，應該不會引起當事人太多的抗拒吧！

假設一個例子，例如：諮商師對愛情的價值觀是「一男一女」的忠誠時，個案卻很喜歡拈花惹草，這就牴觸了自己的價值觀，那你是不是能認為對愛情忠誠的價值觀只是眾多價值觀中的一種？檢查自己的價值觀是絕對或是相對的，如果自己的價值觀是絕對的，用絕對來批判絕對，永遠沒有真正對的時候！如果能時常持有這種「後設性的覺察」，大概就能真正體會「我接納你的苦難，但未必認同你處理苦難的方式。」這樣的同理態度。

原則上諮商者的經驗要比當事人多，才能幫上當事人的忙，唯有助人者比求助者具備更完形的經驗（治療師應該是被治療過的人），才能避免瞎子幫聾子的困境吧。

「兩人有心理上的接觸」，有時無法避免「自我揭露（自我開放）」，諮商師的「自我揭露」是可以達到效果的，也是許多心理治療學派都會用到的方法。心理治療師在做「自我揭露」的前提必須是，為了別人而不是為了自己，而且自我揭露的時間、地點非常重要，所以自我揭露要看雙方的關係及進展來進行。通常的原則就是，當你感到當事人有抗拒的心理時可以使用。使用自我揭露的最好時機是在：1. 治療關係由初階段進入中階段之前；2. 治療關係由中進入更深時（中至後），例如：治療師談到自己也有被傷害的經驗是屬於較深層的揭露，揭露的深度會因治療關係而加深。

十、「不要同理我，只要告訴我解決問題的方法！」

現今在臺灣若是沒有做過很多訓練，又想要做治療的話，工作者常常會使用非指導學派，但也常會遇到相同的問題。

假設我有個團體個案，每個禮拜見面一次，見面的第一句話常常會是「這個禮拜過的好嗎？有什麼要談的嗎？」把場面交由當事人來引導。其實當事人覺得要治療時，就會有個需求——諮商師應該告訴我問題該怎麼解決？雖然，我們都知道人們的問題和困擾，並不是別人告訴你怎麼解決就可以解決；只是人在無助時就會有這種「你告訴我該怎麼辦？」的心理需求，但此種心理需求其實是個陷阱，如果告訴他該怎麼辦，他真的會做到嗎？通常做不到！所以在諮商時千萬不要認為自己是諮商師就該比個案知道的多，或許你比個案知道的多，但是你不能認為你比個案更知道這件事情解決的方法，所以當事人中心永遠傾向於用引導對方解決問題。

羅吉斯有一個非常有名的案例示範：個案為一個30歲的女生（代號G），碩士班學生，離婚四年有一個10歲的女兒，最近交了一個男朋友。對話如下：

> G：不知道該不該對女兒坦承與男友有性關係？（因為她一向與女兒坦誠相處）……
>
> （Rogers同理了約二十句，直到當事人生氣了）
>
> G：我只是需要一個答案而已，有那麼困難嗎？
>
> R：你的心理面實在需要有人幫你作主。
>
> G：對呀！從小我父母總是能告訴我該怎麼做！
>
> R：你現在長大了，你必須要學習自己做決定，而那對你來說是很難的。
>
> （當事人哭了！）
>
> G：對！那是很艱難的，以前小時候雖然他們很嚴格但是我有受到保護，現在雖然看起來沒有人管我，但是我有時候過的很辛苦，離婚之後，要自己生活，還要照顧小孩。
>
> R：所以在這麼多困難之中，有時候（很好的客觀化，不會讓對方無

力）你真的希望（高層同理）自己能做個小孩。

　　各位會不會有疑問：要如何能夠一直同理的幫對方，直到對方走向自我覺察、自我瞭解？一般來說，人生一場，不外是由他力走向自力的過程。小時候如果哭了，媽媽說不要哭，你就會好受一點；長大了你哭的時候，如果先生安慰你，沒關係！可以過去的，你也會好過一點；人在社會生存的經驗裡，很大的部分是要靠他力來確定自己！可是真正成就一個人，最後都要走向自力。所以很多人在20、30、40、50歲時，開始選擇一個宗教信仰，因為他已經對人失望，所以才會轉向神，希望神能保佑他、幫助他，但也要經過很長的時間，才能瞭解到神其實就是自己！所以人要愈有正向概念，才愈能去接納別人的負面，這也就是所謂的自我實現的旅程。

　　治療師被當事人要求要「解決問題」時，需要思索一件事──良好關係的本質是什麼？一廂情願的付出嗎？答案應該否定的，所以良好關係的本質是「接納」而非「接受」。我接納你有很多苦惱的感覺，但不等於同意你認為「我現在已經完了，我再也沒有力氣了！」而更要注意到的是，此時個案講這句話，表示他現在對你有一個需求，他希望有個人可以讓他靠，他對外面的人也同樣會有這樣的依賴需求，其實人在絕望的情況下都會有這種感覺。不過真相是：沒有一個人可以真正被倚靠，只有自己才能夠解決問題！這個時候就會遇到存在的本質，個人中心跟存在主義有很強的關聯，因為個人中心的底層就是存在！差別在於焦慮的處理。大部分人對「自我實現」是有誤解的，以為是好上加好，但真相並非如此！其實這是從焦慮轉化的能量，焦慮與潛能是同一件事的兩面，原則一樣只是程度不同，都是要先歸零，才是治療的本質。對個人中心而言，比較使用接納同理的方法，讓你恢復平衡──「歸零」，然後在愛的撫育中重新出發。個人中心好像是個很溫柔親切的學派，但絕不等於要去幫當事人解決問題。

第三節 重要技巧

以羅吉斯的觀點而言，促使當事人有所發展最重要的步驟即是確實地傾聽當事人的敘述。

1. 晤談開始時即表明態度，表示你將十分樂意於傾聽對方言談，但你將不為任何人尋求解決問題之方法。
2. 留神地傾聽當事人：可以引用情感的反映以及摘要等技巧，嘗試以當事人的語氣將其敘述之主旨表達出來。
3. 同理心的體驗能真正融入他人的內心世界：將重點放在現在的時態以及所產生的種種思想與情感上。

一、同理口語回應技術的四個層次

（一）同理心的四個層次

表5-1 同理心的層次

層次	反應方式
1.0	忽略當事人想法與行為的差距，只是被動的接受當事人消極的行為，不想與他有更進一步的關係。
2.0	諮商師簡短地回答對當事人所提事件的看法，但並未接受他所有真正感受與行為的差距，故二者間只是表面層次的溝通。
3.0	諮商師對當事人所提出的問題，能開放的表達對這事的看法與經驗，能指出當事人行為上表現的差距，但對解決問題的行動則未予以提出，以較籠統、不牽涉個人內在深層意義的方式和當事人談二人間的關係。
4.0	諮商師能清晰地指出當事人想法與行為上的差距，並能具體的給予一個方向，能夠及時地與當事人討論彼此之間的關係。

資料來源：黃惠惠（2004）。助人歷程與技巧增訂版（頁65）。臺北：張老師。

（二）同理心之四個層次之內容說明

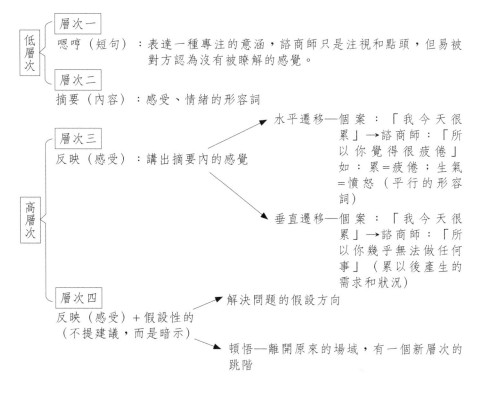

低層次
層次一
嗯哼（短句）：表達一種專注的意涵，諮商師只是注視和點頭，但易被對方認為沒有被瞭解的感覺。

層次二
摘要（內容）：感受、情緒的形容詞

高層次
層次三
反映（感受）：講出摘要內的感覺

水平遷移—個案：「我今天很累」→諮商師：「所以你覺得很疲倦」如：累＝疲倦；生氣＝憤怒（平行的形容詞）

垂直遷移—個案：「我今天很累」→諮商師：「所以你幾乎無法做任何事」（累以後產生的需求和狀況）

層次四
反映（感受）＋假設性的（不提建議，而是暗示）

解決問題的假設方向

頓悟—離開原來的場域，有一個新層次的跳階

註：1. 當事人本身就擁有的，但要靠別人說出來才知道，就是高層同理。
　　2. 同理四通常要在同理三進行一段時間後才出現。
　　3. 儘量學習給對方鼓勵（增能，empower），多用肯定而非讚美，因讚美是一種上對下的關係，而鼓勵則是平等的立場。

 第四節　實務說明——同理心的實例演練與修正

教學活動

（一）準備活動（5分鐘）

發給同學「同理心辨識練習」題目卷（如下頁工作單一），請同學依照五種不同情境，選擇最恰當的反應方式，並將答案填於紙上。

（二）發展活動

1. 同理心辨識練習

(1) 針對「同理心辨識練習」填答結果進行討論。（2分鐘）

(2) 提示及複習同理心基本概念及同理心層次。（3分鐘）

2. 同理心實例示範

(1) 示範演出個案與諮商師之互動過程，分別演示同理心的適當與不當使用案例（演出腳本如工作單二，見頁158）。（10分鐘）

(2) 於每一案例演示之後進行討論，請同學發表對演出中互動歷程之建議與修正，並由主持人進行歸納。（10分鐘）

3. 同理心反應分組練習（20分鐘）

(1) 請全班同學參與，三人為一小組，一人扮演個案、一人為諮商師，另一人為觀察員。

(2) 發給同學「同理心反應練習」資料（工作單三，見頁159）。

(3) 各組抽籤決定練習之情境，並進行練習，觀察員負責記錄同組其他二人之互動過程。

(4) 視時間狀況，請各組上臺演示。

（三）綜合活動（10分鐘）

1. 徵求各組扮演各種不同角色的同學上臺分享心得，主持人進行總結。

2. 老師講評。

同理心辨識練習　　　　工作單一

請依下列情境的敘述，選出較適當的同理心反應，並說明達到同理心的第幾層次。

情境1：當事人剛從學校畢業，正在找工作，剛接到面談通知，即說：「我恐怕這次的面談又不會成功，像以前幾次一樣又沒希望了。」

諮商師的反應：

（　　）1. 不會的，你要有信心，就會成功。

（　　）2. 你為何不去找那些面談成功的同學談，也許你就能知道一些竅門了。

（　　）3. 不要這麼悲觀嘛！你怎麼會這麼想呢？

（　✓　）4. 由於過去失敗的經驗，你擔心這次也會失敗，好像不太有信心的樣子。

（　　）5. 對於一個剛出校門的人，第一次找工作本來就比較困難，就是失敗了，也不算什麼。

情境2：當事人說：「其實我已經長大了，可是爸媽老是把我當小孩子看，什麼事都過問，都盤查，我知道他們是關心我，但是我很想自己試試看，闖闖看呀！」

諮商師的反應：

（　　）1. 這就是天下父母心，總是愛自己的孩子，你要好好珍惜。

（　　）2. 你是不是曾經做過什麼事讓他們不放心呢？

（　　）3. 其實父母都是如此，他們這樣做才會安心，你不必太在意，等你長大為人父母時，就能體會了。

（　✓　）4. 你覺得父母過度操心，讓你無法獨立試試看。

情境3：當事人說：「都是賭博害了我，原本只是為了打發時間小賭一下，沒想到愈陷愈深，如今不但錢輸光了，還欠了一屁股債，唉！如果那時聽朋友的勸告就好了！」

諮商師的反應：

（　　）1. 你一共欠了多少錢？有什麼人可以幫忙嗎？

（　　）2. 現在先別唉聲嘆氣，想想有什麼辦法可以解決最重要。

（　　）3. 早知如此，又何必當初呢？這對你是個教訓，讓你清醒過來，才知道要做什麼。

（　✓　）4. 你很後悔當初沒有懸崖勒馬，才會有今天的結果。

（　　）5. 你不必太自責，現在知道悔改，也許還來得及。

情境4：當事人說：「我還在唸高中，但是我發現自己懷孕了，男朋友又避
　　　　不見面，我也不敢告訴父母或朋友，我該怎麼辦才好？」

諮商師的反應：

（　✓　）1. 年紀輕輕碰到這種事，一定覺得又害怕又無助。

（　　　）2. 你的男朋友太不負責任了，總算也讓你認清人，更懂得將來如何
　　　　　 保護自己了。

（　　　）3. 這的確很嚴重，事情是怎麼發生的？

（　　　）4. 事情已經發生了，急也沒用，我們一起來想辦法吧！

（　　　）5. 唉！你怎麼這麼糊塗呢？難道你連這種性知識都沒有嗎？

同理心示範演出腳本　工作單二

示範1　　××，31歲，結婚6年，長媳，育有一子一女，目前是職業婦女。

個　案1：我覺得我婆婆很偏心，我們結婚的時候她口帶威脅的說，如果我
　　　　 們願意住在家裡她就給我們100萬，可是現在弟弟要結婚，她就無
　　　　 條件的給他們錢去張羅婚禮的事。

諮商師1：你覺得婆婆好像有差別待遇。（同理當事人的感受）

個　案2：對啊！那時候她對我很兇，好像如果我們不住在家裡就很不孝似
　　　　 的，其實我沒有意見，我住哪裡都可以，我沒有堅持什麼，那時
　　　　 候其實關鍵是我老公，他都沒有幫我說，在他媽媽面前他就是一
　　　　 派沉默，還怪我意見太多。

諮商師2：你希望你老公能幫忙打圓場，可是他什麼都沒做，甚至還潑你冷
　　　　 水，你覺得很失望。（同理當事人的理由，他認為配偶應該為這
　　　　 件事多負一些責任）

個　案3：我覺得他根本就是縮頭烏龜，只會逃避問題，我畢竟是外人，當
　　　　 然要客氣一點，總不能由我去打前鋒吧！我婆婆那時候擺明了是
　　　　 要給我下馬威，我若真的跟她正面衝突，將來日子還很長，彼此
　　　　 都不好過，我都忍下來。

諮商師3：礙於你的媳婦角色和身分使你必須採取低姿態，但是也因此你覺
　　　　 得很委屈，又得不到配偶的支持。（同理當事人的意義，瞭解當

事人話中的涵義和觀點）

示範2　個案目前是研究所學生，平時容易緊張，尤其是在面對大眾時。

個　　案1：下禮拜又要上臺報告，我很怕講的不好。

諮商師1：*（溫和的看著個案、全心傾聽）*

個　　案2：每次上臺報告我都會很緊張，看到下面那麼多人，尤其是老師，本來有準備講義，也都事先演練過，到時候一樣表現不好。

諮商師2：會緊張*（共鳴、辨識—緊張、缺乏自信……）*。

個　　案3：我總是覺得別人一定在注意我，所以我常常很不自在，也不敢正眼看他們。

諮商師3：你很在意別人的看法*（共鳴、辨識—在意別人的眼光、擔心被評價、缺乏自信……）*。

個　　案4：我很想不要緊張表現好一點。

諮商師4：在人多的情況下，你好像很自然的會認為別人在注意你，這個念頭讓你感到很不自在，你希望這種情況能夠有所改善*（回應）*。

同理心反應練習　　工作單三

閱讀下列的情境，以初層次同理心反應之。

(1) 首先用「你覺得……（情緒字眼）……因為……（事實內容簡述）……」句型。

(2) 再以平常較自然的口吻將瞭解、體會到的感覺與內容說出來。

例　　題：一個國中生說：「班上秩序不好，導師怪我不負責，要我把不守規矩的同學報告給他，可是那些同學受處罰後，都罵我多管閒事、馬屁精，到底要怎麼樣做才好？」

諮商師的反應：

(1) 你覺得左右為難，因為不管怎樣做，老師或同學都會怪你。

(2) 你夾在老師與同學之間左右為難，不知如何是好。

情境一

來談者：「最近經濟不景氣，每種行業都不好做，保險業更難做，這兩個月以來，連一個客戶都沒開發成，已經夠嘔了，經理還指責我不夠努力，可是我已經盡力而為了。」

諮商師的反應：

(1)＿＿＿＿＿＿＿＿＿＿＿＿＿＿＿＿＿＿＿＿＿＿＿＿＿＿＿

(2)＿＿＿＿＿＿＿＿＿＿＿＿＿＿＿＿＿＿＿＿＿＿＿＿＿＿＿

情境二

來談者：「辦公室的同事，不是大學畢業，起碼也是專科學歷，只有我是高職畢業的，當然做起事來，會感到矮人一截。」

諮商師的反應：

(1)＿＿＿＿＿＿＿＿＿＿＿＿＿＿＿＿＿＿＿＿＿＿＿＿＿＿＿

(2)＿＿＿＿＿＿＿＿＿＿＿＿＿＿＿＿＿＿＿＿＿＿＿＿＿＿＿

情境三

來談者：「這個世界愈變愈糟了，到處充滿誘惑，引人犯罪，每個人為了爭名逐利，為所不為；什麼正義、和平、友誼……根本沒人在乎，這是什麼世界，是進步還是退步？唉！」

諮商師的反應：

(1)＿＿＿＿＿＿＿＿＿＿＿＿＿＿＿＿＿＿＿＿＿＿＿＿＿＿＿

(2)＿＿＿＿＿＿＿＿＿＿＿＿＿＿＿＿＿＿＿＿＿＿＿＿＿＿＿

情境四

來談者：「我的組長是一個沒有原則的人，有時很鬆，有時很嚴；分派任務時，也是一會兒要我做這，一會兒又要我做那，常常弄得我一頭霧水，不知該怎麼做才好。

諮商師的反應：

(1)＿＿＿＿＿＿＿＿＿＿＿＿＿＿＿＿＿＿＿＿＿＿＿＿＿＿＿

(2)＿＿＿＿＿＿＿＿＿＿＿＿＿＿＿＿＿＿＿＿＿＿＿＿＿＿＿

情境五

來談者1：我想休學。

諮商師1：＿＿＿＿＿＿＿＿＿＿＿＿＿＿＿＿＿＿＿＿＿＿＿

來談者2：我不想唸書了，我現在晚上打工可以學很多東西，而且很實用，學校上的都很理論，以後也不一定用的上。

諮商師2：＿＿＿＿＿＿＿＿＿＿＿＿＿＿＿＿＿＿＿＿＿＿＿

來談者3：反正早晚要進入社會，與其在學校混一張沒有用的文憑，還不如早一點踏入社會學一些實用的東西比較實在。

諮商師3：＿＿＿＿＿＿＿＿＿＿＿＿＿＿＿＿＿＿＿＿＿＿＿

參考書目

王文秀、廖新春、陳美芳、嚴霽虹、蔡順良、曹中瑋（譯）（1992）（原作者：
　　Egan, G.）。有效的輔導員。臺北：張老師。（原著出版年：1988）

呂勝瑛（1984）。諮商理論與技術。臺北：五南。

宋文里譯（1990）。成為一個人。（原作者：Rogers, C. R.）。臺北：桂冠。

林孟平（1988）。輔導與心理治療。臺北：五南。

林美珠、田秀蘭譯（2004/2006）。助人技巧：探索、洞察與行動的催化。原作者
　　Hill, C. E.。臺北：學富文化。（原著出版於2004）

翁開城（2004）。當Carl Rogers遇上了王陽明：心學對人文心理與治療知行合一的
　　啓發。應用心理研究，**23**，頁157-200。

張德聰、林香君、鄭玉英、陳清泉（1995）。諮商技巧訓練。臺北：天馬。

張德聰、黃正旭、黃素菲（1993/2001）。諮商技術。臺北：國立空中大學。

黃惠惠（2004）。助人歷程與技巧增訂版。臺北：張老師。

黃惠惠（2005）。助人歷程與技巧。臺北：張老師。

廖本富（2000a）。同理心的迷思與澄清。國教世紀，**191**，頁67-78。

廖本富（2000b）。同理心與焦點解決短期諮商。學生輔導，**66**，頁96-109。

劉安眞（1999）。當事人中心治療發展現況之探討。諮商與輔導，**168**，9-15。

鄭玄藏等譯（2004）。諮商與心理治療的理論與實務（原作者：Corey, G.）。臺
　　北：雙葉書局。（原著出版年：2001）

賴保禎、金樹人、周文欽、張德聰編著（1996）。諮商理論與技術。臺北：國立空
　　中大學。

第六章
完形心理治療之理論與實務

完形一詞，源自一群研究知覺的德國心理學家，他們發現：人類對事物的知覺並非根據此事物各個分離的片斷，而是以一個有意義的整體為單位，把各個部分或因素集合成具有意義整體，即為完形。帕爾斯（Perls）曾對完形下過一個解釋：「完形乃是一種形態，是構成某事物個別部分的一種特定組織。完形心理學的基本前提是，人類本質乃一整體（中醫所謂的「全息」），並以整體（或完形）之形式感知世界，而不同事物也唯有以其組成之整體（或完形）方能被人類瞭解。」

完形治療，是由帕爾斯與其夫人Laura在二十世紀1940年代所創辦，它首先在歐洲出現，衝擊了當時的心理學界，特別是哲學界。帕爾斯受到Wertheimer（1944）、Koffka（1935）和Kohler（1947/1970）等完形心理學代表的影響，他的妻子Laura Perls則是一位舞蹈家，不僅對完形的創立有貢獻，也是學派中非常重要的一位實務工作者、訓練者及倡導者（據說沒有她很多完形的書是無法出世的），故完形特別重視「肢體語言」、「能量流向」與「身心合一」。而後他前往維也納接受精神分析大師瑞克（Wilhelm Reich）的精神分析訓練，他是一位首創以身體工作（肢體療法）方式來探尋自我瞭解及人格改變的先驅。同時帕爾斯也接受了其他幾位推展精神分析運動者如荷妮（Karen Horney）等的教導。

完形治療的理論基礎主要是奠基在完形心理學的理論上，在其創設過程中，也受到心理分析、現象學、存在主義、完形心理學及東方禪學等傳統學派的影響。完形治療是存在和現象取向的，主要參考架構沿襲了存在主義的思維，其次是現象學。Perls以現象學的思考角度，不斷的形塑完形治療的理

論內涵，給予重新的框架與發現。

完形治療更是體驗取向的治療學派，其對個體困擾行為的看法，主張要從人與環境的互動中去瞭解行為。它相信人是可以主動、有能力的處理自己的問題，特別是當他們能在此時此刻覺察發生在自己本身與周遭環境的事物時，人就能更有效地解決問題。它強調人與環境「有效地接觸」，意指當個體與自然環境或人群互動時，能充分地知覺外界環境與自己的關係，並且不失去自己的獨特性。

完形治療的特色列舉有如下幾點：

1. 「治療關係中的實驗」，是完形治療的特色。
2. 強調治療者的個人特性作為促使治療改變的工具。
3. 強調治療是一種包含多種可能的開放性、彈性與結構，這乃是依據治療過程中每個當下的需求而定的。
4. 治療技術之豐富性會因治療者與個案個人的想像能力、智能、回應程度而有所變化。
5. 強調「對身體工作」在治療時的重要性。「丟掉思考、回到感覺（lose your mind and come to your sense）」為其名言！

故在完形治療中，個案被賦予以下責任：確認自己的治療目標、積極主動參與治療過程（例如：自己做解釋並賦予意義）、對自己的問題擔負起更多責任。

 第一節　名詞解釋

一、完形治療的人性觀

（一）何謂完形

完形（Gestalt）是德國字，原意為形狀、圖形，意指一個整體，或是一個完整的形式、模式或形體，在心理學上是指「我們看事情的知覺度、要儘量完整」。舉例來說：當處在一個教室中，閉上眼睛回憶教室中有幾本書放在桌面上時？每個人的回答可能因為自己記得的或看到的不同角度，而有不

同的回答。這種在同一個情境當中，每個人卻有不同回答的情形，就是「選擇性的知覺」；而沒有看到的部分就自動成爲背景，則是我們眼睛的習性。意思是我們無論何時都只能有自己的立場，如果能夠看到整體並把背景納入自己的視框來作整體的解讀，即是「完形」。

　　完形是各個部分或各個因素集合而成的一個具有意義的整體，需考慮到包括整個的事物或人及其脈絡以及兩者之間的關係。就「形與景」的角度而言，能將目標物從周遭的背景環境中區辨出來，將注意力集中在目標物上，明白的辨別出它與背景環境的界限，亦是形成「完形」──即形成「背景」與「形」的意思。其整體是由本身與和環境之間的關係所構成的，它的意義源自於與背景之間的關係。

　　完形與覺察是一體兩面的，它的定義：

1. 知道自己本來不知道的事：常要心存假設，不要百分之百確認一件事，這部分最著名的例子就是人和花瓶的圖片。

（Rubin魯賓之杯）

2. 超越自己以爲的事實（事實的表象）和以爲的經驗（個人主觀的經驗）：我們在這個世界，約有百分之八、九十是依靠經驗和五官的資料作爲判斷依據，倘若能假設這個依據不一定是完整的，那麼判斷錯誤的機會就會比較少，與周圍和諧的可能性便會增加。
3. 完形之狀態：在感官與經驗中，練習保持彈性。
4. 要能去看自己及他人（大家）所看不到的事實。
5. 完形治療中成爲完形的人需要：在整體的場域要有追求整體的立場、整體觀要與有機的（「有機的」解釋：以今日之我戰昨日之我，常常在改變，如細胞膜般，會呼─吸，也會進─出資訊的）自我調適產生關係。

（二）完形心理學和完形治療的差別

完形心理學與完形治療是一脈相承的關係，但完形治療容納了更多東西，讓完形心理學更完整，他們處理的焦點是不一樣的，完形心理學只是告訴我們，知覺是有限的，而完形治療主要是擴展覺察、擴展知覺。換句話說，不只是陳述一個事實，而是對這個事實展開操作，目的就是要幫助我們更覺察並擴大認知的範圍。大部分的心理諮商學派都比較是演繹、認知與思考的，這三者都是有限的，而完形治療主要是以非語言、分歧及感受為焦點，例如：表達性藝術治療。實際上完形治療就是告訴我們每件事都是變動的、非絕對的，就如同每個人都有個體的差異。

完形治療不去探究或分析症狀的由來，其重點在處理個案此時此地所經驗的感覺與思想，協助個體增加對目前經驗的覺察，重視存在的完全與統整。而覺察乃是一種經驗是和自己存在的接觸，因此帕爾斯認為此時此刻＝經驗＝覺察＝真實，對此時此刻的覺察即是完形治療最重要的方法與目標。大部分完形治療的技術都是為增進個人的覺察能力，去協助個人發現、探索並且體驗自己的風格模式與整體性。最終目標則是「整合」個人尚未統合的部分，如此個人才能真正完全發現自我之本質並發揮其潛能。因此，完形治療是屬於一種體驗性的治療方法。

（三）完形的主要立場與主張

1. 人的本性是「非善非惡」的，導之向善，則善；導之向惡，則惡。
2. 人的行為常常是外控的。所謂的外控就是做事情時，會考慮到外在好壞或現實的因素。完形的立場認為，一個人如果80%的能量都放在外控和一個人90%都放在外控，那麼其內在自主的程度，自然是不一樣的。
3. 人具有潛能和自我覺察的能力，心理學之資料顯示：一般人最多僅能發揮5%到15%的潛能，但若在統整情況下，則能發揮更多的潛能。且僅有在統整狀態下，人才能自困擾中解脫。
4. 人是主動的行為者而非被動的反應者。完形理論主張諮商員站在協助立場來幫助當事人在面對刺激時，能經由自我覺察自行決定反應

的形式，而不單是習慣性反應，並對自己的行為負責，故完形理論強調「自我覺察」及「責任承擔」。

5. 反對決定論、宿命論、心理分析論等之主張：「人格智力是奠基在嬰幼兒期與早期生活」；而完形論者則認為只要能促進其自我覺察，「改變」不是不可能的。

二、整體的觀點

（一）整體觀

完形最重要的概念是強調個體的整體性（whole），如嗅聞、品嚐、直覺種種環繞於個體四周的環境，個體生命歷程的脈絡關係，以及現世生命的映照等，全都包括在內。

帕爾斯認為人是一個整體性的組織，是由許多相關聯部分組織而成的新架構，例如：各種事實、知覺、行為、思想、情緒等。任何一部分皆無法獨立於整體之外，因此整體並不等於部分的總合。

完形治療清楚的強調自主性與自我決定，雖然完形治療遵守「沒有應該」（no should）的原則，但有一例外的狀況是「情境」，帕爾斯認為，當事人瞭解自己身處的情境，並允許此情境塑造本身的行為時，他們就已經開始學習如何處理生命的議題（Yontef, 1993）。

在個人與環境的整體互動下會產生自由的限制，意謂著人生永遠沒有無限制的自由，人生永遠擁有的「是有限制的無限自由」。也就是說，我們每個人都能覺察到自己在自己所存在的框架中，在改變不了的現況當中，去做自己可以做的，這也就是一種以現象學為背景的思考方式。

（二）場地理論（Field Theory）

完形治療立基於場地理論，現象學的場地理論包括當事人的內在、外在世界及環境（如諮商師）在內的所有事務。因此有機體要經由與環境（自己及他人—包括諮商師）的互動脈絡（包括看不見的體驗場地，如潛意識之影響）才能產生改變。所有部分都是相互關聯、相互影響的，都發生在歷程之中（張莉莉譯，2010）。

（三）影像形成歷程（The Figure-formation Process）

1. 「影像形成的歷程」是個人如何在刹那之間，與環境交互作用而構成行為的整個過程。個體透過自覺瞭解本身需求，因需求的產生而注意到環境中的某些事物——例如：受到注意的稱為影像，未受到注意的部分為背景。「背景」與「影像」的組合，便構成一個「完形」等。

2. 個人產生某種需求時，該需求便會突出成為「影像」，其他忽略的部分為「背景」，需求獲得滿足後，影像退為背景。例如：口渴是需求，開水可以滿足需求，因此開水是影像，其他部分為背景，喝開水可以滿足口渴的需求。喝水後，口渴的需求降低，開水退為背景。人一生的成長亦不外是影像——背景間此起彼落所形成的一連串過程。所以我們可以瞭解到當遭逢困難時，困難本身是影像，如果我們只注意困難而忽略了周圍的資源，很可能身陷其中、找不出解決之道。因此Perls建議：凡事應從較寬廣的角度去知覺、去思考，問題的真正意義才能明白，需求才會獲得真正之滿足。

3. 有些「完形」深深印在腦海裡，無法忘記，就很難形成新的「完形」。此即精神分析所說的情結（complex），亦即所謂的「未完成的完形」或「未盡事務」，因為「影像」與「背景」的固定，而妨礙成長與變動之發生。

（四）有機體的自我調整（Organic Self-regulation）

「影像形成歷程」與「有機體的自我調整」的原則是相互交織的，當原有的平衡被所浮現的欲求、知覺或是興趣擾動時，有機體會儘可能地以本身所擁有的能力及環境的資源進行自我調整，以維持內在平衡。

三、此時此刻與經驗循環

（一）此時此刻

此時此刻（here and now）是完形治療中最重要的時態，對於過去（未

竟事務）的執著，即為一種完形的固著，若將注意力放在過去或未來，則將發生「形的固著」，使他們無法充分地體驗當下，形成足以滿足此時此刻需求的完形。Polster在1973年曾提出「力量存在於當下」（Power is in the present）的觀點。因為往者已矣，來者尚未來臨，只有現在才是最重要的。且個體系統內的總能量有限，若堵塞於過去的未竟事務，或是耗散在對未來的擔憂上面，則個體將沒有足夠的能量滿足當下的需求，「現在」的力量將消失無蹤。完形強調「當下」，主要是基於下列理由：

1. 除了此刻他正在做的事以外，一個人不可能經驗到其他事。
2. 個人的改變只能發生在現在，他不能改變過去已發生或未來尚未發生的。
3. 當他能存在於此刻，便能運用覺察去發現自己的需求，並知道如何滿足它。
4. 自我的覺察也是存在於現在之中。

完形治療者會以「什麼」（What）及「如何」（How）代之以「為什麼」（Why）來提問，因為完形治療認為問「為什麼」只會引導當事人去編造合理化的解釋及自我欺騙，將導致不停地、頑固地去思索過去，脫離了此時此刻的體驗。為了增加「現在」的覺察，治療者鼓勵當事人以現在式來對話，「把想像帶來此地」，讓其重新經驗之前的感覺，例如：處理兒時父親造成的創傷，會讓當事人想像現在與父親直接對話。

（二）經驗的循環

完形心理學論述人類需求的展現、重要性及其滿足等議題時，有一個重要的概念就是「形象與背景」的關係，這關係也說明著人類需求或經驗之整體性的基本知覺原理，理論上在圖像與背景交替中，「每個瞬間的串連」便構成了「經驗循環圈」，或稱之為「完形形成與消退的循環圈」——任何注意力的焦點所代表的只是一個持續系統中的逗點，而不是恆常不變的起始區塊。圖6-1所示之七階段的完形循環圈模式，乃是以Zinker的整理和Goodman的（1994）大綱為基礎所發展出來的，此循環的不同階段在提醒我們注意到在完形形成與毀壞不斷更替的過程中，會依序產生不同焦點，當某個階段居於優勢成為「圖像」時，其他的便會退回成為「背景」。

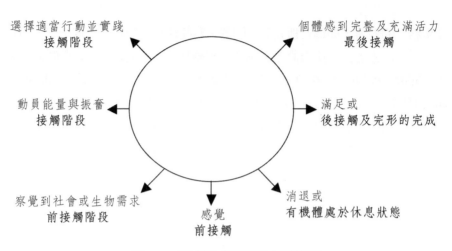

選擇適當行動並實踐
接觸階段

個體感到完整及充滿活力
最後接觸

動員能量與振奮
接觸階段

滿足或
後接觸及完形的完成

察覺到社會或生物需求
前接觸階段

感覺
前接觸

消退或
有機體處於休息狀態

圖6-1　完形形成與消退之循環圖

1．消退或休息階段

個體在完形形成與毀壞之間取得平衡，沒有任何一個清晰的圖像，有機體處在一個內在穩定或完美平衡的狀態中，這是個體在一個完形被滿足的完成之後，進入一個冷靜的休息狀態。

2．感覺

個體不可能無限期的停留在休息靜止的狀態，有生命的個體會出現自己本身不足或過量的狀況，當個體必須努力滿足某些需求時，會造成內部領域或外部領域的干擾，這些干擾會打斷個體與環境之間的內在平衡狀態。某些圖像會逐漸或突然在這個還沒有區分的環境背景中凸顯形成，而變成個人的圖像，此階段稱為「前接觸」，在此階段中來自於本體自身的原始感覺之訊息開始顯現，但是尚未進入有意義的覺察階段。

3．覺察

新產生的圖像轉變成為令人感興趣的焦點，此圖像愈強烈愈迫切，我們對此的反應也就愈清楚愈立即，覺察是一種經驗的形式，這是一個人在個體／環境現象場中帶著充滿感覺活動、情緒的、認知及能量支持，和當下最重要事件做警覺性接觸的過程，覺察過程具有一種意義製造的功能，也就是創造新的完形：個體對片刻的自我認識或意義，產生新的洞察。

4．動員能量

在覺察需求之後通常是振奮及開始自我資源能量的階段，在這個情緒性或生理上的振奮狀態中，客體—圖像或需求會顯得更尖銳、更清晰，並會產生能量和對滿足需求之種種可能的影像。

5．行動

接觸（或圖像形成）過程中的另一個重點即是選擇並執行適當行動的「接觸」階段，它包括有機知覺、行為及情緒的活動，個體積極尋求各種可能性，企圖克服障礙，並且實驗各種不同的適當活動，此時的行為是為了滿足個體在當下現狀的需求。

6．最後接觸

個體依據現實中或想像中對各種可能性付出相當的考慮後，採取並執行適當的行動，在個體採取行動後繼之而產生的則是個體和環境做完全的、有活力的接觸，此階段即為Goodman所謂的「最後接觸」，接觸發生在個體自身與環境相接的界限，這是人類與外在世界之間最深刻的互動行為，接觸就是個體集中的注意力在經過一段時間後，與專注的焦點變得不可分離。

7．滿足

帕爾斯等人將下一個階段稱為「後接觸」，本質上後接觸階段意謂著個體的需求被滿足及完形的完成，這個階段個體經歷了深刻的有機體的滿足感受，是暴風雨之後的寧靜，是抽離前最珍貴的時刻，也是消退的開始。

（三）未竟事務

當影像從背景中浮現卻沒有被個人完結時，會在個人心中留存未竟事務，造成像是怨恨、憤怒、恨、痛苦等不可預期的情緒經驗，未被澄清的感覺會創造出一種無益的情緒，阻礙當下的覺察，這些在內心深處徘徊未曾表達的情感，往往與某些特殊、鮮明的記憶或想像聯結在一起，而在不知不覺中，影響當事人與外界的溝通與接觸。

人們都有成千成百種的欲求，一旦對這些不滿的欲求沒有自覺，就會帶來疲勞、注意力散漫、混亂、緊張、身體疾病、破壞等不滿足行為模式。在完形上就將上述這些未解決的情況、未獲得滿足的欲求，稱之為「未竟事

務」或「未完成的事」。這些未完成的事會持續存在著，直到當事人把它處理掉。如「未完成的事」累積過多時，當事人會發生偏差或失常的行為（如心神不寧、強迫性行為、過分拘泥等），壓抑了人的能力，而不能對「現在」有充分的意識。但也因為個體存在著「未完成的事」，會設法努力去完成它。

四、剝洋蔥似的人格

（一）精神官能症

精神官能症屬於一種特質焦慮（容易有很明顯的緊張或非常孤僻逃避的習性，到達影響自己正常功能之狀態），屬於心理學上分類的範圍。平常很快樂的人表面像花蝴蝶一樣，其實她說不定有躁症；而凡事往壞處想的人，則說不定有憂鬱症。但不稱作為「症」的原因是，它不會妨礙到自己與別人的生活功能，此時就稱作「傾向」──大部分的人都有某些相關的精神官能之傾向，但只有強度和頻率達到DSM-IV的定義時，才稱之為症狀。

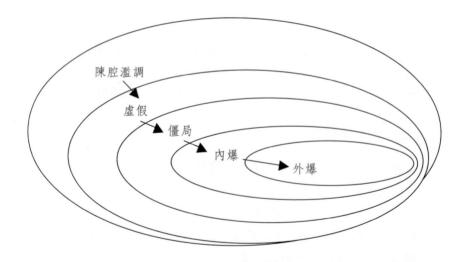

帕爾斯以剝洋蔥來比喻成人格的探索，當個人希望臻於心理成熟，得要脫去精神官能症的五個層次。這些加諸成長的障礙包括了：（Corey, 2001）

1．陳腔濫調（The Phony）

外表假裝是好的一種狀態。就是這件事本來不一定是這樣，但是因為個人特殊的經歷，使它變成真有其事。例如：在路上遇到熟人，我們都會跟他打招呼，這是最外表的社交層次，打招呼的形式有親疏之分。同樣是鄰居，有人是打完招呼就不再看對方（即使在同一電梯），有的是打招呼後會問候一下對方的小孩。這也是我們遊戲的區域——以刻板印象及不真誠的方式與人互動，努力創造被社會肯定的特質，卻距離自己的本質愈來愈遠。對於所玩遊戲的假象，一旦能察覺時，才能有真實的接觸，而開始經驗新的不悅及痛苦，這是扮演社會角色一定會遇到的——當你所遇到問題，遇到自己的情結，就會出現（例如：明明是自己不開放，卻覺得是對方在防衛等）。

2．虛假（The Phobic）

不想真正的做自己。比方說對於他人所說的話不敢反對或駁斥，明明心理很不同意卻虛與委蛇等。不敢說實話是因為恐懼，包含了孩提時代所遺留的「災難式的恐懼」：堅信一旦讓真實的自己，在別人之前呈現，就會遭到別人的拒絕。這種恐懼和想說實話的自然需求會產生衝突，形成當事人「卡（僵）住」的感覺與狀態。

3．僵局（The Impasse）

即是我們每個人都帶著自己生活經驗的正和負，但是一直到有一天我們生活環境中的負擔太多時（所謂的「極限」），生活不再是我們以前所學會的方法可以處理的時候就會卡住，也就是產生僵局。人生中，這個僵局如用其他的說法就叫做「危機」。危機是生命中一定不可缺少的經驗，以「完形治療」的立場來說，當一個人沒有機會去看到自己被卡住的是什麼東西時，就會照他原來的方式生活。舉例：好不容易考上大學，或當上老師，但是三、五年之後，開始覺得生活沒有意義，不希望看到白天的來臨，因為每天的生活都是一樣的沒有變化，此時就是所謂的「存在的空虛」，處在這種情況之下，常有一種死寂的感覺，或覺得人生無味、自己一無是處。

4．內爆（The Implosive）

就是內在的死寂，感覺到身體的某部分死亡。這種經驗，大部分的人都會有，只是程度不同而已。而白日夢、幻想、憂鬱，亦是一種內爆的結果。藉由某部分的死寂感，若能接觸到真實的自我，則可促發成長獲得重生。

5. 外爆（The Explosive）

帕爾斯（1970）曾寫到，通過內爆層能通往眞實的自我，藉由與內爆層的接觸，揭開外在的防衛接觸眞實自我。但剝開內爆層後，會創造出一種外爆的狀態。而唯有當我們接觸到外爆層時，就能脫去虛假的角色和藉口，並且能釋放原先爲了扮演非眞實的我所占據的大量能量，此時個人才能與自我及環境產生眞實的接觸，眞正經驗以及表達情緒，並完成完形。但要到達此階段、要活的更有活力，則往往必須經歷痛苦。外爆層處理的方式，並不是一定要爆開來，也不是要與人吵架或打架，而是要把自己僵化的系統放鬆，把自己與外界之間交界成爲一個有機細胞膜的狀態——能接受新的東西進來，也可以適當的宣洩一些東西讓它出去，如此才能常常保持活性的狀態，這也就是追求心理或心靈更健康的狀態，進而獲得自我實現的高峰經驗。

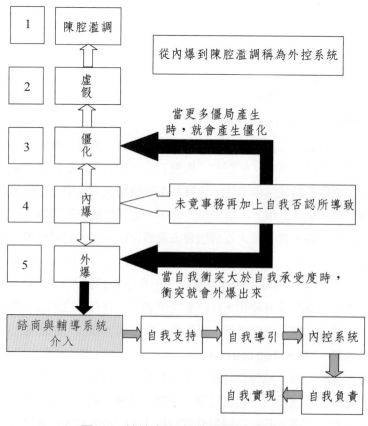

圖6-2　精神官能症五個層次的關係圖

（二）洋蔥人格的歷程

　　洋蔥人格中大部分的人並沒有走完所有的層次，比如說大部分的人有恐懼的經驗，但是並沒有去覺察或處理，然後很快的跳到僵局，接著內爆。這五個層次，可以說是每一個人通過的程度和其中情緒的程度都不盡相同；但如同Polster所提及的，通過內爆才能通往眞實的自我。

　　完形的治療概念中，強調治療師在幫助當事人自我負責的過程中，透過處理當事人的未竟事務。而治療的過程就是，引導當事人從「未竟事務→自我否認→自我支持→自我引導→自我負責」的一個連續歷程。

精神官能症的五個層次		心理諮商的改變歷程	諮商的歷程—次序 (1-2-3-4-5)
1.	陳腔濫調層	諮商結束後，能看見真實的自己，願意和別人維持真實的關係	5-自我負責
2.	虛假層	諮商後瞭解自己的僵化原因（情結—陰影）	3-自我支持
3.	僵局層	因卡住而前來尋求諮商	1-自我否認
4.	內爆層	諮商前（都是別人的錯）	2-未竟事務
5.	外爆層	自我支持後看到真正的正向能量	4-自我引導

　　例如：一個愛好名聲的人，他的情結就是過分需求要被看見和被肯定，此時，被忽略或被期許的另一面就是他的未竟事務。

五、接觸與抗拒接觸

（一）投射（Projection）

　　投射，可分正投射與負投射，正投射即是認同。例如：父母從你小時候起就覺得你好可愛，妳就不會知道自己多普通！所以安全感的建立主要是在幼年時期，幼年經驗對自我概念的影響很大，例如：常受到重要家人親切照顧，就會覺得自己很好，到最後會影響這個人在很多事情上之立場。

　　負投射即反投射，自己沒有的東西，希望在別人身上可以看到，如：一個人跟別人在一起的時候，總是搶著付錢，爲什麼會如此呢？很可能是小時

候受到打擊，被重要他人說小氣，所以爲了掩飾自己的小氣，才會過度的大方；但這種人也很有可能最討厭的就是小氣之人。因此回憶幼年所浮現的第一個畫面，對我們的自我概念可以做某種程度投射性的解說和覺察。

（二）迴攝（Retroflection）

迴攝就是自己所擁有的某些部分，自己不喜歡也已經看不到、不承認了。舉例：媽媽說你是長子是老大，所以你不可以拿大的水果，因爲你要當榜樣，媽媽的動機就是要教導老大學吃虧的工作，這個老大從小就沒有得到應有的權利。可是人性又有基本的需求，就是要求平等，當不平等時，心理就會不甘，產生內在衝突；這種人在小學的時候，就可能會出現，老師或權威在場的時候就不吃大的，老師走的時候就會搶大的，因爲仍需要能滿足自己公平的需求。

這樣的人如果其父母親一直都這樣要求，長大時就會信以爲眞變成自然。在人群中就會變成是過分負責任、很會照顧別人；但可能也因如此而產生自憐的心情，因爲普天之下，都沒有一個可以照顧自己的人。所以在人際關係中，各位最介意的某種負面人格特質，自己就要特別覺察，因爲那很可能是一種投射的表現。

（三）解離（Deflection）

是指人們意圖經由過度的幽默，抽象的話語反應、問問題而不表達自己的想法等方式來避免與外界接觸的狀態（Frew, 1986）。當事人往往以一種相當不一致的方式與環境互動，讓自己避免面對自己的眞實情緒。減少情緒經驗也是一種解離，而不斷的說話、只談論別人從不深入自己，當然也是一種解離。另外一種解離的表現方式是遇到不想面對之人或事時，會用幽默方式表現；或是會以鑽研學問、生活卻毫無樂趣的方式展現。這種種類型的表現，統稱作「避免接觸」，是逃避型依附人格的典型風格。

（四）二分化與兩極化

二分化（dichotomies）：就是非此即彼，一分爲二；兩極化（polarities）則是只走極端。雖然英文是不一樣的，但是非此即彼和走極端的意義，在這裡有什麼不一樣？你不是負責就是不負責；另外一種就是很負責和很不負責，但中間也有程度的差別。這兩個意思應該是不一樣的，可是大部分人的行為中似乎都會出現一個現象，如果你是一個老大，在家中做了很多事，但是家中那個老么，永遠都不做事還要批評，到一個程度，你會覺得為什麼每一件事情都是我做？為什麼你不可以做一點事？這個時候，你可能就是用自己過分負責的價值觀來期望對方了。

　　二分化是二選一，二種狀態。兩極化則是或者這個或者那個，所以排行中間的小孩比較容易兩極化。假設老大和老么吵架，找老二來當仲裁者，他一定會說老大不對，老么也不對，只有我最對；這樣的裁決，老大不同意、老么也不同意，因為他們都站在兩邊的極端，他們也當然不能認可。瞭解和接納如果能造成釋懷，那麼釋懷就是改變狀態，也就是觀念上的改變是改變的第一步。

（五）去敏感

　　指個體藉著讓自己對身體感官麻木的過程，以逃避經驗自己或環境，因此會感覺到麻木不仁或遲鈍。例如：將痛苦或不舒服的感覺隔離在自我覺察之外，雖然有時候個體會覺得很舒服或很有用，但是去敏感的代價則是會讓我們對存在或與人的接觸產生麻痺。

（六）能量與能量凍結

　　完形治療認為個體系統內的能量保持一定，而能量於系統內各部分流動，當個體產生需求之處，能量即流向該處。完形治療特別重視能量所在的位置，動員個體產生行動，繼而完成經驗的循環。

　　完形治療視能量凍結為一種抗拒的方式，像是身體某部位的緊張、姿勢、身體緊縮、抖動、說話避免眼神接觸、無感覺、感覺麻木、聲音很緊等，重視個人如何使用能量以及能量如何被卡住，治療的重心在於發現干擾的能量，及讓當事人對這些感覺有所察覺。

　　完形治療重視當事人身體語言的重要性，也在當事人表述某事件的同時，注意當事人是如何使用語言的。如此之作法能幫助當事人察覺語言形式

的影響，以及語言本身傳遞出來的潛在意義，以下幾種是完形治療會關注的語言表述：

1. 「它」說

當事人使用非人化的主詞，以「它」取代「我」，是為了逃避面對問題。完形治療者會要求當事人在表達自己的感覺時，練習使用「我」語言，促使當事人直接的、誠實的面對自己的感覺，增加責任感。

2. 「你」說

當事人用「你」來遠離真實經驗帶來的不安。治療者會指出當事人太空泛地使用「你」，而要求當事人以我取代「你」，讓當事人以「我」為本位的陳述，體驗內在的主控感受。

3. 問問題

問問題能夠使提出問題的人掩藏在問題之後，輕易將問題拋給諮商員。治療者會要求當事人將問句改為陳述句，勇於表達自己感受、為自己說話負責。

4. 消融力量的語言

當事人說話時會多加些修飾語，或加以否認以減弱個人的力量。指出當事人如何用修飾語讓原本效果打折，請他將修飾語像是：可能、大概、有點、我猜、我想應該是等含混訊息變成直接及清晰。Perls更認為：「在『但是』之後所說的一切，都是廢話。」

5. 傾聽當事人的隱喻

注意當事人的隱喻，鼓勵他說出正在經驗什麼。幫助當事人對內在衝突有更多線索，治療者會引導當事人將隱喻的內涵轉成明顯的意義，並在治療過程中加以處理。

6. 傾聽當事人的語中玄機

Polster要諮商員重視「捕捉瞬間」，注意當事人使用模糊不清的語句，卻是意味著生活衝突的重要線索。治療者在話中會拾起片段，加以對焦以發展主題，設法讓對方說出背後的經驗與故事。

第二節　提問討論

一、如何增加個人的「完形」？

如果一個人可以完形就不會有問題嗎？還是因為每個人都是不完形的，所以完形只是目標卻不可能達成呢？因為每一個人都有主觀，我們在自己主觀的狀態中常會以為自己的那個主觀是客觀。如果你我皆是如此，那麼我們的相遇便常常會有問題。因為我以為我很客觀地在要求，可是你卻主觀地認為這樣的要求是過分的，所以一個人很容易只知道自己的主觀，並且自以為自己的主觀是客觀，但是兩個人碰在一起就會成為問題，因為只想著自己的主觀時，就沒辦法得到兩個人之間的客觀。

有效增加完形的練習方法之一，就是讓自己常常有機會去看到自己以外其他人的感受，並分析原因。當你可以為一個人的行為分析原因的時候，就比較能夠接納他，可是這種經驗歷程走多的時候就會進入到下一個階段，即發現自己以為對的未必是對的，認為對方是錯的也未必是錯的。所以「完形」的原始定義其實是「場域」，意思是我們無論何時都只能在自己的立場，如果能夠看到整體並把背景納入自己的視框來作整體的解讀，才是「完形」。

二、此時此刻與未竟事務

由於每個人都有自己的主觀，當自己的主觀遇到挫折的時候就會有機會成為個案。假設與人相處時突然發現有人不悅，不管什麼時候，我們可以觀察只要出現情緒激烈的現象，這時就可以判斷——某個人的未竟事務正在現形了！而未竟事務之現形以榮格的話來說，即是情結出現。所以「完形治療」發展出的一個非常好用的觀點，即是對「此時此刻」之掌握，其著重的現象更可成為一個技巧如下：

（一）立即性

「完形治療」很重視常常活在當下，亦即「完形治療」是非常現在式導

向的。它認爲我們每一個人沒有處理完的情結，都會在跟別人互動的過程中自然浮現，所以處理現在，便包含了處理過去與未來。

（二）未竟事務

所謂的未竟事務或情結，其表現的方式是心不在焉、強迫性的行爲或不斷的擔心，與此種人相處時，常令人會想逃開，因爲覺得對方沉悶又無聊。這一類的人，常是因爲他們的能量被太多未竟事務所吸收。

這樣的資料顯示壓力，情結就是壓力。壓力不一定可見或可覺察，也包括不覺察。可見的壓力通常個人可以處理，但不覺察的壓力才是可怕的壓力，如「生活風格」等。

何謂生活風格？如果每天都花10小時在玩電動玩具，就是一種生活風格；每天都讓自己從早忙到晚，不給自己休息和放鬆，亦是一種生活風格。所以，可見的壓力不可怕，不可見的壓力才可怕。因爲不可見的壓力已經被當事人內化成功，所以在社會競爭中比較有成就的人，都會有一種生活風格，即是過度追求外在的東西而不自知。

三、覺察與改變

我們每個人的出發點都是主觀式的客觀，而我們想要走向的，其實就是所謂「客觀化的主觀」，覺察之所以能夠帶來變化，就是覺察後，可以讓我們從「主觀的客觀」變爲「客觀的主觀」，這兩者眞的沒有差別嗎？像是軍公教課稅，若是站在公務員的立場，這是非常不公平的，當初加入公務員時，所簽訂的契約明明就是不課稅，而如今卻要課稅；就公平正義的原則來說是非常不合理的，可是站在整個制度的立場來說，這只是時勢改變、全民化公平之訴求認爲要這樣才算公平而已；前者之立場沒有不對、後者之立場也沒有很錯。講明白點就是小我和大我的區別，主觀的客觀是小我某種程度的合理化立場，而客觀的主觀，則是屬於大我的，必須要爲大部分人的利益去做某些改變。

覺察的目標要從存在的事實來看。我們每個人存在的事實都是由生理開始的，例如：肚子痛，一開始還可以忍受，漸漸到不能忍受的時候，就會

感到很難受。因此可以知道，生理可以產生感受，而感受可以產生情緒，例如：不舒服的情緒、忍耐的情緒，但是現在還沒下課，這時候就會產生認知，判斷著：「要出去還是不要出去？因為再一兩分鐘後就會下課了。」而在認知之中，有個很大的麻煩，就是「習性」的影響。各位可以假設一下，如果有兩個人同樣都是肚子痛，而且兩個人疼痛的程度相同；可是仍可能有一個人會出去，而另一個不會，這個會出去的就是比較自由的人，而不出去的就是比較守規矩、負責的人。他們各有不同的個性特徵，而且，每種特質都要付出代價，自由的人要付的代價是，在團體中比較不會受到重視，因為他可能比較常常都只想到自己。

所以假設在進行覺察的過程中，才發現到自己十年不能升官，是因為個性太自由了，假設他以前真的不知道，現在才知道，那就叫做頓悟；這對當事人而言，就是很重要的治療收穫。人在成年期中，都會出現一個階段，就是需要為長輩付出，付出的方式有很多種，有的是要賺錢養他們，有的是要陪他們，還有的是既要賺錢養他們又要陪他們。幾乎每個人都有不同的狀態，所以對一個很負責的人來說，可能的苦惱例如是：「我的成績那麼好，可是同學都可以出國，而我為了家，卻必須要留在這裡！」因此而產生了不解或進而產生內在的衝突，在衝突中，你就會自問自答，會覺得說，我的命運就是這樣嗎？我為什麼要有這樣的命運？其實，每個人都會有過這種「天問」的過程。

換句話說，每一樣選擇都要付出代價，這是各位可以清楚來覺察的，但是人在作選擇的時候，常常會希望自己的選擇是不用付出代價的，或者是所付的代價是最少的。這種人往往要花很久的時間才能瞭解，這樣的事情並不存在，而事實則是「機關用盡者—吃大虧」。

有較完整的覺察能力之後，便會產生「疆界」的概念，會覺察說：「這是你的事，還是我的事？」有些人會覺得學過心理學的人比較無情，因為學過心理學的人比較會說「那是你的事」。可是如果不分清楚，就很容易落入一種情境，即中國文化中所說的「濃的化不開」，英文叫做「融合」，就像是用火把人融合在一起。在關係中，我們許多人還是陷在這種情境之中的，例如：你現在覺得快樂，覺得幸福，都是因為知道有一個人愛你，也有一個人值得你去愛他。即所謂靠著客體來產生安全感，這是人類的事實，但並不

是唯一的選擇。實際上有個問題就是，你要這樣做就必須要付出代價，融合的代價常常就是失去自由，例如：一般人心目中的好媽媽的意思，通常就是不自由的媽媽——要任勞任怨十項全能，除非好的定義是經過重新覺察和解釋的。

四、如何增加覺察

第一要靠挫折（社會學觀點），沒有人會在讚美中成長，人沒有挫折怎麼知道要改變什麼呢？挫折包括批評、別人給你的反應；第二要靠別人（心理學觀點），「聽懂他人所說的很多事」與「真正擁有『聽懂』能力」，兩者之間是有距離的，因為反諸己身時的抗拒明顯存在著。例如：有修課學生一學期後便不再來上課了，他說：X老師上課好像都在講我，每次講的問題都是我的問題，我不想再去面對了！這就是抗拒，抗拒是最難對付的；第三要靠打坐，在打坐中讓自己心平氣和，自然能看見真理。

有一個簡單的覺察練習，就是「怎麼去怎麼回」。當你的思緒又在漫想時，覺察到的時候，就去思考思緒是怎麼到達這邊的，要是你能夠做到，大腦的間隔將會更細密。所謂的「拉回來」，並不是指拉回到什麼都沒有想的層次，而是你需要知道，「自己是怎麼回來的」。如果你們想要改善這個問題，你可以用樹狀叢（圖形如下）的方式來記錄——用一張紙寫下或畫下自己覺察的軌跡，這樣也是一種覺察的練習，或者可以用課後日記的方式，將自己覺察的軌跡記錄下來，這也是一種很有意義的工作。

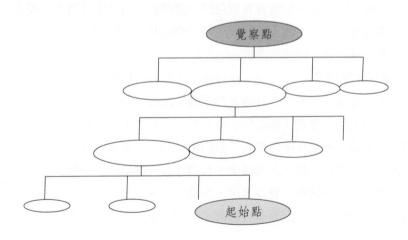

五、自我覺察與內省

　　自我覺察（awareness）或內省（retrospect），都是向內去觀看。自我覺察是要瞭解不完整或不足的部分；內省是對自己批判沒有做對的部分。兩者有部分重疊但治療目標只有一個：自我負責，自己承擔責任，不要期望他人可以為自己做些什麼。而治療者的角色和功能則主要是催化當事人覺察，包括：

（一）提供環境

　　活在當下的環境，永遠都在處理現在的問題，因為現在中包括有過去和未來。

（二）示範的角色

　　示範「設限」，其功能與自我負責是一體的兩面。當人真能為自己負責時，就會逐漸知道哪些事情我不需負責、不應該要負責。因此可以說：諮商員的自我開放，會促使當事人也較能自我開放。

六、如何覺察未竟事務

　　概括來說，自己一直掛心的一件事就稱作「未竟事務」。如何處理未竟事務？瞭解──知道自己有這件事，就是這件事。例如：有人會聲稱自己每天都很忙、忙死了，實際上「忙」是解決他焦慮的方法，因此他的未竟事務就是──無法與焦慮共處，無法不忙時還能過得好；此處，他的未竟事務有兩個議題，一是逃避內部的焦慮，另一則是表面上逃避「不忙」。

　　舉例二：在此進行一個小活動。就「自由」、「關係」和「成就」，三個議題，每人請只擇其一，選出目前生命中最重要的議題。現在請大家看看：選「自由」的同學，多半坐在教室的後方；此外，班上多數人是選擇「關係」；只有一位選擇「成就」。而各位所選擇的目前最重要的議題，其實就是你的未竟事務。人一生中，根據國外學者研究，總會有三到五次的經驗去經歷未竟事務卡住自己，最糟的狀況是所有事情一起發生，或是明明很成功卻感覺空虛，因為眼中只有未竟事務等狀況；但這些絕境從心理成長的立場來說，卻又正是最大的轉機呢。

第三節　重要技巧

一、均衡作用原則（Homeostasis）

　　健康是能正確的覺察整個場域中最重要的需要，並把它提前至前景的一種狀態。完形治療奉行均衡作用（homeostasis）原則，就是有機會傾向尋求自我內在與外在環境之間的平衡。所謂生活場域最重要的場景就是意義，譬如說：20歲的人的意義就是要找到愛人，30歲的意義就是要找到好工作，每個生命階段意義的內容會改變，這個意義能達成愈多，就會覺得愈滿意，自我效能感也就愈高。一個人愈是處在負面的情緒當中，愈容易感到不滿意，此即處在非均衡的狀態。

　　相較於其他心理治療學派，完形治療比較善用整體性的概念，引發當事人進行覺察；而大部分人在作整體化覺察的時候，也包含了前景與背景的整合與調節。譬如：當事人呈現出過分負責的前景；背景可能是因為他的身分是軍人，這些因素都會讓當事人強調自我的身分而阻礙自我覺察。完形治療不強調一般人所謂的正常狀態，反而是引導當事人自行尋找一個合理的狀態，即所謂的均衡狀態，在這個情況下，透過覺察就能產生新的決定。而且任何覺察都是動詞而不是名詞，是在個人得到某些經歷後，才會往下發展的狀態；所以覺察愈是整體，愈能夠達到下一個均衡狀態，進而可以接受他人的行為，而新的決定就會產生。

二、沒有「應該」（Should, Must & Ought）

　　任何與當事人工作過的治療師常會發現，當事人認為自己應該如何思想、感受或行為，常與他們逐漸覺察到的真正所想、所感與所欲所做之間，存有極大的衝突與拉扯。完形治療強調自主性與自我決定，然而完形治療的概念中相信，沒有什麼是應該的，這種「沒有應該」的原則，是治療中協助個案自我導引的重要概念。有些時候，「應該」是由外在事物所提供的。Perls認為在當事人瞭解自己身處的情境，並瞭解此情境塑造本身的行為時，他們便可以開始學習處理自己生命的議題。例如：當事人一直很想要出國唸

書，但是他是家中的老大，現在爸爸生病了需要他照顧，這就是情境；當這個當事人來問你說：「我該要追尋我的理想（出國唸書），還是去做我應該要做的（留下來照顧爸爸）呢？」完形治療者此時便會思考——現在要做什麼活動（體驗），才能幫助當事人改變他的覺察？

活動1—畫畫，找出當事人心中的重點是父親還是自己；活動2—自由聯想，透過短句找出其內在的重點；活動3—扮演，如：空椅法，在每一個角色中，如實反應出其感受，最好再加上錄影或錄音，事後與當事人一同觀看找出新的觀點或觀念；活動4—催眠；活動5—做夢……，這些活動通稱「擴增覺察」的方法。

透過這樣的活動，即使當事人決定選擇留下來陪父親；治療者還是可以幫助當事人瞭解，在你應該要做的事情中，還有什麼你想做的，例如：「留下來照顧爸爸的同時，你認為你可以如何去學你想學的東西？而出國不是唯一學習的途徑。」從這裡我們可以看到，完形治療「不強調無限制的自由，強調的是有限制的無限自由」。也就是說，我們每個人都能覺察到自己存在的框架，在改變不了的現況當中，仍可去做自己可做的決定。

第四節　實務說明

一、夢的工作

（一）基本概念

完形治療基本上也和其他學派一樣相信：我們日常中意識層面會壓抑一些自己不想去面對的訊息，只有當睡著時壓抑的機制放鬆，才使那些訊息再度浮現於夢中。但這些我們所害怕不想觸碰的東西，即使在夢中出現，也足以讓我們驚醒，所以仍需加以偽裝，它們經常以象徵化的方式表達，或以逆轉（相反）或濃縮的方式呈現。

據完形心理治療的觀點，夢中所出現的任何人、事、物，其實都是做夢者本人的一部分。這些人、事、物代表了做夢者自身經驗、感覺、想法、知覺、或者行動傾向，投射著我們過去與某些人未處理完的情結，或者不敢向對方表達真實的情感，這些「未完成事件」將會影響現在的生活。為了讓自

己成長、活得更眞實，我們必須回溯過去那些未完結的情境，去感受我們慣於躲避的情緒，或是去面對那些傷害我們的人，這才是眞正的治療。

Perls對處理夢境的根本貢獻在於，透過演出或者是心理劇的方式，積極探索夢的意義，以此取代了佛洛依德時代解釋夢的分析方式。他強調治療師絕對不可以去解釋案主的夢，因爲這會妨礙案主自己去發現他的夢的意義，人唯有透過主動的發現，才可能從經驗中有所學習並形成意義。

治療夢境的目的在於，使案主探索並且能夠認同自己以及他在夢中呈現出之場域的所有面向。他會要求案主在當下重述他的夢，接著演出成爲夢中的各個組成部分。他認爲夢中所有的組成物都是做夢的人投射出去的部分，角色扮演通常會引領案主對夢的某些部分（或者是他自己）有出乎意料之外的發現。

Perls特別鼓勵我們演出在夢中最痛恨或是害怕的部分，因爲那些部分通常代表了我們對自己最爲疏離的部分。在那些我們所恐懼的事物中，通常都具有無比的活力和力量。如果個體願意經常並且充分地演出惡夢中所恐懼的那些東西時，最後將可重新整合這些被否認的力量，甚至於惡夢會消失。Perls也將夢視爲，傳達出做夢者如何與世界或個人生命產生關聯的存在性訊息。如果有某個夢是重複性的，那麼它就是一個至關重大的存在性課題。

夢亦可分成顯性與隱性的兩種：

1. 顯夢：白天一些讓人印象深刻的事會在夢裡出現，且會經過很奇怪的穿插，讓人覺得很奇怪。

2. 隱夢：是我們做夢的本意，我們做夢眞正重要的是要瞭解自己的隱夢。隱夢又有兩種可能：

   (1) 大夢：通常是潛意識的延伸，會讓你看到前面會有些事情發生。其中一種是在一生中會做過三到五次，通常發生在生命的河流遇到大障礙要有所突破之時，可能是僵局很久了，當你最終想突破時就會出現。例如：「龍困淺灘」就有其豐富的象徵意義；另一種則是一生的任務，每個人來到世上通常有一個意義，那個意義會在生命不同的階段中對你稍微暗示一下，例如：不斷夢到「回家」或「尋找一個家」等。

   (2) 還未處理完的前世資料：例如：上一世在戰爭中曾經經歷很危險

的逃難，則在這世可能會變成是一個非常注重追求安全感的人；又若某人內在很焦慮，就可能常會夢到在黑暗中有人追，但快追到時就醒過來了。

夢者透過治療者的引領得到覺察與整合，並在自己的兩極對話中，結束未完成的夢境。因此完形之解夢需要當事人的開放和信任，加上治療者敏銳的覺察力，從案主的語言與非語言行為中發掘出重要題材。目標是為了使當事人能自我覺察自己的行為，並負起責任，且由外在支持轉為內在支持，增進自己心靈的覺察狀態，接受真實的自我，察覺個人真實狀況才能達到該次的統整。

（二）夢工作的步驟

1. 夢者以第一人稱的方式，詳述夢境

注意當事人和此夢是在一起的，諮商員觀察當事人在說夢時的肢體、眼神、語氣、對內容注意其過程以及對當時感覺的描述。諮商員也要覺察自己對此夢的感覺。

2. 請夢者運用現有的空間布置夢境

(1) 為使心理能量能轉到當下的世界及具體的事物上，要當事人親自去布置。

(2) 對較複雜或長的夢，治療者可把夢分為三段，序曲、主體和結尾（方便思考和工作）。先布置序曲的景為原則。

3. 請當事人成為夢中任何一樣東西，包含：物品、物質（天氣、氣氛）、色彩、動物、人等

(1) 可以問當事人想當什麼？最有意義的東西為何？

(2) 可以是治療者覺得印象最深、最有興趣或發現當事人描述的最仔細或最有感情的東西。

(3) 要求當事人以第一人稱描述自己目前所扮演的東西，並以肢體表現出來。

4. 找出兩極的現象或不在（該存在而不存在）的成分

(1) 目標是幫助兩極接近（運用對話）。

(2) 讓不存在的部分存在化（使不存在的具象化）。

5. 和現實生活聯結

詢問當事人經過上述的體驗，和最近的生活有何相似性？

6. 重新重述夢境

當事人可以改變夢中的任何部分。

二、完形舞蹈治療

（一）舞蹈治療的基本假設

舞蹈治療（Dance Movement Therapy, DMT）即是透過「身體動作」作為一種「改變」的媒介（李宗芹，2001）。因此，與一般的「舞蹈表演」所重視的技巧訓練、身體的學習以及展現自己的獨創性是不同的；它重視的是自我身體的探索、經驗，並將心理與生活聯結，以達到身心統整的改變。

個人可以回想出來的全部內容並不是他某次經驗的全部，舞蹈治療認為該項紀錄的全部紀錄是存在於我們的身體裡面，它包含語言無法完整描述的感覺與感受，所以藉由舞蹈探索身體的形貌與經驗，能幫助個人準備好銜接下一個生命經驗有利的狀態。

不論是「停止」的生命經驗還是「障礙」的生命經驗，兩者整體的生命經驗都記錄在個人的身體中不曾消失；如果可以讓個人可以「再經驗」其「停止」或「障礙」的生命經驗，再經驗的前提是感知個人儲存下來的經驗，就有機會將這些經驗轉化成為極致經驗。

（二）完形舞蹈治療理論架構

1. 完形

(1) 當自己完全投入身體中，一些深刻的經驗將會再現，在這投入的過程中，將會有一個完整的認同，使個體領悟到從不和協、不統整走向「和諧統整」的方向。

(2) 完形治療著重當下理論：現在發生的事會比過去或未來即將發生的事有力，藉由舞蹈使過去或未來事件在當下重新經歷，讓生命的斷層重新接續。

(3) 整體論：自由舞蹈的重要性，在於它流露出內在未統合的部分，自發、即興的動作，能讓我們重新統整內在的眞實反應。

2．影像與背景的關係

藉由舞蹈把未解的衝突從黑暗中引出，讓人接觸到內心深處不曾接觸的部分，協助問題聚焦。也就是從影像與背景的視野中，分化出主題和背景，並藉由影像和背景的呈現與釐清，把未解的衝突引出，留意與經驗這些衝突，便能得到解決的概念。

3．身體與心理的碰觸與對話

(1) 身心的碰觸：有些人發現自己身體僵硬，有一種想打人的衝動，但另外有一種力量控制它不可揮拳，這兩種對峙的力量就是一種碰觸，碰觸可以存在於自我之中，也可以存在於身體的任何部位。

(2) 與身體的交談：和身體的對話當中，常常可以發現隱藏的情緒。例如：左肩對傾斜的右肩之對話。

(3) 按摩：透過身體的按摩，雙手的接觸，意味著關切和接納的態度，透過這樣原始的溝通所傳達的情意，往往爲個案提供更正向的力量，但應避免對性感區帶的觸摸。

(4) 由動作模式中界定意義：人會有習慣的動作模式，藉由提醒案主的慣性動作，可據此瞭解慣性反應的內在意義。例如：說話時雙肩聳起，聲音變大，個案察覺原來自己需要大聲說話以增進自己說話內容的力量感。

（三）治療師的角色就像一名嚮導

1. 認爲治療者本身就是工具，治療師的身體、感覺、情感、感覺、創造力等，在案主的成長過程中都扮演一個重要的角色，引導案主體驗，並提供一個良好的支持情境，促進案主自我統整。

2. 一位治療師的專業或訓練，如果不是穩固的建立在自信與自我實現的基礎上，那麼舞蹈治療就不會對案主產生很大的意義。治療師必須先瞭解自己，包括自己的痛苦、害怕，如果治療師無法信任和接納自己，又怎能幫助別人呢？所以治療師本身要接納自己內在的完

形，並以接納的態度向經驗開放、學習，才能鼓勵而且尊重別人的成長過程。

（四）肢體的自我覺察

身體的智慧可視爲即是一種「身體感知」，也被其他學者稱之爲「活潑感知」（vivacious perception）或「生命對生命的溝通」。也就是說：我們用身體去「看到」、「測試」這個世界。如果我們對身體智慧麻木了，我們可能就會做出不明智的決定或採取傷害自己的行動。唯有身體能幫助我們安定的活在「此時此地」（Mirka Knaster, 1999）。

「自我覺察」是自我控制的先決條件，我們可以透過肢體療法培養出自我察覺。肢體療法能夠協助我們更敏銳的體會自己的感受，只要我們變得更敏感，就能達到更好的溝通和適應性。同時也能將失去聯繫的身體和情感重新連接起來，協助重新建立內在的溝通，而我們與他人溝通的能力也同時會獲得改善。

（五）舞蹈活動設計

在設計舞蹈活動時需依循的是，在無技巧、無通用規則中，讓肢體自由舞動並接受自己的身體形貌；感覺與情感的當下覺知；動作的「引進」讓身體發展更具意義；藉著與他人接觸而建立關係；因語言的介入而達成舞蹈治療的目的，以下爲活動設計的範列。

1. 名稱：聽身體在說話。
2. 目標：察覺身體內在部位以及身體型態，與身體對談發現自己隱藏的感情，藉由自由舞動展現生命的另一種動力。
3. 材料：發出聲響的器具或是喜愛的物品，如心靈音樂、打擊樂、輕音樂。
4. 活動引導
   (1) 身體幻遊——探索身體的智慧（七輪冥想）：自由放鬆，讓肌肉歸零——引導逐步認識身體的體態、結構、呼吸、重心。吸氣——感受胸、腹部的擴張；呼氣——放開緊張的壓力，體驗肺部排空的感覺。一吸一呼中——將注意力集中在身體的每個部位，

想像被溫暖的微風輕輕擁抱的舒適感。感受吸進宇宙神奇的能量，由鼻子帶到腳底，感受這股暖暖的能量治癒了身體的每個部位，腹部、肺部、心臟，最後由頭頂出去。

(2) 腳丫對腳丫的親密接觸：體驗與夥伴腳底對腳底的互相按摩，以及感受與他人另類親密的接觸。

(3) 與身體親密交談——發現冰山下的真實情感：自由的在空間中移動，走、跑、爬、跳，感受腳底與地板接觸的特殊感受。配合音樂的停止，觀察自己身體特殊的型態並定住，細心觀察這個形狀和身體各部位之間是如何聯繫，然後找出一個字或詞甚至句子說出來，並試著和這個「身體形狀」說話。例如：「我是XXX的腿……我想要跑走……我想離開……」，或是「腳帶著我走動或是我帶著腳走動……」等。

閉著眼，試著由腳帶著你的身體走，感覺腳是如何帶著你走，當你有感覺時可以停下來，如果沒有感覺可以再繼續。試著統整自己的經驗與身體產生的思考。個人也可以試著每天都走路20-30分鐘，放空一切，走到信步而行的自然狀況，自然丹田的氣會流通到下部再循環到全身，因此煩惱（不通的思考）就會減少。

在團體活動中可以學習去擁抱自己的夥伴，感覺對方的呼吸、心跳、放鬆，可以輕輕的互相搖動，一起感受與對方的同在、彼此感恩，能開放自己的內在與對方分享。

參考書目

王文秀總校閱（2000）。助人者的晤談策略——基本技巧與行為處遇。臺北：心理。

王麗文、林家興（2000）。心理治療實務。臺北：心理。

生命潛能編輯室譯（1992）。小丑的創造藝術——完形學派的自我治療（原作者：Rose Najia）。臺北：生命潛能。

田美惠（2006）。夢的劇場——完形治療技術探討。諮商與輔導，247期，10-14。

宋湘玲、林幸臺、鄭熙彥、謝麗紅（1998）。學校輔導工作的理論與實施。彰化：品高。

李玥如等譯（2003）。諮商與心理治療理論的案例應用（原作者：Gerald Corey）。臺北市：雙葉書廊。

卓文君譯（2002）。完形治療的實踐（原作者：Clarkson, P.）。臺北市：心理。

卓紋君（2002）。完形治療的現況與未來——完形治療國際會議之所見、所聞與所感。輔導季刊，38卷，4期，72-78。

李宗芹（2001）。傾聽身體之歌。臺北市：心靈工坊。

李宗芹（2002）。非常愛跳舞——創造性舞蹈的心體驗。臺北：心靈工坊。

李宗芹（2003）傾聽身體之歌——舞蹈治療的發展與內涵。臺北：心靈工坊。

林怡君（2006）。放掉頭惱讓心引路——完形治療的情緒覺察、經驗與表達。諮商與輔導，250期，18-21。

林香君（1996）。右半腦功能對完形治療師的必要性。諮商與輔導，127期，18-23。

金樹人、賴保禎、周文欽、張德聰（1995）。諮商理論與技術。臺北市：空中大學。

張玉鈴（1996）。「形」與「背景」概念在完形治療法中的重要性。諮商與輔導，143期，17-22。

張春興（2001）。現代心理學。臺北市：東華。

張莉莉（1998）。完形治療解夢技術初探。諮商與輔導，152，9-13。

張寶珠（1997）。我在完形過程。諮商與輔導，143期，31-39。

張嘉莉譯（2000）。波爾斯（原作者：Clarkson, P.）。臺北市：生命潛能。

邱溫譯（1999）。肢體療法百科（原作者：Mirka Knaster）。臺北：生命潛能。

黃春華譯（1995）。圓融俱足——完形自我療法（原作者：Muriel Schiffman）。臺北市：生命潛能。

孫兆玎（2004）。情傷經驗者在完形取向諮商中的改變歷程研究。國立高雄師範大學輔導研究所碩士班論文。

曹中瑋（1992）。完形理論與實務操作進階。國立清華大學「專業諮商督導計畫團體督導」成果報告講稿摘要。

許瑛召（1996）。完形治療理論之界限概念在團體諮商中的應用。學生輔導通訊，44期，104-113。

許筱梅（1995）。完形治療與心理劇之比較研究。諮商與輔導，**113**，25-28。

翁毓秀（1996）。完形理論的自覺與接觸。諮商與輔導，**127**期，10-17。

鄭玄藏等合譯（1997）。諮商與心理治療理論與實務（原作者：Gerald Corey）。臺北市：雙葉書廊。

陳怡君（2001）。覺察在完形諮商中的角色、地位及其應用。諮商與輔導，183期，6-8。

陳錫銘（1992）。健康的完形經驗過程與抗拒接觸的不良形式。諮商與輔導，77期，33-35。

游淑瑜（1997）。完形雙椅對話技巧及其治療改變機轉。諮商與輔導，143期，2-10。

劉秀雅（2003）。完形取向喪慟團體對喪親國中生之輔導影響。未出版之碩士論文。國立高雄師範大學輔導研究所：高雄。

劉袖琪（2003）。父母離異兒童在完形學派遊戲治療之輔導歷程研究。未出版之碩士論文。國立新竹師範學院輔導教學研究所：新竹。

蔡雪月（2001）。完形取向諮商對兩位退縮兒童改變過程之探討。未出版之碩士論文。國立臺北師範學院教育心理與輔導研究所：臺北。

謝曜任（2001）。完形治療對身體工作的觀點。諮商與輔導，183期，2-5。

魏麗敏、黃德祥（1995）。諮商理論與技術。臺北市：五南。

Polster, Erving & Polster, Miriam (1973c). *Gestalt therapy integrated: contours of theory and practice*. New York: Brunner /Mazel.

Yontef, Gary (1993). *Awareness, Dialogue, and Process*. The Gestalt Journal Press.

Perk F., Hefferline R., & Goodman P. (1994). *Gestalt therapy: Excitement and growth in the human personality*. Highland, NY: The Gestalt Journal Press.

Zinker, J. (1997). *Creative Process in Gestalt therapy*. New York: Vintage Books.

第七章

心理動力治療之理論與實務[1]

第一節　名詞釋義

一、心理動力學派之基本概念

（一）定義

依據《張氏心理學辭典》（2002），心理動力學（psychodynamic）的定義如下：

1. 指研究個體行為發生原因的心理學，意指從動機與情緒的研究，解釋心理歷程的心理學。
2. 主張對個體內在意識歷程與潛意識歷程的研究。
3. 亦稱「深層心理學」（depth psychology）：著重探究個體內在意識歷程與潛意識歷程，相信隱藏深處的潛意識歷程是形成個體心理失常的主要原因。

心理動力學需與精神分析論（psychoanalysis）互相對照：精神分析指佛洛依德（Freud）的理論和取向；心理動力指一套以精神分析論為重要基礎的理論建構，其主要概念如下（Lazar, Sonnenberg, & Ursano, 2001；Lvey, Lvey, & Simek-Morgan, 2000）：

---

[1]　感謝劉志英、郭姿伶、簡月珠、黃珊珊、盧麗珊等之課堂整理。

1. 當事者的發展史：兒童期的經歷決定了我們現在如何行動和舉止。
2. 關聯的重要他人——即「客體關係」：用來說明我們生活中與人的關係，包括家庭、朋友及同儕。
3. 未覺知（潛意識）的心理需求：過去的客體關係及文化決定因素對現在行爲的潛在影響。
4. 意識以外的力量：如生理週期發展、多元文化因素等。
5. 諮商治療任務：在於幫助當事人發覺過去如何影響現在。

（二）核心概念

1．本我、自我和超我

(1)本我：存在潛意識中不被察覺之本能，遵行享樂原則。有一部分是遺傳及天生的，另外一部分則受到壓抑和學習之影響。

(2)自我：以意識層面呈現，扮演超我（來自家庭及社會的意識規則）和本我（潛意識的反抗或嬉戲）之間的協調者。能分辨內在想像與外界眞實事物，透過幫助當事人瞭解自我與本我、超我間的交互作用而得以增強。

(3)超我：兒童從家庭或社會中學習到善惡觀念、理想和價值觀，進而追求完美、合乎道德規範的理想境界。故在超我中會發現內化的家庭規則，如害怕現身的男同志，因潛意識接收社會歧視態度，而爲此感到自責。

2．焦慮

一種緊張狀態，適當的焦慮有助於問題的解決，反之則會妨礙調適的自然過程。來自本我、自我與超我三者之間爭奪而起的衝突，可分三種：現實性焦慮——害怕外在世界所存在的危險，而其強度則與威脅程度成正比；神經質焦慮與道德性焦慮，內心的「力量平衡」受到干擾所引發，會通知自我採取措施否則危險將升高，直到自我崩潰爲止，當自我無法藉理性而直接控制焦慮時，就會採取不實際做法，出現各式各樣的自我防衛行爲。精神分析中的防衛，只是焦慮的表現。

3．防衛機轉

協助個體應付焦慮以避免自我受到攻擊，並非皆為病態；若防衛機轉不是以「逃避現實」作為一種生活方式，則自我防衛行為具有調適的功能。至於採行何種防衛，則取決於個人的發展層次及焦慮程度，它通常具有兩種特性：(1) 在潛意識下運作；(2)採取否認或扭曲現實的方式，以面對生活。

4．客體關係理論

以「關係」作為人格發展的基礎。客體關係理論的學者相信要瞭解人們如何接受外在刺激，如何看待自己，必須瞭解其與早期照顧者（母親）的互動關係如何內化，致使其如何形成對自我及他人的感受（賈紅鶯，1996；Corey, 1996；Lvey, Lvey, & Simek-Morgan, 2000）。

二、核心衝突（Focal Conflict）

人類從出生到成年的發展過程可分為數個不同的階段，每個階段都有其發展任務及困難，這些發展任務及其相對立的困難即是「核心衝突」。核心衝突埋藏在每個人心中，是成熟的需求和現實的束縛之間相互抵制所產生的結果。這些衝突在質的方面是人類共通的，在量的方面則因體質——制約的差異性和現存的防衛方式是否完整而有不同。

核心衝突部分由生物因素，部分由文化因素來決定，多或少在每個人身上都會出現。這些核心衝突會形成一些反應趨勢，且與人格結構緊密的相結合，影響個體的良好適應。

以下是各個發展階段核心衝突之來源：（Brandell J., 1987）

年　齡	衝突要素
0-3個月	免於煩惱和痛苦的永久自由 vs 現實生活中的限制
4個月-1歲	在口腔、感覺、和情感滿足方面的需求 vs 實際生活中的剝奪
1-2歲	自我實現 vs 必要限制的紀律
3-5歲	權力衝動 vs 無助感；戀親欲望 vs 報復的恐懼
6-11歲	要求整個團體的接納 vs 表現出冷淡和不友善
12-15歲	性衝動 vs 罪惡感和懲罰的恐懼
16-21歲	努力達成獨立 vs 依賴性

治療者可以根據病人過去的經歷，形成心理疾病的假設。過去造成的影響可由下列七個部分來說明：

1. 未被妥當照顧的早期需求，會經常性地迫使個體採取直接或象徵性行動來滿足。
2. 在童年期所形成的防衛會以一種極端頑固的方式延續至成年期。
3. 在早期童年所發展出能滿足需求的方法，將在成年期持續被引用而不自覺。
4. 個體會不斷重複地去嘗試克服小時候無法掌握的惡劣情境。
5. 個體經常會不知不覺以父母對他們的方式表現出相同的破壞性態度和行為模式。
6. 個體無法發展出某些成熟的人格特質。
7. 個體在面對壓力時會回復童年期的症狀。

三、五種原動力

在我們的文化中，人的心理動力是共通的，而導致病態的只是這些原動力的強度。影響人格操作和扭曲的原動力可以歸納為下列五種：

（一）依賴

童年時未能獲得適度解決之過度依賴需求，是第一個原動力，通常也是問題的核心。未解決的依賴是一個普遍存在的問題根源，來自於人類最常見的衝突，亦即不適當的「分離—個別化」經驗。

（二）憤怒

第二個原動力無可避免地伴隨第一個原動力產生，就是憤怒原動力。對照顧者及自己的被動與無助感到憤怒。

（三）低獨立

第三個原動力低獨立是高依賴一體的兩面。低獨立的產物是自卑感，即覺得自己沒有能力去獲取目標。

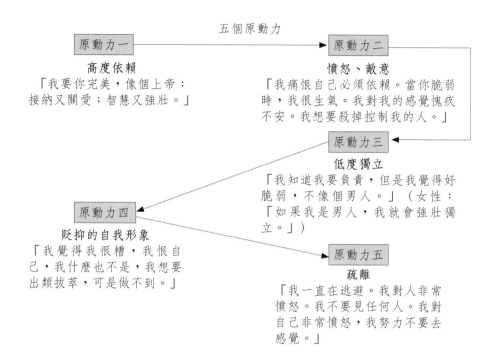

（四）貶抑的自我形象

由於前三個原動力不斷的運行，使個體感到對自己的厭惡，於是產生出第四個原動力，即貶抑的自我形象。

（五）疏離

我們靠什麼來回復沉著冷靜呢？那就是第五個動力──疏離。疏離使人逃離生命中的混亂問題。但是個體會發現疏離所造成的孤獨比之前的遭遇還要糟糕，所以過了一段時間又返回紅塵，這也就是五種原動力的循環（成蒂、林方皓譯，1996）：

四、內在壓力與焦慮

持續性壓力所造成的過度刺激會形成焦慮，焦慮是一種劇烈的生物化學和神經生理的反應，會干擾個體生理、心智、情緒和行為的功能。它也代

表一個習慣性的安全結構和成功的適應方法已經瓦解，這樣會令人非常不舒服，於是個體就會運用各種防衛策略去逃避它。由於病人來尋求心理治療協助的問題根源經常是這些防衛失效後的結果，而成為治療的急迫性焦點，因此深入瞭解它們發展的原因和過程會對治療極有助益。

五、四種層次的防衛機轉

防衛機轉分為四種層次（Wolberg, 1996）：

㈠ 第一層次的防衛——控制機轉：藉由操縱環境有意識的來維持控制。

自我防衛機轉對環境控制有三種方式：

環境控制方式	征服	我已經盡力	實際根本沒有
	服從	屈服於現況	不然我能怎麼辦？
	閃躲	能避就避	我沒有辦法

㈡ 第二層次的防衛——特質性的防衛：個體以一種誇張的方式，利用自己正常特質的驅力來操控人際關係，如工作狂或可憐無助的操縱等。

㈢ 第三層次的防衛——潛抑的手段：藉著操控個人內在心理，企圖將問題趕出自己的心靈以獲得平靜。這種防衛又分為兩種類別：一種是盡力去強化壓抑作用，另一種為直接或象徵性的去紓解被潛抑的事物。

㈣ 第四層次的防衛——退化防衛：當所有方法都無法維持情緒平衡時，精神病狀態就是能讓個體逃避痛苦現實需求的最後途徑。

總結以上之概念，心理動力的運作過程可以下列圖解方式表達：

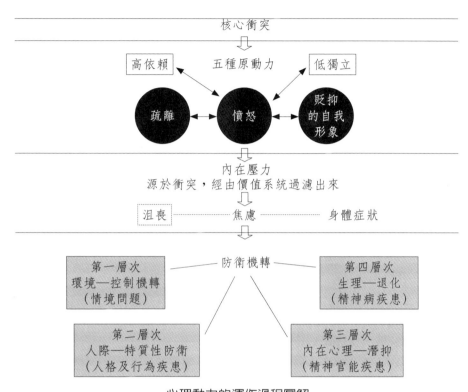

心理動力的運作過程圖解

（改自成蒂、林方皓譯，1996，p. 259）

六、客體關係理論（Object-relation Theory）

（一）客體關係理論的源起

客體關係理論是心理動力式心理治療的重要延伸。佛洛依德在他的三篇重要的論文《哀悼與憂鬱》、《團體心理學與自我的分析》、《壓抑、症狀與焦慮》中，探討人如何內化和認同周遭的人，此即埋下了客體關係理論發展的基礎（劉德威、王梅君、高恒信譯，2001；Hamilton, 1999）。梅蘭妮‧克萊茵（Melanie Klein）則將精神分析技巧運用於兒童心理治療的過程中，發展出一套客體關係理論，她主要的貢獻有：開拓早期人格發展之研究、內射存在之提出等，其觀念對客體關係理論的眾多學者具有非常深遠的影響（林秀慧、林明雄譯，2001）。

（二）客體關係理論與古典精神分析的主要區別

古典精神分析著重於佛洛依德的「本能驅力」觀點，而客體關係理論以「關係」爲人發展的基礎，相信人最初的動機在於尋求客體或與他人的關係，而非尋求享樂（佛洛依德觀點），人最終的目的是爲了和另一個人保持關係。客體關係理論的學者相信，要瞭解人們如何受外在刺激、如何看待其自己，必須瞭解其早期與照顧者（母親）互動關係，是如何形成、如何內化對自我及他人的感受（賈紅鶯，1996）。換言之，所謂的「他人」（other）在嬰兒的知覺中就是用來滿足他的「客體」。而嬰兒的早期活動都是爲了要與母親有接觸，後來則發展爲與別人有接觸。Fairbairn（1952）也說過：「客體是使一個人快樂或不快樂的主體，而不是享樂的發洩對象」（Ursano, Sonnenberg, & Lazar, 2001）。

（三）客體關係理論的重要概念

1. 客體（Object）

這個術語最早被佛洛依德在其著作《性學三論》中提出。所謂客體，是指一個被投注情感能量的人物、地方、東西、想法、幻想或記憶，被投注的情感能量可以是愛、恨或是愛恨複雜的交織。客體包括內在客體與外在客體。內在客體指的是一個心理表象，如影像、想法、幻想、感覺或記憶；而外在客體則指的是一個眞正的人或東西。

2. 自體（Self）

自體指的是屬於一個人自己的心理——內在表象，包括意識和潛意識兩部分。

3. 自體—客體（Self-object）

客體關係即是自體與內在客體或外在客體之間的互動。自體表象（self-representations）和客體表象（object-representations）並不會單獨存在，而是以一種稱爲「客體關係單元」的關係存在著。這些單元包含著一個自體表象和一個客體表象，並以驅力或情感（比如愛或恨、饑餓或飽足）來連接。

當客體關係單元中自體與客體之間的界限不清楚的時候，就稱之爲自體—客體共生。共生是最初始也是最徹底未分化的自體—客體，其他的自體

一客體皆由此而逐漸發展。Sanler指出客體關係的主要觀點在於強調內在世界充滿了自體（self）、客體以及這兩者之間的關係，合稱爲「表徵世界」（representational world），這個表徵世界猶如人生的舞臺，不斷上演著「內在生活」的戲碼，而這些內在客體之間的關係也就是所有人際關係的樣板（A. Bateman & J. Holmes, 1995）。

4. 自我（Ego）

自我是一個抽象的概念，意謂著一些心理功能，像是在知覺、記憶、認知、情感、行動和道德要求等各個領域的分化、整合、平衡和組織。自我可以比較、對照和決策，是覺察者中的覺察者，是一個有功能卻不熱情的東西，絲毫沒有一點情感上的意義。它代表著「心理歷程的抽象概念」（Hamilton, 1999）。

（四）客體關係的建立——分離與個別化

客體關係中的「自我」，是由「好的我」和「壞的我」兩種動力所組成。動力的過程指的是「分裂」的過程，嬰兒的世界是經由壞的（挫折的）和好的（滿足的）經驗而形成內在的部分世界，並持續一生對當事人產生功能性的影響（賈紅鶯，1996）。

Margaret Mahler和她的伙伴在《人類嬰兒之心理誕生》的研究中，提出人類心理分離與個別化的發展階段和次階段（楊添圍、周仁宇譯，1999）如下：

1. 自閉階段（Normal Infantile Autism）（0-21個月）

客體是不相干的嬰兒似乎還保留在一個心理的殼裡。

2. 共生階段（Symbiosis）（2-61個月）

嬰兒會建立一個「對於能滿足自己需求之客體的朦朧覺察」，他的行爲就好像他和母親是同一個「全能系統」（一個在共有範圍內的二元整體）中的一部分。

3. 分離——個體化階段（6-241個月）

(1)次階段一：孵化（Differentiation）（6-10個月）

嬰兒愈來愈能覺察到母親是一個分離的個體。在這個次階段的嬰兒

開始會從一條特別的毛巾、玩具熊或其他柔軟的客體得到更多的快樂，此即為「過渡性客體」。過渡性客體同時代表了自體和母親，是共生之全能二元體的殘餘，可以撫慰核心衝突，陪幼兒長大，增加他的安全感。如果從父母關係中只得到嚴格的規範，得不到柔軟的關係，幼兒可能從過渡性客體中得到撫慰，而不肯丟掉破爛不堪的過渡性客體。因此不要先從規範（道德）批判、強迫兒童丟掉骯髒的布偶，瞭解事件的內在涵義與對當事人的意義，才不會造成傷害。

(2)次階段二：實踐（Practicing）（10-16個月）

一直增強的運動與認知技巧，似乎使得孩童陶醉在他自己的好本事裡，他開始離開母親，好像世界都是他的一樣。行動則是繞著作為「家的堡壘」的母親打轉，他會一次又一次地回到母親身旁，好像在「情感充電」似地，然後才再一次進一步的探險。

(3)次階段三：復合（16-24個月）

逐漸增強對自己分離與無助的覺察，增強了孩童對母愛的需求，孩童會往復地移動、分離而又回返、要求而又依賴。

4．客體恆久性階段（Rapprochement）（24-36）個月

當復合的課題解決以後，孩童便展現出一種增強了的信念，認為母親雖然有時不在，但愛則一直都在。這種維持以滿足為主，但也有挫折的母親影像之能力，被稱為感情性客體恆久性。這種客體恆久性和個體性的發展將貫穿整個人生，是沒有終點的。

七、客體關係病理學——投射性認同

（一）投射性認同的內涵

在客體關係理論裡，與重要他人的互動扮演著支撐人們各種認同的角色，意即，人們彼此互相建立的關係有助於維持自體的生存感。關係不僅僅是人類生存之附加物，更是關於存在的全部。如果人們對自己的自體價值嚴重存疑時，往往會找尋一些方法來確保與生命中重要他人的密切關係，其結果便是「投射性認同」——成人客體關係之各種模式。

「投射性認同」是一個人誘使他人以一種被限定的方式，去行為或反應的人際行為模式。普通的投射只是一種心智動作，而「投射性認同」則真實地涉及了對其他人之行為和情緒的操縱。

在投射性認同發生的順序有三階段過程：

第一階段集中於想要擺脫自體某一部分的期望（壞的、自體毀壞的威脅），這個期望採取了投射幻想的形式，個體在此投射幻想中，將自己的一部分「放置」在另一個體身上，並且嘗試從內在去控制那個人；第二階段裡，投射性認同的投射者施壓給接收者，要他以順應其投射幻想的方式來做為行為表現。放置在接受者身上的壓力並非幻想壓力，它是衍生自真實互動的真實壓力；第三階段，接收者回應那些被投射性操縱所誘導出來的感受和反應。

投射性認同幾乎總是導向關係挫折的這個事實。不過，人們待在以投射性認同為特徵的關係裡還有另一個理由，就是每一個投射性認同皆包含了一個強而有力的「強制（無上）命令」（一項承諾或一個威脅）有關，使得投射性認同的接受者被束縛在關係裡。而這些強制性的威脅經常被包含在所謂「後設溝通」的隱藏訊息裡，如下表所述：

表7-1　主要投射性認同的關係立場、後設溝通及誘導意圖

投射性認同	關係立場	後設溝通	誘　導
依　賴	無助	我活不下去	照顧
權　力	控制	你活不下去	無能力
性　慾	性愛	我可以使你在性上面達致圓滿	性興趣
迎　合	自我犧牲	你虧欠我	感謝／讚賞／罪惡感

投射性認同是有困擾之客體關係的病態因應後之結果，大部分開始在生命的早期，因為這些關係大部分在本質上是前語言期的，是意識上是不可觸及的，所以很難去正確指出它們的準確特徵。不過，我們仍可以藉由與各種投射性認同有關的不同溝通模式來辨識它們（S. Cashdan, 2001）。

（二）投射性認同的四階段治療任務

客體關係認為，症狀的生成來自於當事人關係的受挫或其自我感受到威脅。因此，客體關係認為，「治療者—當事人」的關係反映出當事人生活上的病理狀態，因此「關係的改變乃成為治療的改變基礎」，客體關係的改變可說是來自治療者與病人關係本身的改變（賈紅鶯譯，1996），分為四個階段如下：

1．第一階段：病人允諾參與

透過「情緒聯結」才能建立起穩固的「治療鍵結」，然後才能讓個案參與治療。當然，治療師的建議與忠告也可能可以用來培育允諾與參與。

2．第二階段：投射性認同

當治療師已經被個案指定為投射性認同之目標物的第一個指標之後，開始會產生一些模糊的情緒感受，例如：發現自己愈來愈容易生氣且不耐煩，然而這些困窘是客體關係治療中的一個自然部分；正是它們才組成了對個案人際病理的一種鏡映式之覺察，因此治療師可將之視為是一種「反移情（或稱轉移）關係」，而開始工作。

在客體關係工作裡，「反轉移關係」指的是治療師回應個案投射性認同時所產生的情緒反應；在古典精神分析裡，反轉移關係是要盡量免除的，但是在客體關係中卻將其視之為「對個案之投射性認同的自然反應」，而非治療師自身尚未解決之伊底帕斯衝突的反應。因此，它被視為是治療過程中有價值的，甚至是必要的部分，它可以確認個案之投射性認同的精確本質，以及隱於其後的後設溝通。

不論治療師所體驗到的是依賴、權力、性慾或是迎合之投射性認同，他的任務是將這投射性認同的背後之「後設溝通」，帶進彼此覺察的公開領域中。

3．第三階段：面質

一旦隱藏在個案投射性認同的背後之後設溝通浮出表面，它就變成治療師與個案互動之間一個有待處理的部分。治療師可考慮以直接、強而有力的方式來面質個案的病理。

治療師藉著面質「個案建立關係的習慣方式」，來挑戰其投射性認同的

真正本質，並且要拒絕配合個案的投射性認同而起舞。Mann表示「在適當且有效的面質裡，治療師對個案溫柔且細心的關懷可能是最重要的成分」。治療師要傳達出被拒絕的是個案的投射性認同，而非個案這個人。

4. 第四階段：結案

此時可回饋個案，關心別人如何覺察理解他們的真實資料，讓個案瞭解到他們所投射操縱的接收者，會有什麼樣子的感受與回應。這樣做的目的是提供個案對於投射性認同有一種「加工處理過的視野」，以便被用來修正個案的內在自體─客體關係。

「分離」在任何情境中都是一個困難的過程，而在個案與治療師的關係為主要成分的治療裡尤其困難。為了確保「分離」不會被個案經驗為災難般的損失或是遺棄，治療師需要主動積極地讓個案允諾參與到分離的經驗裡（Cashdan, 2001），例如：讓對方決定時間或方式等。

八、自體心理學（Self Psychology）

（一）自體心理學的源起

精神分析理論自二十世紀以來的沿革大致上可分為：1. 本我心理學（id psychology）；2. 客體關係理論；3. 自我心理學（ego psychology）；4. 自體心理學（楊惠卿，2003）。而自體心理學是精神分析晚期的發展，是由寇哈特（Heinz Kohut）所提出，其本人深受佛洛依德理論的影響，但是其所提出的自體心理學卻對古典精神分析有許多修正及創新（陳莉榛、鍾思嘉，2003）。

（二）自體心理學的重要概念（White & Weiner, 2002）

1. 「另我」（Alter-ego）—即「孿生」（Twinship）

在此關係裡，對方有如自己，雙方都經驗到對方的感受有如自己的一般。

2. 統整自體（Cohesive Self）

一個人對自我認同之感受，是穩定的，且恰當結構化的，這讓他對今日

與昨日的自己感受爲同一個人，即使在面對自尊的喪失或威脅時亦然。

3. 誇大自體 (Grandiose Self)

也稱誇大表現癖的自體。兒童會有想「成爲完美」的期望，他會想去獲得父母對其自尊和價值的贊同與肯定，如果父母的回應不適切，將會發展出病態的誇大自體。病態誇大自體的特徵包括對自己的優越性、獨特性、堅固性和無限性，帶著誇張自視的不實際想法。

4. 神入 (Empathy)

投射個人人格進入所凝神（contemplation）的客體，因而對客體有完全瞭解，亦即「將自己的腳放入他人鞋中」，此種是深入同理他人、以他人的眼光來看世界的能力。這個概念意指一個人兼有感覺到自己進入客體，又同時保有自己作爲獨立個體身分的覺察者，寇哈特稱此爲替代的內觀（vicarious introspection）。在自體心理學中，神入意指父母照顧周到，自體感到滿足，而達到統整的自我——和諧、有安全感。

5. 理想化的父母影像 (Idealized Parental Image)

指一個能使孩童尊敬，並將其當作一個平靜、無誤、全能，且想要與之結合的影像。

6. 鏡映 (Mirroring)

在自體心理學中，父母對子女的正向反應，反映了自體價值的感受，並逐漸灌輸內在的自體尊重。父母對於兒童活動之欣喜悅納，對於兒童的發展是最重要的。這種鏡映反應的結果，催化兒童能發展並維持自尊和自我肯定的價值。

7. 自戀 (Narcissism)

此時主體喜愛的客體是其自身，擴展可成爲任何形式的自體愛。

自戀分爲原發自戀和次發自戀：原發自戀是先於愛他人的自體愛，所指涉的是嬰孩的心理狀態；次發自戀是來自對自己此一客體內射和優先認同的自體愛，是自戀性人格的外顯部分，例如：常常在談話中不自覺的讚美自己等。

8. 轉變內化作用 (Transmuting Internalization)

客體透過「自體—客體」此內在表象，在漫長的時間裡，提供自體「自

體—客體」關係之經驗，內化並轉化爲自體結構的一部分。此內化與轉化過程稱爲轉變內化作用。

（三）自體的發展與建立

1．自體的發展與建立

嬰兒出生後，尚未發展出自體，嬰兒自體的建立是透過與自體—客體（母親、主要照顧者）的互動而逐漸形成的，在出生後大約第二年，因著自客體互動，嬰兒開始浮現一個核心自體，該核心自體的本質包含兩大內涵：(1) 誇大而好表現的自體；(2) 理想化的父母影像（洪雅琴，2002）。

當母親未能時時滿足嬰兒需求時，嬰兒對此開始產生挫敗感，因此「挫敗感」在形成上述核心自體的兩大內涵中扮演著中心角色，它是發展出「誇大而好表現的自體」及「理想化的父母影像」兩種心理組態的源頭（楊惠卿，2003）。

2．雙極性自體

核心自體的兩個主要成分：「誇大而好表現的自體」和「理想化的父母影像」，統稱爲「雙極性自體」，這是自戀的兩種不同形式。

「誇大而好表現的自體」，指的是孩童的自體中心世界觀，那種經驗彷彿是「我太棒了，看著我吧！」。這種渴望被讚賞的極度欣喜，決定一個人人格特質的風格——便是誇大表現性自體、自我和超我三者之間的相互運作。「理想化的父母影像」則是父母允許並享受孩子對他們的理想化，能夠同理孩子對他們的尊敬和欣羨，孩子也經驗到與理想化自體、客體的融合，那種經驗彷彿是「你（父母）太完美了，而我（孩子）是你的一部分」。

自體的雙極之間有個充滿張力的圓弧，誇大自體的一端聚集著抱負企圖心，理想化父母形象的一端則蘊含著許多目標——理想。在此兩極的自體之間，張力和心理能量會引發行動，使得此人被抱負企圖心所驅使，或被他的理想目標所帶領（楊惠卿，2003）。

自戀有其發展軸線，以致於終究並無任何個體能完全自絕獨立於自體—客體者，爲了維持、儲備且增強內在自我的生命活力，人們終其一生，都需要有能同理回應的自體—客體氛圍，我們需要尋求足夠的鏡映來建立完整的自我感，以便能發揮功能，而自戀也會繼續不斷轉化爲各種不同的形式，成

年人的健康自戀通常展現在創造力、幽默感與同理心上（楊惠卿，2003）。

（四）自體心理學在心理治療的運用

移情關係是自體心理學分析的基礎。自體心理學常被用於對自戀型人格的心理治療，個案人格的致病核心需要在治療情境中活化，對治療師產生特定的轉移關係，然後在修通的過程中逐漸化解，因而讓個案的自我重新獲致掌控能力。意即，治療師若能以敏感、冷靜的瞭解，友善對待個案並置其於自體之中心，則個案的自我感受會逐漸轉好，自尊心也被強化，自體就比較能恢復整合之狀態（楊惠卿，2003）。

自戀治療的關鍵並非給予個案失去的東西，真正的禮物是要以成人的方式，平等而細緻地解釋給個案瞭解──其故事形成之歷程。當治療師能不受控制於滿足個案扭曲的需求，同時又能承認這些需求在個案孩童時其實是恰當的，那麼對個案就形成了一個「恰到好處的挫折」，使個案如嬰兒般對自體、客體的需求又被重新活化起來，這將使個案有機會邁向開放、成熟的道路（洪雅琴，2002）。

當自戀型人格完成下列兩項任務其中之一時，即可走向結案：

1. 當病人的防衛結構被分析所穿透，自體之缺陷能被當事人覺察與承認，且透過修通與蛻變，使原先幼稚的內化被充分地填補，以致於先前缺陷的自體結構，如今在功能上變得更為穩定與可靠時。

2. 當個案對於原發自體缺陷之有關防衛、對於代償結構之間的關係，達到認知與情緒上的瞭解與掌握，對自體、客體不足的鏡映回應能予以修通，並將誇大表現癖的驅力整合到人格之中，並以更有效的方式表達出來時（楊惠卿，2003）。

九、心理動力治療的過程

（一）對病患實施評估

心理動力治療對病患的評估，其資料大都來自於「探究詢問」及「心理動力式傾聽」所得的資料（R. J. Ursano, S. M. Sonnenberg, & S. G. Lazar, 2001）。前者意指蒐集病患的生涯歷史及有關診斷資料。而心理動力式傾聽

則意指，當病患陳述目前及過去的故事時，治療師秉持好奇的探究態度去傾聽病患所說話語中的眞義、隱喩、發展的次序，以及有能力區辨——「病患與他人的相處」和「治療師與病患互動」兩者間所謂人際互動上的細微差別何在。其目的在於提供治療師對病患整個生命週期內之問題有一個整合性的瞭解，同時也作爲病患所產生移情、防衛機轉以及預測醫病間可能出現的互動形式之依據（R. J. Ursano, S. M. Sonnenberg, & S. G. Lazar, 2001）。

　　注意病患疾病的引發因素及他尋求治療的動機，對病患評估的內容如下：

1. 精神狀態檢查，如：現在疾病病史及過去疾病病史（R. J. Ursano, S. M. Sonnenberg, & S. G. Lazar, 2001）。
2. 探詢病患從兒童時期到現在所發生的重要事件，與重要他人的歷史（R. J. Ursano, S. M. Sonnenberg, & S. G. Lazar, 2001）。
3. 針對創傷與發展上的缺陷，以及評估兩者在塑造個人心理構造時所扮演的角色（R. J. Ursano, S. M. Sonnenberg, & S. G. Lazar, 2001）。
4. 衡鑑病患有無能力觀察自己心靈的運作及行爲的意涵（治療師據此評估病患內在世界之狀態）：
   (1) 確認病患呈現他自身的兩個層次，一爲外在現實的自己，二爲個人的內在世界——更重要的是第二層次的觀察。
   (2) 觀察病患是否處在自身的世界中而無法察覺他人的存在，或者把治療師融入於自身裡面，拒絕將治療師視爲獨立的個體。
   (3) 瞭解病患內在眞正的問題，跳脫事件情境來察覺病患所需要的幫助。
   (4) 事先做好準備以引導病患處理在諮商過程中，可能出現的憤怒與害怕（B. McLoughlin, 2001）。傾聽在治療開始時的害怕並予以尊重地探究，使他感到安全而更有意願繼續受評估與治療。
5. 評估病患建立治療聯盟的能力
   (1) 是否爲「一同工作」的治療關係。
   (2) 病患是否願意投入並忍受諮商關係中的張力與挫折，願意留在原地允許治療師做該做的事。因爲心理動力學派主要運用挑戰、面質和詮釋三項技巧，來幫助病患從不同的角度來看自己，所以治

療師的作法及介入的時機很重要,而且必須在治療聯盟建立後,才可以使用這些技巧(A. Bateman & J. Holmes, 1995)。

(3) 協助病患有能力將自己分裂成兩個部分,一為參與治療,二為認識到他必須如此參與才能與治療師共同解決問題。

(4) 病患與治療師都必須維持當初雙方同意建立的治療聯盟關係(B. McLoughlin, 2001)。

治療師一定要試著把自己放在病患的位置上,並藉由那人的眼睛來看他的世界,也就是說治療師被病患拉進了他的世界裡,結合對病患生涯歷史的瞭解來體驗看看到底發生了什麼事?所以兩方皆需要共同分擔復原治癒的工作,彼此也都會經驗到移情的感覺。透過這樣的互動,使病患學習到如何以心理動力傾聽自己,學會更完整地思考自己的一切,能以更多的角度來衡鑑自己所經驗到的是什麼,以及學習到可以為自己準備好有關個人經驗的各種闡釋,以維持某種心理平衡的狀態(R. J. Ursano, S. M. Sonnenberg, & S. G. Lazar, 2001)。

(二)進行治療

向病患解釋並讓他瞭解治療的目標和過程,營造安全的氣氛,創造治療聯盟,才能讓他得以忍受移情或因為重新經驗過去而引發的焦慮(R. J. Ursano, S. M. Sonnenberg, & S. G. Lazar, 2001)。

治療師會隨著時間變得在語言上較少主動,以便聽到更多關於病患如何組織其心理世界的資料。而當治療師變得安靜時,此時病患會被要求獨立工作,病患就會產生失望,開始質疑治療是否有幫助?但這將有助於使病患瞭解治療如何從過去把感覺帶往意識。也是他第一次從做中學,體會並看到治療的運作(R. J. Ursano, S. M. Sonnenberg, & S. G. Lazar, 2001)。

兒童早期與父母的互動中經驗到的是什麼,都會明顯地影響著其人格發展。此找出病人早期的痛苦經驗與現在的困擾之間的關聯,使他在諮商過程中能重新經驗到這些原本被壓抑與解離掉的記憶與感受,對自己與他人的認知才能產生改變,重新建構生命情境並學習處理目前困境的因應方式(G. Corey, 2001)。

1. 出現阻抗與防衛機轉

當病患前來接受治療時，理應信任治療師並與之合作，才能使自己從精神官能症中獲得釋放；矛盾的是，此時病患同時會萌生出一種內在力量來對抗治療，而出現阻抗的現象。這些力量導致了病患的症狀，也會對抗治療師想把痛苦情緒內容帶進病患意識層面的意圖。

為了把痛苦的情感和回憶保持在意識覺察之外，所以通常它會以特定的、抽象的方式來呈現，並且也會用之作為個人逃避痛苦的情緒性素材（如：潛抑、否認、反向作用、置換、禁慾、理智化、退化、昇華等），此即稱為防衛機轉。

治療師要尊重病患的阻抗與防衛行為，瞭解這是病患組織人格的一部分，同時努力去詮釋那些具有隱晦性舊衝突的防衛機轉，使病人能夠再度以意識層面來經驗那些過去與他們相聯結而被禁止的衝動、記憶、害怕、失望和痛苦的情感（B. McLoughlin, 2001）。所以在治療上通常需要鼓勵病患去面對情緒性的苦惱，以減輕痛苦的記憶和情感（R. J. Ursano, S. M. Sonnenberg, & S. G. Lazar, 2001）。

2. 移情

透過移情，病人除了可以發展出對於自己過去經驗狀況的瞭解外，也可以覺察此時此刻是如何經驗生活的。有時移情也會喚起對長遠過去的遺忘或對部分關係的衝突，這樣的狀況一來有助於使治療師去探索病人心理上的痛苦和塑造病人人格的共同因素，並將他的情緒意義化，同時也提供了治療師去研究病人的過去經驗如何影響現在的一個重要機會（R. J. Ursano, S. M. Sonnenberg, & S. G. Lazar, 2001）。

分析移情的主要目的是溝通，可看出病患早期生活、現在生活以及發生在諮商之間的事情做聯結。引導病患思索移情行為，治療師需考慮自己是透過什麼目的成為被移情對象。當治療師成為移情中的客體，意指治療師的確反映了病患談話中的一個成分（B. McLoughlin, 2001）。

3. 反移情

反移情是治療師在治療環境中對病人所產生的一種情緒反應，因此容易在治療過程中遮蔽治療師的判斷，在這種情況下，便需要有專業督導的協助。

對治療師而言，需要去注意包容發生在病人挑釁中所產生的苦惱感覺，這有助於使治療師回到和諧狀態來感受病人的困境。所以當治療師利用反移情的憤怒去解釋病人的敵意時，他會感覺到自己進入了病患的處境，並且透過解釋自己的情緒反應來作爲病患動力的線索，因此更能清楚瞭解是什麼誘發它的方式（R. J. Ursano, S. M. Sonnenberg, & S. G. Lazar, 2001）。

病人的症狀可能復發，回到舊有的移情模式與治療師互動的風格裡，治療師不必沮喪，因爲這正是可讓病人自我覺察的好機會（R. J. Ursano, S. M. Sonnenberg, & S. G. Lazar, 2001）。當病人已從治療師那裡在自我探究方面增加了相當程度的練習，而準備好來解決現在已知或未知的內在衝突時，治療即進入尾聲的階段（R. J. Ursano, S. M. Sonnenberg, & S. G. Lazar, 2001）。

 # 第二節　提問討論

一、以愛之名的操縱——投射性認同

人們爲確保與重要他人的親密關係而產生「投射性認同」，投射性認同在諮商室裡是屬於移情中比較強烈的狀態，倘若一個孩子被母親嚴重家暴，但又選擇繼續留在這個家中時，他就要面臨自體價值觀的挑戰與混淆：「反抗母親是對的嗎？」抑或「還是要像母親那樣才是對的？」由於射性認同大多發生在前語言期，此時期主要以感受形塑個人的重要經驗而形成固定看法，如同內在的強制命令一般，當事人往往無法以理性或認知來加以改變。

一般來說，正向的認同就是模仿，投射性認同則是一種反向認同的負向模仿。在每個人的自我認同中一定包括投射性認同，只不過當它過於強烈時就變成是一種困擾。精神分析與心理動力學派的諮商師，最重要的技巧就是「解說」，使當事人瞭解自己種種行爲與痛苦的源頭。對投射性認同的處理可稱之爲——「自體分化的概念化」。

自體分化：將個人所覺察到的「投射性認同自我」（負面）概念化，放在心中某處的一個盒子裡，可以有位置、顏色、形狀、命名，並將覺察到的「自我」（正面）放在心中的另一盒子裡。當遇到衝突壓力時，可以在內在將負面的我控制住，並練習用另一個正面的我來表達。這樣遇到與原先類似

之衝突時，就可以新的正面的自我來反應，在情緒激動時亦有機會緩衝，產生新的改變。

　　人們每當經過成長及自我覺察的不同階段，與投射性認同對象之間的關係，就會產生自體分化，而面臨自體價值觀的挑戰。因此可以說自體分化是一個不間斷的歷程，每次分化都是一次新的選擇。父母若以愛為名作為控制子女的手段，在子女成長過程中，就會面對子女選擇新的自體價值觀，而產生關係的危機甚至是決裂。因為孩子總有一天會不再那麼需要你了，當他不用再靠你的時候，你還能夠用什麼東西來維繫關係呢？

　　如何避免負面的投射性認同傷害自己與子女呢？其前提是每個人都要先能與自己建立親密而美好的關係，然後才能與他人建立親密而美好的關係。更具體的作法則是——找出、瞭解自己的負面特徵，並練習轉負為正的成長旅程。

二、如何運用「反移情」來進行心理治療？

　　諮商師對個案當然也會有情緒反應，情緒反應如果是負面的確實會妨礙與個案的關係，但是在治療者有覺察的情況下是允許的。除非因為反移情而嚴重傷害到個案，這就是倫理上所無法接受的，也是不適當的反移情，只有在這種情況下兩者的關係需要處理，此時，治療師需要督導或甚至轉介個案。

　　諮商者有所謂的「情感性疏離原則」（emotional abstinence），意指諮商員對案主保持情緒上的中立，否則諮商員將無法提供支持，而案主也沒有辦法進入一個有意義的對話。一般而言，它與移情有很大的關係。諮商員必須知道有哪些案主是自己不適合接案的。例如：諮商員若是幼年喪母、中年喪妻，此時對於類似的個案，在諮商員自己情緒未處理好之前最好不要接受此類案例。本書作者的建議是從專業開始，十年內先不要接自己特別不喜歡類型之個案或與自己未竟議題相似之個案。

　　也許我們會繼續追問，怎樣的界限才是諮商員與個案間清楚又不失合作的最佳界限呢？其實界限固然隨不同學派之特色而定，也與諮商師的專業成長水準有關。一般而言，諮商師不給案主私人電話，除非(1)案主是自殺或危機個案；(2)彼此之治療關係很久，已接近為朋友狀態。學生們也常問到

如果諮商師與案主在路上相遇，彼此之間是否需要相認的問題。這必須回到諮商師自己內心自在感的問題。如果個案只是他所認識的對象，原則上是可以打招呼的，除非案主的秘密不想被其他人（家人）知道，或彼此私下生活交叉太多（例如：諮商員與案主的妻子是同事，而案主正有外遇的困擾），則才需要避免雙重關係的涉入；以第二例為例，即屬於不適合接受之個案。

回到反移情的主題上來看，每個人這一生都希望自己的親密關係是美好的，但其實人要能對自己的關係親密／美好，才能對別人的關係也是親密／美好。所以自體的分化應該是一個不間斷的人生歷程，10歲也會分化，20歲也會分化，每一次的分化，都讓我們擁有一次嶄新的選擇權與人生觀。

每一個人都有自己的正負狀態，但真理其實是「正」中有「負」，「負」中也會有「正」。人要常保有正的狀態，必須先透過面對自己負向狀態，才能以正向狀態來面對事情。而當面對自己的負向狀態，你會投降於它？或者產生新的覺察呢？如果人能對自己負向情況產生覺察和接納，這就表示此人已經是走在可以「控制」自己反移情的穩定狀態了，那時才可以真正幫助到自己和他人（個案）。

三、協助阻抗型的非自願個案

從心理發展的軌跡看來，6歲以前的孩子都是自私的，因為自我發展的開始階段都是先發展對自我的愛，即自體愛。

遇到不自願個案，治療師第一步要做的工作是「概念化」。例如：作者曾經處理過一個被綁架二十一天生活在箱子中的青少年，對他問題的第一個概念化反應就是「危機仲裁」，因為在此情況中，任何一個人都會有身體上的反應的。危機仲裁的原則第一就是根據現實。治療者可以說：「能安然無恙的回來（意指沒有身體和心理上的過度反應），你為自己所做的真的很了不起」；第二是做正向的介入，要能幫自己和個案（或學校）看到此次事件「負」中的正向，因為介入的向度很重要，會影響事情的結果；該次個案因為諮商者善於運用「賦能」之概念，把危機（受驚嚇傷害者）轉成轉機（是一種英雄的行為──能臨危不亂）；結果導致當事人成為全校的楷模，成績進步神速（當然其前提是當事人真的表現出此種特質）。

協助非自願的阻抗型個案時，個案自然會產生防衛，整理解決步驟如下：

1. **概念化**：根據現實，不做不眞實的允諾。做正向介入，從正面看事情，發揮正向的影響力。
2. **瞭解的態度**：接受對方的抗拒是應當的。
3. **接納的立場**：同理狀態，瞭解對方立場。
4. **解說**：找出一種說話方式，使對方於不知不覺中放棄抗拒。

四、心理動力——未竟事務的眞正解決

教導與理性或證據其實並不能導引出人內在的眞正感受，這對當事人沒有用，因爲當事人其實都知道但是卻做不到，這當中主要因爲包含著個案的未竟事務。以自殺行爲爲例，一般心理學的處理著重在幫助個案尋求支持，尋找活下去的意義；心理動力式心理治療則採完形理論觀點，著重在對事件原因有完整的瞭解，深入當事人並未察覺的行爲背後的陰影。例如：自殺的女性個案，其實是接受媽媽對她的影響和傷害，不自覺以同樣的方式去影響和傷害男友（家族治療中代間遺傳之觀點或家族排列中遺傳基因的觀點）。其實我們每個人皆受到父母正面及負面的影響，正面的影響不須計較，負面影響則雖抗拒仍存在，所以每個人在生活上、職場上都會因爲未處理完整的陰影面，而與家人、同事、長官、學生發生或大或小的衝突。「未完成事件」是完形理論的說法，在心理動力式的心理治療中，則成爲觀察個案核心衝突與抗拒的重要覺察依據。

未竟事務在意識中常是不自知的，只有停留於幼年時的「感受」記憶是明確存在的；當人們的情緒未經引導出來並得到完全的處理，就會變形的存在於人們的身體與心理當中。我們會發現個案經常繞開主要議題，沒有眞正進入自己的感受當中，雖然這是很好的求生方式，但卻不一定有效，因爲生活中會因此出現另外一個自己所不瞭解的自我。心理動力明白未竟事務在意識層面是不通的，因爲意識層面總是需要防衛，然而潛意識層次則是可以相通的，所以需要修通（working through），但是當事人要有勇氣去修通，必須要遇到可信任的人。以上例而言，未竟事務的感受就是小時候對抗不能對抗的壓力經驗之後遺症，這是不被意識所覺察的，而修通就需要把幼年的經

驗與感受，同時拉到目前的現實生活中來體驗與理解，才能解決問題。

眞正做到修通必須要靠心理動力治療，心理動力的治療任務在於幫助當事人發覺過去如何影響到現在之存在。而所謂未竟事務的眞正解決，通常是指當個案再講起這件事時，能減低或不再有情緒的強烈反應。

五、五種原動力的運作過程

心理動力的運作過程分類上有五種原動力（Wolberg, 1996），各位可以看看自己最常見的五種情緒狀態是不是在這個裡面。如果你覺得自己比較容易覺得憂鬱，那這是在五種原動力中的哪一個部分？是不是「貶抑的自我形象」讓你容易憂鬱？當你焦慮的時候，你背後想做的是什麼事情？你爲什麼會焦慮？屬高依賴還是低獨立？

個人形容「高依賴」就是「狐假虎威」，我們常常會藉著認同來聯結一個比自己高的位置或者角色，來覺得自己是安全的。這個很明顯的形象之心理資料就是高依賴。彼此之間可能的發展關係，可以用前文中的心理動力的運作過程圖來加以解說。

原動力一——「高度依賴」，可說是我們這個時代中女人的原罪。一起來看看這句女人的心底話吧——「我要你完美，像個上帝；接納又關愛；智慧又強壯。」這不就是女人的神話嗎？各位在選對象的時候是否也不自覺的落入這樣的一個價值觀中；反過來說，一個女性愈能夠從內在自在的話，她就愈不需要對方特別優秀了。

再看看原動力三——「低度獨立」，「我知道我要負責，但是我覺得好脆弱，不像個男人。」（女性：「如果我是男人，我就會強壯獨立」。）各位認爲「高依賴」和「低獨立」的差別在哪裡？我的看法是——低獨立的人焦點放在自己，高依賴的人焦點放在他人，所以相形之下，高依賴是否是自我肯定程度更差的一種表現呢。

高依賴和自我肯定又有很大的關係，如果一個女性愈需要自己的對象優秀，其實就應該要反求諸己來瞭解，「爲什麼自己不能做到的，卻非要對方做到呢？」在心理學的解釋中，人愈不能靠自己的那個部分，就愈是自己的軟弱處。所以對方如果要追求（控制）你的話很容易，他只要搞清楚你的軟弱處是什麼即可。

　　低度獨立是怎樣的狀態呢？如果說高度依賴是女人的神話，那低度獨立是哪一種人的神話？我認為它屬於性別裡面的「小孩神話」。在我們的環境裡常常可以遇到某些人──他們基本上就是個孩子，雖然說我們每個人無論男女都有內在小孩的部分，但是比率不同影響就不同。中國人的文化中至今仍存有一種禮俗所造成的重男輕女之迷思──為了死後祭拜的問題，所以財產不能給女兒（因為嫁出去就不能拜祖先了），要給兒子！可是在這種情況之下，男生就很容易出現另一個偏差現象──就是被「過度保護」。殊不知當一個人被過度保護的時候就容易出現低度獨立，目前社會上出現的眾多宅男／宅女，某種程度都是因為父母過度保護之結果。這點其實與重男輕女的傳統中國文化下之集體潛意識糾結是分不開的。

　　現在所謂的「e世代」就是生活成長比我們這一代還要容易的一代，在這裡面適應好的人，他們就會比我們還敢做自己，比我們還優質。像最近的社會慈善機構之資料顯示，以前的認養者都是40、50歲比較有成就、經濟狀況好的人，可是現在比較大的比率則是20幾歲的e世代。但要是適應不良，則有可能會變成所謂的「低度獨立」者，在英文中又稱為「綁在媽媽圍裙上的孩子（aprons child）」。

　　現在我們來看原動力二──敵意、憤怒。舉例而言，相對於成人，孩子通常都是軟弱無力的，所以會出現高度依賴的現象，但是當一個人「很」依賴別人的時候，他其實不會很快樂。一個適度依賴的人是可以讓人得到心理的健康和平衡，可是如果你知道在這個世界上你只有那個人可依靠，但卻得付出很大代價才能依靠，這個時候就會出現憤怒和敵意，它不只對向外面、也對向自己。

　　所以原動力二是憤怒與敵意，其內言可能是：「我痛恨自己必須依賴。當脆弱時，我很生氣。我對自己的感覺愧疚不安。有時真想殺掉控制我的人。」其實那個人就是自己，就是因為自己不夠堅強！所以必須靠別人，但靠別人的本身又是一種痛苦。譬如三十年前很多受暴婦女不離婚的理由是經濟上不能獨立，但是到了現在，很多女人明明受了很大的委曲卻還是不離婚，原因則是因為在情感與精神上不能獨立。

　　再往下走就會產生原動力四──貶抑的自我形象，這是一路發展下來的。各位如果討厭自己的話，一定要找出來在這個「討厭自己」的後面是什

麼原因，通常都與前面有關。

　　原動力五——疏離，疏離的意思不光只是疏離別人，其實也疏離自己，所以這裡面就和「存在」產生關係了，在存在主義中尼采不就指出了所謂的「假存在」嗎？意指當一個人，無法面對自己的真實狀況或去擔負那個狀況所必須負的責任時，就會產生防衛機轉。防衛機轉又有很多種，譬如合理化：「我現在不能離開他，因為孩子還小」。也有人使用否定的方式：「那怎麼辦？大部分的人還不都是這樣過生活的嘛！」。這個防衛系統就使人離開對自己的真實接觸；其實所謂「真正的存在」一定是「有正有負」的，唯有去瞭解真實的人生，瞭解自己／對方都只不過是有好也有壞的人性，這樣才能真正解決問題，也才算真正的活一場。

　　人生一場我們可以做許多事，譬如說去談戀愛、去賺錢、去追求學位、去幫助別人，這都是大部分人在做的事，但在做這些事的中間你至少要學會瞭解，做這些事的目的到底是為什麼？如果因為大家都看不到，於是你就不太想做？那你做的是求「小我」之滿足！如果做一件事情沒有表面的好處，但可獲得良心的平安，那你做的是「大我」的實現！

　　「真正的存在」乃是接納自己與他人的正／負向表徵。問問看自己：你遇到的所有事情中只要是真實的，就能接受嗎？，譬如說你就是愛「名與利」，你能接受自己「沽名與釣譽」嗎？如果你的答案是可以的，那麼為什麼不能接受別人這樣看待你呢？其實我覺得更重要的是具有一個願意為自己的選擇負起責任和付出代價的價值觀，這樣就可以減少很多投射了。

六、古典精神分析、自體心理學與客體關係理論

　　客體精神分析著墨在關係的建立——分離與個別化上。簡而言之，它就是「獨立、依賴」與「個別化」的概念。凡是人生下來都得先依賴，依賴久了我們會不甘受制所以又想要獨立，可是雖想獨立卻又能力不夠，所以又得再依賴。在獨立和依賴的不斷循環間，就出現了所謂的個體化。其實個體化就是自我實現（self-actualization），意即，我們每一個人的自我實現都是一個獨立和依賴之間來回往復的歷程，這就形成了大部分人的「一生」。

　　客體的恆久性，就是小孩心目中的主要照顧者（通常是母親），我們每一個人對主要照顧的對象，會投射出一個固定的印象和感覺（恆久性），而

當恆久性發展得不夠完整時，就會出現精神病態上的三種類型——精神官能症、自戀型人格、邊緣型人格。

每個人心中都有一個「客體象徵」，一個小孩該擁有父母的愛沒有得到（比較多屬於忽視）而造成問題時，對父母就無法形成恆常化的內在意象。譬如說在你印象中，父親是嚴格又慈愛的，這個固定意象就是安全感的來源。我們每個人都有自己固定的意象，所以才會有人說「壞爸／媽勝過沒爸／媽」，就是這個意思。

以下圖來看，如果從理論發展的先後順序來說，右上方「古典精神分析」最早，然後走到「自體心理學」，之後再走到「客體關係理論」。

客體關係理論 ＊邊緣型人格＊	古典精神分析 ＊精神官能症＊
	自體心理學 ＊自戀型人格＊

什麼叫精神官能症？很簡單的說法就是憂鬱、焦慮和強迫這三個最常見的精神失衡之狀態。佛洛依德的古典精神分析，將潛意識和早期經驗中的性理論（sexuality）、戀父情結、戀母情結，交叉形成幼年的主要關係議題。他認為如果發展得不適當，就會造成當事人的憂鬱和焦慮，即精神官能症，屬於焦慮依附類型。焦慮依附的人，幼年與父母的關係是焦慮不安的，成人後在團體中也是焦慮不安的，擔心自己的表現被評價——他們既想與別人建立關係，又不能放棄防衛。

發展到自體心理學時代的工作者（如M. Mahler），則更加關注0-2歲的心理資料，想要知道小孩和大人如何發展出關係？譬如說0-1歲的小孩如果出生在眾人期待的家庭，又是唯一三代單傳的男性，可能會得到一個全能（omnibus）經驗，也就是說照顧者讓他所經歷的無微不至的滿足感，會讓這個小孩發展出一種所謂的「理想性人格」，與理想性人格有關的就是自戀人格，所以一個優秀理想的人，某種程度也往往是自戀的。而凡是能成為一家之主、一方之主或者一國之主的人，基本上應該也都有全能自戀的現象。

自戀——簡單的說法就是「我太好了」。它有個明顯的檢驗例子，如果你冷靜留意周遭，假設你正跟兩個以上的人講話的時候，你有沒有在心中給

別人「留說話的機會」？假如四個人當中有一個人，當他一高興時就會一直講話，甚至沒有發現到有人從頭到尾都沒講過話，因為都被唯一的那人講光了。這其實也是自戀的日常例子。

自戀型人格還算是發展得好的，所謂發展得好就是他得到了太多的正向經驗（安全依附），所以內在基本上是飽足的，是可以分享的！但有另一種小孩，則是因為沒有得到愛而補償成為自戀（排除依附）的；例如：孤兒院或家中孩子太多時的忽略兒，他/她會不自覺地跟自己說：因為都沒有人會愛我，所以我更要愛我自己。這裡的第一種是得到太多愛，他的經驗是——大家都是愛他的；第二種是因為沒有人愛他，所以他就決定要成為一個最愛自己的人，你覺得他們會有什麼差別嗎？一般來說，後者比較會出現真正的自私。自戀不見得會真的自私，自戀的人有可能會去做很多好事，目的只是要別人讚美他，在我們的生活裡你可以分辨得出是這兩種類型的人嗎？我們周圍常常可以看到這樣的人，其實是很可愛的，他們常常會讚美自己說：「啊！我做得真好耶！」也就是他們真的很肯定自己，只是有時候肯定得讓人受不了。後者則不太會出現這種外表行為，但如果有機會相處久了，總是會發現某些相對更自私和更計較付出回報的人，對她們而言，不自私就等於要不自愛，那怎麼可以忍受呢？

邊緣型人格則可能是正負經驗都同時經歷，而且正負經驗的體驗又相差極為懸殊者，簡單來說就是長期「不一致經驗」後的結果人格。這些人的「客體」（主要照顧者、重要他人）常沒有合理原因就表現出時冷、時熱的不穩定態度，使當事人感到困惑。譬如小孩碰到爸爸極度嚴格很容易打人，媽媽則極度懦弱，也就是爸爸打完小孩以後，媽媽事後馬上就會給小孩糖果或錢，使得小孩在一種非常不一致的經驗中長大，這還屬於父母雙方之間。另一種是主要照顧者如果有躁鬱症，他好的時候會愛孩子愛得要死，壞的時候也是打小孩打得要死，但都出自同一個人！這樣的孩子就有可能發展出邊緣人格，因為邊緣型人格的特徵就是無法確定，「我到底是好的，還是不好的？」，因為光同一件事同一項行為，就不是被愛的要死或被打的要死，無法擁有一致的經驗。也因為與客體關係不穩定，形成自我概念的不穩定，不能相信自己，造成長大後必須不斷的追逐名利、感情等，向外界尋求肯定；而且一旦得到就又會不再稀罕。因此可以說：邊緣性人格是屬於焦慮—逃避

依附的綜合類型，在人際關係中有一種追求被拒絕的傾向，因為他對自己的不確定，會形成「你愈不要我，我愈要你；你要我，我就不要你」的狀態。愈拒絕他，他就愈要追求，一旦接受其追求，反而不稀奇了。終其一生，不停地追尋肯定—否定的循環關係。

 ## 第三節　重要技巧之解說與練習

一、關於「立即性」技巧的解說

（一）什麼是「立即性」（Immediacy）

在諮商工作中，諮商員與當事人之間，因為反移情或投設性認同等議題形成關係的暗流，阻礙了諮商工作正常或有效的進行，此時，諮商員如果對於所發生的這些狀況做一種「立即」、「坦誠」和「直接」的溝通與處理，即稱為「立即性」，又稱「此時—此地」（here-and-now），它可幫助當事人對自己的問題有更完整的覺察及接納。

（二）立即性的目的

立即性的目的有二：
1. 它提供諮商關係一個反省、澄清的機會，並且使得諮商員與當事人更有效的一起工作。
2. 當事人能從與諮商員互動的過程中更瞭解自己，並有助於使用這個新觀點與外面的世界接觸。

（三）立即性的型態

立即性的型態可分為兩種：
1. 關係的立即性：關係的立即性指的不是當下的關係而已，更是此一關係全部的發展狀況，包括開始以來一直到現在的整體關係。其所要處理的是雙方的關係發生了狀況，而影響諮商工作的進行，此時必須先消除關係的暗流，使雙方關係更清楚、更真誠，才能更有效的繼續工作。

2. 此時此刻的立即性：它所指的是涉及諮商員與當事人在此時發生的狀況，並不涉及雙方關係的發展狀況。

（四）運用立即性至少要有三種能力

1. 覺察能力：如果一位諮商員沒有覺察出與當事人之間的關係狀況或雙方當下的狀態的話，就無法發展立即性的處理。

2. 溝通能力：覺察後要如何把覺察到的現象與當事人溝通，讓當事人也能覺察並願意立即、直接、坦誠的探討，就顯得格外重要。立即性溝通綜合了同理心、自我表露、面質三種技巧而成。

3. 自我肯定的能力：立即性的技巧與其他挑戰技巧不太一樣，因為其他挑戰技巧的焦點對象是當事人，而立即性的對象還包括了諮商員本身。如果諮商員不夠自我肯定，就未必敢做立即性處理。

立即性是一種相當具有挑戰性與衝擊性的技巧，做起來會令人有壓力感，故宜在諮商關係較穩固時才使用。以下整合說明「立即性」的運用。

(1)真誠說出自己的感受：從真誠出發，表露自己對於對方的感受以及想法，然而這些想法，很可能都是對彼此有意義的資料。

(2)以具體事件說明對於對方的感受：藉由過去互動的經驗，對於對方的想法，以具體的內容說明，讓對方更能夠瞭解，也讓自己知道是哪一種行為或態度，是對自己有影響的。

(3)立即性的此時此刻：在同一個脈絡下，讓對方在同一個空間裡，覺察並有新的體驗及感受。

(4)覺察自己過去沒發現且是有意義的資料：藉由他人分享對自己的想法（可能是自己沒有發現），使之成為有意義的資料。幫助自己更瞭解自己，以及進一步認識別人眼中的自己，並從另一個角度去探索一直在影響而自己卻並未發現的資料。

綜合以上說明可知：生命的歷程是不斷的與人交會，從中學習並觸發更深層的自己；而透過立即性的技巧，將可更把握住此時此刻，在同個空間、脈絡底下，真誠的告訴對方自己的感受。

所謂的此時此刻也就是立即性（imediacy），但是，如果「此時此刻」與「立即性」發生關聯，則必須要加上「後設性溝通」，才能成為立即性的

狀態。

「立即性」，是指在一種特定的關係架構下，諮商師將自己對當事人或彼此關係的感受，以立即而直接的方式表露給當事人知道，藉以探究當下互動關係的實質內涵，協助當事人深入並發展對自己的覺察。「後設性溝通」，是指在溝通的過程中，彼此瞭解溝通內容背後的脈絡以及意義。但是彼此間一定要已具備有足夠的互動，才能在溝通中有足夠的資料作爲聯結，如果是不夠熟悉，是沒有辦法做到的。

二、立即性反應練習（黃惠惠，1991）

情境一：

當事人是個很被動、依賴的人，每次很少主動談話，都是諮商員引發主題，而且遇事當事人總是沒有主意的推卸責任，他常說：「我的問題你都瞭解了，你是專家，請替我解決困難，我不知道我要做什麼？」

諮商員的反應：

_____

_____

_____

情境二：

當事人（女）：「我的男朋友不要我了，我好傷心喔！」

諮商員（男）：「是什麼情形呢？」

當事人：「他本來對我很好，昨天突然打電話說我們不適合，他覺得和以前那個女同事比較合得來。哼！天下的男人都沒良心，怎麼可以這樣對我？」

諮商員：「不是天下的男人都是這樣的吧。」

當事人：「哼！你是男人，當然幫他囉！我不管！反正男人都沒良心。」

諮商員的反應：

_____

_____

_____

第四節 測驗

一、施測

（一）人際依附風格的評量

摘自王慶福、林幸臺、張德榮（1997）：人際依附風格、性別角色取向與人親密能力之評量，共24題。

1. 完成題目計算分數後，兩人一組討論5分鐘，分享彼此的依附類型，及在今天的課程中所受到的激發。討論範圍包括：自己主要依附類型，解釋形成的原因，與重要成長經驗的關係及對現在的影響。

2. 全班在黑板上登記所屬類別，並寫出一句自己的感想。

3. 分大組進一步討論各主要依附類型在人際關係中之困難，與更有效的因應之道。順便練習以立即性技巧，給予彼此某些更深層之回饋。

人際依附風格量表

壹、以下題目的回答，請針對每一題項所敘述的事情，以你自己
　　在一般人際關係中的實際情形，加以圈選。

1. 代表和你的實際情形非常不符合
2. 代表和你的實際情形相當不符合
3. 代表和你的實際情形不太符合
4. 代表和你的實際情形還算符合
5. 代表和你的實際情形相當符合
6. 代表和你的實際情形非常符合

	非常不符合	相當不符合	不太符合	還算符合	相當符合	非常符合
1. 和別人親近會讓我覺得不舒服	1	2	3	4	5	6
2. 我發現自己很容易和別人親近	1	2	3	4	5	6
3. 即使沒有任何親近的情感關係我仍過得很自在	1	2	3	4	5	6

4. 我想要情感上的親密關係，但卻很難完全信賴別人　　1 - 2 - 3 - 4 - 5 - 6
5. 對我來說，獨立和自給自足的感覺是非常重要的　　1 - 2 - 3 - 4 - 5 - 6

6. 我擔心如果和別人太親近會容易受到傷害　　1 - 2 - 3 - 4 - 5 - 6
7. 我會擔心別人並不那麼想跟我在一起　　1 - 2 - 3 - 4 - 5 - 6

8. 我不喜歡依賴別人　　1 - 2 - 3 - 4 - 5 - 6
9. 我會擔心別人不如我看重他們那樣的看重我　　1 - 2 - 3 - 4 - 5 - 6
10. 我不會擔心自己孤單一人　　1 - 2 - 3 - 4 - 5 - 6

11. 當別人太親近我時，會讓我感覺不自在　　1 - 2 - 3 - 4 - 5 - 6
12. 我會擔心別人並不真正喜歡我　　1 - 2 - 3 - 4 - 5 - 6
13. 我很少擔心別人不接納我　　1 - 2 - 3 - 4 - 5 - 6
14. 我寧可和別人保持距離以避免失望　　1 - 2 - 3 - 4 - 5 - 6
15. 當別人想要和我更親近時，我會感到不安焦慮　　1 - 2 - 3 - 4 - 5 - 6
16. 我對自己不滿意　　1 - 2 - 3 - 4 - 5 - 6
17. 通常我寧可自己一個人比較自由　　1 - 2 - 3 - 4 - 5 - 6
18. 我發現自己一直在尋求別人的接納並藉以肯定自己　　1 - 2 - 3 - 4 - 5 - 6
19. 我瞭解自己的優點與缺點，並且喜歡自己　　1 - 2 - 3 - 4 - 5 - 6
20. 我時常太過於在乎別人對我的看法　　1 - 2 - 3 - 4 - 5 - 6

21. 我可以很自在的讓別人依賴我　　1 - 2 - 3 - 4 - 5 - 6
22. 一個人的生活就可以過得很好了　　1 - 2 - 3 - 4 - 5 - 6
23. 即使別人不欣賞我，我仍然能肯定自己的價值　　1 - 2 - 3 - 4 - 5 - 6
24. 當我需要朋友的時候，總會找得到人的　　1 - 2 - 3 - 4 - 5 - 6

貳、計分

將壹的各題得分填入下列空格中（第13題和第16題為反向題）：

（反向記分時1變成6，以此類推；2—5　3—4　4—3　5—2　6—1）

題號 1.　　4.　　6.　　11.　　14.　　15.

得分 __ + __ + __ + __ + __ + __ = __（逃避依附量尺得分）C

題號 2.　　16.　　19.　　21.　　23.　　24.

得分 __ − __ + __ + __ + __ + __ +7 = __（安全依附量尺得分）A

題號 3.　　5.　　8.　　10.　　17.　　22.

得分 __ + __ + __ + __ + __ + __ = __（排除依附量尺得分）D

題號 7.　　9.　　12.　　13.　　18.　　20.

得分 __ + __ + __ − __ + __ + __ +7 = __（焦慮依附量尺得分）B

參、解釋

A. 安全依附：一般人得分大約在19至28分之間。得分愈高者，能接納自己
　　　　　　　而有安全感，能自在的和別人相互親近。

B. 焦慮依附：一般人得分大約在19至29分之間。得分愈高者，擔心別人不
　　　　　　　喜歡自己，很在乎別人對自己的看法。

C. 逃避依附：一般人得分大約在15至25分之間。得分愈高者，會逃避和別
　　　　　　　人的親近，以免除不自在的感覺或避免受傷害。

D. 排除依附：一般人得分大約在19至29分之間。得分愈高者，傾向於比較
　　　　　　　喜歡一個人自由自在或自給自足的生活。

肆、請仔細閱讀下列文字，然後才作答：

如果把人大致分為下述A、B、C、D四種類型如下：

A型：對自己和別人都有較正向的看法，一方面覺得自己是有價值的、
　　　值得被愛的，另一方面也認為別人是善意的、可信賴的。這類型

的人較能接納自己而有安全感，能自在的和別人相互親近，同時
也能保有個人自主性。

B型：對自己的看法較負向，傾向認為自己是比較沒價值的、不可愛
　　　的，而對別人則為較正向的評價。會不斷的尋求他人的接納和肯
　　　定，擔心別人不喜歡自己，很在乎別人對自己的看法。

C型：一方面對自己的看法較負向，傾向於認為自己是沒價值的、不值
　　　得被愛的，而另一方面又認為別人是不可信賴和拒絕的。雖然内
　　　心需要別人的接納，卻會害怕和別人親近，逃避社會活動，以避
　　　免被拒絕或受傷害。

D型：對自己有較正向的看法，覺得自己是有價值的、值得別人的關
　　　愛，但卻認為別人是不可信賴和拒絕的，雖同樣會避免和別人親
　　　近，卻仍維持自我價值感。比較喜歡一個人自由自在，過自己的
　　　生活。

伍、請排出你和這四種類型的相似程度之順序

　　（請在□中分別依相似程度之順序填上1, 2, 3, 4這四個數字，每個數字
只能填一次，1代表最相似，2代表第二相似，3代表第三相似，4則代表第四
相似或最不相似。）

	A型	B型	C型	D型
我和這四類型的相似程度排序	□	□	□	□

　　作者（何長珠）補充——

——如欲將人依依附理論分類時，以壹24題量表得分最高的量尺為其主要依
　　附風格，貳可作為輔助題，當壹有量尺同分情形時，以貳作為分類之
　　輔助。

——不過原則上以四個量尺的各項分數作為與個案討論的資料，不必再加以
　　分類才不會過於簡化評量研究得到的量化資訊（所以除非有特殊目的，
　　只要施測壹即可）。

　　以上量表壹摘自王慶福、林幸臺、張德榮（1997）：人際依附風格、性
別角色取向與人際親密能力之評量。**測驗年刊，44**（2），63-78。

二、解說

不同依附類型的自我接納程度與人際特色

　　Bartholomew和Horowitz（1991）針對個體對自我和對他人的正、負向意象，將成人依附類型分為四類（如下圖），當個體認為自己是值得人愛及值得人支持時，個體對自己有正向意象；反之，則易對自己有負向意象。在與他人接觸時，若認為他人是值得信賴並對自己有反應時，則對他人有正向意象，反之，當個體認為他人是不值得信任及對人拒絕時，則對他人有負向意象，此四個依附類型分別為：安全依附、焦慮依附、逃避依附以及排除依附。

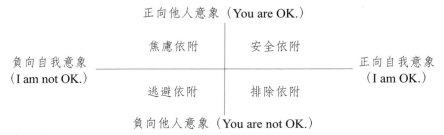

資料來源：王慶福（1995）。成人依附類型之模式（引自吳麗雲，2002，98頁）。

　　個體對自我、他人意象的看法，對其自我概念、社交及人際問題有不同的影響。當個體有正向自我意象時，也同時有較高的自我概念，其社交性較高；有負向自我意象時，同時有較低的自我概念，其社交性較低。而擁有較負面的自我意象時，比有正向自我意象的人有較高的人際困擾（Bartholomew & Horowitz, 1991；引自吳麗雲，2002）。

參考書目

王慶福、林幸臺、張德榮（1997）。人際依附風格、性別角色取向與人際親密能力之評量。測驗年刊，**44**（2），63-78。臺北：天馬。

吳麗雲（2002）。人際歷程取向團體諮商（下）以不安全依附類型大學生人際困擾輔導爲例。諮商與輔導，**198**，40-44。臺北：天馬。

林明雄、林秀慧（2002）。譯者導讀——自體心理學的理論與實務。臺北：心理。

洪雅琴（2002）。寇哈特自體心理學初探。諮商與輔導（197），26-33。臺北：天馬。

陳莉榛、鍾思嘉（2003）。自體心理學與古典心理分析之比較。諮商與輔導（216），31-35。臺北：天馬。

張春興（2002）。張氏心理學辭典。臺北：東華。

黃惠惠（1991-1995）。助人歷程與技巧。臺北：張老師。

楊惠卿（2003）。邁向健康自戀的創造性自我——寇哈特的自體心理學。諮商與輔導（216），23-30。臺北：天馬。

賈紅鶯（1996）。師生衝突的成因與輔導——客體關係理論取向。諮商與輔導（123）。臺北：天馬。

林玉華、樊雪梅（譯）（1995）。當代精神分析導論——理論與實務。（原作者：A. Bateman, & J. Holmes）。臺北市：五南。

Cashdan, S.（2001）。客體關係治療——關係的運用。林秀慧、林明雄譯。臺北：心理。

Corey, G.（2001）。諮商與心理治療：理論與實務。鄭玄藏等譯。臺北：雙葉書廊。

Hamilton, N. G.（1999）。人我之間——客體關係理論實務。楊添圍、周仁宇譯。臺北：心理。

劉德威、王梅君、高恒信譯（2001）。心理動力式心理治療簡明手冊——健康保健管理時代下之原則與技巧（原作者：Lazar, S. G., Sonnenberg, S. M., & Ursano, R. J.）。臺北：心理。

Lvey, A. E., Lvey, M. B., & Simek-Morgan, L.（2000）。諮商與心理治療：多元性文化觀點。陳金燕等譯。臺北：五南。

McLoughlin, B.（2001）。心理動力諮商。李錦虹譯。臺北：五南。

Michael Jacobs（2003）。溫妮考特。于而彥、廖世德譯。臺北：生命潛能文化。

Paul Holmes（1998）。客體關係理論與心理劇作者。謝珮玲、楊大和譯。張老師。

Weiner, M. B. & White, M. T.（2002）。自體心理學的理論與實務。林明雄、林秀慧譯。臺北：心理。

Wolberg, L. R.（1996）。短期心理治療。成蒂、林方皓編譯。臺北：心理。

Zimbardo, P. G.（1992）。心理學。游恆山編譯。臺北：五南。

Brandell, J. (1987). Focal conflict theory: A model for teaching dynamic practice. *Social Casework, 68*(5), 299-310.

第八章
人際歷程治療之理論與實務[1]

　　人際歷程心理治療（Interpersonal process in psychotherapy）重視人際互動，認為治療關係本身即具備治療效果，個案在諮商歷程中透過與諮商師的互動經驗，重現其過去人際模式、重演其過去人際衝突，而治療師不掉入個案所重演的腳本中，提供個案不同於過去他人所給予的回應，協助個案有新的覺察與學習，因此人際關係歷程的進行藉著擴展個案的關係模式，調整認知基模並期待產生新的人際互動關係。

　　英國心理治療學家John Bowlby（1988）整合進化論、心理分析論、動物行為學、認知資訊理論和系統理論的觀點提出依附理論，探討嬰幼兒早期和父母的互動品質對個人人格的影響，強調母親持續的愛與照顧是幼童健康發展的重要因素。Bowlby將依附定義為「嬰兒與主要照顧者所形成的情感聯結」。

　　個案的過去經驗與未滿足的需求會產生不自覺的互動模式，亦因其為獨子或獨女、排行、個性特徵而有不同的因應策略。而由於一般對助人者的看法是需要展現親切、慈悲、冷靜等特質，促使個案對助人者更易產生不自覺的依賴互動期望。因此助人者更要能處理過自己的核心衝突（core conflict），才有足夠的客觀能力幫助他人。

　　人際歷程心理治療理論的三個基本前提是：(1) 個人的問題其實是源自於人際關係；(2) 家庭經驗是最初且最重要的情感學習的來源；(3) 治療師與

---

[1]　此章節感謝林耿麟、朱秀琴、吳偉苓、龐博宇、施昀廷、吳妱娟、鄭秀美、殷若蘭、吳偉苓、連廷嘉等的資料蒐集與課堂內容整理。

個案之間的治療關係是解決個案問題的最重要管道。人際歷程心理治療的目標在於幫助處理當前關係中的未盡事務議題，例如：親子關係、同儕關係或伴侶關係，並且試圖重構出更加令人滿意的關係。就像認知行為治療，人際歷程心理治療也是一種主動的心理治療形式，聚焦於治療進行時的此時此地，運用治療關係來「重現」個案與重要他人的關係問題。為了解決問題，治療師必須在和個案實際的互動之中讓個案體驗到不同於以往的經驗。一旦個案改變了對於他人反應的原先預期時，他的情緒經驗就會隨之改變。這就是所謂的「矯正性的情緒經驗」（corrective emotional experience），也是治療產生效果的最關鍵因素。

　　人際歷程心理治療，因為其理論來源與心理動力相似，因此許多學習者可能難以分辨「人際歷程」與「心理動力」之間的差異。如果說心理動力是向人心內部深入鑽探的過程，那麼人際歷程就是向外尋求關係聯結能更加適應的調整過程；前者向內（intra-）—代表自我概念的種種狀況，後者向外（inter-）—著重在人際間的心理動力，但兩者同樣借重關係議題作為治療的評估與介入策略。

 # 第一節　名詞釋義

一、人際歷程取向的核心假設

　　問題的本質是人際的——分離自主與依附親密的議題；家庭經驗——情感學習的來源；解決問題的關鍵——諮商師與當事人間的治療關係。

（一）問題的本質是人際的

個案的困擾源自於人際中有關分離、自主與依附、親密的議題。

　1. 過於疏離的家庭

當父母與孩子的關係疏離時，孩子無法發展出對家庭的認同或對他人形成聯結及反應，無法內化社會規則並適當的控制自我。

　2. 過於黏結的家庭

孩子無法獨立自主發展，通常會感到罪惡感。許多成員只有2-4人的

小家庭，由於缺乏祖輩或親屬間來往之經驗，家人之間更易出現過分黏結現象。

（二）家庭經驗是情感學習的來源

家庭經驗是最初的，而且是我們與他人最重要的情感學習來源。家庭的互動、角色、關係的重複模式，會被個人所內化而成為個體對反應的基礎；不過家庭的影響雖然深遠，但仍可透過矯正性的關係歷程經驗，來矯正問題的互動模式。

（三）治療關係是幫助個案問題解決最重要的管道

諮商師必須能夠在歷程中工作，以提供個案一種修復性的情感矯治經驗，協助個案打破舊有關係型態及重複的關係模式，並提供一個較有效的人際因應風格。人際歷程取向諮商師會聚焦在「交互作用」和「歷程」中，經驗到新的關係型態，使當事人能區辨「過去經驗」和「現在事實」之間的不同，使日常人際經驗的互動能變得愈有彈性。

人際歷程取向對當事人之人際困擾改變歷程（1999，連廷嘉）。

（一）諮商前

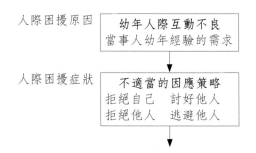

（二）諮商中

<table>
<tr><td>建立合作關係</td><td>**在諮商關係中重演人際模式**
建立有意義的關係，但當事人移情重演人際模式和衝突</td></tr>
</table>

↓

<table>
<tr><td>諮商師介入</td><td>**提供矯正情緒經驗**
諮商員提出此時此地互動關係模式，並回應新的人際模式</td></tr>
</table>

↓

<table>
<tr><td>覺察接納行動</td><td>**當事人產生與增加覺察**
覺察其諮商關係中重演人際模式，並學會新的人際回應模式</td></tr>
</table>

（三）諮商後

↓

<table>
<tr><td>人際困擾解決</td><td>**類化新行為**至日常生活情境中，將所學之人際因應模式於現實人際關係中加以應用</td></tr>
</table>

另外，吳麗雲（1998）也提出一個人際歷程取向團體諮商成員改變之歷程表。

1. 人際困擾原因

成員的幼年經驗和未滿足的需求

焦慮依附、逃避依附、排除依附

↓

2. 人際困擾症狀

成員對原生性衝突的因應策略	
拒絕自己	討好他人
拒絕他人	逃避他人
誘發他人來拒絕自己	敵視他人

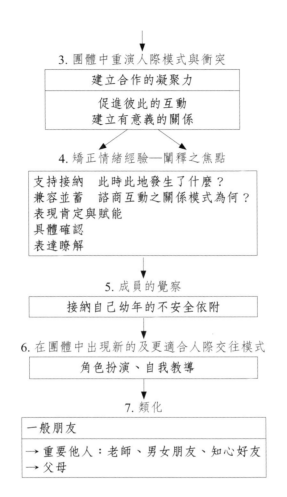

3. 團體中重演人際模式與衝突

建立合作的凝聚力
促進彼此的互動 建立有意義的關係

4. 矯正情緒經驗──闡釋之焦點

支持接納　此時此地發生了什麼？ 兼容並蓄　諮商互動之關係模式為何？ 表現肯定與賦能 具體確認 表達瞭解

5. 成員的覺察

接納自己幼年的不安全依附

6. 在團體中出現新的及更適合人際交往模式

角色扮演、自我教導

7. 類化

一般朋友
→ 重要他人：老師、男女朋友、知心好友 → 父母

二、人際歷程的理論發展史

　　人際歷程心理治療不是新的治療理論，而是綜合三個傳統治療觀念而來的一種系統（Kahn M.,1997）。第一、傳統心理動力學派之延伸，知名的有蘇利文學派、新佛洛依德學者、人際關係或自體關係互動之治療師；第二、家庭系統理論；第三、客體關係理論（相對於傳統及較熟知之心理分析中之驅力／原慾理論），以及由其中發展出來的依附理論。

　　雖然上述三種傳統治療觀念，各有不同的焦點在人際關係、內在心理或

家庭領域，但他們都強調關係以及相似的基本治療原則，例如：高度的關係取向，強調個人經驗及重視當事人獨特的世界觀等。

（一）傳統心理動力理論

心理治療中之人際關係最先是由蘇利文（1968）所強調，打破佛洛依德生物學基本的原慾理論，成為爭辯弗洛依德基本驅力理論錯誤最主要的學者。他不像佛洛依德將焦點放在幻想及內在心理歷程上，蘇利文強調人際關係及小孩與父母是當事人最實際的經驗。提出一個詳盡的心理病理學發展理論，強調人們所做的是逃避或壓制在人際關係中的焦慮。並將焦慮看成是人類行為中之核心動力，費心地想要避免或降低。他描述可怕痛苦的核心焦慮常源自於被父母或其他人所拒絕或毀損的期待，後來則被自己所毀損。據此，蘇利文認為「個性」是人際關係策略的集合，是個體用來迴避或降低焦慮，以避免不被贊同而維護自尊之手段。

據蘇利文所言，小孩透過與父母不斷重複的互動模式而發展出其個性或自尊（自我價值感）。一旦學會這些自我與他人關係的互動模式，人們會使用同一種行為來逃避或降低焦慮經驗。例如：小孩的悲傷或哭泣，引起父母的拒絕或嘲弄時，小孩就學會這些行為是不被接受的，而且代表著「不好的自己」，而這些導致焦慮的自我就會被分裂或不被承認，另外當事人本身也會發展出人際關係因應模式，以防止造成再次的焦慮。這些因應模式或安全運作都是人際關係的防衛，源自於父母子女早年關係中的自我保護機制之運作。不幸地的是——在反覆運作之後到了成人時期，這些人際防衛機制已因為過度練習而簡化，成為與他人互動的固定人際模式（如依賴或操縱等），並因此付出各種代價。

（二）家庭系統理論

個案在原生家庭中的家庭規則、溝通模式與家庭角色形成家庭的迷思，可由家庭系統圖的描繪與說明（見圖8-1）中得知。又由於家庭關係中的結構（結盟、三角關係等）會影響個案的心性發展，因此治療師需要協助評估個案實際力量以及存在於原生家庭的問題，嘗試瞭解其在發展過程中到底發

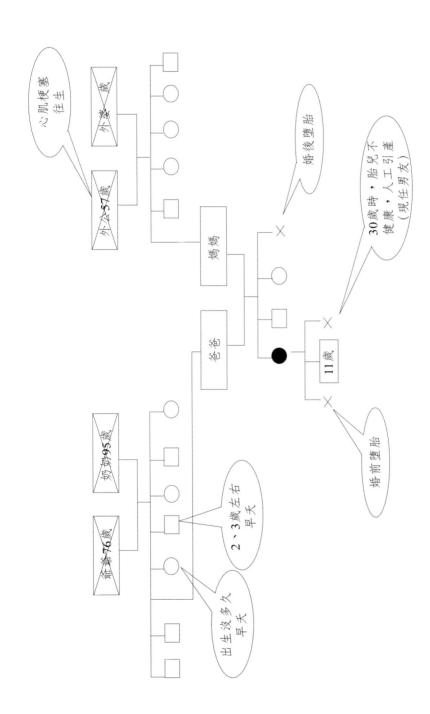

圖8-1　×× 三代家庭圖

生什麼事，以協助對方更客觀的去覺察經驗中好與壞的客觀與主觀之部分爲何。

家庭系統有兩種主要的動力關係（引自徐麗明譯，p. 209）：

1. 結盟

指兩人變成一個團體，在家裡常是小孩很多的情況下會有結盟現象，在眾多子女中，父母可能只重視老大、老么、或中間很出色的孩子，剩下不出色的孩子就會結盟。結盟的意思是，雖在同一個空間裡，彼此若有事只會告訴結盟的對象。另一種情況是，父母雙方其中一個人太強勢時，另一方就會跟孩子產生結盟。例如：父親外遇，母親會與女兒結盟。兒子在此狀態下則可能最後會變成不婚──因爲父親很壞，所以兒子要用愛拯救母親；女兒也有可能不婚，則是因爲會對男生產生憤怒、不可信任；換言之，他們可能最終都會獨身，但獨身的理由不同。

2. 三角關係

指在兩個人的親密關係中容易產生焦慮，因而在有壓力的情境下，會拉進第三人來減輕焦慮與增加穩定性。此三角關係可減輕兩人間的情緒壓力，但潛伏的焦慮與衝突並未消失，長期累積仍會惡化。但不同於Bowen的三角關係，Satir認爲三角關係也能具有滋養性，只要角色能容許改變以及具有彈性。

其實每個人在家中都有結盟的情形，只是類型不同而已。治療者不能與家庭中的任何一個成員有情感上的過分牽扯，否則會失去中立而成爲三角關係的一部分。本學派認爲治療者應有高度的自我區隔化能力，否則將在治療中出現不適當的移情反應。

（三）客體關係理論

客體關係論者相信人類發展的主要動力是建立並維護與父母或照顧者的聯結，生活中，強大的衝突會威脅或分裂基本的聯結（分離的焦慮或被遺棄的恐懼感）。因此，焦慮是情感聯結受威脅的信號。如果，父母對小孩的依附需求，給予滿足且可靠的反應，小孩則可感到安全依附。透過發展的歷程，這樣的小孩會逐漸內化父母的可利用性並掌控他們愛的情感；也就是

說，逐漸增加的認知發展，在父母離開時，允許小孩內化並掌握父母心智聯結的意義。當這些小孩逐漸長大，即使長期沒有情感上的補給，他們也會慢慢地安撫自己。客體關係的發展是撫慰自己的能力，成就自尊的來源及成為有能力、值得人愛與能愛人的安全性。更進一步說，他們擁有內在工作模式，並用同樣的情緒密碼建立新的關係。

客體關係論者提出複雜的發展論，說明內在心理及小孩無法保有安全依附感時，會防衛並對抗而引發痛苦分離焦慮的人際機制。這些論者認為小孩經過發展階段逐漸長大，也發展出一個較統整穩定的與自我及與他人的觀點。然而，如果發展是有問題的，小孩就會「固著」在壓力下，不斷地循環而無法整合。尤其是當父母過度不一致或沒有反應時，小孩必須藉著分裂自我防衛，以維持與完美、有愛心部分的父母之聯結；也就是說，小孩有一種自然傾向，去內化「不好的」父母（威脅或拒絕）為「好的／有愛心的」父母。與古典心理分析論不同，在客體關係論中，心理症狀與問題並非從被壓抑或不被接受的性別或強迫性反應中發展，而是從小孩與照顧者關係的痛苦及威脅壓迫中發展。健康的親子互動，提供安全依附，在成長中，兒童能忍受逐漸增加的挫折與失望。逐漸地整合有時候對父母的矛盾情感反應及挫折反應，而成為穩定的自我與他人關係的形式，並成為個人自尊（自我價值）的基本特性。

客體關係理論是指早年經驗的問題，早年經驗所形成的主、客體資料，是人的一生中很多重要情境反應的來源。例如：母親之死亡，會對個案產生一個新的狀態，因而期望案父不能晚回家，否則個案就會很焦慮，而此種新的焦慮其實就是分離焦慮。所以，在20歲之前失去或離開一個或兩個重要他人，是比較不利的狀態，因為會產生一種自己不能控制的情緒，而這個情緒可能會使個案去做相反的事。以上為例，個案產生分離焦慮後，在擇偶時可能會放棄條件佳的對象，而選擇對自我癡心相待或確信對方不會離開自己的人。所以，如果前面的重要經驗沒有處理到當事人意識可以覺察的程度，其衍生之問題是不容易改善的。

總而言之，客體關係治療理論所要指涉的，其實不是這種透過簡單化的因果關係理論所形成的固著理論。大多數工作者會謹慎地指出，一個成人的分離—個體化問題，可能和小孩子的問題類似，而且還要更複雜些。

三、依附關係理論

依附理論最早是在1950年代由英國精神病學家John Bowlby所提出,係由觀察兒童與其父母分離所引發之情緒反應,進而發現依附對個體之影響。依附是一種情感上的聯結,且依附的最早對象是無法由他人替代的。

John Bowlby在1958年基於對早年失母的兒童進行研究和對青少年犯罪進行的心理分析中,提出依附理論。其主要假設為:具敏感度且適當一致的反應方式,能讓嬰兒獲得安全感與自信心,並作為嬰兒離開母親探索外在時的保障;母親與嬰兒不斷的互動經驗,形成嬰兒對母親及對自我內在之運作模式,這種內在運作模式會在潛意識中運作,成為嬰兒在新情境中衡量與指導一己行為之依據,也是人際交往時之指標(黃凱倫、蘇建文,1994)。

Bartholomew和Horowitz(1991)依據Bowlby的理論,主張兩種內在的工作模式,一種是內在的自我模式:當個人覺得自己是值得他人喜愛並且值得他人來支持時,對自己會有正向的意象;相反時,則對自己有負向的意象;另一種是內在的他人模式:與他人接觸時,若認為他人是值得信賴及對自己有反應時,則對他人有正向的意象;相反時,若他人是不能讓人信賴及對他人拒絕時,則對他人有負向的意象。因此而產生四種不同的依附形式(圖8-2),用以說明內在運作模式如何影響日後的人際關係。

(一)安全依附——你好、我好的人際溝通類型

對自己與對別人都有較正向的看法,認為自己是有價值的、可愛的、同時能預期他人是值得信任的、接納的,並能有良好的回應。此類型的人在遇到逆境不易自我挫敗,能對他人建立支持性的關係,並能在與人維持親密的同時,又不失自我。

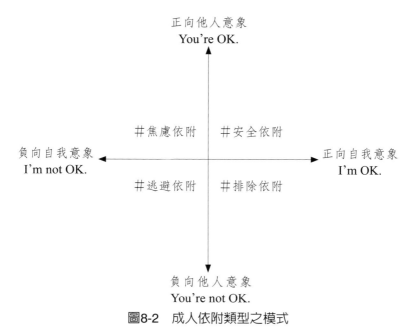

正向他人意象
You're OK.

＃焦慮依附　　　＃安全依附

負向自我意象　　　　　　　　　　　　正向自我意象
I'm not OK.　　　　　　　　　　　　I'm OK.

＃逃避依附　　　＃排除依附

負向他人意象
You're not OK.

圖8-2　成人依附類型之模式

（引自王慶福，1995，98頁）

（二）逃避依附型——你不好、我不好的人際溝通類型

這類型的當事人一方面覺得自己是無價值感的，不為他人喜愛與接受，並對自己有不可愛的負向自我意象；另一方面也容易認為別人是不可信賴的、拒絕的及不能提供協助的。當事人可能會藉著逃避和別人親近，以保護自己免受預期中來自別人的拒絕。

對他人的自我揭露會覺得不舒服，逃避親密的社會接觸，補償性地投入非社會性的工作，傾向於用工作來逃避與社會的互動。

（三）焦慮依附型——你好、我不好的人際溝通類型

此類型的當事人對自己的看法是沒有價值的、不可愛的負向自我意象，而對別人則為正向評價。此類型的人在與人交往時，會有過度投入的情形產生，並藉由尋求他人的接納來肯定自己。例如：在愛情或工作關係中，女性常傾向於反省和道歉等反應。在一般的人際關係中，其人際互動會自我約束

並且行為比較拘謹，希望被別人所接納並且得到讚賞；另一方面在人際關係中可能過度涉入，比較強調自己的需求和情感而忽視別人的感受。

完美主義者平時是「我好、你不好」。若遇強勢者即便成「你好、我不好」。焦慮分數會較高。其焦慮來源可能是幼年沒有得到足夠的安全感。焦慮依附的當事人基本上是好處理的，因為其潛意識是認同成長的價值的。一般女性的焦慮因素亦比男性高。

（四）排除依附類型——我好、你不好的人際溝通類型

對自己是有價值的、可愛的正向自我意象，但卻認為別人是不可信賴和拒絕的，雖同樣會逃避和別人親近，其目的卻是保護自己免於失望，而維持一個獨立的自主與不易受傷害的狀況。

在一般人際依附經驗方面會覺得自己一個人比較自由，也不喜歡親近別人，並且覺得自己就可以過的很好，並不想和別人有太多的互動。這種人談戀愛時不易受傷，因為認為自己最重要，不太在意別人。

這類孩子在家中常得到較多的被照顧經驗，較不會去依靠別人，會自己做事情。通常是過分自我肯定的教養方式下產生的結果。現今有許多獨子獨女不急著結婚，因為家中有父母親會照顧他，就比較會有排除依附的情況發生。

影響依附關係形成的因素有很多，一般而言有先天氣質與後天養育方式的區別（見圖8-3）。

（五）人際困擾對稱架構圖說明

Alden等人（1990）編定人際困擾架構量表，此量表由八個分量表所組成，每個分量表將圖畫分成八等分（如圖8-4），其分量表分別為支配控制的、社交外向的、過度溫暖的、被人利用的、非自我肯定的、退縮內向的、冷漠無情的、嫉妒敵意的等。而不同依附類型的人，亦在此圓形架構上呈現不同的圓形弧度，展現不同的人際取向，說明如下：

1．安全依附類型
在八個向度上表現偏低，且大致相同，幾乎可以成為一個圓。

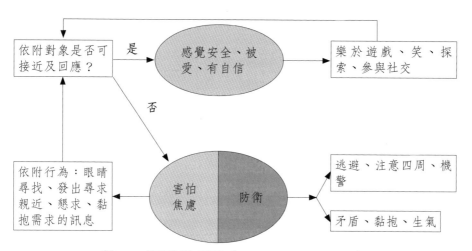

圖8-3　依附行為系統（Hollmes, 1993, p. 76）

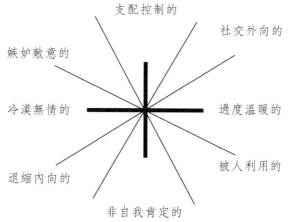

圖8-4　人際困擾對稱架構圖（Horowitz et al., 1993, p. 552）

2．焦慮依附類型

則在右上方（支配控制的、社交外向的、過度溫暖的）有較高的傾向。

3．排除依附類型

左方（嫉妒敵意的、冷漠無情的、退縮內向的）有較高的傾向。

4．逃避依附類型

下方（被人利用的、非自我肯定的、退縮內向的）有較高的傾向。

　　由此可知，不安全依附類型的個人，會有不同的人際困擾。因為不同依附類型的人在與他人交往時各有其不同的人際特色，所以在學校或工作團體中，身為一個領導者，必須對不同依附類型成員在團體中可能會有的人際特色有所瞭解，並能針對成員的人際互動與依附關係做聯結，加以解析及闡釋，使成員對自己的人際互動如何受過去人際依附經驗影響有更深的覺察。

四、共依附（Co-attachment）關係

　　共依附的關係指的是一個人失去自我、忽略個人真實自我與需求，依賴外在某些事物以求生存，不能做自己的主宰。

（一）「共依附」父母類型、心態及對孩子的影響

　　共依附孩子出自於共依附的家庭，孩子為了要符合父母的期待，往往發展出共依附的特質，以滿足自己及父母的需求，以下統整摘要吳麗娟（1998）文獻中之共依附父母類型、心態及對孩子的影響，說明如下：

父母類型	父母心態與行為	傳達給孩子的訊息	對孩子的影響
過分要求型—我必須控制我的孩子	心態： 自己做的決定才對，堅信父母永遠是對的，小孩是錯的 行為： 要求孩子服從、想要贏過孩子	你怎麼想都不對，照我的話就對了	心態方面— 表面：叛逆、好爭辯、一定要贏、認為自己是對的 內在：焦慮、尋求報復、常覺得生命不公平及無法掌握、放棄、逃避責任 行為方面— 說謊、偷竊、少自我約束
吹毛求疵型—我比我的孩子優秀（也是過度要求型，但更喜歡評斷別人，以使自己好過些）	心態： 視孩子是無能的、可憐的、喜歡去證明「別人都是錯的，自己才對」 行為：	你不能，也無能力作任何事	心態方面— 自憐、無能，當別人不像父母的給予時，他會覺得可憐，生命不公平，覺得需要比別人優秀、期待他人給予 行為方面— 學習到可憐自己、及責備他人

（續）

父母類型	父母心態與行為	傳達給孩子的訊息	對孩子的影響
	過度保護及寵愛孩子，擔負起所有責任，讓孩子覺得羞愧，另外剝奪孩子學習自主的能力		
過度保護型	心態： 我是小孩唯一的供給者 行為： 過度保護	你不會做這件事，至少不是由你自己做	心態方面—— 覺得自己是無能力的、無法獨立的 行為方面—— 畏縮、不敢嘗試
疏離型	心態： 不知如何去愛人 行為： 很少關愛或注意到孩子、忽視孩子情感上的需求、冷漠、遠離	你對我並不重要	心態方面—— 有被忽略、被遺棄的感覺，孩子對父母的「忙」有很多委屈和抱怨 行為方面—— 會做一些引起父母注意的事
無效能型	心態： 要求孩子擔任超過孩子年齡、情緒所能擔負的成人角色 行為： 未盡父母之責	我不能滿足你，壓力已超過我所能附和的	心態方面—— 覺得父母不快樂和悽慘的生活都是自己造成的，父母都是柔弱的，我需要堅強 行為方面—— 扮演過度早熟的小大人

（二）「共依附」家庭中，孩子可能扮演的角色

1．英雄

穩定整個家中的核心角色，是負責任的人，但內心蘊含痛苦和焦慮，長大常成為疏離型的父母。

2．代罪羔羊

父母吵架時，他總是被牽連，故這類型的孩子常有很多的敵意，較叛逆，內心害怕、孤單、疏離。

３．丑角

扮演小丑，以幽默來減低家庭壓力，內心叛逆、消極、脆弱與罪惡感。

４．隱形的小孩

呈現虛假不誠實的成熟度，較缺乏自我認同，是退縮、安靜的小孩。

五、概念化個案動力

（一）家庭經驗、父母聯盟與孩子人際因應模式

１．父母養育、管教子女的型態與教養孩子的結果

(1)權威焦慮型 → 小孩沮喪、罪惡 → 因為孩子潛意識基本假設是「你好我不好」，所以比較會主動求助。

憂鬱、完美、強迫

(2)父母管教縱容→小孩依賴操縱→孩子外在化問題（酒、藥、性、自殺、自傷）、不負責任（不太主動求助）

(3)父母管教威信→小孩健康、有良好適應。簡單來說，管教者身上具有父親及母親兩部分，是民主的，既權威又溫柔。

２．Honey（1996、1971）認為人際因應模式之取逕有三

(1)內化父母對自己的拒絕，來拒絕個人內在之心靈需求——例如：三代單傳的家庭，父親期待長女為男性，如此一來長女便身受影響，想做男性，因而拒絕回應想做女性的基本需求（如依賴他人）。

(2)認同拒絕之父母，同樣拒絕他人——父母回應個己的需求，其意圖並非真想傷害子女，但父母在受傷的狀態下會吸引出最孝順的某個子女，承接這個傷害。

(3)重複捲入與幼年傷害相同的回應方式或人生。

３．父母聯盟造成孩子在「分離─親密」上的適應方式

(1)親職化小孩（小大人）——若父親不負責任，母親辛苦養家，孩子中就會有一個人出來扮演陪伴母親與替代父親的角色（常是老大）。

(2)誇大自我的重要性——若成為親職化小孩（小大人）時，就會誇大化自我的重要性。例如：貧困家庭的長女為弟妹犧牲讀書及青春

時，當弟妹成家立業，也都很感激大姊，但若大姊沒有內在眞實信仰，就會在這件事情上產生空虛自憐與悔恨，而可能成爲家中的麻煩人物。

(3)利用衝突來驗證自身的期待：如果內在信念不足，會利用衝突來驗證自身。例如：利用生病的身體症狀，得到家人的照顧與回報。這種人不認爲自己有權力開口要求關心，而要變成爲有困難時才能提出要求。

(4)伴隨潛意識的控制與權威問題。

（二）僵化的人際因應策略

從上述的概念化過程中，當事人通常會發展出一種所謂的折衷式的解決方式來因應其人際困境之需求。它包括「內射」——同樣採用傷害的方式來回應自己及他人，因而重演與父母同樣的焦慮及困擾；第二種作法是「用討好來逃避疏離並跨越自己未被滿足的需求」；第三種作法則是逃避與他人的接觸（眼神—身體接觸—情感開放），並以自我滿足（電腦—小說—電影—寵物）之方式過活。同時有趣的是各種不同的因應方式，甚至會影響其職業之選擇，如討好型趨向護理或諮商工作、攻擊對抗型趨向於法律或財務管理、逃避型則趨向選擇研究、藝術或修行之工作等。這些因應之道只要不過分，本來就是芸芸眾生的百態；但除非當事人能常自我覺察，否則大部分情況下會有行之而不自覺的自我滿足，且有不知足之傾向（如追求肯定者需要對方常常肯定他等、誇耀者不能忍受回饋等），從而構成人際困擾或衝突的種種來源。

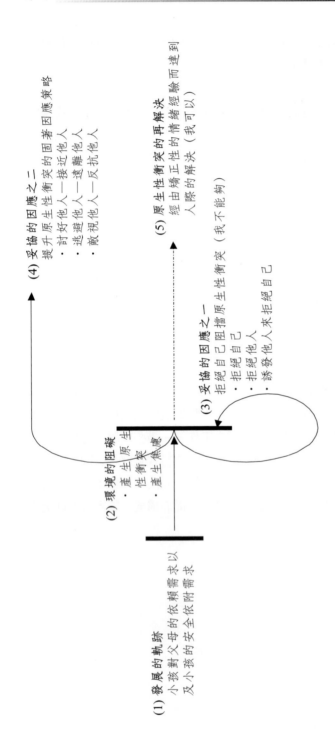

(1) 發展的軌跡
小孩對父母的依賴需求以
及小孩的安全依附需求

(2) 環境的阻礙
· 產生原生
性衝突
· 產生焦慮

(3) 妥協的因應之一
拒絕自己阻擋原生性衝突（我不能夠）
· 拒絕自己
· 拒絕他人
· 誘發他人來拒絕自己

(4) 妥協的因應之二
提升原生性衝突的固著因應策略
· 討好他人—接近他人
· 逃避他人—遠離他人
· 敵視他人—反抗他人

(5) 原生性衝突的再解決
經由矯正性的情緒經驗而達到
人際的解決（我可以）

圖8-5　Karen Horney（1966, 1970, p. 246）的個案動力概念化模式（引自Teyber,1997,p.194）

六、人際歷程之實施步驟

（一）第一次即與個案建立「工作同盟」。

（二）「覺察」個案重複的人際模式、失功能的信念與核心感受。

（三）諮商師「勇敢」說出自己所看到的，並邀請個案自行解讀其問題

當看到個案特殊之處，要勇敢說出自己所看到的，這對初級的諮商員是不容易達到的，因為擔心講出來對方不承認怎麼辦？所以，這必須建立在同理心的技巧之上。

（四）處理個案抗拒的三個步驟

1. 確認個案的模式。
2. 認可個案的防衛機制。
3. 區辨個案目前反應與舊有模式之差別——例如：告訴個案「我覺得你有很大的進步」。

（五）協助個案由「外在事件」轉向「內在想法、感受與反應」

其方式為「歷程評估」或「聚焦於感受」。

（六）活化衝突

利用「移情」（有感受才有工作同盟）來「瞭解」及「印證」個案的人際因應模式（例如：不合理的自我信念、對他人不實際的期待）。也就是說，若個案碰觸諮商員的核心衝突時，治療師還能維持「成人」（相對於小孩、父母），就是良好的移情控制。藉著正確的同理心聯結與個案建立合作或工作同盟，將個案的內在衝突帶進治療關係中，治療師的目標是提供解決

關係的不同型態，而不是重演個案循環的關係議題。

（七）以「支持」及「設限」之作法，提供矯正性的情感經驗

以「支持」及「設限」陪同個案，使其重複經驗負面或軟弱之感受。「支持」就是接受對方這些衝突。「設限」由於被助者經常呈現出軟弱，所以助人者需要適時設限要求個案。

（八）統整個案內在衝突，鼓勵其設定目標

統整與接納個案內在衝突之兩個對立面向所造成的矛盾情感，鼓勵個案設定個人想努力達到之目標。

（九）重複使用歷程評論技巧

七、修通、改變與結案

（一）修通──情感再學習的歷程

1. 修通的歷程

修通階段是整個治療階段的內容，諮商師與個案從簡單的對話描述，以及與諮商師之間情感再學習，類化到個案與他人經驗到的衝突。並且在這個過程中出現新的選擇，將衝突轉移到對未來的希望、計畫上。一般來說，從衝突轉移到成長取向的一個指標，常是個案夢想的出現。

2. 修通的定義

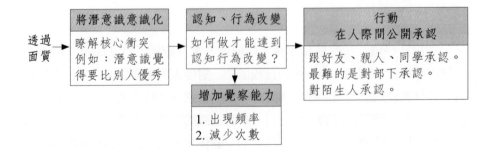

3. 治療師的角色

對治療而言，修通是治療中最有報酬的階段，諮商師扮演一個啦啦隊的角色，對個案的每一個進步加以鼓勵和喝采。

真正的治療其實很難短期，因為短期只能到激勵士氣、建立正向感受。目前的諮商重點是陪伴、支持與肯定；治療則為面質、澄清與修通。陪伴、支持與肯定若為諮商，對方會有許多表達與宣洩，但這並不完整，最重要的是做面質、澄清與修通，而「修通」必須依彼此的目的而論，並非諮商師單方所能決定。

突破性的力量稱為「活化」。個案表面上受到斥責、否定，但實際上卻是對個案有意義的歷程。「活化」和「修通」是治療及成長橋梁的兩端，缺一不可的。

最後階段，諮商師可以較主動地提供訊息、建構或引導，以協助個案應用新行為，像認知介入和行為預演的技術，對於行為改變特別有效。新行為和舊衝突不斷反覆修訂之歷程，則稱之為修通。

如果諮商師善於回顧歷程紀錄，他們會瞭解個案在治療關係中如何重演其核心衝突，由於預期傾聽及注意，諮商師能夠較快速地辨識並有效地回應。

（二）關係改變發生

此改變意指接近成熟的改變，然後才能對處理的議題產生改變。自己必須先遇到成熟的人（如督導），產生真實的相遇經驗，此時內心才會引起激盪，這個激盪才有機會使自己到外面重新做人，與他人的關係才有新的質變，這才是真正的「心理成長」。因此其發生次序大致是：

1. 首先是個案與治療師的關係改變。
2. 而後個案與他們不太熟的或對他們不特別重要的人的關係模式，亦產生輕微但可觀察之改變。
3. 跟著改變的是對個案重要的支持者（有上下或權威關係者）。
4. 個案改變和原始核心衝突起源關係人之間的舊有互動模式。
5. 最後個案改變與目前生活中有衝突的重要他人之互動關係。

（三）結案

1. 預計結束前一段時間，可開始和個案談論「結束」議題。

2. 邀請個案分享他們的憤怒、失望或悲傷的感受，以及不防衛地接納那些感受。

3. 和個案談論結案對他們所代表的意義。

4. 談論這個關係對治療師的意義，並分享他們對結束關係的感受。

5. 藉瞭解結束可能引發與他人的痛苦感受，來認可個案的分離焦慮。

6. 擔保治療師與個案互相說再見的安全。

7. 最後，結案階段另一個有用的介入是和個案討論一個「回顧 —預測 —練習」的順序，幫助個案預測可能會在未來引發他們失功能的模式的發展任務，或引發焦慮的關係議題。

結案代表治療關係的結束，治療師必須允許個案離去，個案必須明白地知道治療師欣賞他們的成就，對他們的獨立感到高興，而且高興看到他們承諾去建立新的關係。知道治療師支持他們離開的決定，使個案能保有而且運用治療師所提供的協助。換言之，理想的工作關係是兩人均可藉此而豐富人生。

在晤談中，當個案與治療師經歷了痛苦的情感以及面對根深蒂固的情節時，若治療裡的互動並沒有造成如個案預期之害怕的結果，個案的改變就會發生。當個案與治療師重演個案的內在衝突時，治療師的回應並不符合過去個案假設的模式或基模，個案就會經驗到另一種不同的關係形式。對個案而言，這將是非常有力量的發現。

治療裡的矯正性經驗，沒有使個案經驗到舊有的期待或熟悉卻令人害怕的人際互動傷害，讓個案體驗到強烈的人際安全，因此個案可能被增能（be empowered）而對自己更滿意，對曾有過的羞愧或罪惡行為也感到釋懷，能安心地接受他人對自己的傷害有多痛，更充分回憶起是在什麼時候（When）、透過什麼樣的方式（How）以及從誰那裡（Who），學到了新的特殊的關係模式。和治療師之間不斷出現這類矯正性情緒經驗，便可開始打破舊有的關係樣板及重複性的關係模式，而個案就有更寬廣的人際關係反應之可能。

在整個療程的每一次治療裡，治療師對於「個案需要什麼樣的關係經驗，才能有所改變」，要有整體概念上的瞭解，有足夠的彈性能隨時修正處遇策略，並建設性地回應個案。總而言之，治療師的技巧或介入是幫助還是阻礙個案，取決於治療師做出的反應是「複演」，還是「解決」個案的適應不良關係型態。

 ## 第二節　提問討論

一、何謂「人際歷程」

大部分的人認為，自己的問題只要不說大家就不知道，也避而不談自己的問題，但這是件有趣的事，只要不說，就是一個「不講的狀態」，因此，不講的狀態在人際間就會產生一種結果。有人經常在聽別人分享，但自己的事從來不告訴別人，如此久而久之別人可能就會排除你了。這是一件很事實的事，但許多人卻毫無覺察。一般人可能不知道這會讓別人覺得他是一個很防衛的人，這就是人際歷程。所以我們要瞭解在一個團體中有人一直幫大家解決問題，有人只想占便宜；不管你做的是那件事，長期下來都會知道彼此是誰。這就是所謂的「公道自在人心」。但是，我們在跟這個世界互動的時候，常很不自覺的用我們習慣的那一套與人互動，因此無法覺察那樣所產生的人際評價。但只要不是很極端，我們一般就不會被認定那是不好的人。這是十分有趣的自我概念的部分。

人們過去的經驗會導致自己沒有滿足的需求，而使個體在人際互動中出現一種特殊的類型，如前所言，假設一個人老是都在幫別人忙，就會讓周遭的人產生「她很強是不需要幫忙」的設想，以致對助人者缺乏同理及關心。但實際上助人者也有累的時候，所以，助人者最常有的負面感受是無力感。所以諮商雖然是心理的，但也不能沒有社會面向，社會性就是人際互動很清楚的一面鏡子。

在諮商室中，除了做個案的鏡子外，對個案還要擁有示範「成人性存在」的功能。何謂「示範成人性存在的功能」？就是當事人軟弱時予以支持，憤怒時給予澄清，而出現的態度卻總不失去其「成人」的特質。而成

人的狀態與質地，其實也是一種成長的過程，人們不論其為20、30、40、50歲，都是慢慢的在改變，能產生覺察，才能接納自己的困擾而有新的行動。這就是人際歷程的方式。

人的問題都在人際關係中發生，每個人都有過去經驗，過去經驗上都會有沒有滿足的地方，每個人心中都會有一個核心衝突，其基本模式都一樣，其實都是需要「愛及安全」。回憶自己過去十年內所交往的朋友之重要特質，就往往可以瞭解個人人際互動的模式。好朋友是與我們相似性很高的人，但配偶卻是互補的人；大家想一想為什麼？與好朋友在一起主要是得到氣味相投的感覺，增加快樂度。人在世界上生活的重要目標，其中一個就是放鬆與娛樂；伴侶則是要同甘共苦的人，同甘是好朋友的事，共苦則是家人的事。兩者都是不可或缺的人際關係！！

二、覺察並超越自我的依附狀態

依附關係之類型可能具有一種次序性的發展歷程，並且不斷的重複，在客體與自體的互動中，形成個人習慣的適應模式。

依附量表測驗王慶福（1992）的研究顯示，臺灣大學生跟成人的比率有65%的人有安全依附的現象，但每個人仍都有四種依附的分數，我們要看的是最高的分數，即很明顯地某一分數比其他分數高到五分以上的，這就是此人主要的依附類型。

即使是焦慮依附的人還是會有安全依附的高分數，這就叫做社會角色，可能是意識的合理化，比較真實的是其他的三個依附——焦慮、逃避與排除依附之討論。

焦慮會產生防衛，防衛會產生兩種。第一種，焦慮依附，就是想要達到對方的認可或接受，但是又不敢接近，此時會產生矛盾或生氣的情形。第二種，就是得到的訊息是，對方是危險的，所以會出現逃避的現象。例如：長期被性虐待的兒童，會產生很矛盾的情緒，若沒有適當處理，到長大後對男性可能會產生邊緣性人格的現象——就是對方愈不重視自己時，就愈想接近對方；但對方一接近時自己便想逃掉或不再稀奇，因為覺得對方很可怕。

逃避性人格比較像是家中有人被性虐時，在旁邊看到的目睹者，所以就

會變得十分機警，保護自己不跟別人發生關係。所以一般來說（作者之工作經驗），直接受到性侵害的當事人反而容易跟男人離不開關係（焦慮），而目睹性侵的人則會覺得不需要這個男女關係（逃避）。

個人所遇到的問題，都是藉由內在的主體與客體之間的交互作用，而產生了投射和移情的結果。所以從此觀點看來，每件事情都是操之在己。但是，個體在還沒有自我覺察之前，會因為過去的主觀經驗而形成一種慣性的模式來因應。一般言之，影響個體的主觀思維，主要有三，一是個體與生俱來的特質（人格傾向）。二是個體在幼年經驗中，與重要他人因重要經驗而發展出來的依附類型。三是未知的命運與機遇（成／敗）。諮商或治療僅能從第二點，藉由覺察個體的重要經驗中，來設法找出新的方向。而我們所能處理和改變的，就是從「覺察」開始，來超越自己的依附狀態。例如：你本來是一個逃避依附的人，你承認這點而且願意改變，那麼下次當自己再度想要逃離時，就可經由當下覺察，而選擇是否要做些改變，還是沿用以往的方式。不過，這些都是屬於表面的內在語言以及行為，真正實施時還是會遇到很多困難；因此最好的辦法還是從練習「打坐」開始，因為打坐才可以讓自己的心歸於「平靜如水」的狀態——平靜是指不管任何時候遇到什麼問題，都可以保有清靜心，這樣才有可能去如實觀察自己的內在狀態。

三、當逃避型諮商員遇上逃避型個案

陳益綜於其碩士論文〈諮商中來談者的依附運作模式之分析研究〉（1997）中表示：個體的依附經驗會影響其各種人際關係的形成與內涵，並以獨特的認知信念來解釋事件，感受其獨特的情感內容。其實，不只是CL會將其個人的依附型態帶入諮商關係，CO亦會將其個人的人際依附型態或多或少的帶到諮商中。

假設CO與CL的逃避型分數都拿到高分，同時兩人另外還有一項次高分數，CO的排除型是最高，CL的最高分則是焦慮型。因此將這對同屬逃避依附型的CO與CL關在一間諮商室，就像是要兩個心中早已預備逃婚的新人攜手步入禮堂般的不自然。但是有趣的事發生了，若是沒有這個恰巧的相遇，或許這對CO與CL在現實生活中就會以各自慣用相敬如賓的姿態，來安然面對彼此的關係，但當必須相遇時，又會發生什麼事呢？

（一）逃避什麼

1．逃避親密關係

可以發現CO與CL都對於親密關係有所擔心保留，因此雖然在諮商實務情境中，可以有心靈交流，但只要諮商一結束，兩人皆會很有默契的轉化成以平常同學姿態相處的面貌，而回到自己習性的城堡中。

2．逃避人性中的軟弱處

兩人都有某種自我肯定議題，同時又對人性不盡信任，因此對於自己的軟弱處，較不願意呈現。但CL較能以理性思考和反應，CO則是在CL作負向自我開放，有困難來因應。

3．逃避衝突

CO與CL都有某種程度的害怕人際關係中的衝突，因此在諮商情境中幾乎聞不出一絲可能引起衝突的味道。

（二）逃避之因應

觀察諮商過程中，可發現CO的排除依附與CL焦慮依附更明顯的顯現出來，並不知不覺產生某種「互補」的現象。習慣依賴別人的CL，會以尋求CO接納回應的方式來肯定自己（如詢問CO對自己的想法與看法）；而此時，逃避依附的CO與CL逃避面對彼此關係的方法是—— 一起面對外面的事物，如談論他人或他事等。

假設CO與CL都是逃避依附之類型，那督導要如何來做人際依附的立即性回饋呢？假設個案及諮商員的困難都在未曾得到足夠統整的愛的經驗，本章作者的建議有二：其一是，適合對逃避依附類型，給予明確的指示。其次，督導可能需要做比較多的自我開放及比較多的問題解決方式之討論。

四、助人者與被助者之間的理想關係

依本書作者的多年經驗顯示：「人在成長之前，通常都會先經歷退化的階段。」例如：個案在過去都是獨立自主不靠他人幫助的，過的很好，只是有點寂寞。但有一天遇見了一個讓個體覺得很舒服的人，雖然個體會感到很快樂，但也可能感到恐慌。因為過去是獨立但寂寞的，但現在卻變得不寂寞

且依賴了。

　　藉由助人者的幫助，從而感到心裡的慰藉以及安全，並產生了移情，自然會開始依賴助人者。然而助人者必須注意到，要與被助者保持一定的距離，避免被助者原先能力因此而退化，適當的距離才能使被助者保有獨立的能力。因此兩者之間的理想關係，應該是以安全的狀態讓被助者感到安全；但彼此之間仍是有距離的，以便讓被助者能維持其獨立性。

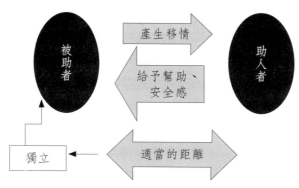

圖8-6　助人者與被助者的關係圖

　　而何謂適當的距離，也就是以下將談到的「疆界」問題。「疆界」意指個體與他人之間保持一定的距離關係；也就是說一個完整的獨立個體，知道自己內在的心理歷程是必須自己獨立去完成的。以下兩個例子說明老師與學生彼此的疆界：

　　1. 夠安全、夠距離

　　學生對老師感到安全，但彼此間仍有一定的距離，讓學生在安全的狀態下，保有獨立個體，且可以有能力走自己的路（如敢於對老師的建議提出自己的想法等）。

　　2. 夠安全到沒有距離

　　學生對老師感到安全，但彼此間沒有距離，因此當學生面臨各種心理問題，都會主動依賴老師來幫助自己解決；若是形成此種關係，就會成為心理動力所說的「共生」的狀態；也就是「你中有我，我中有你」的融合（fusion）狀態。

五、從經驗中做自我覺察

在漫長人生中，往往會遇到各種挫折，藉由過去的經驗，可以使人試著從不同的角度去思考困擾的原因；而當我們遇到的事情愈多，所累積的經驗以及想法也更廣闊時，就會有更多的包容以及體悟。換言之，任何一件事看到的層面愈多，反應正確的可能性愈大。

自我覺察通常有三個層次：

（一）從自我感受出發

當自己遇到挫折感到難過的時候，通常會落入自己的名利計較中，在意對方給自己造成的傷害，侷限在自己的感受之中而無法自拔。

（二）另一個角度

當侷限在自己的感受中時，若能從另一個角度出發，以菩薩的境界來看，「每一件事無時無刻都在改變，才是真正的事實（無常本真）」。從這個角度出發，就會從侷限中的自己跳脫出來，而有新的感受。

（三）新的覺察與抉擇

當跳脫以後，所包容以及看到的層面就更廣，也才能從不同的角度及他人的觀點來重新思考，經歷此一過程並從中得到新的體驗，就會有新的抉擇。

人生中的過客來來往往，當與另一人接觸時，自然會經歷磨合的階段，並透過另一個人來覺察自己的內在歷程。以心理動力來看，每個人都有自己的原型，而且每個人都是獨特的個體，所以當彼此接觸的時候可能會互相排斥或是補償。在有摩擦或感到不舒服的時候，藉由修行或是知識的累積，從中覺察，便會產生新的體驗與抉擇。其實人一生都在拉扯自己與他人的距離、關係，希望感到舒服或是對個人有意義，而彼此又可以保有一定的距離而不感到壓迫。

第三節　重要技巧

一、歷程評論技術

（一）歷程評論技術的定義

歷程評論技術（process comments）為一種治療介入策略，將治療師與個案之間正在進行的互動，搬到檯面上來討論，並非面質、要求或批判，而是治療師將他觀察到發生在當下兩人「你與我」之間正在發生的動力狀況提出，並邀請個案更充分地表達、澄清個案此時此刻的感受與焦慮及互相分享個人的知覺，在此過程中可創造矯治性的情緒經驗，釐清目前關係與過去關係的不同，使個案在治療過程中經驗新的選擇並獲得解決。

因此「歷程評論」技術的應用對於合作同盟關係的建立、揭露重要新議題做進一步地探索、處理重演在治療關係中個案功能失調的關係模式等，都是極為有效的技術。

（二）歷程評論技術的功能

1. 提供諮商師面對個案有問題的關係模式一個有效介入策略。
2. 促進個案做深入的探索，同時協助個案覺察自己在做與說之間的差異。
3. 提供人際回饋，協助個案從別人眼中看到自己，並學習瞭解自己是如何知覺與影響他人的。
4. 當諮商師與個案互動陷入僵局時，「歷程評論」技術可以活化治療關係，促進諮商師與個案的治療關係更為緊密，使治療有效。
5. 當諮商師失去方向或無效時，督導進行「歷程評論」技術，則能進一步檢視關係與打通卡住關係。

（三）歷程評論技術內涵

1．此時此刻當下的治療關係

就治療過程的當下，引發個案就治療關係做立即的、公開的、與坦承的討論；包括當下個案的感受如何？當下諮商師與個案之間發生了什麼？「歷程評論」技術類似「立即性」，可協助治療關係合作同盟的建立。

2．使用「後設溝通性的回饋」

諮商師停止互補式的溝通訊息，洞察個案目前人際行為失調的主因，同時表達出治療關係中個案未說出口的情緒品質，或是對於個案正在進行的行為做出是否一致的涉入性評論，如個案的防衛機轉、或是個案應用來滿足其需求的人際模式，個案與生命中重要他人互動時的自我挫敗溝通模式之複製過程等，利用真誠觀察與感受的回應，幫助個案澄清在語言與非語言背後所隱藏的訊息。

3．「自我涉入性的陳述」的運用

諮商師對於個案曾經說過的話或是做過的事，運用本身所感受到的情緒經驗對個案做出回應、回饋給個案，協助個案瞭解他是如何影響治療師或他人。

4．正向運用諮商師的「反移情」

在人際歷程心理治療中對於諮商師出現的反移情有其正向的應用，諮商師須謹慎地觀察自己被個案人際行為所引出的立即反應，包括情緒、認知、情感、幻想等；此種自身被勾起的回應與個案生命中其他人所感受到的應該是一樣的，這是一項重要的線索，諮商師運用自身的反移情體驗做出「歷程評論」技術，使個案對自己有問題的人際因應模式，產生更多覺察。

（四）歷程評論技術的原則

歷程評論技術是一個非常有力量的介入技術，對於促進合作同盟、或是揭露重要的議題作為治療師與個案更深入探討的主題、或是運用治療關係當下解決個案一再複製的功能失調的關係模式等，其應用的焦點都集中在當下與個案之間的互動。治療師要能成功地做出歷程評論技術，需依賴治療師開放、直接、意義清楚地表達個案如何引出或是勾出治療師自身的內在經

驗，並以不僅面質也重視對個案的支持與保護其自尊的溝通技巧，提供個案回饋。由於運用當下發生的材料作爲治療媒介，因此在使用技術上須更加謹慎、留心，以下簡介在使用技術上須留意的原則：

1. 諮商師具備對於自己與個案特質行爲或是溝通型態的辨識與敏銳度。
2. 諮商師具備對當下資訊覺察的敏感度（重複的語言或非語言的型態）。
3. 使用歷程評論技術，諮商師給予個案回饋需包括正向與負向的兩種回饋。
4. 深層的同理能力。
5. 不防衛的態度。
6. 尊重個案。
7. 試驗性的態度與彈性地運用。

（五）治療經驗中的療效因子（Yalom, 1990）

1.灌輸希望；2.普同感；3.傳達訊息；4.利他主義；5.原生家庭的矯正性經驗之重現；6.發展社交技巧；7.行爲模範；8.人際學習；9.團體凝聚力；10.宣洩；11.存在性因子。

人際歷程取向的具體作法舉例：Yalom最先提出，利用團體諮商之歷程，協助個案發現他欲解決的問題。例如：一個焦慮的男子已超過40歲，仍未結交過一位固定女友，透過錄影拍下他與三位女子面談的情形，結果發現他的問題是會沒禮貌的盯著女子看，讓在場的女性深感不舒服。事後透過他人人際歷程的回饋，立即性的觀察並告知當事人，當事人才終於覺知自己的問題點。

第四節　實務說明

一、活動設計

（一）名稱：模仿

1．目標

(1)學習以非口語的方式溝通，釋放內在的一些訊息。

(2)瞭解「非口語投射」在人—己關係上的位置。

(3)團體適用範圍：參加成員十二人左右，適用於已發展出支持性關係的坦誠、個人成長、馬拉松或T團體。

(4)時間無限定，通常兩人小組模仿一次，時間約為10到15分鐘。

2．進行過程

(1)當領導者察覺團體兩人間有某種不和諧的關係存在或有某些防衛機轉產生時，可要求這兩人站到圓圈的中間來，彼此面對面。

(2)「我們注意到似乎你倆之間有溝通上的問題，由於你們顯然不願或不能以口語的方式克服，因此建議嘗試一下非口語的方式，也許會有效。」

(3)決定兩個人的先後次序後，第一個人開始以非口語的方式把他的隱藏感受表達出來。第二個人只能模仿，卻不能反應。

(4)要求其他成員作觀察者，觀察活動的進行並準備作回饋。

(5)當模仿完畢時，領導者要求模仿者轉身而立。

(6)然後要求某一人，就他所看（感）到對方的表演之意義做出反應。

(7)這樣做完後，模仿者回過身來，假想他是第一人，對自己剛剛的模仿做感受反應

(8)然後根據「討論建議」做討論。

(9)結束後，兩人交換角色，再一次進行整個過程。

(10) 如果有別人有興趣，也可以來做。

3. 討論建議

(1)對第一人（被模仿者）

你同伴告訴你的是什麼？你的感覺如何？為什麼你覺得你的反應與他的預測不同？你對他的感覺改變了嗎？

(2)對模仿者

你告訴你的同伴是什麼？你覺得他瞭解了你的意思嗎？你對他的感覺改變了嗎？

(3)對觀察者

告訴模仿者和被模仿者他哪種行為，讓你有很深的印象？同時也請指出你所看到對方的投射行為。

（二）名稱：角色扮演──分享與溝通

1. 場景：上課教室，講臺上擺兩張椅子。
2. 問題描述：我有與室友分享的習慣，只是我發現我的新室友似乎沒有這種習慣。

指導員請當事者坐在其中一張椅子上。

指導員（以下簡稱指）：請你先描述你當前的心情與感受。

當事者（以下簡稱當）：我感到有些不平衡，從開學到現在，我已經有過幾次分享的行為，可是我的室友並沒有我所期望的回饋動作，這讓我覺得有點困惑與沮喪。

指：請你扮演你的室友，並坐到另一張椅子上。

室友（以下簡稱友）〔由當事人扮演〕：我不清楚你所謂的回饋是指什麼，但是就禮貌上，我已經有道謝過了。

指：請你扮演當事人，並回到原本的位子。

當：我所謂的回饋，指的是分享的行為，例如：食物的分享。

指：請你扮演你的室友，並坐到另一張椅子上。

友（由當事人扮演）：若你指的是分享的行為，我也有類似的行為，像我每次離開房間時，我都會將音響開著，讓你能夠繼續聽音樂。

指：請你扮演當事人，並回到原本的位子。

當：如果音樂也算是分享的話，那麼住在我們附近的那些人就算是非常的慷慨囉，就算關著門，也同樣聽得到他們的音樂。

指：請你扮演你的室友，並坐到另一張椅子上。

友（由當事人扮演）：如果你不想聽，你可以早點說，音響一直開著是很容易損壞的。

指：請你扮演當事人，並回到原本的位子。

當：我不關是因為我覺得你可能待會就會回來，你還要再開一次有點麻煩，而且你的音樂有些並不是讓我很舒服，尤其當我需要休息的時候，此外你並沒有要求要我幫你關音響。

指：〔對群眾說〕當兩方的觀念有所差距，且沒有一個共同的焦點時，指導員就要介入，介入的方式可以是親自介入，也可以是指派他人介入。

友（由指導員扮演）：你是因為尊重我的空間，所以才不關音響，我希望你也能夠認同我尊重你行為，而不是期望我模仿你的行為。就像是我的音樂在有些時候，對你來說是負擔，而你的分享有些時候對我也是負擔。

當：這我倒是沒有想到，我想我會儘量的改善我的做法，像是要分享食物時，會主動問你需不需要，若你需要才分享，若你不需要我就不分享，以減少對你的負擔。

友（由指導員扮演）：OK，我也會試著去接受你的價值觀，也期望你能夠接受我的價值觀，感謝是我最衷心的回饋。

指：當有些話是不能夠當面說時，可以以轉身說話的技巧，即別過頭說話，將心中的話說出來。

友（由指導員扮演）：〔轉身說話〕真是的，怎麼會遇到這麼愛計較的室友，自己喜歡給，又給的心不甘、情不願的。

當：我會試著去接受感謝是最好的回饋〔轉身說話〕，也是讓我最沒感覺的回饋，可能的話，我還是希望有物質上的回饋。

（三）名稱：社會計量（Socio-metric）

社會計量是心理劇創始人 J. L. Moreno 發展出來檢測團體動力的方法；團體領導者可以藉它來探索團體內成員彼此間的聯結關係，以藉此瞭解彼此聯結背後的選擇因素。所以，團體領導者可以運用社會計量的概念，設計各種不同的方式來探索、瞭解成員間選擇的結果與聯結的關係，並藉此評估團體內人際關係與成員相互聯結的方式。總而言之，社會計量是測量人際選擇的過程。

1．活動目標

透過自由走動式的社會計量，瞭解成員對團體的關係及選擇人際相處的方式。

2．活動過程

(1) 領導者將一個象徵物（如某科之課本）放於團體中間，代表團體的中心，邀請成員自由走動，選擇一個感覺舒服的姿勢及距離，代表自己與團體間的關係，再邀請成員分享選擇該位置的原因。

　　成員A：選這個位置的眼界比較寬，可以看到大家，比較有安全感，又進可攻、退可守。

　　成員B：選擇面對團體中心好有壓力，所以我選擇側身面對，而且這邊有好多人比較有安全感。

　　成員C：覺得站在這很好，可以若即若離。

　　（每位成員陸續分享選該位置的原因及感受）

(2) 領導者邀請成員聽完其他成員分享後，重新選擇位置，除了與團體的關係外，另加入與身旁人際相處的選擇。開始有一、兩位成員移動位置，隨著移動的人增加，開始陸陸續續有更多的人因身邊的人改變，而開始跟著改變位置。

　　成員D：（離開原來的位置，由與群體在一起的位置，改變為面對群體且單獨一人站立）站在這不錯，可以鳥瞰大家。

　　（陸續有多位成員重新移動位置）

　　成員A：ㄟ……他們全部走動之後，我的感覺就不同了……都走了剩我一個人在這……

領導者：怎樣的不同？

成員A：我要靠近的人都不見了，挺恐懼的！這樣反而好奇怪……在這要幹什麼？

（此刻成員P移動位置，成員L緊跟其改變位置。）

成員P：××你不要一直跟著我。

成員L：我喜歡跟著妳，在妳旁邊很有安全感，因爲妳像我老婆一樣。

成員G：原來我一個人在那還不錯，可是後來有人靠近，我喜歡一個人站，有人靠太近會……所以還是換個位置。

成員A：××（指成員G）我要站妳旁邊，感覺比較好，很有安全感。

成員U：（原本選一個人多的位置站於其中，第二次移動時，身邊的人都離開）現在我反而覺得舒服，不會覺得後面有人，好像如坐針氈。

(3)領導者邀請成員再次改變位置，選擇一個與平常習慣不同的位置，作爲對自己在人際相處的一個挑戰及期許。

成員S：原本變成一個人，覺得好可怕喔，沒想到再移動，變成大家又靠過來，又開始有安全感了。

成員L：我看××很像我女兒，××（成員P）像我太太，（成員G）也很像我太太，我就是會想靠近像我太太的人。以前我不願承認我有這個問題，可是現在不得不承認。我不要自己一個人站。

成員U：我選擇背對大家，原本想沒什麼，領悟到視覺被剝奪時對認知的影響及障礙，感到一股恐懼，感到有些事情是不能控制的。

　　成員透過選擇舒適的位置，注意力只放在自己身上，透過分享的過程，成員才開始注意人際之間的影響，紛紛開始改變位置。透過引導，可以讓成員聯結到自己平時的人際因應模式以及可改變之處。

（四）名稱：給予真實回饋

1.活動方式

每個人寫一句眞實且確定對方不知道的感受，回饋給每一個人，但必須控制在相當溫和的範圍，再放到那個人面前。

說出（寫出）對方不知道的，主要目的是爲了幫助對方。說出（寫出）需要列舉證據、要能舉例，是有意義的人際回饋技巧。在課堂練習中，一個人至少寫給五個人，不署名。建議互動深一點，寫出你對他的眞實感受，是願意讓他知道，並且對他有幫助的，正反面意見均可，寫完拿給他。

當對方說出「有嗎？請你舉例。」他會有投射，認爲自己是不是眞有此情況，此時可用假設語氣、深層同理及不防衛的態度來碰觸敏感話題。

（五）名稱：社會劇

討論議題——「腳踏兩條船」是太過負責或太不負責任？

劇情背景：男主角（跟元配結婚近二十年，在美國生活了很長一段時間，沒有子嗣），後來回臺灣工作，結識小三而產生外遇，糾纏多年中還生了小孩。

男：我兩個都想要，但是我比較喜歡小三，因爲我對她有眞正的感情。至於對老婆嘛，則是報恩，因爲供我讀書到博士畢業。

CO：如果現在恩和情同時逼壓你，你該怎麼辦？

男：我兩個都不想放棄。

CO：你講這句話講幾十年了，不怕再這樣下去嗎？

男：對，就只能照現況下去。

小三的議題：由受害者轉爲迫害者？

三：爲什麼到現在，還不能和元配分開？

男：我眞的很愛你。

三：既然你覺得她有恩於你，你當初就不應該背叛她。

男：我承認我年輕時有愛過她，但現在那個情已經沒了，我也不是有意要背叛她，只是感情的事很難講。

三：既然這樣，你就不應該忍心傷害我呀！

男：對不起，我不是故意要傷害你，我會好好陪伴著你一輩子！

CO：在我眼中，你是個懦弱的男人，永遠把解決事情的問題丟給我們。我給你的最後一個要求就是不要再來找我們了，就這樣！

男：但是我也很愛這孩子啊！

三：我希望你能跟原配離婚，不然就不要再來找我和孩子了。

男：所以我一定要和元配離婚嗎？但是她不肯離──

三：那是你要想辦法的問題，你不能丟給我來解決呀！我現在的選擇是不想再承受了！

原配的議題：由受害者轉為迫害者？

元：離不離婚對我都無所謂，反正有個名分就是我想要的，既然實質都被她占走了，為什麼要犧牲名分？

男：其實你也知道我們並不適合，幹嘛一定要這份假的關係呢？

元：不適合你早就該提出來了，而不是利用完了我，遇到小三有了小孩後才說不適合，你難道沒有一點良心嗎？？

男：這是你的價值觀，對我來說我的人生是很多無奈的組合，只能且戰且走！

元：那是你對自己的人生不負責。

男：我也承認！

元：但是要分手的結局我不同意，因為無論如何你都是我人生的一部分，不能因為你不再愛我，我就要放手，我不能同意！！

男：那到底在這名分中，你得到什麼？

元：安全和認同感。

男：那你知不知道我們很早就貌合神離了？

元：我覺得你講這些話都是在逃避，不應該等到有第三者才說什麼貌合神離，請問我當年放棄讀學位賺錢養你時，你怎麼不說這些話呢？

扮演後之同學感受分享

CO1：現在請每個人都來講一個自己的感覺，比如說我覺得我最認同誰、誰最可憐等。

ST-1：我覺得大老婆最可憐，因為她（元配）都已經付出青春在這個男人身上，但是都沒有好的回報。

CO2：這就是所謂中國人的傳統思考——婚姻是交換。

……

CO7：請問你這個二十幾歲的人的頭腦裡，到底哪個是對的？

ST-12：就是……站在每個人的立場，每個人都很可憐啦。

CO8：你如果是小三，你應該會搶，依據在哪裡？

ST-13：我既然都已經當小三了，我就一定要搶到贏，因為愛比較重要……

……

ST-24：我覺得這個男人是詐騙集團，騙了兩個女人的感情，兩個女人都應該離開這個男人。

CO13：前提是，她們都得要不再具有中國女人的潛意識（依賴—安全感）才行。

……

ST-27：我覺得沒有衝突啊，暑假男人回美國去找元配，在臺灣就找小三，這樣不是很好嗎。

ST-31：要我放了你們容易，先把財產過名給我。

……

CO18：好！！接下來要思考的是：在這場扮演中，受害者、拯救者及加害者，各又是誰呢？

ST-33：我認為加害者—男人，受害者—兩個女人，拯救者—兩位女人誰先放手，便為此角色。

CO19：反過來說，當兩位女人都放手時，男人便成了受害者。

好！！最後，請問各位在自己的生活裡面，你到底是受害者、拯救者或加害者？

……

後記：老師最後排了一個簡單的家排，想要瞭解五年之後，這四個人（包括孩子）的關係。結果發現：三個人都離開家庭，只留下男主角坐擁空屋！

相關文獻之重點整理

一、人際效應之差異

人際效能概念源自社會學習論學者Bandura的自我效能，指人際情境中對自己能成功表現或完成特定目標行為的預期與信心程度。

人際效能之差異，Hermann和Betz（2006）研究發現，男女在社會自我效能上並無差異，在夫妻衝突因應上則有差異。國外研究發現：女性採取較多的爭執、自我責備、自我興趣及交戰因應策略，男性採取較多的逃避因應策略，國內研究之發現大致與國外相同。但利翠珊之質性研究卻發現，當妻子遇到婚姻挫折時較常會以被動的方式去面對，如閉口不言或壓抑情緒等（廖敏如，2009，頁43）。

二、人際衝突因應方式

Raush、Barry、Hertel和Swtin認為，伴侶之間的人際衝突因應共有三種方式，分別為認知性回應、肯定性回應及壓抑性回應，試分述如下：

㈠ 認知性回應：其特徵是公開爭論議題、尋求事實訊息、隱藏訊息、提供行動方案、同意對方陳述、給予認知理由、探索結果、否認對方主張的價值等。

㈡ 肯定性回應：其特徵是改變主題、使用幽默、接納對方計畫、行動、想法、動機和情緒、轉移對方的注意力、妥協、逃避譴責或責任、關心對方情緒、尋求再保證、企圖和解、取悅或安撫及迎合對方。

㈢ 壓抑性回應：其特徵是拒絕回應、放棄或離開現場、迎合權威、命令、要求補償、誘發對方犯罪感、攻擊對方的動機、威脅、污衊對方。

（整段摘自郭志通，2005，頁199-238）

三、華人夫妻因應衝突方式

在早期的夫妻衝突因應研究中，余德慧發現中國人面對人際失調時，大多以忍作為因應的機制；而利翠珊深入訪談臺北地區十六對結婚五年內的夫妻，也歸納出五種夫妻相處方法，包括利用大事化小、迂迴繞道、忍耐克己等逃避因應方式，其中，忍耐克己是一種常見的方式。黃麗莉進一步說明華

人文化中的忍讓，似乎是化解許多人際衝突中最重要的不二法門（整段摘自師大論文，頁21，下面無註。）

四、何謂心理遊戲

艾伯恩（Berne, 1964）對心理遊戲的定義是：兩個人相處時一連串無（下）意識的交流與溝通，它包含著許多雙重、曖昧的訊息，含有操縱性且意圖導向一些可預期的結局。某個程度上是人類生活的一部分，或可稱之為內在動機。

心理遊戲的種類有很多，常見的遊戲有：

㈠ 踢我（將自己陷入某種情況，引起別人輕視、謾罵等）。

㈡ 你說得很對，可是……（面對別人給予的幫助，總用「是的，但是」來回答，表示行不通）。

㈢ 我很笨（與智商無關，玩者常在行為、動作上表現得很愚笨）等。

五、心理遊戲中的角色——卡普曼三角形

卡普曼（Stephen Karpman）設計了一個圖形來分析心理遊戲，即戲劇三角形，主角為加害者、受害者及拯救者三種角色之一（這一段摘自以下網址 http://www.360doc.com/content/11/103 1/10/4224163_160485182.shtml）：

加害者：貶抑他人，把他人看得較低下、不好。

受害者：認為自己較低下、不好，有時會尋求加害者來迫害自己，或是尋求拯救者的幫助，而肯定自己「我無法靠自己來處理」的信念。

拯救者：把他人看得較低下、不好，但是從較高的位置提供別人幫助，他相信「我必須」幫助別人，因為他們不夠好，無法幫助自己。

六、家庭暴力與心理遊戲

在溝通分析中，艾伯恩（Eric Berne, 1964）認為心理遊戲程度的概念，能延伸應用來描繪出在家庭暴力中的許多溝通特質。艾伯恩將心理遊戲程度定義為：

第一度遊戲：玩遊戲的人願意把結果告訴自己社交圈內的人，像男人開
　　　　　　始扮演「控制者」的角色。
第二度遊戲：玩遊戲的人會隱匿事實，而不願和別人談論。男人的行為
　　　　　　被稱為是個「施虐者」──使用恐嚇和脅迫的方法控制對
　　　　　　方。
第三度遊戲：往往終結在手術房、法院，或殯儀館的「施暴者」往往直
　　　　　　接使用肢體暴力。
　　對治療師而言，需要瞭解在心理遊戲中，控制才是導致平等互動喪失的
真正源頭之所在。
　　結論是：心理遊戲是一種一再重複的行為模式，除非覺察成功，一個人
往往會一再重複同樣的方式。

參考書目

中華溝通分析協會。心理遊戲程度：家庭暴力的認識與應用。（資料來源：http://infottaa.myweb.hinet.net/inner_01.html）

王慶福（1995）。大學生愛情關係路徑模式之分析研究。國立彰化師範大學輔導研究所博士論文。

王行、鄭玉英（1993）。心靈舞臺──心理劇的本土經驗。臺北：張老師。

王慶福、張德榮、林幸臺（1996）。人際依附風格、性別角色取向與人際親密能力之評量。測驗年刊，**44**(2)，63-78。

方紫薇、馬宗潔譯（民2001）。團體心理治療的理論與實務。臺北：桂冠。

田國秀、陳玉娜（2006）。心理遊戲。心理與健康，**7**，23-24。

江原麟譯。（2008）。交流分析諮商能力發展。臺北：心理。

何原、沈榮桂、梁淑惠（2006）。與父母關係量表：測量與父母間的關係程度是否良好。網路社會學通訊期刊，**54**。

余振民、黃淑清、彭瑞祥、兆祥和、蔡藝華、鄭玄藏譯（2004）。諮商與心理治療理論與實務。臺北：雙葉書廊。（原作者：Geralad Corey, 2002）。

洪志美譯（1984）。人際溝通的分析。臺北：遠流。

李玉嬋（1996）。人際歷程心理治療。中等教育，**47**(4)，28-32。

保羅 & 君兒（2004）。莫雷諾：心理劇創始人（胡茉玲譯）。臺北：生命潛能文化。

吳麗雲（1998）。人際歷程取向團體諮商對不安全依附類型大學生人際困擾輔導效果之研究。國立高雄師範大學輔導研究所碩士論文。

吳麗娟（1998）。「共依附」父母特質與其對孩子的影響。諮商與輔導，157期，12-19頁。

吳麗雲（2002）。人際歷程取向團體諮商（上）。諮商與輔導，**198**，29-33。

吳麗雲（2002）。人際歷程取向團體諮商（下）。諮商與輔導，**199**，40-44。

吳佳霓（2002）。青少年家庭系統分化、自我發展與生活適應之相關性的研究。南華大學碩士學位論文。

馬壽春（2007）。心理遊戲左右人際交往。成功，**5**，50-51。

徐麗明譯（2003）。人際歷程心理治療。臺北：揚智。

郭志通（2005）。大陸女性配偶在臺婚姻衝突歷程研究，屏東教育大學學報第二十三期，頁199-238。

許雅惠（2002）。諮商關係在人際歷程諮商中之運用。輔導季刊，**38**(1)，10-15。

許筱梅（1995）。完形治療與心理劇之比較研究。諮商與輔導，**113**，25-28。

許寶珠（1997）。簡介人際歷程心理治療之基本精神。測驗與輔導，**141**，2921-2923。

陳美娟（2001）。心理劇中的完形精神。諮商與輔導，**183**，12-16。

陳益綜（1997）。「諮商中來談者的依附運作模式之分析研究」。國立高雄師範大學輔導與諮商研究所碩士論文。

陳恆霖（2004）。立即性技巧的應用：一個案例的分析。輔導季刊，**40**(3)，9-17。

陳美娟（2001）。心理劇中的完形精神。諮商與輔導，**183**，12-16。

黃凱倫、蘇建文（1994）。幼兒與母親依附關係及其社會行為之研究。家政教育，**12**(5)，65-76。

黃瑛琪（2004）。「歷程評論」技術在諮商與心理治療關係中的應用。輔導季刊，**40**(3)，18-25。

曾慧嘉（2007）。癌末病患家屬面臨喪慟因應行為、人際依附形態與預期性哀慟反應相關之研究。南華大學碩士學位論文。

楊添圍、周仁宇譯（1999）。人我之間。臺北：心理。

蔡秀玲。（1997）。人際歷程心理治療簡介。諮商與輔導，**138**，30-36。

謝秋文（2005）。運用人際歷程諮商於家庭關係團體。諮商與輔導，**238**，7-12。

連廷嘉（1999）。人際歷程心理治療在人際困擾個案諮商上的應用。測驗與輔導，**152**，3168-3172。

廖敏如（2009）。夫妻分離——個體化、婚姻信念、人際效能與衝突適應之關連。國立臺灣師範大學碩士論文。頁43。

劉淑慧、陳金燕等（譯）（2003）。諮商與心理治療理論的案例應用。臺北：雙葉書廊。（原作者：Corey, G.）

Holmes, J. (1993). *John Bowlby and attachment theory*. New York: Routledge.

Horowitz L. M., Rosenberg S. E., Bartholooneew K. (1993). Interpersonal problem, attachment styles, and outcome in brief dynamic psychotherapy. *Journal of Consulting Clinical Psychology, 61*, 549-560.

Teyber, E. (1997). *Interpersonal process in Psychotherapy*. California: brooks/Cole

Publish Company.

H. S. Sullivan (1968). *The interpersonal theory of psychiatry*. New York: Norton.

John Bowlby (1988). *A secure base*. New York: Basic Books.

Kahn, M. (1997). *Between therapist and client: The new relationship*. New York: Freeman.

Minuchin (1974). *Families and Family theory*. Cambridge, MA: University Press.

第九章
變態心理學

　　變態心理學（abnormal psychology）是一個使用多年且民眾耳熟能詳的名詞，一提到變態心理，我們通常聯想到精神病、心理異常或性變態，例如：路上有一個發瘋的人、精神異常的男子殺害父母親、在大街上有一名男子裸體奔跑或遛鳥、性變態男子強暴無辜女學生，這些都是我們常在媒體上看到的新聞事件。一般民眾聽到「變態心理學」，想當然耳就是研究「變態者」的心理，久而久之，「變態」一詞就被標籤化了。

　　社會大眾對「變態」一詞有較深的刻板印象（如心理變態跟性變態），事實上，變態係指不同於一般人的，在心理、生理或行為上，都有違背於正常人的言行舉止，就學術觀點來看，變態應該是中性的名詞，若要去除標籤化，應該用「非常態」心理學或「異常」心理學，也就是研究非一般化人們的認知及行為的一門科學。讀者首先應就真正的意涵瞭解，才不會造成日後的誤會。異常行為或非常態行為和正常行為並沒有明確的界線，也沒有明確的標準，因而讀者在此需特別的注意。變態心理學所探討的理論及知識，牽涉到精神醫學、臨床心理學、諮商心理學，因此，也是讓這三個領域有部分交集的一門學科。

　　考量讀者對於「變態」一詞已有多年的印象及認知，為避免讀者在閱讀本章的困難，也避免日後研究變態心理學所產生的困擾，本章的用詞仍採用「變態」一詞，然而仍提醒讀者儘可能對本用語減少刻板印象。

 ## 第一節　變態行為的定義

　　「變態」或「異常」並沒有絕對的標準，因為變態的定義仍是沒有共識、模糊的，雖然沒有放諸四海皆準的指標，我們只能在模糊中找到一些粗

略的標準，幫助人們對變態的概念有較清楚的瞭解。變態行爲的粗略標準如下：

一、統計上的極少數（Statistical Infrequency）

我們都知道統計上有常態分布的概念，在一群人們之中，其外在特徵或內在能力特質，經過統計歸納後大致呈現一個鐘形曲線分配，鐘形中間部分有較多的人數，依次向兩旁遞減，而變態即是指居於極少數的極端者。

換言之，以人們的身高特徵來說，人們的身高大約分布在150公分到190公分之間，超過190公分或低於150公分的人們，其外表高度就是屬於變態程度。又例如：一般人的智力平均值是100，一個標準差15，則正常智商就位於前後兩個標準差之間，也就是70-130之間，智力70以下或130以上，都是達到變態。

統計上的極少數其實有其缺點，首先資優生和智能不足生都是屬於變態。高智商者或成績前五名者是否就是「變態」或「異常」，這對許多望子成龍、望女成鳳的父母親來說，將是無法接受的事情。此外，上述的論述將無異懲罰努力認眞或成就高的人們。另外，對於變態的標準如何訂定？是一個標準差爲適當？還是以兩個標準差爲適當？由誰來決定？不管如何，統計上的極少數此一概念，並無法扣除屬於「眞正」常態的那群人。

二、偏離社會標準（Violation of Norms）

每個團體、組織或社會對於該成員的行爲都有一定的期待與標準，比如說：什麼是合宜的行爲？什麼是不合宜的行爲？而成員遵循期待與規範的行爲，人們將它當作爲正常，然而成員超過或不足某個標準，就是變態行爲。

社會對於不同的角色或性別常常會有不同的期待，例如：男大當婚、女大當嫁，在某個年齡還沒有結婚時，常常會被社會大衆所另眼相看；男人主外、女人主內，家庭中先生若學歷、工作收入、職位比太太低，常會被人看不起。

此標準的缺點是有些行爲在某個社會中是正常的，但在另一個社會中可能是異常的，此外隨著時代的轉變，某些行爲在早年是異常的，但現代卻是

正常的。以現在來說，男女晚婚、不結婚或女人比男人強勢等現象，也較為大眾所接受。

三、造成個人重大痛苦或困擾（Personal Distress）

有些行為是否「異常」或「變態」是依據個人主觀感受來決定，也就是以是否造成個人主觀上的痛苦而定，一個人舉止和外表看起來合宜，言行符合社會規範，也能正常工作，我們認為他是一個正常的人。然而這個人的內心中卻時常的擔憂生活、心情低落、害怕失眠，這時，我們可以說，這個人生活模式造成了個人的痛苦，導致他變態的行為。

同樣的一個事件或壓力，對不同的人可能產生不同的影響，比如說，「喪親」對某些人來說，可能悲傷一段時間後就能調適過來；然而，對少數的人來說，其調適時間可能超過二、三年，因此，個人的特質及資源的差異就會決定事件對於個人的影響。換言之，一個人面對喪親的傷痛超過一般人的悲傷，甚至是個人獨特的經驗，甚至於產生半年以上的鬱症，顯然比正常人該有的反應還要激烈。此外，人們平常或用餐前常常會洗手，適當洗手是正常的，但有些強迫症的患者常連續洗手十數次乃至數十次，且常常有機會把手給洗爛，卻仍然覺得不乾淨，造成生活上的痛苦。

此標準的特性是以尊重個人主觀感受，而不是將社會的規範強加於個人，可以兼顧到許多人的特殊性需求，有許多人常被失眠、憂鬱症、焦慮症所困擾，甚至於苦惱到睡不著覺或不想跟他人來往。讓社會大眾瞭解到某些人看似正常的外表，但也有不為人知的一面。然而此標準的缺點是過度強調個人的主觀判斷，也可能造成個人我行我素，例如：酗酒者自認為生活快樂，但卻無法具有適應社會的功能。此外，個人主觀的報告有時也會隨個人的心情變化或時空轉變而改變。

四、個人失功能或不適應（Disability or Dysfunction）

當一個人失去生活、職業及社交的能力時，也代表著這個人將無法發揮適應社會的功能，干擾個人到對自己、對他人或對社會所應完成的目標。例如：具有精神分裂症的人，無法正常的工作、與他人溝通，將無法正常發揮

生活的功能；此外當一個人受到挫折時，若以非理性的行為或言語來面對，或以自我傷害來處理，我們也認為此人無法發揮功能。

然而，失去功能亦有主觀的判斷標準，一個藝術家或科學家可能不善與人相處或社交恐懼症；一位光鮮亮麗外表的人，其內在或有不為人知的辛酸。這些人看似失去生活或社會功能，但卻能夠表現別人所無法追求的成就。

五、非預期的行為

人們在面對外在事件所表現的認知或行為，多少都有遵循某些固定的因應行為，若是人們所表現的行為是超乎一般人所預期之外，則我們也會認為是變態行為。例如：人們多少會對陌生的環境感到恐懼或擔憂，在人多的環境會產生莫名的恐懼及不適感，擔心是必然的，但若超過一定的程度，則我們會說是非常態行為。

然而，何種程度稱為非預期的行為？例如：一個晚上起來關多少次的門窗才算是變態行為？一個人面對幾公尺的高度而產生恐懼，才算是變態行為？此外，一個非預期的行為背後可能有許多原因，單看外在表現，並不一定可以定義其行為是變態行為。

以上的標準都有其缺失，要如何界定這個概念的範圍呢？這似乎也不能算做一個完備的定義，因此，一般在變態心理學中所界定的abnormal，必須同時涵蓋以上數個概念，這樣的定義才會較合理。

所以，我才會在上述的詞彙使用上，儘量不要出現「變態」，因為以上的標準無法完整的描述「異常」或「非常態」的行為，但都有其可解釋的範圍，換言之，以上五個標準可交互運用，以描繪出「正常」行為和「異常」行為之間的區別。

 ## 第二節　變態行為的診斷

變態行為的判斷仍然是需要有共同的準則，不僅方便人們對變態行為的

瞭解，促進各領域專業人員的溝通，也能指引醫療人員或諮商人員對病患治療處遇時的引領方針。

一、心理疾患的診斷原則

心理疾患的診斷準則，必須建立在幾個標準：

㈠不同心理疾患各有其診斷準則，每個心理疾患的診斷建立在明確的標準上，不可能一個症狀同時可歸類在兩個不同疾患的標準中。

㈡心理疾患必須對其行為次數、頻率及嚴重程度做明確的定義，如此才不會造成判斷上的混淆，例如：酒駕是駕駛人飲酒超過0.25毫克／升的標準。

㈢症狀持續的時間：症狀持續的長短也是重要因素，因為人們多少都會有偏離常態的行為，短暫的偏離並不能歸納為變態行為，例如：憂鬱症必須持續兩星期以上。

㈣特定重要因素必須存在：症狀背後可能有許多因素影響，對於影響因素必須明確定義。例如：憂鬱症狀是否有生理因素或藥物的影響。

換言之，變態和常態有時候是程度上的不同而已？焦慮是種極普遍的情緒感受，是每個人由小到老都會有的經驗。焦慮不一定就是不正常的反應，適當的焦慮不僅無須避免，反而可以促使個體表現得超出平常的水準。例如：人在緊張的狀態下常可工作得更久或在緊急時有跑得更快、力氣更大的情形。因此我們可以瞭解到，不是所有的焦慮表現都是病態的，也不是所有會焦慮的人（世上恐怕找不到一個絲毫不會焦慮的人）都是有焦慮疾患的。

目前心理衛生專業人員普遍使用「精神疾病診斷與統計手冊第四版修正版」（The Diagnostic and Statistical Manual of Mental Disorders Ⅳ text revised，簡稱DSM-Ⅳ-TR），由美國精神醫學學會出版，是一本在美國與其他國家中最常使用來診斷精神疾病的指導手冊。

精神疾病診斷與統計手冊對於偏差行為屬於描述性分類，雖然這本手冊受到心理學家與精神病學家的廣泛接受，但是當中的某些精神疾病列表仍具有爭議。此外，另一種通用版本為「國際疾病與相關健康問題之統計分類」

（International Statistical Classification of Diseases and Related Health Problems, ICD）是國際間經常使用的另一個選擇，是世界衛生組織（WHO）出版的。DSM與ICD都假設了許多醫學概念以及詞彙，且皆述及存在有明確的違常（disorder），而且這些違常可藉一些標準（criteria）而被診斷出來。不過這是有爭議的，此分類系統的實用性（utility）遭受某些精神健康專家及其他人的質疑。

二、精神病學的診斷系統

「精神疾病診斷與統計手冊第四版修正版」（DSM-IV-TR）將精神病學的診斷系統劃分為五個軸，以清楚描述案主的症狀、成因及各種相關資料。

第一軸：臨床疾患，可能為臨床關注焦點的其他狀況，用來描述各種疾患或狀況，惟人格疾患及智能不足除外。包括憂鬱、焦慮、雙極性疾病或躁鬱症、過動症、與精神分裂。

第二軸：人格疾患及智能不足。包括邊緣型人格異常、分裂型人格異常、反社會型人格異常、自戀型人格異常，以及心智遲緩智能障礙。相較於第一軸來說，第二軸屬於慢性發展而成的疾患，

第三軸：描述案主的一般醫學狀況，醫學狀況會影響及精神疾患，兩者常會產生相關性。

第四軸：用以描述案主的心理、社會及環境問題，這些心理環境因素將影響精神疾患之診斷、治療及預後。

第五軸：對案主的功能性之整體評估。使用的工具為GAF（Global Assessment of Functioning Scaling），由1到100分。

通常描述的方式如下：

A病人

第一軸：296.32重鬱症。

第二軸：301.0妄想性人格疾患。

第三軸：甲狀腺低下，早產兒。

第四軸：國小以前被原生家庭疏忽，國小的課業成績低落，時常請假與同儕關係差。畢業後無長期穩定的工作，職業功能不足。無犯

罪紀錄，有三次精神科醫院住院紀錄，每次約一個半月。目前的家庭（先生及公婆）及原生父母親、手足的支援系統無法發揮功能。

第五軸：目前生活適應功能總評估40分，現實和溝通有些損害，講話有時不合邏輯，常會妄想遭他人算計，職業、家庭互動有重大損害。

三、精神疾患的診斷準則

「精神疾病診斷與統計手冊第四版修正版」將精神疾患分成以下十六類：

(一) 通常初診斷於嬰兒期、兒童期或青春期的疾患（Disorders usually first diagnosed in infany, childhood, or adolescence）：諸如過動症、自閉症等。

(二) 譫妄、痴呆、失憶性疾患及其他認知疾患（Delirium, Dementia, and Amnestic and other Cognitive Disorders）。

(三) 一種一般性醫學狀況所造成的精神疾患（Mental disorders due to a general medical condition not elsewhere classified）。

(四) 物質關聯疾患（Substance-related disorders）。

(五) 精神分裂及其他精神性疾患（Schizophenia and other psychotic disorders）。

(六) 情感性疾患（Mood disorders）。

(七) 焦慮性疾患（Anxiety disorders）。

(八) 身體型疾患（Somatoform disorders）。

(九) 人為疾患（Factitious disorder）。

(十) 解離性疾患（Dissociative disorders）。

(十一) 性疾患及性別認同疾患（Sexual and gender identity disorders）。

(十二) 飲食性疾患（Eating disorders）。

(十三) 睡眠疾患（Sleep disorders）。

(十四) 他處未分類之衝動控制疾患（Impulse-control disorders not elsewhere

classified）。

㈤ 適應性疾患（Adjustment disorders）。

㈥ 人格疾患（Personality disorders）。

　　自從出版以來，DSM歷經五次改版（II、III、III-R、IV、IV-TR）。下一版將是DSM-V，原本預定在2012年5月會出版，但將會延到2013年或以後才出版。「精神疾病診斷與統計手冊第四版修正版」手冊編輯小組提醒：DSM專為精神健康專家而設，所以若被缺乏臨床訓練的人們使用，則有可能會導致對其內容的不適當應用。建議一般大眾應在只為取得資訊的情況下參閱DSM，而不要妄作診斷，而且，可能有精神偏態的人們應轉向精神病學（psychiatry）的諮詢或治療。

 # 第三節　精神疾患的類型

　　「精神疾病診斷與統計手冊第四版修正版」（DSM-IV-TR）中所描述的十六類三百多種的疾患，幾乎將一般人的非常態行為都包括在內，本書就焦慮症、創傷後壓力症候群、人格疾患、精神分裂症、情感性精神疾患等社會大眾較常遇到或熟悉的疾患，略作說明。

一、焦慮症

　　動物或人們對於外在環境變化而產生調適行為時，都會產生焦慮感，也正因為感到焦慮，動物或人們才能適度回應，以維持個體生命或發展。因此，焦慮對動物或人們來說是不可或缺的，然而異常的焦慮狀態反而為個體帶來困擾，我們稱為焦慮症。焦慮症指一個人過度的煩惱及焦躁不安，超過一般人的程度。其症狀有不同的表現形式，例如：擔憂有不好的事情發生而顫抖、肌肉緊繃、坐立不安、容易受驚嚇、心浮氣躁、心悸、胸悶、冒冷汗、呼吸急促、頭暈眼花，嚴重時甚至以為自己要死掉或失控等。焦慮症的表現程度，不管是強度或長度都比一般人超過情境刺激的程度多許多，而且焦慮的程度達到明顯影響個體的生活、社交、工作、人際等功能。

　　一般來說，與焦慮相關聯的是壓力。壓力是指個體需要在心理或生理上

付出能量來面對的情況，個體受到壓力事件後，在知覺和認知上便有了安全或危險的覺知判斷。若判斷爲危機後，心理和生理上便出現了不同程度的因應，焦慮反應是其中之一，而焦慮症患者通常會比一般人有更多的警覺、災難化的認知判斷，對於可能不是威脅的刺激，做出不合宜的焦慮反應。

一個人對情境的認知將影響其後續產生的反應，同一事件，有人認爲是災難，有人則認爲沒事。此外，一個人如何來看待自己焦慮的反應（不管心理或生理上的），也會透過認知而在生理和心理上造成反應，而心理症狀與生理症狀二者又會彼此相互影響，甚至產生惡性循環反應。人們感覺對某些特定事物不安或不舒服時，通常人們會開始拒絕、逃避它，而拒絕或逃避又干擾人們的正常行爲及生活。焦慮症通常會明顯影響日常生活，甚至工作及社交活動。例如：患者可能因爲害怕業務上所需的旅行跟交際行爲而失去工作；也可能拒絕位居高樓層辦公室的工作，因爲害怕搭電梯。

焦慮反應會因人而有所差異，與一般人正常的焦慮反應相較，焦慮症患者通常會過度的對刺激反應事實，而採取比較強烈的情緒行爲來避開或因應引起焦慮的源頭。藥物治療可以運用在生理層面上的症狀。此外，藉由心理治療調整病人的認知，使其瞭解其身體症狀的意義，就其情緒反應、性格偏差等方面來減輕焦慮反應的症狀，破除畏懼逃避行爲，提升正常功能表現。因此，治療焦慮症的方法通常針對引發焦慮症的任何事物，處理情緒上的衝突，採取抒發情緒及漸進式的積極承認來克服恐懼。此外，藉由學習方式來克服害怕，提升因應害怕的功能，以逐漸地減輕焦慮症狀。

心理治療合併藥物治療的模式提供一個完整統合的方式，讓病友先藉由藥物降低焦慮感，再運用充分的情緒支持，共同分享疾病的苦痛經驗，同享治療中的努力過程以消除焦慮。焦慮症可以再細分幾種症狀，常見的焦慮疾患有：恐慌症、強迫性精神官能症、畏懼症、廣泛性焦慮症、創傷後壓力症候群等。

（一）廣泛性焦慮症（Generalized Anxiety Disorder, GAD）

指一個人過度且持續不斷的擔心某事物，既找不出特定的對象，也找不出理由，就如同佛洛依德所提到的「漂浮在空中的焦慮」。泛慮症患者注意到自己的煩惱較多，事事較敏感、精神壓力大、心思煩躁。患者往往不瞭

解自己得到焦慮症，天天為身體上的不舒服煩惱而求醫，醫生往往告訴患者沒有病，卻使病患更加不安。患者會因此症狀生活失調、身體不好、信心喪失，導致生活痛苦。

（二）畏懼症（Phobias）

指的是一個人對於某些特定的東西或場所，產生不切實際的害怕。一般性的畏懼症可能怕蛇、老鼠、小動物……；社交畏懼症會害怕與陌生人談話；曠懼症的患者會不敢獨自外出，到人群的地方。害怕特定事件或情境的畏懼症則會怕高、怕水、害怕在公開場合說話等。通常這些焦慮症狀會影響到個案本身的日常生活功能，患者會極力的避免接觸引發焦慮的情境。

（三）恐慌症（Panic）

指的是獨特且不可預期的生活反應，造成患者生理上的害怕。其特性是沒有理由的、突然發生的恐慌、出現強烈的死亡威脅感，此時，隨伴的是交感神經系統功能亢奮的生理症狀，心跳急快、呼吸困難、胸口疼痛、發抖、呼吸急促或不順、頭昏眼花、或即將昏倒的感覺。患者會到醫院求診，但可能找不出生理病因，在長期不安、焦慮的折磨下，導致生活大亂、蒙受長期受苦。

（四）強迫症（Obsessive-Compulsive Disorder, OCD）

指的是患者不斷重複不理性的想法或被迫要做不想做的行為。強迫性患者在20歲以前會出現症狀，諸如：不斷反覆的洗手或檢查東西，強迫症狀可分為強迫思考和強迫行為二種。強迫思考可能是疑神疑鬼、不適當的意念、過度懼怕的想法、衝動、突入的影像等，以上的反覆思想，患者通常自覺是不合理、荒謬的，但卻無法阻止出現。

強迫行為多數是伴隨著強迫思考出現，也可成為單獨存在，患者為了解除強迫思想的焦慮，因而產生重複的強迫行為。患者往往不知道該如何處理或害怕被別人知道，等到生活功能受到明顯的影響時而就醫，然而可能已承受多年的痛苦。

（五）創傷後壓力症候群（Post-traumatic Stress Disorder, PTSD）

　　創傷後壓力症候群其實歸屬於焦慮疾患中的一類，然而因為屬於較嚴重的疾患，因而特別探討。此症候群是指個人遭受重大打擊或災難，而產生精神緊張性障礙，例如：反覆不斷的喚起體驗受創時的痛苦感受、日常生活中不時出現極度的緊張焦慮、在無人或夜間之際，當時的恐怖情境仍歷歷在眼前、病人會竭盡所能避開任何會喚起受創當時記憶的人、事、物，刻意逃避與受創有關的一切話題、不自覺的自我麻痺，無法回想起受創當時的重要細節，對於未來感到絕望；持續處在緊繃的狀態，易發怒、難入眠、情緒起伏不定、注意力欠集中，最短約在災難發生後的一週，也可能在受創後的數年才出現。

　　所謂災難通常是指造成生命威脅或經驗重大事件，例如：性暴力、戰爭、暴力攻擊、嚴重的車禍意外、目睹愛人的突然死亡、自然災難、地震、海嘯、火災這種災難的衝擊是令人難以忍受，當災難或壓力超過個人難以忍受時，受災者除了極度的悲慟外，還會出現精神恍惚、情緒麻痺、解離失憶以及個人和周遭環境的失真感覺，通常暫稱為急性壓力疾患（acute stress disorder），然而經過一些時間，有些患者仍會呈現長遠且慢性的心理創傷，超過一個月，即所謂創傷後壓力症候群（post-traumatic stress disorder，簡稱PTSD）。創傷後壓力症候群的發病時間可能延遲數年甚至更久，創傷記憶通常會被儲存在程序記憶（procedural memory）中，當病患做了某一特定身體動作時或某一壓力事件下，便觸發了症狀。

　　人們對創傷事件會因為事件的大小、不同的人格特質、生活資源、年齡、性格、主觀感受度、是否合併其他的壓力而有不同的衝擊，有些人對創傷事件的情感在幾個月後淡去，也不會產生PTSD，然而有些人則會產生創傷後壓力症候群，通常兒童及老人的調適能力、因應資源較差，表現PTSD的比例最高，也最嚴重。如果創傷持續過長的時間，就有可能導致精神上的失調，30%的PTSD病患可完全痊癒，但仍有10%的病患持續出現嚴重的精神症狀，甚至更為惡化。

　　天災人禍的無情打擊常造成一般人失去原有的自信心、生活失調、無

法發揮正常功能、對未來不知所措，面對這樣的患者，主要的治療方式有同理心及心理支持，鼓勵患者討論受創當時的詳細情形，勇敢的表達內在的感受，宣洩內心的悲慟，教導身體放鬆技巧，加強心理抗壓力及調適能力，若生理症狀明顯，諸如失眠、焦慮不安等，可藉由藥物控制，請醫生開抗焦慮藥物、抗憂鬱藥物，讓身體和心理有效的緩和。

二、人格疾患

人格疾患是指一個人在長時間的發展過程中所形成的認知、情感與外顯行為，與一般人有顯著差異，且造成生活上明顯的困擾或痛苦。人格疾患的患者表現常與其所處的社會文化期待明顯不同，在認知功能（對自己、他人、和事件的認知）、情感功能（情感的表現方式、強度、變化度、和情感表現的合宜性）、人際關係、衝動的控制中，至少有兩種以上表現異於常人，而這些表現的情形最早可追溯到青春期或早年成年期，經過長期的發展已形成穩定的模式，不易改變，更影響到其個人、社會、職業等正常的功能，而人格疾患的診斷必須排除精神疾患、物質濫用或其他身體疾病、腦傷所造成。

通常當事人要年滿18歲以上才能做人格疾患的診斷，18歲以下者通常不診斷患有人格疾患，人格疾患可以說是從早期逐漸養成的穩定行為模式，甚至終身難以改變。患者通常缺乏疾病的焦慮感與病識感，但不會像精神病患者失去現實感、無法發揮生活功能，某些人格疾患的人可能有現實感，在實際生活上則有些怪異，例如：在現實情境下操控別人，給別人帶來困擾，人際互動常引起衝突等。

人格違常症的患者是精神醫學中最不容易掌握的一大類疾患，當事人外表看似正常，但行為模式怪異往往給他人帶來困擾，導致遭受他人或社會環境的排斥，如此惡性循環，使其人際關係更壞，患者也會主觀的更加感受痛苦，終致明顯妨礙職業功能表現。然而人格疾患患者卻極少自我反省，往往將過錯歸咎於周遭環境或他人，找出似是而非的理由推掉自己的責任。人格疾患除了受到體質或遺傳基因影響，另外是人格發展的偏差所致，人格疾患是長期的人格特質行為模式，而非症狀的急性發作，治療方向也和精神疾病

不同，無法靠藥物根除。有些人格疾患的特質可以在生活上或工作上表現突出，可以鼓勵其發揮優點，但在人際上或生活功能上則有缺失，可以幫助患者改善困擾他人的行為，改變其想法及表達方式。

人格疾患根據美國精神科醫學會出版的「精神疾病診斷與統計手冊第四版修正版」，人格違常在精神科診斷五軸中，被置於第二軸的診斷，因為此類疾患為逐漸發展的形成特性，也造成在治療上較難以快速改變。人格疾患可分為三大群：

（一）A群人格疾患

A群人格疾患的患者通常超乎一般人怪異或異常，表現出古怪的行為，包括妄想性人格疾患、類分裂性人格疾患、分裂病型人格疾患。說明如下：

1．妄想型人格疾患

此類型疾患的特徵是懷疑別人、無法相信別人，總是認為別人存心不良，懷疑別人的惡意攻擊或不忠心，習慣於責備別人，將過錯歸咎別人，不承認自己的錯誤。此外，對事極度敏感，將一件小事想成是天大的事，會以攻擊態度面對他人。感情上顯得冷漠、沒有人情、缺乏溫和的感情，也無法表現輕鬆的態度，導致易與別人起衝突，職場上難與上司或同事相處，常處於孤立的地位。

2．類分裂性人格疾患

此類型疾患的人對社會關係疏離、表現冷漠、人際往來時的情緒表達侷限。通常在成人早期即出現，對於親密關係似乎沒有需求，也無動機發展親密關係，寧可長時間獨處也不願與他人相處，寧可做機械式或抽象工作，也不願與人們來往。此類型的人除了家人外，缺乏親密的朋友，對他人的讚美或指責漠不關心，對他人如何看待自己也不在意。對社交互動常不能合宜反應，看不出任何情緒反應，少有互動的姿勢或面部表情。

3．分裂病型人格疾患

此類型疾患的人表現出一般人覺得怪異、難以理解的想法、知覺和行為，並且沒有現實感，常會告知他人，自己有超能力、心電感應、透視力等迷信的能力，常有錯誤的關係聯想，人際關係中呈現孤僻，無法與他人維持

良好的互動，常有不合宜的行為表現，例如：重複不斷的跑步動作，由於無現實感，因此面對他人的指正或建議不改其怪異的本性，雖不屬精神分裂病，但有此類人格疾患的家屬常有罹患慢性精神分裂病者，可能有遺傳上關係。

（二）B群人格疾患

B群人格疾患患者較一般人表現出戲劇性、情緒異常或反覆無常的表現，包含有反社會人格疾患、邊緣型人格疾患、戲劇型人格疾患與自戀型人格疾患等。

1．反社會人格疾患

此類型人格疾患的人常表現衝動性、自我破壞性、違反社會規範的行為，而且無法成為正常的社會人，成長過程中常逃學、翹家、爭強好鬥、犯罪，成人期後無法維持穩定工作，無法作為有責任感的父母或配偶，時常違反法律、違反社會規範、無法培養出道德感或羞恥心，必須要18歲以後才可以做反社會人格疾患診斷，同時，在15歲之前即會呈現品性疾患（conduct disorder）。

2．邊緣型人格疾患

此類型人格疾患的人對人際關係、自我形象、情感表達顯示出矛盾而不穩定，個性及行為容易衝動。患者無論在真實或想像狀態下，表現出盡力避免被他人拋棄，通常情緒起伏非常大、表現不合宜且強烈的憤怒或對憤怒難以控制，呈現不穩定且緊張的人際關係模式，常衝動而做出自我傷害的行為，對於自我、未來職業生涯有認同障礙，患者長期感到空虛，嚴重時會表現暫時性與壓力源相關的妄想意念或嚴重的解離症狀。猶如徘徊於精神病及神經病之邊緣間，故稱之為邊緣型人格異常。

3．戲劇化人格疾患

此類型人格疾患的人有行為表現戲劇化、反應性、善變、做作、濃厚強烈的情緒反應，做事裝腔作勢、表面化、自我中心、常需別人的保證與支持，有些患者會有挑逗、誘惑異性的傾向，或玩弄、威脅他人的情形。通常患者表現與一般人不同的戲劇性情緒或行為，代表缺乏自信、有自卑心理、

不能自我肯定，渴望得到別人的讚美，為了獲得讚美，患者只好演出一場又一場精彩誇張的連續劇，如此，才有機會受他人所關注。

4. 自戀型人格疾患

此類型人格疾患以自我為中心，對自己的重要性或條件過度誇大，喜愛表現以引起他人欣賞，不習慣接受他人的意見或批評。常期待被他人特別對待，喜歡利用他人卻不尊重他人，也不太懂得體會他人的難處。需要不斷的被他人關注，以滿足自己的信心或虛榮感。

（三）C群人格疾患

C群人格疾患的特徵是具有較一般人更為焦慮或恐懼的表現，呈現出焦慮或害怕的情緒，如畏避型人格違常、依賴型人格違常、強迫思想與強迫行為人格違常等。

1. 畏避型人格疾患

此類型人格疾患的人很想與他人來往，但又很怕被他人拒絕、羞辱，結果更不敢與他人來往，對於別人總是迴避，心理上有著自卑感。這類型的人除非有人陪伴著或保護，否則不敢到公眾地方與人們來往互動，造成生活上、職業上的困擾。患者可能早年時期有適應上的困擾，例如：拒學、特別怕陌生人、在團體中不敢表現、被拒絕、自卑，久而久之以逃避的方式來避免不適，也因此被他人認為是孤僻（其實是害怕、焦慮），常因此而出現人際問題。

2. 依賴型人格違常

此類型人格疾患的人極度缺乏自信心、無法獨立、自己對外界沒有主張與看法、依賴他人替他做決定，生活上總是依賴他人的照顧。此外，患者不會對他人說不，也沒辦法主動做事，凡事都得問別人，雖然會覺得無助，但仍然不斷地尋求他人保護，也不願自己做決定。

3. 強迫型人格違常

此類型人格疾患的人過分墨守成規、律己甚嚴，雖然做事謹慎、責任心強，但缺少隨機應變、過分小心僵化，導致顧慮小細節而忽略大事。患者通常缺乏柔軟的情感，也缺乏幽默感，常要求別人與依他的方式來做事，導致

人際上的困難。此外，常過分專注在工作上，也不善於享受人生；生活中可以看出此患者，因顧慮太多、怕錯誤，以致難以定下心來決定事情。

三、精神分裂症

　　精神分裂症又名為「認知感覺失調症」，是一種思考、情緒、知覺障礙的疾病，會有不合於現實的想法或意念以及生活功能，通常在自我照顧、人際關係、因應能力、職業及社交的功能嚴重受損。

　　精神分裂症可以在任何人、任何年齡發生，一般較常發生在青少年至成年期階段（18-25歲），但其他年齡層亦有可能發生，雖然在兒童也可能發生，但是並不常見。精神分裂症有可能急性發作，也可能經過一段日子的醞釀才發作，通常病程必須超過六個月以上才能確定此診斷。精神分裂症的發生有生物學因素，主要與大腦中的神經傳導物質不平衡有關，例如：多巴胺、血清促進素等物質。精神分裂症雖有基因遺傳傾向，家族中有人得到此症狀，則親屬得病機率也比一般人高。

　　一般來說，精神分裂症的症狀包含有正性症狀、負性症狀和混亂症狀。精神分裂症有時和情感性疾患（躁症、鬱症或雙極性症狀）會一起出現，常被診斷為精神分裂症，若精神分裂症狀較為明顯，且持續時間長，而躁症或鬱症較短，則應診斷為精神分裂症；如果精神症狀只出現在情緒發作期，則診斷應為情感性精神病，而非精神分裂症。精神分裂症狀說明如下：

（一）正性症狀

　　有時也被稱為精神病症狀，是一些平常人不會存在的較動態的症狀，例如：妄想和幻覺，可能會認為別人要害他，可能會看到、聽到外星人或鬼神跟他講話，患者有時候會有怪異或與現實脫節的想法。他們會覺得別人知道他們的想法、有人在陷害他、監視他或他可以讀出別人在想些什麼。這些想法並不會因為旁人的說明或解釋而修正，即使有相反的證據，也無法使患者放棄他原有的懷疑。通常，病人在某些方面會喪失現實感。

（二）負性症狀

是指一些平常人不會存在的較靜態的症狀，例如：表情平淡、缺乏動機、說話內容貧乏，以及對生活的事務都沒有興趣。患者情緒表達少、笑得少、哭得也少，也可能經驗到一段時間的退縮或孤立，缺乏情緒表達，不一致的情緒表達或反應。患者可能缺乏能量，在執行計畫或行動上有困難，有些病人更嚴重時必須被提醒才能做簡單的事，例如：洗澡或換衣服等對在他周圍的事都覺得無趣，甚至過去覺得有趣的事也不再有趣，並感覺這世界已經不值得他們去做任何事，說話貧乏無內容，患者在持續談話或說些新的事情上有困難。負性症狀不像正性症狀表現明顯，但也會嚴重影響病人的日常生活功能。

（三）混亂症狀

是指一些平常人不會存在的失序的症狀，包括混亂且毫無意義的想法、語言和行為，造成患者在連貫的詞句或交談上有困難，患者有時會移動緩慢、重複動作或有儀式化的行為；更嚴重的情況會使人產生僵直狀態，完全不說話、不動，或維持一個固定的姿勢很久。有時患者在理解周圍所見、所聽、所感覺的事情有困難。周遭所發生尋常的事都被扭曲到變得很害怕，他們對周圍環境的聲音、顏色及形狀可能格外地敏感，嚴重時會出現攻擊、破壞、自殺等不適當行為。

精神分裂症和其他疾病一樣是可以治療的，早期治療可以避免疾病惡化。治療方法包括藥物治療、家庭治療、心理治療、職能治療、環境治療及復健治療。急性期通常以藥物治療為主，並配合其他治療法。慢性期則以精神復健，強調技能訓練與再教育為主，但藥物仍須持續規則服用。

精神分裂症的預後，視個人體質、發病年齡、發作次數、病前性格、症狀嚴重程度……等，而有所差異。一般而言，經過治療大約30%的人可以從事簡單的工作，30%的人可以自我照顧，其餘40%的人需要長期慢性療養。簡單的說，早期治療可減緩功能退化，幫助病人維持較好的社會功能。

精神分裂症會造成社會功能受損、範圍包括：自我照顧技巧退化、生活作息懶散、缺乏主動性、人際關係不良、退縮、孤僻情緒控制不良與壓力

處理不當、因應能力減弱、處理家事與理財的能力變差、資源應用的能力減退、喪失積極生活的態度與工作的動機。

如何預防精神分裂症之復發，以下有幾項預防復發的要點：

（一）長期接受治療的心理準備

遵守規則服藥規定、不隨便停止或調整藥量、妥當的情緒管理、按時門診追蹤、與醫療機構保持聯繫、接受醫院或社區之居家護理，也就是說不服藥是很容易使疾病再發。因此要預防疾病復發，通常在症狀改善或緩解後，維持低劑量藥物治療是必要的。

（二）家庭及環境資源的支持

家人需要提供患者支持性環境。保持家庭氣氛和諧，不過度批評、干涉。

（三）患者的心理及生活調適

面對生病的事實，學習與疾病共存。放鬆自己、紓解壓力、充足的睡眠與適當的休閒活動。

（四）接受專業治療

參加支持性團體，接受復健治療。許多人發現在加入家族支持性團體後，對他們在瞭解疾病與獲得協助的掙扎上是一個轉捩點。能夠最有效的處理精神分裂症的家屬是那些能夠接受疾病與它造成的後果、對患者及自我有合乎現實的期待、接受可得的幫助與支持的人，但是需要時間來發展這些態度，來自他人的支持可能會有很大的幫忙。

四、情感性精神疾患

情感性疾患是以「情緒」為主軸所產生的疾患，包括：憂鬱性疾患（重鬱病、低落性情感疾患）、雙極性疾患（第一型雙極性疾患、第二型雙極性疾患）。憂鬱性疾患單純只有重鬱發作的現象，整個疾病史不曾有過躁狂

發作（manic episode）、混合發作（mixed episode）、或輕躁狂發作（hypo-manic episode）。雙極性疾患則除了重鬱發作的現象外，還有躁狂發作、混合發作或輕躁狂發作。

重鬱病的特徵是有一或多次的重鬱發作，意即至少有兩週時期的憂鬱心情或失去興趣及喜樂，並伴隨出現憂鬱附屬症狀中至少四項：

1. 心情常被個案描述為憂鬱的、悲傷的、無望的、令人沮喪的、或「掉到谷底」。
2. 個案或多或少總有著失去興趣或喜樂。
3. 食慾通常減少，亦可能增加食慾及渴求特殊食物。
4. 失眠或睡眠過多（嗜睡症）。
5. 精神運動性變化，包含激動（如：無法安靜坐著、踏步、絞扭雙手；或拉或磨擦皮膚、衣物或其他物件）或遲滯（如：語言、思考及身體動作變緩慢；回答問題前的遲疑時間增加；語言的音量、抑揚起伏、話量、內容多變性等皆減少，甚至緘默不語）。
6. 失去活力及勞累疲倦。
7. 無價值感或罪惡感，包含對自己價值的不實際負向評價，或對於過去小小的失敗有罪惡感的專注意念或一再回想。
8. 思考能力、專注能力或決斷力減退。
9. 常有死亡想法、自殺意念、或自殺嘗試。

低落性情感疾患的特徵是至少兩年的憂鬱心情，期間內心情憂鬱的日子比非憂鬱心情的日子為多，並伴隨出現憂鬱附屬症狀多項（但不符合重鬱發作之診斷）。

雙極性疾患則除了重鬱發作的現象外，還有躁狂發作、混合發作、或輕躁狂發作。躁狂發作定義為在清楚的一段時期內，異常且持續地具有高昂的（elevated）、開闊的（expansive）、或易怒的心情。這段異常心情的時期須持續至少一星期（若有必要住院治療則可較短）。心情障礙需伴隨發生如下列出所附屬症狀中至少四項，這些症狀包含：

1. 膨脹的自尊心或自大狂。
2. 睡眠需求減少。
3. 不能克制地多說話。

4. 意念飛躍。

5. 注意力分散。

6. 增加目的取向之活動或精神運動性激動。

7. 過分參與極可能帶來痛苦後果的娛人活動。

若心情為易怒心情（而非高昂或開闊的心情），則上列症狀需要至少四項。症狀不符合混合發作的準則，混合發作的特徵是至少一星期內，幾乎每天都同時發生躁狂發作與重鬱發作的症狀。心情障礙需相當嚴重而造成社會或職業功能的顯著損害或必須住院，或其特徵為有著精神病性特質，此發作必須並非某種藥物濫用、臨床用藥、其他身體性抗鬱治療（如電氣痙攣治療或光治療）、或暴露於毒素等的直接生理效應所造成。此發作也必須不是一般性醫學狀況（如多發性硬化症、腦腫瘤）的直接生理效應所造成。

混合發作的特徵是一段時間內（持續至少一星期），幾乎每一天皆符合躁狂發作與重鬱發作的準則。患者自覺心情迅速的轉換（憂傷、易怒、溢樂），並同時有躁狂發作與重鬱發作兩者的症狀，常見的症狀有：激動、失眠、胃口失調、精神病性特質及自殺想法。此障礙必須嚴重到造成顯著社會或職業功能的損害或必須住院，或有精神病性特質為其特徵。此障礙並非由於某種物質使用（如：物質濫用、臨床用藥、或其他治療）或一般性醫學狀況（如甲狀腺功能亢進症）的直接生理效應所造成。抗憂鬱藥物、電氣痙攣治療、光治療、或為治療其他一般性醫學狀況所使用藥物（如類固醇）等，其直接效應也可能造成某些類似混合發作的症狀，這種症狀不算混合發作。

輕躁狂發作定義為在清楚的一段時期內，異常且持續地具有高昂的（elevated）、開闊的（expansive）、或易怒的心情，這段異常心情延續至少四天。在此異常心情的時期需伴隨發生如下列出所附屬症狀中至少三項，這些症狀包含：

1. 膨脹的自尊心或自大狂（非妄想性）。

2. 睡眠需求減少。

3. 不能克制地多說。

4. 意念飛躍。

5. 注意力分散。

6. 增加目的取向之活動或精神運動性激動。

7. 過分參與極可能帶來痛苦後果的娛人活動。

　　若心情為易怒心情（而非開闊或誇大的心情），則上列症狀需要至少四項。除了不得有妄想或幻覺外，此附屬症狀表與躁狂發作所使用的完全相同。輕躁狂發作時的心情需與此人平時非憂鬱期的一般心情顯然不同，且同時有明確功能變化。與躁狂發作不同的是：輕躁狂發作並未嚴重到造成社會職業功能的顯著損害，或必須住院治療，並且沒有精神病性特質。某些個案的功能變化可能表現於顯著增加工作效率、成就、或創造力。而對另一些個案而言，輕躁狂發作卻帶來某些社會或職業功能的損害。

　　第一型雙極性疾患的特徵是一或多次躁狂發作或混合發作，通常也有重鬱發作。第二型受極性疾患的特徵是一或多次重鬱發作，並伴隨有至少一次的輕躁狂發作。以上為關於情感性疾患（mood disorders）的說明。

　　所謂情感性疾患，就是指一種持續的情緒狀態，而非只是暫時性的情緒狀態而已，它可以持續數天至數週，甚至更長的時間。以下以常見的躁鬱症及重度憂鬱症來加以介紹。

　　躁鬱症的臨床診斷上，除了憂鬱發作，至少要有躁症或是輕躁症發作，什麼叫做躁症發作呢？即症狀持續超過一週以上或是嚴重到需要住院的程度。

臨床可見症狀：

1. 異常而持續地具有高昂的、開闊的，或易怒的心情。
2. 膨脹的自尊心或自大狂。
3. 睡眠需求減少。
4. 比平時多話或不能克制地說個不停。
5. 意念飛躍或是主觀經驗到思緒在奔馳。
6. 注意力分散（亦即注意力太容易被不重要或無關的外界刺激所吸引）。
7. 增加目的取向的活動（有關社交、工作或學業或性生活）或精神運動激動。
8. 過分參與極可能會帶來痛苦後果的娛人活動（如此人從事無節制的大採購、輕率的性活動或愚昧的商業投資）。

輕躁症症狀較輕，持續時間較短，較難被察覺。躁鬱症除了輕躁症及躁

症之外，也可能有憂鬱發作或是混合發作等情形，臨床上應由專業人員進一步評估。

所謂重度憂鬱症在精神狀態可能的表現有下列情況，且整個持續超過兩週以上，整天大部分的時間都會出現。

1. 憂鬱心情，幾乎整天都有，幾乎每日都有。
2. 在所有或幾乎所有的活動，興趣及喜樂都顯著減少，幾乎整天都會，幾乎每日都有。
3. 非處於節食而明顯體重下降，或體重增加，或幾乎每天食慾都減少或增加。
4. 幾乎每日失眠或嗜睡。
5. 幾乎每日精神運動激動或遲緩。
6. 幾乎整日疲累或失去活力。
7. 幾乎每日有無價值感或過分而不合宜的罪惡感。
8. 幾乎每日思考活動或專注能力減退，或無決斷力。
9. 反覆想到死亡，重複出現無特別計畫的自殺意念，有過自殺嘗試，或已有實行自殺的特別計畫。

需要注意的是這些治療藥物並不是馬上服用就可以見效，而是需要足夠的劑量及足夠的時間（約三到四週）才會發揮效果，因此需要耐心服用，更重要的是它們並不會像刻板印象中，精神科藥物會造成上癮的現象。

什麼可能是情感性疾患發生的徵兆呢？包括上述的憂鬱症及躁症的症狀出現時就可能是要發作的前兆，有些人可能會先出現食慾或是睡眠問題，或是增加許多身體抱怨，但是內外科醫師卻又找不到確切的身體疾病，或者是出現跟過去截然不同的表現，原本溫和變得易怒，容易與人發生爭執，內向的人忽然開始與大家甚至陌生人都變的很熟悉而熱情，或是亂花錢，盲目投資，從事危險的性行為等。這些都可能是生病的前兆，此時不妨求助精神科專業人員，進一步加以評估是否是憂鬱症或是躁症的可能性。

當我們所愛的人生病了，除了趕快到醫院接受評估與治療外，家人或是朋友的支持與接納也是相當重要。研究顯示家庭及社會支持系統對於疾病的預後扮演很重要的角色，主動聆聽，同理個案的感受，以接納而不批評的態度與個案共同來面對疾病是很重要的事。

　　情感性疾患是可以治療的疾病，當我們對於疾病認識更清楚，且配合醫師與個案及家人所擬定的治療計畫，將會使受情感性疾病所苦的人更早一步踏出來，迎向健康而美好的明天。

第四節　心理治療

　　心理治療（psychotherapy）是指由受過專業訓練的人員，以心理異常者為對象，在不使用藥物原則下，針對異常者的病象、病情與病因，給予診斷與治療的過程。換言之，是透過人和人之間的互動過程來改變當事人心理上或行為的治療過程。它是由受過訓練的專業人員，利用心理學的方式來改善當事人的問題。被治療的對象可能在原有的能力上受到限制，透過治療者的介入加以協助。心理治療需要一段時間來展現其療效，而非一蹴可幾，需要患者和治療者長時間的配合。

　　心理治療的目標依照個案狀況的不同，而有不同的層次和角度，是一種幫助患者增進對自我的瞭解和正向改變的服務（林家興、王麗文，2000）。心理治療的目的包括：對自己的情感、認知、行為有所覺察和瞭解、找出問題所在、減輕症狀、重新肯定自我價值、改變部分人格特質、接收新知、學習新的處理技巧等。治療師會幫助當事人，使他們能接受並處理生活中的某些考驗。

　　心理治療與輔導（guidance）、諮商（counseling）仍有些差異，意指受過專業訓練的人員，以一般人為對象所從事的一種助人啟發心智的教育活動。至於諮商（counseling）在功能上則介於輔導與心理治療兩種涵義：以遭遇心理困惑之一般正常人為對象時，諮商可具有心理輔導的功能；以心理異常者為對象時，諮商亦有針對某些精神官能症的人從事心理治療。

　　面對尋求心理治療的當事人，我們應該適時的同理及稱讚，因為一般人對於心理治療仍然有障礙，可能害怕被他人貼籤、可能接受自己是有病症、可能會受到精神病的迷思，然而他們不但嘗試正視自己的問題，也不怕艱難的克服心理疾患，我們應該提供鼓勵及協助。

一、心理治療的基礎

幾乎所有的心理治療學派的目標，都是要因應當事人的情感、認知、支配感等方面的合理需求，幫助當事人消除妨礙滿足合理需要的不正常的態度、情緒和行為。因此，心理治療必須先力圖改善病人的人際關係、減輕痛苦，同時也幫助當事人接受生活中不可避免的挫折，並促進個人的成長。

不論是何種心理治療學派，都考量到當事人生活的各種層面，只是不同學派的關切點及切入點不大相同。例如：治療的主要目標為何？短期目標為何？試圖改變的是認知態度？情緒狀態？還是行為？

各種洞察式（領悟式）的治療學派著重於個別的當事人，認為困擾的來源在於未解決的內心衝突。精神分析學派認為內心衝突起源於早年生活的創傷經歷，藉由自由聯想、夢的解析、闡述等方式揭露其根源並加以解決。行為學派的治療則強調制約及學習，認為病人最主要的困難在於因應現有的社會環境，此學派協助當事人瞭解並改變導致不適行為的原因，以系統減敏感法、洪水或暴露法為基礎，消除早期不當學習所造成的影響。存在主義學派則著重於幫助當事人找到人的價值、展望未來，以達到人之完善與成長。

此外，一些治療學派將治療的基本焦點置於生活在家庭、組織或團體，他們特別重視病人對家庭或團體中其他成員的反應，認為這有助於瞭解當事人症狀的起源，並從當事人的周遭的家人或團體找到幫助解決問題的力量，因此，著重將問題放回為家庭或系統中來解決。

一般來說，當事人接受什麼樣的治療，常主要取決於治療者所屬的學派，因為治療者傾向於將他們的專長及信仰治療法用於當事人。通常精神分析治療學派治療者所信仰的治療目標是增進病人的整合能力或促進人格發展，緩解困擾症狀。認知治療或行為治療者則相信，病人在改變錯誤認知或克服早期不當的學習，會增強其社會能力和自信心，困擾症狀將會消除。

二、心理分析治療法

佛洛依德發現，許多心理障礙，例如歇斯底里症狀、強迫症、恐懼症、焦慮症等疾病，常源自於壓抑在本我的某些欲望、意念、矛盾情緒、早期心理創傷中。這些被壓抑的東西，雖然一個人自己不能覺察，但在無意識的原

我內卻並不是安分守己的待在那裡，而是不斷的興風作浪，從而引起個體的焦慮、緊張、恐懼、抑鬱不安的心理障礙。

精神分析學派認為，心理治療若能將那些被壓抑在潛意識的東西帶回到意識領域，讓個體能夠覺察這些因素，將對當前表現出來的心理障礙或行為問題有所領悟，那麼當事人就能在現實原則之下，依靠自身的力量來克服這些障礙或問題，建立正確與健康的心理結構。

精神分析學派的運用方法有：㈠ 自由聯想治療：讓當事人在毫無受打擾的環境中，讓內心的任何想法自由闡述，而治療者不做任何評論。㈡ 疏通：讓當事人將心中積鬱的苦悶或矛盾衝突傾訴出來，以減輕或消除其心理壓力。㈢ 瞭解自我防衛機轉：當事人的自我受到本我和超我的威脅而引起緊張或焦慮時，會激發一系列的防衛機制用以保護自我，延緩或消除緊張或焦慮。防衛機轉中的良性防衛是指運用有關的防衛方法來維持心理平衡，而不表現出適應不良的行為，這種防衛不能看作是心理障礙，應該看作是一種對心理障礙的處理策略。反之，防衛機轉的不當防衛是指在不適當的時機，不適應地應用有關防衛方法，使自己在內心安寧方面或與他人交往方面造成不和諧，從而表現出不良的行為，這種防衛實際上已經是一種心理障礙。

目前精神分析學派所提及的防衛機轉如下：㈠ 否認（denial）；㈡ 合理化（rationalization）；㈢ 壓抑（repression）；㈣ 轉移（displacement）；㈤ 反向（reaction Formation）；㈥ 認同（identity）；㈦ 投射（projetion）；㈧ 退化（regression）；㈨ 幻想（fantasy）；㈩ 內射（introjection）；㈪ 隔離（isolation）；㈫ 抵消（undoing）；㈬ 補償（compensation）；㈭ 昇華（subimation）；㈮ 幽默（humor）；㈯ 曲解（distortion）。

精神分析學派透過以上的方法，治療者可以引導當事人直接深入自己的內在狀態中，發現問題所在，把隱藏的問題呈現出來。在另一方面，治療者可以透過自我防衛的引導教育，指導當事人採用比較好的防衛機轉去取代那些不恰當的防衛行為，引領當事人恢復正常的活動和建立良好的人際關係。

三、認知行為治療法

認知行為療法是一個被廣泛研究及應用於處理情緒及行為問題的治療

法。認知行為療法的成效在治療憂鬱症、焦慮症、壓力、恐慌症、強迫症、懼曠症、飲食性疾患等成效明顯。

認知行為療法強調認知影響情緒及行為，在正常的情況下，認知支配情緒感受及行為，因此，當我們有負面情緒及失調行為時，可以我們的認知想法做改變。在進行認知行為療法時，當事人和治療者先建立治療關係，再來就問題擬定目標，然後運用各種具體及實際的方法來進行治療，過程強調當事人與治療者之間的合作關係，治療者的責任是從旁指導，當事人則要主動練習治療師所指導的方法。由於雙方已有訂立清晰的目標，認知行為療法的療程大多是短期的，具有時間及經濟的效益。

認知行為治療（cognitive behavioral therapy, CBT）是一種心理治療的取向，以目標為導向與系統化的程序，解決當事人功能的情緒、行為與認知問題。認知行為治療法仍可細分為不同的治療方式，有些治療者偏重認知導向，另一些人則偏重行為導向，有些則結合了兩者。如行為治療、認知治療、想像暴露治療，都可以稱為「認知行為治療」。

認知行為治療可以有效治療多種問題，包括情感性疾患、焦慮性疾患、人格疾患、飲食疾患、物質濫用、精神病性疾患。治療方式通常是依照治療者的指示或雙方的協議，運用特別的治療技巧，直接處理問題，以進行有時效性的處遇。認知行為治療可用於個人治療及團體治療，也可以應用在自己的身上達到自助。

認知行為治療的發展，主要是透過行為治療與認知治療的結合，在關注此時此刻、務實與減輕症狀上進行處遇。通常許多特定疾患在接受認知行為治療程序時，治療者會依照症狀的診斷，採取特定的治療方法，治療時間及治療花費較為經濟，所以相較於其他療法來說，認知行為治療更受到醫院及治療機構的喜愛。一般來說，認知行為治療代表性的學派有下列：

（一）艾里斯（Albert Ellis）的理性行為治療法

艾里斯開始他的理性行為治療法是源於1950年的中期，他認為用一般的心理技巧去治療病患得到的成效並沒有那麼大的效果，於是他開始慢慢改變他的方式，漸漸的他愈來愈採取扮演主動的腳色，攻擊及反駁個案的不合理

的思考，要求他的病患在治療之外的其餘時間做他安排的一些練習，而Ellis的這一種方法就是後來大家所知的理性情緒治療理論。理性治療主要的目的並不是要完全醫治好病人現有的病情，而是要引導病患去改變、去檢視他本身的一些不合理價值觀，尤其是以困擾著病患的觀念並做改變。

（二）貝克（Aaron Beck）的認知治療法

貝克的認知治療法認為人會有困擾在於負向及災難式的認知，當事人受到精神上或外在環境的挫折，因而造成當事人認為無論如何反抗掙扎，都是沒有任何機會改變的，對自己、這個世界或未來都覺得無意義，而任何事情都會往負面去做思考，覺得未來是沒有希望的，而大多會有這種思考模式幾乎都是幼年時心靈上的創傷所導致而成的，缺乏社會增強則是說憂鬱症患者他的個人行為在社會上或親情上得不到任何支持，得不到認同和肯定，他無法獲得從事正當行為後社會給予他的肯定與認同。而憂鬱症患者習慣遠離人潮，所以這會導致惡性循環。而認知的歪曲所指的是患者通常對自己的評價都是負面的，幾乎都是痛苦、不愉快的回憶，很少有快樂的回憶，所以有些患者常常會做出一些傷害自己的事。

（三）麥新懋（Donald Meichenbaum）的認知行為治療法

麥新懋是一個將認知行為統整的人，他認為認知行為治療有分成以下幾個步驟：
1. 幫助當事人瞭解他本身問題的所在。
2. 改變當事人原有的不當認知、情緒與行為。
3. 讓當事人對於自己的認知、情緒與行為，能夠有更顯著的改變與維持。

麥新懋蒐集許多有關於當事人的認知行為治療的元素，而這些元素裡也包括了艾里斯和貝克所提到的重要元素，他統合了艾里斯和貝克對認知行為治療所研究出來的方法，而發展出了一套屬於自己的認知行為治療法。

四、人本治療法

　　人本治療法是由羅傑斯（Carl Rogers）所提出，主張每個當事人都有解決自己問題的能力，只要給予當事人安全的環境，無條件的關懷及支持，當事人便能自發地解決心理困擾；另一位學者馬斯洛（Maslow）主張的人性需求理論，認為每個人都有需求需要滿足，從生理需求、安全需求、愛和歸屬的需求、自尊需求到自我實現的需求，並將自我實現視為人性的最高需求，假設了人活著是為了達到自我實現的圓滿地位。在這些思想中，個人的心理調適成為重心。

五、家族治療法

　　家族治療學派認為人是家庭中的一分子，因而將家族視為一整體，若要瞭解當事人，必須瞭解其家族生活的狀況，若要處理當事人的問題，也必須從家族的場域去解決。因此，家族是一個整體，若只有對成員做個別治療，仍不能解決根本問題，治療時需要所有家族的人一同參與。治療重心是整個家族而非被認定的病人，治療者工作是改變家庭溝通關係和互動關係，才能使症狀消失無形。因而嘗試去改變家族中人們的互動關係，才能促進家庭和諧方法。

　　家族治療認為心理治療應從個人而轉變以家族為一個單元的方式進行，對於個人的心理障礙的問題，歸類為家族內的功能運作不良，認為從當事人身上所偵察到的種種問題，可能不是個人的社會適應不良，而是家族運轉過程中出現了一些不當的運作，而在某一些特定的人士身上爆發出來而已，瞭解家族治療法的觀念，使治療者懂得如何運用家庭、取得家人的共同合作，來辨識及處理當事人的困擾及問題。

附錄一　青少年憂鬱情緒自我檢視表

請用最近兩週的想法和感覺作答，若該句子符合你最近二週的情況，請勾選「○」，若不符合，請勾選「×」。

（　）01. 我覺得現在比以前容易失去耐心。

（　）02. 我比平常更容易煩躁。

（　）03. 我想離開目前的生活環境。

（　）04. 我變得比以前容易生氣。

（　）05. 我心情變得很不好。

（　）06. 我變得整天懶洋洋、無精打采。

（　）07. 我覺得身體不舒服。

（　）08. 我常覺得胸悶。

（　）09. 最近大多數時候我覺得全身無力。

（　）10. 我變得睡眠不安寧，很容易失眠或驚醒。

（　）11. 我變得很不想上學。

（　）12. 我變得對許多事都失去興趣。

（　）13. 我變得坐立不安，靜不下來。

（　）14. 我變得只想一個人獨處。

（　）15. 我變得什麼事都不想做。

（　）16. 無論我做什麼都不會讓我變得更好。

（　）17. 我覺得自己很差勁。

（　）18. 我變得沒有辦法集中注意力。

（　）19. 我對自己很失望。

（　）20. 我想要消失不見。

符合5（含）題以下，目前心理狀態正常。

符合6-11題，建議對自己的心情做審視，尋找朋友聊天或專業機構。

符合12（含）題以上，建議求助醫療機構做深入的瞭解。

此為簡易的憂鬱情緒的篩檢表，由董氏基金會摘錄，並非憂鬱症的診斷，疾病診斷需由醫療院所執行。

附錄二

焦慮症檢核表

生理上的反應	打勾	認知上的反應	打勾	情緒上的反應	打勾
感覺身體發熱		我做不來		害怕	
心悸		我覺得自己很傻		激動	
心跳加快		人們常注視著我		恐慌	
胸部緊		我可能會昏倒		過度的擔心	
胃不舒服		我得了心臟病		不安	
換氣過度		常想假使有人受傷、生病或火災		感覺世界毀滅或是幽暗、悲哀的	
常覺得很虛弱		沒有人會幫我		被困陷住,無處可躲	
發抖		我沒法子獨自出門		被孤立	
暈眩		我沒法子呼吸		失去控制	
口乾		我快要死了		難堪	
思想混亂		我會發瘋		罪惡感	
無法專心		我陷入困境了		抗拒	
肌肉緊張 / 痛		我不願意出門		生氣	
疲倦		讓我離開這裡		憂鬱	

假如您有了上述超過12個以上的狀況,請檢視自己下列問題:

一、是否擔心焦慮發作,會限制我的現在 / 未來的生活?

二、是否每天躲避這些的反應呢?

三、是否生活中常常感到緊張?

四、是否有些不合理的想法仍然無法消除?

若仍然無法解決,建議到專業諮商或醫療機構檢查。

參考書目

呂勝瑛（1984）。諮商理論與技術。臺北：五南。

林孟平（1988）。輔導與心理治療。臺北：五南。

張德聰、林香君、鄭玉英、陳清泉（1995）。諮商技巧訓練。臺北：天馬。

陳照明（1980）。諮商理論與技術要義。臺北：大洋。

黃惠惠（2004）。助人歷程與技巧增訂版。臺北：張老師。

黃積聖（2003）。談諮商輔導歷程之基本概念——同理心，人事月刊，**37**，36-41。

廖本富（2000a）。同理心的迷思與澄清，國教世界，**191**，67-78。

廖本富（2000b）。同理心與焦點解決短期諮商。輔導季刊，**36**，45-53。

劉安眞（1999）。當事人中心治療發展現況之探討。諮商與輔導月刊，**168**，9-15。

賴保禎、金樹人、周文欽、張德聰編著（1996）。諮商理論與技術。臺北：國立空中大學。

張德聰、黃正旭、黃素菲（2001）。諮商技術。臺北：國立空中大學。

Carl Rogers（1990）。成為一個人（宋文里譯）。臺北，桂冠。

Corey, G.（2004）。諮商與心理治療理論與實務（鄭玄藏等合譯）。臺北：雙葉。（原書於2001年出版）

Egan, G.（1988）。有效的輔導員（王文秀等譯）。臺北：張老師。（原書於1986年出版）

Hergehen（1989）。人格心理學（譚直敏譯）。臺北：五洲。

Ivey, A. E., Ivey, M. B. & Morgan, L. S.（2002）。諮商與心理與治療——多元文化觀點（陳金燕譯）。臺北：五南。

第十章
焦點解決短期諮商之理論與實務[1]

　　焦點解決短期諮商（Solutioning-focused Brief Therapy, SFBT）主要是由
Steve de Shazer及Insoo Kim Berg在短期家族諮商中心（Brief Family Therapy
Center, BFTC, 1970）所發展出來的，主要理念源自於Mental Reseasch Institute
（MRI）這個機構。MRI的創見主要承繼自心理諮商大師Milton Erickson，早
期的MRI被稱爲策略學派，後來則逐漸擴展並加入Salvador Minuchin的結構
學派。

　　De Shazer與Insoo Berg夫婦，最初只想以MRI的經驗來建立短期家族諮
商中心，後來經過不斷地觀察研究，其諮商工作就從促使改變的發生，擴大
到探討不同改變後的結果，並協助改變的持續發生，進而發展出焦點解決短
期心理諮商模式。

　　在理念上他們深受Milton Erickson的諮商理論與技術（De shazer,
1985）、心理研究機構（MRI）短期諮商觀點（Watzlawick, Weakland, &
Fisch, 1974/1996）、Bateson系統觀（De shazer, 1982）、社會建構主義多元
觀（Gergen, 1985）之影響，然而最大的不同點在於策略學派、結構學派等
著重的是問題的內涵及結構之探討，而SFBT之焦點則放在探討問題不發生
時的狀況。如以中國太極圖的系統爲例，黑白是固定平衡的，MRI的傳統作
法是從黑的部分修減問題，SFBT的作法則是從白的部分擴大，並強調正向
而樂觀的互動關係（許維素等，1998；林香君，1998）。

---

[1]　此章節感謝廖芳錦、張振發、張建智、王阿進、吳寶鈴、李雅雯、黃士
　　鈞、林祺堂的資料蒐集與課堂內容整理。

以下便針對焦點解決諮商之重要概念加以說明。

第一節　名詞釋義

一、目標架構

目標架構是晤談的第一步驟，以「正向的開始」、「關係的建立與維持」與「設定良好的目標」為重點。（許維素等，1998）

（一）正向的開始

「正向」是本取向最主要特徵之一，無論個案如何汙穢、髒亂，諮商員還是努力的尋找光明和正向。常用的問句是「是什麼事情把你帶到這裡來？」、「你想要獲得什麼？」、「你覺得我可以幫你什麼？」、「你今天還想要改變什麼？」，這些問句暗示著晤談成功的可能性，讓個案覺得沒有那麼糟，強化其行動與改變的意願與信心。

（二）關係的建立與維持

從諮商一開始關係就開始發展，焦點解決短期諮商重視諮商員及個案之合作互動關係。

（三）設定良好的目標

良好的目標有七個重要原則，以下分別敘述之：（洪莉竹，1998）

1．正向的敘述語言

正向的不是優秀的、合乎道德的或健康的意思，而是用一種個案「會」去做、「會」去想的描述，而不是「不會」去做或去想的敘述。

2．以「過程」的方式進行描述

目標的描述應該猶如一場畫面流動的電影，而不是一幅靜止圖，這樣會使個案較容易去執行與完成。

3．存於「當下」的此時此刻

強調的是所提出的解決方案是個案可以「立刻開始」或是可以「繼續」

去做的行動。太久遠的目標容易模糊，也常會超出現階段個案的能力控制範圍。

4．愈具體愈好

目標描述得愈具體，就愈有強烈的行動原動力。

5．由小步驟開始

目標的設定宜由小步驟開始，小改變可以帶出大改變，而且容易達成的小步驟將會帶來個案成功的感受與對自己的信心，而願意繼續努力。

6．在個案「控制」之內

目標要設定在個案能夠「開始」做到，或「繼續維持」去做的原則下。

7．用個案的「描述」

儘可能使用個案描述事件的語詞或語言的習慣與層次來進行治療，這樣會較能促進個案在他習慣的思考脈絡中進行。有時諮商員還需要就個案的描述聽出絃外之音，尤其是個案想要達到的目標所在。

二、例外架構

焦點解決短期諮商的基本假設是所有問題都有例外，例外的思考原則會引領我們去區分「問題發生時」以及「未發生問題時」，並且更注意未發生時的意義，所有個案的生活裡都包含著成功，儘管是微小或不經常出現的（許維素等，1998）。例外出現在不同的情況、時間、事件或小插曲之中，也就是應該要發生，不知是何緣故並沒有發生，諮商的任務就是鼓勵個案去發掘及檢查這些例外，並讓個案重新體驗這些例外，藉以擴增個案信心。

Cotton, Jeffrey（2010）在一篇焦點問題解決法的講座中引用De Jong與Berg（2002），引導個案以例外架構來思考與討論自己的問題，至少有兩項優點：1. 改變個案面對問題的標準。2. 例外架構源自「目前的可能性」的範疇中，是現在就可以立刻動手做的，因此容易思考及形成一些行動的細節，成功的可能性大為提高。治療師亦可透過詢問例外的問題，從中辨認出當事人在未來可運用的長處。不過例外雖然可以促使成功，諮商員在運用例外技巧時，有下列幾項標準作為檢核與提醒：

㈠例外需符合良好目標的設定標準。

(二) 將例外與諮商目標有所聯結，但必須在個案能接受的前提下。

(三) 找到個案對例外所抱持的意義與架構，使這些例外可以發生作用，以促使這些例外持續發生。

三、假設解決架構

使案主由「問題可能可以解決」的認知中，找出問題解決的線索，因為想像問題已經不存在，可以使人發展新的可能性，進行行動的預備。所以助人者運用假設解決架構來引發行動、自我的重新對話及產生新的思考角度。（洪莉竹，1998；許維素等，1998；張莉莉，1998；簡正鎰，2002）

假設解決架構的使用情境有以下四種情況：

(一) 個案很難用正向架構來看目標，或不易想到正向的目標時。

(二) 個案很難用例外架構的角度來看自己的問題，或想不到「例外」時。

(三) 諮商員要比較與個案想像的解決辦法之間的差異時。

(四) 目標不明確時，可用假設架構找出目標，再找出例外。

假設解決架構的用法富有創新性，諮商員可以用多樣化的方法來發展，常被使用的假設解決架構問句包括：奇蹟式問句、水晶球問句、轉化問句、記憶錄影帶式問句（在實務技巧部分會詳加說明）。除了以上四種問句外，同時諮商員須注意以下三個原則：

1. 個案說不知道時，要相信他仍是「有可能」知道的：
2. 個案希望別人改變時，仍要回到個案本身的行動責任：諮商員要記得，改變別人是不可能的事，除非個案改變自己。
3. 個案抱怨諮商無效時，往諮商有效的假設去引導。

四、休息

晤談40分鐘後，休息10分鐘，再回到晤談室，進行回饋與建議，從第一階段所建構的解決方案中，萃取出有意義的訊息讓個案知道，使個案在下次來談之前，可以進一步推演他的解決架構。有時對話過程並不如預期中順利，休息階段正好可以終止一下這種不具生產性的對話，使諮商員跳離諮商情境，客觀地整理與思索再重新開始。

五、正向回饋

正面回饋包括兩個部分，分別為「讚美」和「訊息」。以下便針對此兩部分的內涵做說明：

（一）讚美

諮商員的讚美是一項正增強，具有鼓舞個案繼續行動的力量，諮商員在休息階段後的讚美，更可以引發個案從一個新的正向角度來看問題的情境。治療師的讚美需要真誠、具體，並以案主所能接受的文化方式表達，如果個案能夠透過諮商員的讚美而發現例外與個人資源的存在，就更能幫助自己，提升自己負責的能力與意願。讚美具有以下幾種功能：

1. 可以營造正向積極的氣氛。
2. 能夠增強與強化最近的改變。
3. 是一種一般化的技巧。
4. 可以使個案遠離被批評的恐懼。
5. 可以協助個案放下對改變的恐懼。
6. 可以使個案的責任感有所提升。

（二）訊息

提供訊息的目的乃在於協助個案能用新的角度思考問題與情境，或是作為家庭作業的架構，亦即能提供家庭作業的一個架構或是行動的脈絡。訊息是由以下四種目的與性質所組成：

1. 具有教育性。
2. 具有一般化的效應。
3. 提供另一種想法。
4. 提供作為作業的架構。

二十世紀末期，焦點解決迅速成為一個被認可的輔導形式。近年來，國外的研究顯示，焦點解決的技巧如奇蹟式問句、10點評量、尋找例外問句以及賦能等仍是諮商中最常被使用之技巧，大多數的當事人大約在3-5次的晤談中便能有正向改變，例如：更有自信、更覺察，甚至可以改善一些內化

的行為問題如憂鬱、焦慮、自我概念等狀況。焦點解決治療在國外也較多應用於輔導物質濫用的個案、婚姻和家庭以及校園輔導等範圍，並取得良好的效果。

有關焦點解決短期心理諮商的研究文獻（2000-2010），共有77個相關的研究，8筆隨機控制的實驗研究、24筆比較研究，2筆後設分析研究以及2筆系統性綜述。24筆比較研究中，有18筆顯示出焦點解決的有效性，在8筆實驗研究中，共有5筆顯示其具有治療成效，總合呈現出焦點解決之模式約具有60%之成功率。又由於這些研究的場域大部分都設定在「現實環境」，如學校、診所或輔導中心等單位，更具參考及應用價值（Kim, Johnny S., 2008；Wei-Su Hsu, 2009；Brasher, Kitty, 2009；Demmitt, Alan & Benjamin P. Kelch, 2010；Cotton, Jeffrey, 2010）。

 第二節　提問討論

一、焦點解決短期治療的主要觀點為何？

焦點解決的主要觀點就是「永遠要看另一半的正面」。比如你現在正在生氣，就要看另一半，想像當你不生氣時是怎麼做的？當你覺得快活不下去了，就想想當你活得下去又活得不錯的時候，你對自己是怎麼想的？所以我覺得焦點解決治療的重點就是「永遠要看另一半」。譬如說是：

1. 正向的一半。
2. 成功的一半。
3. 光明的一半。
4. 可能的一半。

當一個人受到挫折很難過時，常會對自己說：我不可能改變這件事了，因此就容易走向放棄之途。可是對焦點解決諮商來說，諮商者主要的工作就是要協助當事人看到「另一半」而已。

二、單次諮商

焦點解決第一個重點就是永遠要看另一半；第二個重點是諮商次數要

看服務對象及自己的專業水準而定。假設是有效的介入，其實一次就足夠了。Erikson曾經治療一個不停咬指甲的小孩子（小學老師就常會遇到這個困難），大部分的父母都是用苦肉計，將指甲塗上辣椒、鹽，可是這樣做還是不夠有效，所以他們就來找Erikson。Erikson聽了以後，沒有用任何的理論，只是跟小孩子講了一個故事，Erikson說：「我昨天晚上做夢，夢到我去你家臥室的床上看你，然後我發現一件很奇怪的事，你的臥室很吵，因為你的十個手指頭正在吵架開辯論會，很多手指頭都在攻擊你右手第二根手指頭，他們說你太偏心了，你每次都只吸右手第二根手指頭，都不吸別的手指頭，他們也是手指頭，為什麼你就不愛他們？」這個小孩子聽了這個故事以後變得很焦慮，其原來的問題已轉變為思考要如何才能公平對待其他的手指頭，這個就是治療裡所謂的「distraction」——讓當事人離開原來的專注，吸手指頭原本只是一個不經思考的習慣性動作，但他現在做這件事時，卻變得很不習慣，他變成要去補救第二個讓他分心的氛圍，也就是他要公平對待十根手指頭，所以公平變成他此時面對的新議題。可是公平完之後，他也就累死了，因為要對全部手指頭都吸到才叫公平，所以不久之後，他就全部都不吸了。這就是有名的「單次諮商」（one session therapy），只做一次就完全解決了，但重點當然在治療者的功力。

三、「短期諮商」之意涵

短期諮商的英文簡稱就是SFBT（Solutional Focused Brief Therapy），它的發展其實主要來自美國健保系統的壓力，因為在健保方面大多只能接受6-10次的心理治療報價。在1950年代以前，心理諮商系統是以精神分析學派為主軸，1950以後，才逐漸進入到個人中心與認知行為學派，因此可知是有時代背景之影響的，以下將分兩部分來介紹：

（一）長期的心理協助系統

心理分析學派（含個體心理學與客體心理學等範疇）一般被稱作「深度（in-depth）心理學」，主要是指其治療之焦點在針對當事人的移情與投射部分做「解釋—澄清與修通」。

其實，人生的每一件事情幾乎都是投射的，而投射的意思就是我們自以為的客觀其實都還是主觀的，而且通常這個主觀的價值評斷與反應系統往往來自幼年重要他人或事件之影響，所造成的一種誇大的情緒性需求之結果。比如說，一個生在五個姊姊之家的女性當事人，當她下面來臨的居然是一個弟弟時；基本上可以想像，她將會遇到「父母—家人極不重視」的心態對待；而在這種情況之下，如果她變成過分認同男性成功與掌握控制的價值觀，難道不是正常的投射需求嗎？

（二）短期心理協助系統

理論代表來自個人中心學派及其後發展出來的焦點解決短期治療（SFBT）。

其主要假設為——人都有自我成長的潛能，但因為受到挫折而扭曲發展，以至造成當事人表面的種種困擾（學習、人際、生涯等）。如果治療者能示範一種發自內心的同理性瞭解（個人中心之假設），或提供當事人完全不同於之前的一種看法（凡事都有正負陰陽之兩面—SFBT之立場），就可以幫助當事人放鬆、接納自我（個人中心）或賦能（看到新的可能——SFBT），而脫離原先問題之困境。這些正向——例外、外化及奇蹟之觀點與作法，也就是短期諮商系統基本的關鍵！簡而言之，凡是能讓當事人「感覺好」的系統就是短期系統，所以焦點解決短期諮商和個人中心、現實治療、敘事治療等學派，都可以算是短期心理協助系統。

四、治療次數與治療成效

治療如果要有成效，就必須要有足夠的治療次數。茲舉例說明：

㈠ 焦點解決短期諮商：治療次數大約在4-8次。

㈡ 心理動力焦點解決短期治療：治療次數大約16次。

㈢ 遊戲治療：遊戲治療要有效大概要30次。因為遊戲治療若採個人中心學派取向，治療者以儘量不介入為原則，處理的時間就要比較長。

㈣ 團體諮商：團體諮商要有治療效果必須要16次（一次2-3小時）。1990年前臺灣碩士論文裡的團體諮商主題多半都只做8次，主要原因為學

校環境比較不允許做那麼多次。後來國外文獻查多了，才知道國外都是做16次，現在的碩士論文團體諮商就很少人敢再做8次，除非他做8×3（24）小時。

　　根據以上資料可知，治療次數與改變的歷程有一定的關係，但是對焦點解決短期治療來說，則是每一次的諮商都要有一部分的成功才行。

五、墓誌銘的意義

　　焦點解決強調語言的力量及一次就成功，這其實並不是很困難。大家想想看在生命歷程中有沒有聽過一句最震撼的話？那一句話就會讓你有不再回去原來狀況的感覺，你有沒有這樣的話在心中？舉例來說，請大家用一個願意刻在墓碑上的形容詞來描述自己。假設我問：「這裡躺一個怎麼樣的人？」你願意用什麼形容詞來代表你自己？例如：「這裡躺一個光明的人」、「這裡躺一個喜歡變化的人」、「這裡躺一個自在慈悲的人」、「這裡躺一個不瞭解自己的人」等。用墓誌銘形容詞的方式，很明顯的就是反應個人最重要的價值觀。當價值觀出現以後，可以再去探討和這個價值觀曾經有過的經驗是什麼？重要的價值觀裡其實就反映當事人的人生故事。不管哪一種價值觀，要小心的是注意其投射之來源與過分使用（這是人之常情）時，所需付出的代價！！

六、只看「如何解決」會不會是「頭痛醫頭，腳痛醫腳」？

　　通常問題的程度可以分成低—中—高三種層次，例如：小孩吃手指頭需要找醫生協助時，對於媽媽來說，這是一個很頭痛的問題；對治療師而言，也有可能是重度的問題；可是在Erikson的立場來說，他就是使用一種完全出其不意的方式，讓當事人的問題消失。當然也有可能因為當事人的差異性，他的內在焦慮若沒有消失，這時就需要考慮其他方式的介入。所以「如何解決」這個問題可以是一時有效，也有可能是一針見效吧？？最後還是要回到治療者的專業深度議題！

七、個案認知太過負面，是否適用焦點解決短期諮商

這個疑問如同同理心包括「同理心的態度」與「同理心的技巧」，是同樣的問題，會因為這個問題感到困擾者，可能是因為把「同理心」看做是一個技巧。

「同理心的態度」與「同理心的技巧」有何差別？「同理心的技巧」比較能分辨的是可能在做假同理，但是「同理心的態度」則不可能是假同理。比如說心靈補手影片裡的治療師，他與當事人的對話並沒有出現很多同理心的技巧，但是當事人還是很深刻的體會到諮商師的關懷與同在，這就是我所定義的「同理心的態度」。

以羅吉斯（Rogers）的立場來說：有效的工作者，不但會出現同理心的技巧，亦會出現同理心的態度。如果當事人出現攻擊與批評諮商師，比如當事人說：「不要再同理我了，我只要知道怎麼辦就好？」羅吉斯學派的諮商師會如此回答：「所以你覺得憤怒、困惑，非得有一個人告訴你該怎麼做，你才會安心。」羅吉斯學派的諮商師仍會堅持不給答案，但是會同理當事人要答案的心情，並引導當事人看清自己要答案背後的意義。如果當事人告訴你：「你就不要再同理了，只要告訴我怎麼辦就好！」你能抗拒給對方答案的要求嗎？這是大多數人抗拒不了的。每個人都有自己的看法，所以我們很容易諮商到一個程度的時候就會告訴當事人，「我」覺得怎麼做比較好？而出現給予建議的事實。

此外，這也牽涉到文化的議題，東方重視集體主義及協助之義，而西方重視個人主義與中立主義，因為文化的不同，羅吉斯式的同理態度與技巧，就是以同理反應之方式接受當事人的攻擊與批評，但我們並不一定要完全採用羅吉斯的做法，仍可以有自己的文化選擇，而此問題的答案亦復如是。

八、健康的現實感

「健康的現實感」就是Healthy Reality，就是說：現實感需要同時是健康的。

它的內涵可包括三點：

㈠心靈的狀態：能出現靈性。

㈡意識的部分：能覺察個人的重要情結或投射之影響。

㈢思想的部分：能意識到自己的主觀與客觀之差異。

針對以上三點來說，第一，簡單說就是價值汙染比較少的狀態，靈性的狀態是好的狀態，我們每一個人只要經過社會化過程都會有汙染的現象。那在這汙染裡面怎麼辦呢？就是要讓每個人的靈性發芽或回復光輝，我們每個人都有靈性，但沒有發芽出來時在與人相處或者是處事等就會產生很多困擾。靈性如果被遮蔽而不能發光時，需要去把它撥開。不過大體上光靠覺察的本身還是不夠的，因為覺察有時候很自私，像覺察到自己會妒忌，這只是對真實狀況的一個瞭解；可是除了這個以外可能還要下一個決心——自己不想再活在黑暗中、想要懺悔以前所做過不好的事情。其實每個人都有自己不想要的一些過去，藉由懺悔把不想要的過去脫離開自己，這樣靈性才有可能往上長或復明，這就是心靈部分的狀況。

其次，意識與思想的部分，請回想一下今天到目前為止的生活中，你有沒有做出任何一些不適當的思考或者不適當的行為，譬如：為了要趕到學校，看到前面有一個停車位，前面明明有人在等，可是沒有說一聲對不起就衝進去了，然後出來的時候還假裝沒有發生什麼事，因為知道那個人還在狠狠瞪著你！這類的事情就是覺察。我們的行為常常都會出於自私和自利的原則，因此會假裝自己沒有錯。所以在思想中有覺察和不覺察兩部分，覺察的部分是意識表面的功能，而意識會產生感受；不覺察的部分，舉上面的例子，就是他衝進去為占一個停車位，而且還假裝沒看到別人，這正代表他有罪惡感。但最重要就是要先從自己內心乾淨起來，進而淨化到外面。裡面不乾淨，外面乾淨又有何用？

九、真完美與假完美

所謂完美主義就是一直看到自己不完美的部分。一般老師與父母都會習慣先看學生沒有的，這個就叫做有批判力，如果沒有批判力就無法協助學生改變。但是實際上，如果一直習慣看沒有的部分，就又容易形成完美主義的特質。完美主義者都是先看缺點和不完美的地方，當這樣追求時，永遠都在負向的焦點裡，可是從生活當中，我們會發現真正的完美主義就是能夠一直在處理其不完美的自我。那麼真假完美之間，到底有什麼差別？

舉例來說，一個很年輕優秀的大學女老師，她什麼都有，就是還沒有對象。論文一直發表，但是愈來愈不滿足，她覺得自己什麼都有了，就是沒有理想的婚姻。她也參加過婚友社，但還是不能解決婚姻問題。

真正的完美是找出相對的另一半。比如說這個女性在她過38歲生日的時候，如果檢討自己好像什麼都有了，就是那個黑影（沒有結婚）很討厭。她愈成功，黑影就愈大。因為對她來說，她就只剩一件事沒有成功，這是一種狀態，當她在這個狀態的時候，她「心」的眼睛是看黑暗──沒有完成的缺陷，這樣的人，要經過怎樣的心理成長，才能到達另一個階段呢？就是除了能看到缺陷以外，也能夠看到自己已經完成很多部分的完美。

而人之所以會跟自己過不去，都是因為執著在某個焦點，不管那個焦點是錢、是名、是論文，只要執著在那個焦點就過不去。所謂「真完美」與「假完美」的定義，在於「假完美」就是世俗所定義的完美，就是永遠很努力在各種世俗價值的追求上，可是假完美並不是完全不好，到某個程度它是非常有意義的，譬如說：游泳游不好，自己就覺得一定要把它當成一門功課，最後就克服了殘障，變成游泳選手，這樣它不見得是不好的。但問題是，假設人一直是這樣的話，即使能贏得全世界，他還是非常不快樂，因為他心裡面永遠有個東西無法克服，所以我覺得對假完美的人之本體觀與哲學觀是──假設有東西障礙的時候，就一定要克服它才叫完美。相對的，「真完美」表示有些人不見得具有很多世俗標準的成就，但是他可以接受自己，並不損壞他作為一個人快樂的事實。所以我認為兩者最大的差別在於，「心」的眼睛所看到的方向不同所造成的。

「假完美」在某種程度上，是成長的動力，無需全盤否定它；但重要的是，要到什麼時候，你對自己的重要議題，終於能夠平衡自己的假完美和真完美？這才是人生一場真正的意義之所在吧！！

十、諮商師的幸福感層次

筆者認為「治療的力量與治療師的幸福感層次有關。」而要如何提升諮商師或治療師的幸福感層次呢？這個問題首先要澄清三個重點：

(一) 幸福感的英文就是Well-being。

(二) 對自己最愛的人，有沒有對他做過正面的表達是很重要的。

㈢對自己最抗拒的人，有沒有對他做過一些傷害或對不起對方的事，然後有沒有跟他表達過道歉？

大部分的人都認為表達正面比較容易而都還沒做到，表達負面就更難了！以下針對三點做更詳細的回應。

being是我們每個人存在的狀態，當存在的狀態是「正多於負」時，大概就會覺得有幸福感；如果覺得正愈多、負愈少，就會覺得愈幸福。用這樣的觀點來瞭解對方，那我們只要能幫助別人增加好的感覺，並覺察到自己不好的是什麼，然後能夠願意做一點改變，就可以達到幸福感的體會了。

對於第二點，其實人存在最小的單位是「意念」，所以假設你真的對不起過哪個人，其實通常自己和對方都是會知道的。而且我們每個人心中都有一本帳，像老爸少付我一百萬遺產，老媽永遠愛老二等，雖然大家都不說破，但彼此都知道。如果呆帳愈多、幸福感就愈少、呆帳愈少、幸福感就愈多！所以對真正感覺好的人，我們要去感謝、表達和感恩，而對我們有對不起的人，則希望大家還來得及親自說道歉；所有的表達中，都是以「誠心」為最重要。如果你是百分之百的誠心，那不管你傷害對方到什麼程度，都可以得到寬解（因為你已願意付補償的代價了）。

第三點，實際上自己只要能對重要他人「每天做一點對或好的事情」，就能讓你周圍的磁場愈來愈好，所謂「每天做一點對或好的事情」，也就是「以前都不做的小事」。比如說，老師在擦黑板，有個學生就主動幫忙老師擦黑板，這在過去的時代是很正常的，但是在現在的時代則是了不起的事。所以老師就能感受到這個學生很喜歡上這位老師的課，因此當學生想幫老師擦黑板時，老師就讓學生去擦，這樣這個學生和老師心裡就都會感到快樂。所以每天如果能做一點自己本來不做的事，就會感覺愈來愈好——這都不僅是為了別人，也都是為自己，讓自己能有一種幸福感的感覺。

十一、「非語言」與「語言背後的意涵」不一致

針對此問題，可用一例來說明。比如說，某位同學至老師辦公室辦理休學手續，老師給予同學祝福，結果學生走了20分鐘之後又折返回來，對老師說：「老師你要不要看我寫的歌曲？」這是因為祝福讓學生從非語言與語言之間體會到好的新經驗，所以學生就願意再回到老師辦公室，繼續尋求被認

同的需求。

所以，當事人的不合作或不志願開放，其實都是OK的。因爲當事人有很多原因才會變成這樣。但這種不自願或抗拒，對缺乏工作經驗的工作者，可能會解釋爲自己的失敗，這樣就變成「把別人的問題變成自己的問題」了！因爲這樣的情境只是當事人與他周圍的環境互動失敗的現象，所以要對當事人做任何事時，最重要的是找出對方的內在感受和語言，焦點解決短期諮商取向在這點上做得很好，當事人就是因爲面臨很多困境，所以才會出現不合作、抗拒等反應，工作者就是需要「超越烏雲、看到背後的陽光」，有耐心與當事人一起努力找出生命更完整的意義。

十二、能量歸零

能量很平衡時之狀態就是歸零——沒有特別喜歡，也沒有特別討厭的平和狀態。因爲人只有在腦中沒有雜念時才可以冷靜思考，也才可以比較客觀，這就是之所以爲什麼助人者要保持平靜放鬆的主要原因。人通常在放鬆的時候才會理性清明，理性清明的時候才能達到真正客觀的態度。此時的客觀可說是一種「出社會觀的客觀」，這與一般意識下的客觀，也就是所謂的「社會觀的客觀」是不同的。

客觀可分爲以下二種，以外遇事件做例子：

㈠ 社會觀的客觀：一般人會認爲外遇是件很不對的行爲。

㈡ 出社會觀的客觀：認爲外遇行爲本質上是沒有對或錯，只在社會道德角度上有對錯。

因爲在外遇的時候，假設外遇的主角是女性，其行爲就是所謂的招蜂引蝶，請問：這樣做的女性是不是要付出代價？它在物理學等於所謂的相對論——作用力和反作用力；在佛教的說法就是因—果—業；既然人無論做什麼事情都是會有代價的，沒有任何一件事是不會有代價的，那麼外遇的女性表面上好像是拋家棄子的大錯人，其實根本上還是得要付代價，不論其形式是內心煎熬還是身敗名裂；男性部分亦復如是，只是內容有所不同而已。

總而言之，出社會觀的客觀指的是事情沒有對錯，其背後必有一定的原因存在（很多時候，還不一定是一世之間的因果／完形的解釋），不管誰做

了好事、壞事，都會得到相對的代價。而且每個人做每件事都有其原因，也一定有它的結果，沒有人可以不負擔結果的去做某件事的；或者可以說：其實每個人都只不過在自做—自負因果而已！瞭解了這個究竟的因果完形論，就當然能夠明白何以能量歸零，才是治療者之道。

十三、自知力

人雖然有自我成長的潛能，但習以為常的價值觀是很難覺察和挑戰的。舉例來說，我們每個人都受到晚上幾點回家才算合適的隱形家規之控制而不自覺。家規就是由外化規範轉變而成內化的一種自知力。

因此在處理個案的問題時，我們應該養成習慣把問題依層次來歸類，也就是：低（輔導—可給予建議）、中（諮商—主要在表達情緒與故事）、高（人格及背後陰影—情結—潛意識之發掘）三種層次來予以概念化。而且要注意：協助者所在之層次至少應高於當事人。因此當問題是低層次（一般生活困擾）時，協助者至少應具備中層次之解決狀態（例如：不會害怕別人之哭泣或沉默）。若遇到對方的問題是中層次，而自己的問題卻還在高層次狀態，則應將自己的能量收回來先幫助自己（保持在職訓練之被諮商、被督導、與轉介之覺知）；否則只是自亂亂人，用自己的投射去胡亂處理對方之投射，將愈幫愈忙。

十四、「問題本身不是問題」、「小改變帶來大改變」之　　　實際應用

此問題則以一個案例來說明實際應用方式。

（一）案例說明

一位媽媽因為女兒常常玩電腦至深夜，而擔心女兒身心健康問題、學業問題大受影響，請問要如何幫助解決？

（二）媽媽省思

媽媽首先選擇調整自己的心態，其次多點時間陪伴孩子逛街購物，接著

進入孩子生活瞭解她所喜愛的網路世界，最後強調一點，給予孩子一個機會讓她有成功的經驗。

（三）討論結果

如同主要概念中兩項最重要的部分，問題不是問題，而是看待事情的態度。這位媽媽首先可以調整自己的心態問題，不要因為孩子不斷玩電腦而一味給予責備，抱怨孩子不懂照顧自己的身體；卻相對未察覺自己十幾年來，是否因為過於忙碌而忽略孩子，或是孩子其實是否是用聊MSN的做法來得到有朋友做伴的安全感？

其次媽媽選擇把時間留給孩子，陪伴她去逛街購物，此種做法很重要，可以讓孩子真正感受到母親的愛心！此時，提醒自己回到初發心（愛）是件非常重要的事情。最後，媽媽想進入孩子的網路世界，從網路世界去瞭解孩子的喜好，或許可藉此機會，孩子可教導媽媽一起學習電腦而增進彼此之間的感情。畢竟，20歲以前他／她是你的孩子，20歲後的孩子則應該是母親的朋友了，關係的調整也是非常重要的。

十五、個體改變歷程

大部分的人會願意改變是因為當事人接受到兩個經驗：1. 有好的感受。2. 有好的感動。如果能讓當事人覺得舒服與被愛，這些都是改變的開始，也是焦點解決諮商在一次諮商中希望要能達到的目標。所以改變有三個層次，第一個層次為改變的啟動，可能是要靠焦點解決這一類的工作；改變的第二個層次為改變的中途站，能夠使改變成為事實；而改變要能夠一直維持下去，就要進入對真相有所瞭解，此為改變的第三個層次。以A君為例子，他長久以來活在被父親批評的負面關係中，造成對權威之恐懼與抗拒，在經過諮商課堂各種理論之薰習後，他似乎終於有所不同，而有以下的對話與分享：

當事人：看到另一個有能量的我。

老師：是做了什麼才達到這個結果？

當事人：現在較能同理爸爸的處境。我先感受到老師的同理，才有力量同理父親的苦。

老師：請問是哪一句話的觸動呢？

當事人：「你好像一直看到自己的恐懼、害怕，但你還有另外一層面……」老師的這一句話讓我覺察到「自己一直執著於恐懼」，其實我也有一些不錯的成功經驗及正向能量。

老師：以這個的例子來說，是因為「解說」而對你產生「正向能量」的結果嗎？

當事人：以往因為太害怕搞砸事情，所以平常就很容易焦慮。我現在則努力試著在認知部分做調整，也就是：我先決定自己是有價值的。如此決定之後，就算我把事情搞砸了（如與父親互動不和諧），我依然是好的；反正不管如何，「我都是有價值的」。所以現在當面對焦慮情境時，我會自我暗示「我只要證明自己的存在，無需太在乎社會規範及別人的看法」，對我而言，如此做就可以大幅降低焦慮情緒。

老師：聽起來一次的體驗就可以讓你產生「相信自己」的認知新狀態。如果能夠平衡「原來不相信自己的我」與「現在學習相信自己新的我」，這樣就能夠支持你繼續走下去。但這只是改變的中途站，還不是改變的終極目標。

你還可以在不愉快的時候閉上眼睛，在自己心中一個適當的角落設定心錨，譬如象徵物如玫瑰花、鐵鍊等，這個象徵物代表真正的自己，也就是說可以常常練習告訴自己「我是好的」，之後可以讓生活逐漸變得自在輕鬆。改變的第三個層面才是改變的終極目標，那就是要瞭解真理了，之後你才能活得比現在更真實。

當事人：何謂真理？

老師：真理就是瞭解：1.前世影響（集體潛意識），2.因果行為律，3.平等。瞭解這三個真理才是所謂改變的終極目標。

當事人：何謂平等？

老師：對我而言平等等同於因果。比如說：你希望別人對你好，你要先對別人好等。

第三節　重要技巧

一、奇蹟式問句

假設問題已經解決之奇蹟式問句，目的在於引發當事人建立正向目標。
（洪莉竹，1998；許維素等，1998；張莉莉，1998；簡正鎰，2002）

例句：「如果有一天你睡覺醒來後有一個奇蹟發生，問題解決了（或你看到問題正在解決中），你會如何看待原有之問題？」

圖示說明A君之改變歷程：

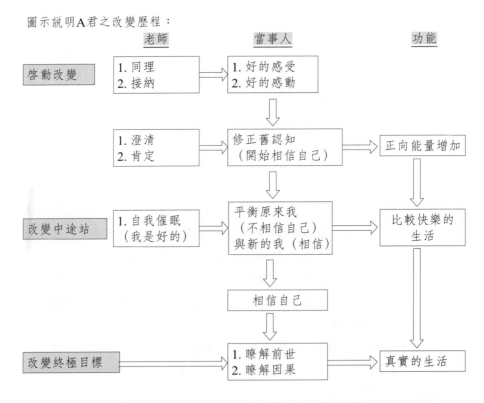

圖10-1　與A君對話使其思考產生改變之歷程

二、水晶球問句

假設自己可以看到問題已經解決的未來，引發當事人對問題已經解決之情境進行描述，建立正向諮商目標。

例句：「如果在你面前有一個水晶球，可以看到美好之未來，你猜你會看到什麼？」

三、擬人化問句

假設自己是問題的旁觀者，從旁觀看自己目前的狀態、行動的狀態或是問題解決的狀態，藉以引發當事人對自我行為、狀態的覺察，促進個體能有更明確的方向去執行目標。

例句：「當問題已經解決時，如果我是牆上的一隻蒼蠅（或壁虎、老鐘），正在看著你，我會看到你做些什麼不同的事？我如何得知你的感受已經不同了？你的家人又如何可以知道呢？他們會有什麼不一樣？」

四、結局式問句

使當事人假設達成正向目標之具體狀態，引發當事人解決問題的動機。

例句：「當問題已經解決，你如何可以得知？」

「如果這是最後一次諮商，而你也可以開始解決問題了，那麼你會有些什麼不一樣？」

五、轉化問句

強調「現在」、「近來」、「一點點」、「一些些」、「一小部分」，較易由案主口中找到例外。

由「未來的假設」轉化到「現在的例外」，可使案主脫離「我在問題中」的思考架構，進入一個「我已在解決問題的路上」的信心與勇氣。

例句：「現在有沒有一些時候，會有一點點類似這種情況發生過？那會是什麼情形？」

六、一般化精神

將個案常用的強烈情緒字眼轉為一般化的用字，促使案主用平常心看待問題進而接納困難。（許維素等，1998）

例句：

案主：「我一直失業，是個失敗者，一定再也找不到工作了！」

諮商員：「你目前『尚未』找到『你想要』的工作，讓你覺得『失望』。」

七、振奮性引導（Cheer Leading）

引發當事人思考並欣賞自己，其主要目的是反映一種關心、鼓勵、支持，協助案主更開發個人資源，找到更多例外，學習接受、讚美與肯定自己（許維素等，1998）。振奮性引導之使用包括以下四種方式：

㈠ 當案主有所行動、改變與解決問題時，諮商師用一種興奮與喜悅的聲調、動作、表情或用字來表示，散發支持與鼓勵的訊息。

例句：「你太棒了！」

㈡ 邀請個案重新敘述事情發生的經過，從新的角度找尋與確認改變發生的重要意義與元素。

例句：「你是怎麼想到這個好主意的？」

㈢ 強調案主曾經成功的經驗，助長案主的自主性與責任感。

例句：「你當時是怎麼決定要去做的？」

㈣ 經由鼓勵，案主開始思考自己的正向行動，打破案主覺得不可能改變事情的自我設限。

例句：「當你做了這些行動而使事情改變後，你現在怎麼看你自己這個人？」

八、評量式詢問（Scaling Question）

運用數值的評量（如：在一個1到10的評量表上），協助案主將抽象概念以較具體方式描述，這其中隱含著一種可以上升與進步的概念，並藉評量技巧覺察改變的發生，在評量過程中以正向語句描述情況，找到解決問題的

線索。其功能包括：

　　㈠ 可使描述具體化，行為行動化。

　　㈡ 可用來作為諮商進展的指標，從中比較出不一樣的變化。

　　㈢ 可應用在許多方面，包括動機、自信、對期待的改變、願意辛苦工作的程度、問題解決的優先順序、希望的知覺、進展的評量等。

九、家庭作業

　　第一次晤談最後一個階段是家庭作業，在回饋讚美之後諮商員會提出家庭作業，作為個案下次晤談前必須完成的作業或任務，需要配合個案的類型而給予不同類型的作業（來訪者、抱怨者、消費者）（張德聰，1996；許維素等，1998；許維素，2001a；許維素，2001b）。家庭作業分為四種類型：做個人正向性的觀察、多做一點正向或例外的有效行為、發現及觀察突發性例外的發生情形、做一點點假設解決架構的方法，以下便就此四點分別說明之。

（一）做正向的觀察

　　邀請個案去觀察他在生活中最想獲得的目標，促進個案將注意力轉到正向積極面，並形成個人的目標，觀察正向積極面，常常是協助個案行動與改變的第一步。

（二）多做一點正向或例外的有效行為

　　小改變可以累積成大改變，當例外的、成功的行為增加時，個案對於問題與情境的觀點自然會有所轉變。

（三）發現及觀察突發性例外的發生情形

　　邀請個案多去試試這些例外行為，並檢視個案是如何做到的，使其突發行為成為能夠掌控的行為，而促成下一步的行動。

（四）做一點假設解決架構的方法

假設解決架構常使個案從晤談中創造對某些經驗的新體會、新解釋，帶著這樣的新體會，個案更容易著手嘗試去做一些小小的行動。

 ## 第四節　實務說明

一、焦點解決短期諮商之基本流程與任務

焦點解決心理諮商詢問問題技術，任務在於：1. 引導出當事人的積極正向力量，從另外一個角度正向詮釋當事人的問題。2. 尋找例外並擴大例外經驗，創造且探討問題的解決之道。3. 重視小改變引發大改變，強調從挫敗經驗中找尋例外成功事件。4. 並引導當事人看到自己可以為自己的問題負責，並有信心朝向可解決的方向。它乃是一種正向積極、目標導向、重效率、重心理健康的技術。

Molnar和De Shazer（1987）將治療過程分為：1. 辨認當事人的陳述是否屬於抱怨或解決的描述，包括諮商目標的澄清。2. 辨認例外。3. 辨認例外發生時與問題發生時不同之處，或引導當事人陳述可能的例外。4. 選擇適當的介入策略等四階段。其治療流程與任務整理如表10-1所示。

表10-1　治療階段與工作任務

階段	任務
一：正向開始／問題抱怨架構	1. 說明諮商程序。 2. 發展並建立合適的、合作的諮商關係。 3. 瞭解問題行為之模式，影響層面與程度。 4. 詢問諮商前的改變，瞭解做過的嘗試及效果。 5. 辨識當事人與諮商師關係互動型態。
二：我要的是／目標設定	1. 協助當事人發展良好的目標。 2. 聯結假設問題解決架構，導引當事人探討其希望改變的目標。 3. 協助當事人確認、設定諮商目標。 4. 聯結當事人的目標架構與解決方法之探討。

（續）

階段	任務
三：假設問題解決架構	1. 引導當事人想像假設問題解決之景象。 2. 聯結假設問題解決到目標架構。 3. 聯結假設問題解決到例外架構與解決方法的探討。
四：例外架構	1. 引導當事人探討問題不存在不那麼嚴重的情形。 2. 引導當事人探討假設問題解決景象出現的情形。 3. 擴大例外情境的討論。 4. 聯結例外與目標架構。 5. 聯結例外與解決方法或行動方案。
五：回饋與任務架構	1. 給予當事人正向回饋。 2. 銜接目標與任務。 3. 任務分派。
六：追蹤	1. 鼓勵－堅持改變的動力來源。

資料來源：何長珠，上課講義，2010年10月21日。

二、實務對話說明

（一）個案基本資料

個案為一女性，30多歲，已婚育有二子。在某技術學院任教，目前為博士班二年級之學生。

（二）主述的問題

個案覺得自己最近的生活過得很辛苦，而且覺得這樣的日子可能還需要持續好幾年，到畢業才能結束。

讓個案覺得辛苦的地方有幾部分，首先覺得孩子的童年只有一次，覺得自己陪伴孩子的時間不多感到相當的不捨；而且自己這學期又修了「遊戲諮商」的課，內心更感到衝突與掙扎……。目前的生活，覺得是過一天算一天，時間與能量好像被撕裂成五個部分——課業、小孩、家事、工作及女兒角色，一直在拉扯，感到很辛苦……。

（三）諮商對話錄及諮商員之主要做法

諮商對話錄	諮商員之主要做法
Cl：剛剛從宿舍走過來的感覺是，這種辛苦的日子還要過多久？ Co：「辛苦」的日子？ Cl：就說要工作啊！唸書啊！家庭啦！這樣的日子不知道還要持續多久！	一開始個案即陳述自己的日子過得辛苦，因「辛苦」是一個抽象的形容詞，因此諮商員以 具體化 的方式為開端，讓個案去陳述所謂的「辛苦」狀況，來瞭解個案的狀況與問題所在。
Co：從剛剛聽到現在，妳都覺得自己的生活過得很辛苦，好像被很多條繩子綁住，是這樣的嗎？ Cl：是啊！ Co：那妳覺得現在有幾條繩子綁住妳？ Cl：一就是自己的課業；還有女兒要我陪他們玩；還有家事要煮飯、整理的那個部分；教書也是一條繩子；還有一條就是做女兒的那條繩子。 Co：那總共是有五條繩子拉著妳，所以真是苦不堪言！ Cl：嗯！真的好難受！我覺得每一條繩子都同時在拉，實在不曉得該如何是好？	使用「隱喻」的技巧 讓個案去形容自己目前的狀況，讓個案更清楚自己目前的狀況，以及其所認為「辛苦」的狀況到底來自於哪些方面和程度為何？
Co：如果有百分之一百這樣的比例去分配的話，妳會是如何去分配這條繩子，它目前對妳拉扯的力量？ Cl：我覺得課業的部分好像三十，孩子的部分好像二十，做家事那個部分十五，女兒的那個部分二十，工作……嗯十五！ Co：聽起來，目前是課業上那條繩子拉妳拉最緊？ Cl：對！對！	使用焦點解決中 評量詢問 的技巧，讓個案對自己的問題進行比例的分配，如此做法更可讓個案看到這些問題對她生活實際的影響程度為何？
Co：那如果這五條繩子都不拉妳了，妳的生活會變得怎樣？ Cl：我覺得很好，我可以選擇自己要走去哪裡！ Co：那妳會選擇走去哪裡？ Cl：我會選擇去陪小孩，然後做一些家事，有時間再唸書！像禮拜六早上可以睡到自然醒啊！到文化中心或故宮或是近郊走走，然後去吃個飯，晚上可以跟女兒一起泡澡、看書說故事給她聽，說說心裡面的話！也可以安排兩天假期全家出外踏青，自從唸書以後再也沒有時間！	使用焦點解決諮商中的 奇蹟式問句——如果問題不在了…… ，讓個案去看到如果問題不出現的話，她的生活會有怎樣的轉變，而這樣的轉變將帶給她的希望與意義。

（續）

諮商對話錄	諮商員之主要做法
Co：聽起來妳真的是相當重視小孩子的成長，不過這五條繩子好像都綁著妳，如果能夠放掉一條繩子，妳會放掉哪一條？ Cl：就是真的狠下心來不要煮飯，就吃外面的！ Co：剛剛妳說做家事的那條繩子占了妳百分之十五，那妳如果放下了，妳會把這百分之十五的力氣用在哪裡？ Cl：我會把這十五用在小孩子身上！ Co：嗯！聽起來妳陪小孩子的時間好像會變多囉，妳覺得好嗎？ Cl：嗯！好像是！	使用焦點解決中 尋找資源與力量 ，讓個案在目前的問題中去尋找正向的資源，解決問題的方法。
Cl：我覺得自己好像沒有很扎實的看那個書…… Co：妳指的「扎實」是什麼？ Cl：就是至少能很清楚那些概念，不然以後考試的時候怎麼辦？ Co：考試？ Cl：資格考啊！ Co：所以妳現在覺得念書不夠扎實，是因為擔心資格考了？ Cl：嗯！是啊！	使用 澄清 的技巧，讓個案對自己的問題更清楚，瞭解自己的問題所在，其所擔心害怕的東西在哪裡。
Co：那妳覺得對念書不夠扎實這件事，有沒有解決的方法呢？ Cl：大概可以利用寒暑假來讀書吧！ Co：那妳之前有利用寒暑來讀書的時候嗎？ Cl：有想，但很難！ Co：那在怎樣的狀況下，可以在寒暑假看書？ Cl：可能要找一群人一起看！就是說有伴，大家說好一起看！就像讀書會那樣！ Co：你剛剛說了一個很好的方法，那覺得可行性有多大呢？ Cl：應該可行，因為大家都要考試，大家一起看，要討論，動力會比較強！	幫助個案 尋找資源 ，找出實際解決問題的方法，讓個案不在處於焦慮不安的狀況下，讓個案去看到自己其實是很有能力與資源的！

　　在此案例晤談的過程中，諮商員使用「一般化」的技巧，讓個案對於問題有普同感，不再認為這樣的問題是自己獨特性的問題。像個案覺得自己唸書的時間不夠，即是讓她覺得這是每一個已婚、有家庭和小孩的博士班學生，普遍都會出現的問題，所以可以感覺較輕鬆些。

三、活動設計

（一）單元名稱

焦點解決心理諮商實例與演練。

（二）時間

70分鐘。

（三）活動目標

1. **認知方面**：能瞭解焦點解決短期諮商之基本概念與流程。
2. **技能方面**：能正確運用諮商架構。
3. **情意方面**：願意積極參與課程活動。

（四）活動人數

全班同學不分組共同參與。

（五）發展活動

1. 發給同學每人一份講義，解說「焦點解決心理諮商技巧」相關主要內容，同學可以針對講義內容發問。（5分鐘）
2. 說明「常見正向的開始引導問句」與「常見的例外架構之建設性預設基本問句」。（10分鐘）
3. 立即性技巧觀摩（30分鐘）
   (1) 把事先錄好的焦點解決心理諮商技巧錄影帶，播放給同學看。
   (2) 發給同學「技巧檢核表」填寫。
4. 立即性技巧練習（25分鐘）
   請同學提出一個自己切身的問題，邀請同學當作個案，全班皆是諮商員，輪流上臺演練。

（六）器材設備

講義、焦點解決心理諮商技巧錄影帶、筆記型電腦、單槍投影機、麥克風。

（七）場地布置

一般教室布置。

 第五節　測驗

一、焦點解決諮商技巧檢核表（何長珠譯自Webb, 1999）

一、思考	1	你要的是什麼？（變被動為主動）
二、語言	2	減低問題「強度」之敘述句
	3	「我們」團隊的立場
	4	避免專業診斷詞彙
	5	積極性描述的方向（你想……）
	6	把問題用過去式表達
	7	減少出現頻率
	8	問when來預想未來解決之畫面
	9	問題及反應的常態化（同理的不同用法）
	10	評量等級
	11	「例外」之尋找
	12	增強對方的能力感（怎麼辦到的？）
	13	圖畫的表達方式（形狀、色彩）
	14	重新定義問題（可達到的外在目標）
三、客觀檢核	15	哪種方式較可能解決問題？
	16	如果解決，會有怎樣的改善？
	17	如果不解決，會有怎樣的結果？
	18	你已付出多少的努力來改變情況？

（續）

	19	不再有此問題時，有什麼感覺？	
四、奇蹟	20	如果有奇蹟，這件事會如何改進？	
	21	你認為可行的奇蹟是什麼？	
五、動機增強	22	當你能找到解決之道時，會送自己什麼禮物？	
	23	誰會第一個注意到你的改變？	
	24	找到一個你佩服的人，他會如何解決這問題？	
	25	再想出一個你沒用到的資源？	
六、練習	26	你的特長中，有哪些是可用來解決此問題？	
	27	視覺化預演（一天三次，決定從何時開始）	
	28	睡前播放想像的「解決錄影帶」一次	
	29	列出個人有正向改變的家庭作業	
	30	預演對挫折之預期與對抗（錄音帶）	
	31	讓當事人決定可以做完此部分練習之時間	
計畫（前／中／後）七、檢討進步	32	生活中（一天及一週）最好的部分？	
	33	感受（快樂、希望、抗拒）	
	34	事情好轉時時光、地點以及與過去之關係	
	35	幫助你改變的人或事？（新增加的資源）	
	36	怎樣做到的？（想、做、說的反應）	
八、維持與改進	37	打賭	
	38	實驗、遊戲（「彷若」的扮演）	
	39	講「好」的壞話（例如：「太過分了！」「成功的太快！」）	
	40	互動鼓勵	
	41	列出增強物的檢核表	
	42	放置「解決箱」	
	43	寫下個人的「解決」標語	
	44	列出本次學到的新方式（思考、感受、行動）	
九、慶祝	45	享受增強物	

資料來源：Webb, W. H. (Ed.). (1999). *Solutioning: Solution-Focused Interventions for Counselors*, Philadelphia: Accelerated Development, Inc.

參考書目

林香君（1998）。解決焦點短期治療及其督導模式（上）。諮商與輔導，**150**，頁11-15。

洪莉竹（1998）。焦點解決短期諮商在親職教育上的應用（上）。諮商與輔導，**150**，頁7-10。

夏林清、鄭村琪（譯）（1996）。變～問題形成與問題解決（原著者Watzlawick, P., Weakland, J. H. & Fisch, R.）。臺北：張老師。（原著出版於1974）

張莉莉（1998）。焦點集中解決治療模式在青少年諮商中的應用。諮商與輔導，**150**，頁16-20。

張德聰（1996）。「焦點集中解決治療」之探索（下）。諮商與輔導，**122**，頁25-30。

許維素等（1998）。焦點解決短期治療心理諮商。臺北：張老師。

許維素（2001a）。校園非意願案主輔導——焦點解決短期治療取向的介入（四之三）。諮商與輔導，**191**，頁29-31。

許維素（2001b）。焦點解決短期治療介入創傷經驗的處理（下）。諮商與輔導，**186**，頁15-20。

簡正鎰（2002）。焦點解決心理諮商「問問題」之技術。諮商與輔導，**195**，頁13-19。

Brasher, Kitty L. (2009). Solution-Focused Brief Therapy: Overview and Implications for School Counselors. *Alabama Counseling Association Journal, 32*(4), 20-30.

Cotton, Jeffrey (2010). Question Utilization in Solution-Focused Brief Therapy: A Recursive Frame Analysis of Insoo Kim Berg's Solution Talk. *The Qualitative Report, 15*(1), 18-36.

De Shazer, S. (1985). *Keys to solution in brief therapy.* New York: W. W. Norton & Company.

De Shazer, S. (1982). Some conceptual distinctions are more useful tham others. *Family Process, 21*, 71-84.

Demmitt, Alan & Benjamin P. Kelch (2010). Incorporating the Stages of Change Model in Solution Focused Brief Therapy with Non-Substance Abusing Families: A Novel and Integrative Approach. *Family Journal, 18*(2), 184-188.

Hsu, Wei-Su (2009). The Facts of Empowerment in Solution-Focused Brief Therapy for Lower-Status Married Women in Taiwan: An Exploratory Study. *Women & Therapy, 32*(4), 338-360.

Kim, Johnny S. (2008). Examining the Effectiveness of Solution-Focused Brief Therapy: A Meta-Analysis. *Research on Social Work Practice, 18*(2),107-116.

Webb, W. H. (Ed.). (1999). *Solutioning: Solution-Focused Interventions for Counselors*, Philadelphia: Accelerated Development, Inc.

第十一章
認知─行為心理治療之理論與實務[1]

認知行為治療（cognitive behavioral therapy, CBT）是一種有系統的心理行為治療方式，由貝克（Aaron T. Beck）等人所創立，強調人類信念系統和思考在決定行為和情感上的重要性。它的基礎是情緒障礙理論（Beck, 1967）、心理學的實驗與臨床的研究，以及定義清晰的治療技術。

基礎部分可略分為以下四部分：

（一）認知治療的哲學基礎

認知治療理論學者通常追溯他們的哲學基礎至第一、二世紀的斯多亞學派，尤其是伊比鳩魯（Epictetus）與馬卡斯‧奧里流斯（Marcus Aurelius）。伊比鳩魯曾指出：「人們並非被外界的事件所困擾，而是他們對事件所採取的觀點困擾著他們。」馬卡斯‧奧里流斯亦書寫下：「如果一些外在事物困擾著你，事實上並非是事物本身，而是你對它的判斷所引起的的痛苦。如果真是你的行為困擾著你，那誰又能阻止你去改變它呢？改變你自己的判斷就看你自己了。」所以伊比鳩魯與馬卡斯‧奧里流斯兩人均強調對事件的解釋與自己去改變它的重要性。

後來的學者，如十八世紀的哲學家康德（Kant）所採取的知識論觀點，即與現今的認知理論學者相類似，他區分出不可知的物自身（noumena）與受先前知識結構影響的主體現象經驗（phenomena）。認為我們無法認識事

---

[1] 本章之資料部分參照如下同學之整理：歐為傑、洪淑慧，特此誌謝。

物的本質，所知道的只是我們對事件和自己的解釋，而這些解釋又深受過去的經驗、基因的組成、社會文化背景以及當下情緒狀態的影響。

（二）認知治療的心理學與精神醫學基礎

二十世紀的前半部，由於古典心理分析的強勢地位，強調身體需求與本能行為，造成精神醫學對認知因素的忽略。但其中新佛洛依德學派的Alfred Adler（1919），則可視為是現代認知理論和治療的先驅。他認為動機不足以說明人類行為。根據其觀點，行為的決定在於賦予事件的意義，因為Adler治療學派經由對個案的再教育，改變其態度、目標、價值以及行為，幫助個案達到更滿意的生活型態。Murray與Jacobson（1987）就曾經很公正的說明Adler是很多現代認知治療學者的先驅，包括Albert Ellis、Julian Rotter、George Kelly、Eric Berne及Aaron Beck等人。

（三）認知治療的人格理論：對人的基本假設

1. 個人對某情境的情緒和行為反應，大部分取決於本身對該事件如何理解、解釋，並賦予意義。
2. 個人的認知結構和組織受生理及社會因素的影響，在個人的神經解剖及生化條件限制範圍內，個人的學習經驗協助決定一個人如何發展和因應。所以光認知並不能構成學習的結果，它只能構成學習開始；而且相信並不能改變自己的基模（第一出現的自動化思考），學習後才能出現第二自動化思考，大多數人的學習亦從這兒開始。學習第一步就是從自動化反應走向第二思考，故學會在原來架構上加以解釋之系統就是覺察。

3. 若要瞭解情緒困擾的本質，必須把焦點放在個人對於引發困擾的事件之反應或想法（DeRubeis & Beck, 1988）。其目標在於改變當事人藉著自動化的想法而形成的基模（schema），並開始推動改造基模的構想。

　　所謂的認知，是接受各種訊息，然後以記憶的方式，保存於腦中，在必要時，對此訊息加以操作利用的腦部活動。此種記憶與回憶的認知過程，一般都以浮現腦際的思考與意象的形態顯現，當發生某一件事時，會瞬間浮現意識流動，此即為自動思考。例如：某人在起床後，正準備外出工作時，突然間感到心情鬱悶。在此人的腦海裡，當時浮現「頭腦總是不清楚，在此情況下，即使到了公司上班，工作也很難順利地進展，去了也只是徒勞」的念頭。接著情緒低落，於是把棉被一拉，繼續蒙頭大睡。當時，所浮現的思考即為自動化想法。「即使到了公司也做不了什麼事情，呆坐在辦公桌前讓時間流逝，如此一來，就會引起上司的注意」。這些窘境在腦中一一浮現後，心情也就變得沉重，而不想起床，這也屬於自動化想法的型態。故自動化想法是指人格類型連續拉出的種種內在內言。

（四）認知治療的哲學觀、個人風格與治療偏好

　　儘管當今至少有500種以上的心理治療技巧，然而，透過治療指引和文獻回顧，認知行為療法似乎仍是心理困擾的主要選擇。1960年代開始有研究指出，不管是個案或治療者對於心理治療的偏好，均反映出其個人取向。Schacht與Black（1985）指出，行為學派治療師傾向於透過觀察來瞭解個案信念的實證認知取向。Neimeyer等人則發現個體對於治療的偏好與其認知取向有關。個體可以是被動的接受外在世界（外控）或主動的建構其現實（內控），同時也發現治療師對本身的認識亦反映出其個人特質、治療取向、介入的方式，一般來說理性學派者傾向於應用認知行為治療技巧（Neimeyer, R. A., Baldwin, S. A. & Gillies, J., 2006）。換句話說，Winter, Tschudi與Gilbert（2006）發現理性學派的認知行為治療師，相較於其他治療取向，表現出一種更為理性化的風格。

第一節　名詞釋義

一、基模—認知模式

　　基模是人類思考問題的一種基礎模式，由心理學家皮亞傑（Piaget）率先提出，指一套處理訊息的認知過程。基模隨著年齡及所經歷的學習歷程，不斷調適或同化而複化。是以基模不只有量的增加，也有質的精進，認知基模將愈來愈精緻化，而成為個人思考訊息以及學習知識最重要的基礎。

　　認知治療是把當事人不清楚、不完整的思考（認知基模）透過治療後，使其得以完整化的一個內省的過程，在每一次談話與思考中，均能促成它的改變。

二、「自動化思考」、「認知扭曲」與「負向認知之三角」

（一）自動化思考

　　是指個體被特殊刺激所勾起的獨特性想法，這種想法往往會立即導致個體情緒化的反應，因為速度甚快，所以稱其為自動化。

　　在當事人出現自動化思考時，諮商員會教導當事人去認清、觀察並監控自己的想法與假設，特別是那些負面的自動化思考。當他們獲得洞察，瞭解不切實際的負面思考如何地影響自己之後，接著可以檢視那些支持或反對其認知的證據，使自動化思考與現實能做一比對。

（二）認知扭曲

　　是一些邏輯上的錯誤思考，個體會以此駁斥客觀的事實，這會導致個體在推理時發生錯誤，同時導致假設及觀念上的錯誤，Beck稱之為認知扭曲，包含以下概念：

1. 獨斷性推論（Arbitrary Inference）

　　妄下結論，指沒有充足及相關的證據便任意下結論。這種扭曲現象包括「我完蛋了！」或想到某個最糟的情況。

2．選擇性斷章取義（Selective Abstraction）

以偏概全，指根據整個事件中的部分細節而下結論，未顧及整個背景的重要意義。這麼做的假定是，重要的事件是指那些失敗及跟剝奪有關的事件。

3．過度類化（Over generalization）

從單一或幾個獨立事件歸納出一通則，然後濫用到不相干的事件或情境中，例如：把一次的失敗當成全面的失敗。

4．誇大或貶低（Magnification and Minimization）

指過度誇大情境的負向層面，或看輕正向層面（自大、自戀、或自貶之人格特質）。

5．個人化（Personalization）

牽強附會，使外在事件與自己發生關聯的傾向，將負面事件之歸因放在自己身上，即使沒有任何外在證據支持這種因果聯結（過分自責之人格特質）。

6．亂貼標籤（Labeling and Mislabeling）

指根據過去的不完美或過失，來決定自己目前的身分認同。例如：我是個完全沒有價值的人。

7．二分法思考（Dichotomous Thinking）

思考或解釋事情的時候，用「全有或全無」的方式，或用「不是……就是……」的方式極端地分類，對於事物的看法總是採用二分法，經驗事件的狀態，不是全好就是全壞。

（三）負向認知之三角：自我、世界、未來

Beck認為此認知組合（自動化思考、認知扭曲、負向認知）是導致憂鬱的重要原因。換言之，是指個體對有關「自我」、「世界」、「未來」三個面向的有關想法，總常抱持著一種負向的觀點，並且習慣性地認為自己的行為是不恰當的，像是：

1. 採用負面的看法來看待他自己。
2. 採用負面的觀點來解釋他目前的經驗。

3. 對未來出現負面和悲觀想法。

在實際的治療歷程中，治療者可以詢問當事人，對於「自己」、「他人」及「世界」有何特殊的想法？因為當事人的負面核心信念會在這三個面向中表露出來；又因為一個人的情緒行為與動機會同時受到這三種信念的交互作用的影響，所以此負向的認知三角對於當事人有著關鍵性的影響（林梅鳳，2001）。

對自我的負向觀點	對世界的負向觀點	對未來的負向觀點	典型基模	症 狀
1. 大量自我貶抑，視自己沒價值、孤立和不合格 2. 缺乏珍愛的目標	世界充滿挫折、阻礙和困難，使得自己無法克服，並達到目標	1. 現在困難會持續，而且更糟 2. 自己無能改變	※我必須讓每個人都愛我 ※人生不是百分之百成功就是完全失敗 ※做人的價值必須依賴別人怎麼看我 ※應該一直當個老好人 ※如果人們不贊成我的意見，就意味著我是不好的人 ※我應該儘可能的表現得最好 ※靠我自己應該可以做任何事，尋求幫助就是顯現自己的脆弱	悲傷、焦慮、缺乏自信、猶豫不決、缺乏動機失去精力

負面認知的形成來源有兩種：一個是幼年；另一個是後來遇到重要的負面經驗，這些經驗會影響基模的狀況。此種幼年經驗與創傷經驗，往往會影響一個人對世界、對自己的看法，而這些就是會形成一個信念。它形成的速度非常之快，大多數人根本就無法覺察它。

三、蘇格拉底式對話

蘇格拉底的一句名言：「我所知道的唯一一件事，便是我無所知」，影響著其教導學生的方式；他並不直接告知學生答案，而採用邏輯辯證方式，引導學生自行發現解答，此種反詰法也被稱為是產婆法。而貝克的認知治療理論，強調認知歷程對於心理疾病的關鍵影響，便採用「蘇格拉底式」的對話方式，引出個體的認知歷程，達到協助個體澄清或界定問題，並引導個體辨識自己思考過程、意向或假設；幫助個體瞭解自己、接納自己，並達成改變個體認知的方式，調整其情緒與行為之最終目的。

四、認知治療的關係與歷程

（一）認知治療之諮商關係

約可分下列幾點來討論：

1. 協同合作關係

從治療一開始，治療師就與病人建立一種協同合作的關係，這種關係係藉由開放、坦誠的方式來形成，也藉由共同決定目標、相互回饋、討論每次會談流程及告知使用每個步驟的理由等方式，以產生共識。

2. 治療者角色

治療者必須對於認知有清楚的概念架構，積極有創意，能夠透過蘇格拉底式的對話引導當事人。以及擁有足夠的知識與技能，能使用各種認知技術與行為技術，引導當事人自我發掘，進而產生改變。所以Weishaar（1993）才說治療者既是一位嚮導，協助當事人瞭解其信念和態度會對其感受與行為造成影響；也是一種催化劑，催化一種修正性的體驗導致認知的改變，和學會一些新技巧。

3. 個案的角色

提供在各種情境中的思考、意念，及伴隨思考而來的情緒和行為，合作設定目標，及每次晤談的討論事項，並完成家庭作業。

（二）認知治療之歷程

治療歷程可分下列幾點討論：

1. 治療開始階段

在協同諮商的關係中，幫助CL辨識其自動想法；使CL可以聯結自身情緒與行為的根源，區辨不同情緒及認知模式之關聯，進而檢查探尋個人無效的自動想法，並從中發展可能對CL有助益的替代方案。

2. 治療中期階段

持續給予CL正向回饋與鼓勵，將治療焦點從CL負向自動思考轉移至中介與核心信念，幫助CL扛起改變的責任與結束治療之準備。

3. 治療結束階段

CL檢視自主處理問題之能力；用質問技術來討論先前階段處理無助信念的經驗以鞏固其信心；引導CL摘述治療過程中的治療話語，幫助CL建立信心。

在三個階段中可用之策略如下（游恆山與邊光昶譯，1999）：

1. 採用「引導式探索（guide discovery）」：協助個案改變不良認知的信念與假設，有時也稱為「蘇格拉底式對話」。
2. 問三個問題：是一種特定形式的蘇格拉底式問答法，用以探究負面思考：
   (1) 你有何證據以支持該信念？
   (2) 你能否以其他方式解讀該情境？
   (3) 如果那是真實的，其含意是什麼？
3. 詳述自動化思考：要求個案記錄「不良功能思考記錄表」。
4. 家庭作業：於兩次晤談間使用，協助個案蒐集資料，檢視認知及行為改變情形。
5. 晤談格式：治療師與個案討論，就治療議程達成協定。
6. 結束階段：治療師鼓勵個案監控其思想或行為，加以報告，並測量在目標上的進展。

六、認知治療與憂鬱症

貝克（Aaron T. Beck, 1976）從臨床憂鬱患者的觀察中，發現憂鬱患者具有負面的認知架構，這套認知架構使他們在面對環境與自我時，比常人更容易產生認知觀點的扭曲。而當事人所持有的這一套認知架構，亦決定其人如何詮釋外界環境和互動結果，進而影響所採取的因應策略（林梅鳳，2001）。

根據貝克（1987）所提出的認知理論，憂鬱症患者因失調的認知偏差，習慣性地採用不合現實的負面觀點來評估自己。因此，在遭受到外在生活壓力時，更容易產生失望、罪惡以及失去興趣等憂鬱情緒反應。憂鬱症患者特別帶有不合理認知與不正確的結論，是導致憂鬱症疾病的脆弱因子，此種特質在藥物治療之後仍然存在（林梅鳳，2000）。國內近十年來於全國碩博士論文之整理中亦發現，認知行為治療法應用在憂鬱症的治療上非常廣泛。

表11-1　憂鬱症患者進行認知治療的適用範圍（林梅鳳，2001）

適合對象	不適合對象
單極症	精神病症（妄想與幻覺）
門診病人／一般性的症狀	雙極症
有／無內因性症狀	過度呆滯或茫然
有／無藥物治療	同時接受電痙攣治療
高的「學習能力」；與教育程度無關	低的「學習能力」

七、認知與理情治療之異同

（一）相異之處

認知行為治療（CB或稱CBT），認知為其前身，跟理情治療其名稱經過三個階段的情況一樣，認知治療走過兩個階段，它主要是由貝克所創立。貝克與艾里斯（Albert Ellis）的差別在艾里斯為哥倫比亞的教育博士，貝克則是一位精神科醫生。所以艾里斯比較習慣用教育／教導的方式來讓當事人改變，而貝克則傾向於採用推理的方式來影響當事人。

艾里斯會在過程中幫助當事人找出其不理性思考並駁斥之，之後以教

師之立場教導何者才是理性思考，屬於比較直接、指導的方式。而認知治療與個案談話的時候，較不會直接駁斥當事人，而是導引讓當事人去思考自己的議題，面質自己的錯誤信念；這種方式其實也是所謂的蘇格拉底式的辯證法，其原則就像剝洋蔥一樣一層一層的將問題展開。此外，貝克認為當事人失功能的信念才是問題，並非所有非理性信念都必須被改變，只有被當事人推理的過分極端及廣泛時（形成規則性思考）才有必要處理。

（二）相似之處

簡單來說，貝克與Ellis都相信人的重要行為、問題或情感問題，都與思考及信念有關。如果你喜歡跟別人保持很清楚的金錢關係，表面上是一個價值觀，其實底下還是信念的結果。故可以瞭解與其說是處理思考或認知，其實講的都是在處理信念。只是信念有時候又與重要經驗有很大的關係。

「信念既然由經驗而來，應該也可由經驗而去」。我們現在每個人所持有的重要價值觀，若大家相信是受重要經驗的影響，那麼只要改變經驗，也就能改變想法，這就是認知心理治療能夠立足為三大學派的原因。兩種治療法都是主動、指導、有時間限制，都屬於短期治療模式。

 # 第二節　提問討論

一、認知的兩個層次

各位可能會對筆者屬於什麼學派感到好奇，諮商學派主要分三類：認知、感受和行為，在各位上課的經驗中可能認為我屬於認知的系統比較多，可是我的認知又不等於一般人所謂的認知；一般人所謂的認知是意識與理性狀態運作的結果，但瞭解這個狀態並設法思考或反映的更完整，則是後設認知（對認知的認知）的範疇。

大家都知道信念與價值有關，那麼認知可以改變嗎？要怎麼改變？舉例來說，以前我認為「愛就是要無止盡的付出」，這是我很重要的一項價值觀，因為我就是這樣長大的。可是後來有真正的親密關係之後，才察覺真正的愛好像並不全然如此，它其實還包含有「交換」的成分。這就是一個很明

顯的價值觀之改變。在這個例子之中，婚前之價值觀與婚後之價值觀，哪一種才算是更完整、更後設的價值觀呢？

很多人在學生時代都認爲成績優秀的人屬於社會上的菁英，但是從小學到大學卻慢慢發現，人格與做事能力，遠比成績重要，其價值觀改變的主要因素在於發現，以往所崇拜的菁英只擅長生活中的A項目，卻不會處理B項目，而發現自己其實是擅長B項目的，因此發生了價值觀（基模）改變，亦即「基模之轉化」。

所以對優秀的定義，就等於擁有兩種認知，而這兩種認知都是基模。基模就是對任何事、任何刺激所引發的第一個感覺（好或不好）及意向（逃避或面對）之內涵。而在充分經驗之後，如果能對基模產生新的思考，對自己的主觀經驗與知覺有新一層次的客觀瞭解，這就是後設認知。當遇到一個新的刺激時，第一個反應仍會先回到你的思考之中，這時若能夠及時覺察，發現自己又有傾向要做第一反應了，這就是後設的瞭解。也就在認知第一反應時，後頭還有一個你，知道自己這個想法不是最完整的，這種能力，就是作後設。因爲擁有更完整的瞭解，此時情緒反應與感受就不再那麼惱人的困擾自己了。

認知治療之精髓，便是在發展個人的後設認知，使之能趨向更完整、更客觀，到能監控或修改自己的核心信念，這樣便算治療成功了。

二、認知治療就是心理教育

認知歷程的扭曲例如：獨斷推論、選擇性摘要、過度類化、誇大或貶低、個人化、二分法思考等，一般人們在日常生活中皆相當常見如此的思考與行爲反應，而可能造成的困擾程度因人而異，除了敏於覺察的當事者主動求助於治療師以外，更主動的做法是，運用團體提供一般民眾認知改變的方法，提升民眾認知改變的能力。

具體的做法可利用讀書會或所謂的「說故事團體」，藉由閱讀別人的故事來改變自己，這是一種自我肯定的訓練。認知治療其實就是心理教育，提供我們產生新覺察的機會。

我們每個人都有自己的心理教育，其他老師也有他們各自生活經驗的心理教育。然而諮商是中立、客觀以及深入的教育，也是感受與認知的心理

教育。哲學也是深入的教育，但哲學與心理學在同一個現象事件的不同點切入，前者在概念中操作，後者則在經驗中體會與覺察。

三、基模（Schema）修正的六個層次

俗話說「牛牽到北京還是牛」，又說「江山易改，本性難移」，治療師如何判斷個案已經改變了他們的信念系統，又如何確定他可以改變？有人懷疑認知療法主要是在認知、理性層次處理個案的問題，卻無法處理到情感的部分。因此懷疑認知療法的成效是短暫的，或只是基於表面問題的解決。

根據筆者的經驗，基模（基本價值觀影響其後之感受與反應）的修正要在自我的心理教育上密集投資三年，而且還要勤做家庭作業（常常覺察）。想想看，我們每五至十年都有需要完成的不同生命任務，而修正其實就是改變，人是永遠在變的，因為人是一個開放系統，永遠都處在於一個不斷修正的狀態中。

此外，認知進行的方式在知識層面上有六個層次：

知識（接觸）→理解→應用→分析→判斷→整合

而基模運作的功能，等於是使用多媒體方式（看—聽—說—寫—做）不斷的吸收、修正與改變。

人生行動力較強的階段是20-40歲，鼓勵各位讀者若有機會，要儘量增加自己各式各樣新的經驗。讓自己的基模愈複雜，生下來的孩子才可能愈有能力對外界做有效的反應。

四、心理劇與家族排列對憂鬱認知的處理

生長在家暴環境下的小孩長年在陰影下生活，而在臺灣早期諮商治療風氣不盛行的時代，陰影內化為個人的價值經驗，可能是許多人憂鬱形成的主要原因，該如何處理這種根深蒂固的憂鬱問題？

負面經驗一定要親自體驗新的正面經驗才能有真正改變的機會，一直使用理性認知想要改善狀況是不太可能的。因為憂鬱當事人的主要特質其實是「愛的失落（空虛）」。所以要處理憂鬱的問題，一定要找出當事人的真正重要他人，利用心理劇的角色扮演技術，演出重要他人讓當事人感受憂鬱的現場，而不是讓當事人聽懂心理專業對憂鬱的解釋如此而已！心理劇就是處

理感受的能手，它把每一個場面的細節都排演出來，例如：以前爸爸怎麼樣打媽媽，當事人當時是怎麼樣躲在旁邊？怎麼樣害怕？怎麼樣憤怒？即使這件事情已經深埋在心底很久了。

受虐家庭之處理，通常要在事件經過二、三十年，在當事人成年之後才有機會處理。所以心理劇就利用不斷重演的方式，讓當事人在場內的情緒透過哭泣、憤怒等種種方式表達出來，這些都只是宣洩，然而宣洩完之後，還是要有一個討論，在這個討論裡面，重點是讓當事人看到，他以前所信以為真的那個事件，實際上已經過去了，那只是小時候的事件。這部分一定要靠體驗，沒辦法靠講或聽懂來產生改變，心理劇的特定功能就在這裡。

而心理劇與家族排列的差異在於，心理劇可能要演出10次才能完成個人重要議題宣洩與建構新詮釋之效果，家族排列則只需1-3次，就可以達到類似的效果；這倒不是說家排優於心理，而主要是因為兩者處理之機制不同所致——前者之機制在情緒之恢復平靜，後者之機制在讓靈魂看見更多個人議題之完形資料，而得到剎那間的頓悟經驗，其主要處置原則也完全不一樣。心理劇是「你不對、你害我、你好討厭、我恨你……等」，重點是把當事人的情緒宣洩出來，情緒宣洩以後，才可以讓負能量歸零。可是如果當事人遇到過很多次這種經驗，那就可能要進行10次、20次，要一直哭……，哭到內在小孩滿意了，這樣才算處理完。而家族排列則是把重要的家人們全排出來，例如：把爸爸、祖父、曾祖父全都排出來，然後當事人就會看到，他的爸爸也是這樣長大的，然後再經過一個調解、和解的儀式，讓大家受傷害的靈魂都得到適當的新位置，也就是解開最早打下的心結，然後當事人的問題就自然比較容易迎刃而解。家排的重點就是——回到源頭去處理；何長珠工作上的經驗是這兩種模式最好合作處理，因為心理和心靈問題幾乎是所有人類問題的共同癥結，不同的只是意識的層面而已。

五、「生命神話」→「核心信念」→「核心衝突」→「非理性反應」

每個人的「生命神話」，都是在幼年的重要經驗中發生的，那時候已經不完整了——因為幼年時期口語及思考運作的能力尚未發展成熟，能記憶及存留的只有感受而已，於是這種感受就深深地沒入當事人之建構，成為其信

以爲眞的記憶。爲求補償，大部分人會因此展出反向並且誇大的心理動力傾向，也就是「虛擬的生命神話」，此生命神話就會成爲其信念的「核心」議題，下一步就會發生「核心衝突」，只要別人的行爲或你遇到的事情跟你的內在不合理需求產生衝突的時候，你就會產生比較多的情緒反應，之後帶來行爲的後果，就會成爲「非理性」反應了。

這個「非理性」最好能在平常無事時就來處理它，練習讓自己的思考愈來愈完整，練習到當這個「非理性」一旦發生，自己就能覺察的程度，這樣才有希望離開自己根深蒂固的扭曲信念。而且一定要在平常做練習，不要在有事發生時才做，因爲那時整個人都處在情緒狀態，所以很難改變；人在理性化狀態中比較容易改變，所以要在平常隨時做思考完整化的練習！

一般人只要不遇到其核心衝突，都可以表現的很理性（此即所謂的「旁觀者清」），沒事時看起來都很理性，但並不是眞實的理性；因爲一般人做的理性判斷，有不自覺的主觀傾向。但眞正的合理性思考並不只等於是理性思考，所以建議大家平常用別人的故事或時常自我分享小事件，來練習自己的合理性思考，以便把自己的理性變成合理性思考（這也就是所謂的「主觀客觀化」之過程）。人類的習性是每個人都會覺得自己有道理，那其實就是合理化，上諮商這種成長課程大家都希望自己有收穫，但不可能藉由聽課或聽別人分享就有效果。眞誠是要從自己開始，要先對自己開刀，以後才不會開錯別人的刀！

六、「焦慮症」、「憂鬱症」和「躁鬱症」在認知治療上的不同處理

認知治療適合用於焦慮和憂鬱症。躁鬱症則更適合用心理動力治療來解決。

焦慮可以用很多行爲治療的方法幫助對方放鬆，焦慮最核心的議題是當事人的非理性信念，所以很適合使用認知行爲治療之模式，例如：處理焦慮有效之方式是自己及時覺察以放鬆或控制它，若之後還是焦慮，就可以試著找信任的、成熟的人來討論，如此既可得到社會支持，又可擴大客觀之覺察。因此，每一位諮商從業者最好能儘量找到一兩位專業的朋友或督導，來建立個人專業生活上之「持續性同盟」關係。

　　憂鬱症在認知治療文獻研究上，顯示是最易有顯著效果的，大部分醫學心理界的工作者提到認知治療，就想到憂鬱症。憂鬱是內在有一種空乏和自我存在感不足的感覺，比較多使用認知討論的方式讓對方覺得「這個空是假的」。理情治療中的「非理性信念」和「悲觀預期」兩者之間有很大的相關，具有非理性信念或悲觀預期高的人容易有憂鬱的習慣，覺得沒有自信或自信心不夠，覺得事情壞的可能性大過好的可能性。對這些情況，認知治療還是用對話的方式去瞭解。例如：有人從小長期面對會對自己施暴的父親，以致於成人後，雖然外表上威武強悍，但實際上卻沒有自信心，對每件事都容易朝壞的方向去想；這樣就形成一方面讓悲觀的信念一再傷害自己，一方面心裡又想愛自己，卻又做不出自信努力的行為，而形成僵局的狀況。

　　總結來說，「憂鬱症」、「焦慮症」和「躁鬱症」對愛的關係，可以大致概念化如下：

1. 憂鬱是當事人感覺自己的愛被剝奪（或失落）所形成的因應策略。
2. 焦慮是愛的不夠所形成的因應策略。
3. 躁鬱是愛中有恨，衝突和矛盾之下所形成的因應策略。

　　上述的基本資料與依附理論有很大的關係。回到依附理論來解釋，英國在1970年代曾有一個大型實驗來研究Bowlby的依附理論。其方式為對8個月到1歲半的幼兒，讓媽媽在實驗中離開10分鐘，回來後看孩子對媽媽的反應。結果發現焦慮氣質的小孩會黏著媽媽一直哭（憂鬱），逃避氣質的小孩似乎對母親視若未睹，躁鬱氣質的小孩則抱著媽媽又咬媽媽，所以上面才說躁鬱症是要用心理動力治療才能有效解決。此外，就個人多年臨床經驗之觀察，還得到一個有趣的發現，那就是這三種依附類型之間，似乎還有一個發展的循環關係；例如：憂鬱愈久了的人，會傾向於作逃避反應；而逃避久了的人，又傾向於會做排除反應等；本人過去數十年來與大學生接觸的經驗以及從量表施測中發現，目前的年輕人之中有排除反應傾向者之比率，有日漸升高之傾向；但弔詭的是：如果當事人依附風格中最高的分數是排除時，她（他）們通常是不會想要主動來求助的，因此最後最辛苦的通常還是完美主義的焦慮性依附之家人或其受害者（朋友—伴侶），好笑吧？不過須要注意的是典型之代表性，須相差5分以上才有意義。例如某A的安全分數是32分，排名第二的排除分數是30分，則某A雖然表面是安全依附，但實際生活中，可能常有排除反應之傾向，以此類推。

七、認知行為治療應用於焦慮症

自1966年以來，RCT的實證資料顯示，CBT可適用於焦慮症之治療。本研究針對後設資料進行分析，評估在各種控制情境中CBT的療效。採用後設研究以分析CBT治療的進展。432個患有焦慮症的個案中，364個同意接受組內效應值之統計。結果顯示焦慮並未隨著治療進程而改變，也就是說可能一開始有效果，最後卻無效，但就某個單一研究而言，除了恐慌症和OCD以外，其他類型都有改善的發展。

研究回顧（O'st L-G., 2008）──1.Lang與Lazovik（1963）以行為療法首次應用於大學生。2.Paul（1966）採認知取向的系統減敏感法，協助害怕公開演講的大學生。3.Gelder與Marks（1966）系統減敏感法與心理分析取向應用於懼曠症之比較。4.Ritter（1969）RCT應用於特定型恐懼症。5.Bandura等人（1974）應用於動物恐懼症、社交恐懼症。6.Argyle（1973）於社交恐懼症指導社交技巧訓練。7.Stern等人（1975）於OCD應用思考停止法。8.Carter等人（1982）漸進放鬆技巧與肌電生理回饋療法應用於恐慌症之比較。9.Taylor等人（1986）漸進式放鬆技巧與diazepam（抗焦慮藥物）應用於PTSD之比較。10.Peniston（1986）漸進式放鬆技巧、diazepam（抗焦慮藥物）與肌電生理回饋療法應用於PTSD之比較。可見1965-2008年間，有關行為治療、認知治療與CBT應用於焦慮症的研究頗多，其相關整理如表11-2所示。

表11-2 焦慮症於IA、SR、BAT、CSI、TIME、ATT各年代間後續追蹤比較之統整結果

若針對各年代間最高分的自陳效應值進行分析整理結果	1970s	1980s	1990s	2000s
特定對象恐懼症		+	+	+
社交恐懼症	+	+	○	+
懼曠症	+	+	+	
恐慌症				
泛焦慮症		+	+	
強迫症		+	+	
創傷壓力疾患				

+：增加　○：持平

　　由表11-2可見：時代趨勢似乎會影響所研究之範圍，就此表而論，特定對象恐懼症及社交恐懼症似乎是2000年來國外研究之主要研究之範圍，且後者較多集中於兒童及青少年。

八、網路成癮的認知行為治療

　　近幾年的研究中，網路成癮被視為一種疾病，因網路使用者無法控制上網的時間，而造成其人際關係之疏離（Nie, N & Erbring L., 2000）。Young研究396個個案當中，將近56%網路成癮的個案有社交孤立之問題。根據成癮學者提出，網路成癮往往伴隨虛幻、片刻的滿足，來逃避其現實生活中的壓力（Young, K. S., 2004）以及工作與社會上的問題（Greenfield, D. N., 1999）。

　　其研究之樣本為114個網路成癮的個案──42%的男性個案資料（平均年齡38歲）、58%的女性個案資料（平均年齡46歲）；種族資料部分：84%為白種人、5%非裔、11%黃種人；學歷資料部分：28%為碩士或博士學位、61%為大學學歷、11%高中畢業，並在線上成癮中心（Center for Online Addiction）接受CBT治療，採用調查研究設計，在12次的療程中定期評估，於六個月後持續追蹤。變項包括：動機、管理上網時間、人際關係改善的程度、性能力改善的程度、投入日常生活、遠離有害的應用程式等。

表11-3　網路成癮所導致的問題

問題類型	是	否	未作答	總和
時間管理	96%（109）	4%（5）	0%（0）	100%（114）
人際關係	85%（97）	15%（17）	0%（0）	100%（114）
性生活	75%（85）	21%（24）	4%（5）	100%（114）
工作	71%（81）	29%（33）	0%（0）	100%（114）
經濟問題	42%（48）	58%（66）	0%（0）	100%（114）
身體疾病	29%（33）	71%（81）	0%（0）	100%（114）
學業	15%（17）	81%（92）	4%（5）	100%（114）

（引自歐為傑，2012，學期報告）

　　Young K. S.（1998）認為：網路成癮的案例中，不可能完全不接觸電腦。因此，臨床工作者傾向於以行為療法逐漸調整、控制網路的使用。行為治療技巧包括：自信訓練、行為預演、練習、認知重建、去敏感法、模仿、增強、放鬆技巧、自主管理或學習社交技巧等方法。

　　研究程序——Center for Online Addiction成立於1955年，初期療程為蒐集個案的家庭背景資料、目前問題、第一次發病與最嚴重的程度。認知行為療法應用於使用電腦、停止使用有害的應用程式，控制上網時間，而諮商關注於行為議題或其他可能導致網路成癮的原因。12次的療程當中，分別於第3、8、12次，評估其網路使用的時間，並持續進行六個月後的追蹤評估。

　　研究工具——使用Client Outcome Questionnaire定期進行評估。本問卷有12個項目，並以5點量表進行評量，包括：治療效果、戒除動機、控制上網時間、投入日常生活、人際關係改善、性能力改善程度等向度。工具性效度部分，透過隨機抽樣的大學生進行前測，證明本問卷具有信／效度。

　　結論——研究結果顯示成年男性大學學歷之白種人，最容易有網路成癮的問題。初步的分析指出，大多數的個案在第8次療程時能夠控制主訴問題，並持續效果至六個月後的追蹤評估。

九、成人強迫症之認知行為新療法

　　強迫症是一種慢性的焦慮性疾患，終身盛行率約2-3%。常見的強迫性思考包括害怕被汙染、染上疾病等；行為包括重複洗手、不斷檢查、重複數數、蒐集物品等，大多數的病患都知道這些是不合理的行為。根據DSM-IV診斷準則，強迫症必須符合強迫思考或強迫行為或兩者兼具。1960年代以前被視為慢性且難以治癒的疾病，直到60年代，因ERP（行為療法）與clomipramine（抗憂鬱劑）之介入，讓強迫症得以治療。如今，強迫症證實是因大腦迴路前額皮質紋路下視丘過度激化所致，文獻證實認知行為療法與藥物治療的效果相當，若能夠加入長期追蹤、團體治療以及認知行為合併（SSIRs）之治療尤佳（Abramowitz J., 2006）。

　　1996年Schwart與其同事發展出對強迫症之認知新療法，分為四步驟說明如下：

步驟一：重新標籤／教導病患將強迫性思考視爲大腦的一種錯誤的訊息。

步驟二：再歸納／指導病患認識眞正引起強迫性思考的原因主要是大腦生化物質不平衡所致，而並非事實。

步驟三：再聚焦／學習有益身心的替代行爲，例如：邊散步邊聊天、聽音樂等。

步驟四：再評估／不再注意強迫性思考與行爲，而開始評估病患其他面向的生活。

1977年，許多研究OCD的學者，歸納強迫症患者的不合理信念爲如下幾點：

信　念	描　述
對危險與後果的錯誤評估	過度評估事件的嚴重度或發生的可能性，例如：如果我碰到浴室的門把，可能會染上致命的疾病。
誇大個人的責任	無法阻止負面事件的發生，例如：如果我沒有把街道上的玻璃移開，就會發生車禍。
過度誇大思考的重要性	捕風捉影，當病患出現某一想法時，便會認為自己有強迫性思考。
想法與行動不分（TAF）	病患認為只要出現該想法時，事情就有可能會發生。例如：如果我想到父親會出車禍，他出車禍的機率就會提高。這個認知的謬誤，主要來自兩個面向： 1. TAF可能性：某些想法導致事情發生的可能性增加。 2. TAF道德感：邪惡的想法會導致不好的結果。
難以忍受不確定性	必須控制思考或行為，藉此降低自己與他人的危險性，例如：我必須確認有將瓦斯關掉，且不能忍受任何懷疑。
難以忍受焦慮	對於可能的危險，無法忍受絲毫的焦慮。
完美主義者	對於問題只有單一完美的解決方式，且無法容忍一點的錯誤，因為這會導致危險的後果。

總之，CBT證實能有效治療焦慮性疾患，大量的研究顯示，ERP亦可應用於OCD治療，且相較於SSRIs（藥物治療），ERP的效果更能維持。現今

的研究顯示CBT亦能夠改變大腦迴路代謝的速度，儘管如此，對於OCD治療仍需著重在長期追蹤、團體治療以及CBT合併SSRIs之效果。

十、國內「認知行爲治療」／「認知治療」現況

洪淑慧（2010）曾進行檢索，共得2005至2010年碩士論文計33篇。並針對「主題內容」歸納整理摘要；「主題內容」下分爲注意力缺陷過動症9篇、兒童人際關係1篇、焦慮症3篇、憂鬱症9篇、失眠症2篇、亞斯伯格症2篇、毒品成癮症1篇、學童學習障礙1篇、糖尿病1篇、長期血液透析者1篇、口腔保健1篇、門診強迫症1篇、睡眠障礙1篇、兒童生活適應4篇等。由此可見過去將近十年來，臺灣部分之相關研究題目最多數量者爲「兒童／青少年注意力缺陷過動症」及「憂鬱症」，各有9篇，以下摘要介紹。

（一）兒童／青少年注意力缺陷過動症

王亭力（2006）對29組國小二年級至五年級的ADHD兒童與家長，進行22次的團體治療結果發現，團體治療有助於改善ADHD兒童在家庭情境中的行爲；但老師填寫的量表中，只有干擾性行爲量表中的過動衝動指標達到顯著的改善。蔡美智（2006）以互動式閱讀治療改善注意力不足國中生社會行爲認知之行動研究，在量表的統計分析中，發現互動式閱讀治療對研究對象之溝通協調與衝突處理的社會行爲有較大的改善效果。蔡曉薇（2008）之研究則發現：對注意力缺失過動疾患兒童，結合CCBT與藥物之處遇，能達到臨床上之最大效益，進一步支持CCBT團體之療效。蔡佳縈（2006）則依父母及兒童之分別需要設計包括促進學習、概念正確性與他人互動等療效評估項目（Bloomquist & Braswell, 1990），結果發現可供臨床有效之運用。

（二）憂鬱症之處遇

蔡元瑛（2008）融合正向情緒（六週）與認知治療原則（八週），設計出一套針對憂鬱症患者的團體心理治療方案，結果顯示正向情緒焦點認知治療團體療程能有助改善症狀與情緒適應，未來可考慮納入CCBT成爲憂鬱症治療的新選擇。湯詠婷（2005）之研究則發現整體而言，結合情緒能力理論

與認知治療的階層式情緒焦點認知治療團體，確能有助於改善憂鬱症患者之症狀與提升其情緒能力；且二階段的完整療程能讓患者持續治療，帶來更顯著的療效。馮瓊儀（2010）以國內2000-2010年32篇研究作統合分析，探討認知行為團體治療對憂鬱症之成效。結果發現認知行為團體治療對於改善憂鬱程度具有立即效果（g = −0.40）及六個月內的持續性效果（g = −0.38），但無超過六個月之持續性效果（g = −0.06）。其結論是：認知行為團體治療對憂鬱症患者的憂鬱程度及憂鬱症復發率是具有小量效果，並建議若欲讓患者持續保有治療效果，則建議至少每六個月再進行一次治療。陳偉任（2006）在認知行為團體治療對女性門診憂鬱症患者治療效果之研究則發現：患者之非理性信念和憂鬱情緒有正向相關，在接受10次之認知行為團體治療後，其憂鬱情緒及非理信信念有顯著的改善，並且在之後的後續追蹤仍有持續的療效。經過三年來的連續研究，目前這套為期兩個月（共10次）之認知行為團體方案之療效有其穩定性。郭雅美（2006）針對「青少年憂鬱情緒自我檢視表」的得分為12分以上者7人為實驗組，進行8次每次50分鐘之團體輔導，結果發現對腹式呼吸法、自我暗示法和肌肉放鬆法等放鬆技巧的學習收穫最大。由上述本土之研究資料可知：認知行為治療（CBT）之模式普遍應用於學校／醫院之兒童─青少年或門診病人；至於其療效則主要需結合情緒經驗之表達或正向情緒之教導，方能更增效用。其中最特別的一篇研究是介入宗教信仰（基督教）之儀式，來有效協助一位憂鬱症患者改善憂鬱之敘事研究（張博淨，2008），由於A. Newberg與M. R. Waldman在賓州大學靈性與心智中心（Center for Spirituality and the Mind）三十餘年來之研究發現（2010），靈性健康之增加方式之一是真心相信某一種宗教與持續演練誦持某一話語（如主耶穌或阿彌陀佛或任何簡單複述之語句等），這方面的研究也許在不久的將來會有更多之突破。

第三節 重要技巧

一、確認當事人的基本基模

㈠ 從家庭作業的紀錄或晤談所呈現的特殊例子中,找出一般性規則。

㈡ 從晤談和家庭作業中,找出一再出現的主題和語彙。

㈢ 找出以「應該」來呈現的個人規則。

㈣ 利用「往下想」的技巧,探究自動化思考的邏輯性涵義。

㈤ 說出個案口中隱含的意義。

二、誘出自動化思考及修正

(一)誘出自動化思考

1. 直接詢問

是最簡便的方法,可以直接引導個案注意自己的自動化訊息處理歷程,如:「你腦中閃過什麼想法?」

2. 誘導式問話(引導新發現法)

引導個案在心中創造出一種情境,瞭解真正發生的狀況是什麼。這種形式的問句,對個案是一種楷模(model)的學習,協助個案獲得監控自己思考的技巧。

3. 緊抓住情緒強烈的時刻

當察覺個案的情緒變化時,如:突然流淚、說話變得猶豫、說話變快或突然開始坐立不安等,治療師需立即點出並詢問:「這時候腦中閃過什麼?」

4. 心象法

要求個案在心中儘可能清晰地想像先前困擾的情境,數分鐘後再詢問想像時伴隨的想法。

5. 角色扮演

可以協助治療師與個案,快速的找出潛藏於非預期的情緒反應下之想

法。

6. 確認事件的意義

由確定事件的意義來打破錯誤的聯結與錯誤的解釋，例如：「孩子們為了看哪個電視頻道而吵架，對你而言，它意味著什麼？」

（二）修正自動化思考

1. 檢視贊成與反對之證據。
2. 建立每一種實際發生狀況的可能機率。
3. 蒐集資料：例如：調查其他人在相同情境下會怎麼做？或其他人的解釋為何？
4. 重新定義：把問題界定得更具體、更特定，並用個案本身的行為來陳述。

   例如：當個案想：「沒有一個人注意到我」時，可以把問題重新界定為：「我必須主動接觸別人、關心別人。」
5. 重新歸因：檢視情境中所有的影響因素，促進現實感及各方責任的適當分配。
6. 角色扮演。
7. 問題解決工作表。

三、蘇格拉底式對話

藉由詢問一系列的問題，主要目的是讓個案能認知其內在想法或修正其意見，有三個問題技術如下（姜忠信、洪福建，2000）：

　㈠ 你有何證據以支持該信念？

　㈡ 你能否以其他方式解讀該情境？

　㈢ 如果那是真實的，其含意是什麼？

簡言之，其內涵包括探索與界定問題；鑑定個人的假定、思考與想像；評鑑情境與事件的意義；以及評估維持不良適應、思考與行為的後果等過程（魏麗敏、黃德祥，1995）。

蘇格拉底式對話舉例

學生其職業爲護士（以下稱CL）——她覺得有些病人常有無理要求，卻從不考慮別人的立場—護士也是人，不是不幫忙，而是有自己的極限。現在有一名住特等房的病人就正在對護士提出要求，使護士覺得生氣……（進入演練狀況）

CL：我現在正在忙事情呢！

病人：那不干我的事，我來這邊花這麼多錢住特等病房，什麼是特等？就是我要做什麼你們就要做什麼，不然我幹嘛給你們醫院這麼多錢？

CL：規定就是規定啊！

病人：規定是給你們醫院裡其他人看的，不是給我看的，你知道我的後臺背景嗎？

CL：（離開演練狀況，對課堂同學解說自己會採取的因應之道）
我會藉故離開，告訴他：「我外面還有其他事情，你先稍待一下。」

老師：「離開現場」是高招！但此處認知治療之重點是——如何在最短時間幫助自己變得更有理性，而不要因爲他的不理性引起你的不理性。

CL：那我可能就會求助其他人。

老師：請別人代你過去嗎？

CL：對！我自己不要過去，因爲怕自己在很憤怒的時候會口不擇言！

老師：嗯！找別人代打也可行，但這件事仍然沒有解決，怎麼辦？
此時CL的扭曲思考可能是什麼？有錢有什麼了不起，你怎麼可以耍特權？你怎麼可以這樣對我？由這些話語看來，CL的心理上不只是要求公平，可能更要求的是控制場面——因爲病人的態度就是要讓CL屈服於一種「上—下」的關係之中！我們也可以猜測——在潛意識中，CL會不會認爲自己才是專業！「你憑什麼交5萬元，就要我這個專業來伺候呢？」所以請你（CL）想想：你到底在生氣什麼？

CL：生氣他沒有替別人著想，其實我們護士也有顧不到的事情，每個人都有他們的極限！不是說我們故意要放下他們不管！！每個人都覺得自己是最重要的！如果萬一有更危急的其他病人之情況，或是有病人更需要我們的時候，他們卻來阻撓，這時我就會覺得很無力感。

老師：所以聽起來你已經做得很好了，你用離開現場或找別人代打的方式，來解決這種不合理的問題，看起來其實都是對方不對。

CL：但是他們都不覺得他們不對。

老師：他們都不覺得他們不對，就好像你也不覺得自己不對，是嗎（面質）？

CL：那我到底哪裡錯了？

老師：很好！人會產生情緒，就是因為覺得自己沒錯。假使人在有情緒的時候，同時還能覺察——我為何要因為對方不講道理而生氣呢？或對付一個自大型的病患如何才算有效呢？可能就不會有那麼大的情緒了吧。

結論

簡單而言，認知治療的功效，就是教導大家不要因為對方無理逼迫我們生氣，就落入「自己是好人，對方是壞人」的心理世界。換言之，蘇格拉底式的對話就是要讓對方碰到自己思考（合理化）的底限！以上例來說，CL不一定要同意我，但是她也因為這段對話可能發現，原先自己百分之百正確的立場已經沒有那麼正確，這時就可以停止對話了。

四、修正基本信念

㈠為特有信念的優缺點加權，並評估其重要性（百分比）。

㈡檢視支持和反對的證據。

㈢挑戰「往下想」練習中的每一論點。

㈣現實測試：故意違反個人的規則，並檢查其後果（反應預防）。

㈤比對個人規則的長期與短期效用。

㈥ 質疑個人契約的有效性。

㈦ 列舉負面情緒：以計數器紀錄憂慮情緒時的自動化思想，提高覺察能力。

㈧ 參與行為作業：使用「不良認知功能紀錄表」，記錄每日情緒變化與同時出現的自動化思想，可作為找出和修正自動化思考的有用工具。

㈨ 增強對生理緊張或恐慌形成的敏感度：用來作為個案監控自動化思考的線索。可訓練個案利用情緒變化來將他們的自動化思考意識化。而經由放鬆練習，則可訓練焦慮個案增加對生理緊張或恐慌發作的敏感度。

 # 第四節　實務說明

案例一：認知扭曲的實例

阿美：我們的校長是個好人，但每次開會都議而不決，造成每次跟他開會都覺得很痛苦，任何事都議而不決，最後只好是誰負責的部分，就自己來下決議。總而言之，他不願擔任何責任，反而要我們部下自己扛。

老師：校長是新校長，阿美是舊主任。就認知理論而言，校長的主要問題來自於他不要當壞人，這點顯然來自他過去經驗的影響，所以在他的立場，他選擇一個對自己最安全的做法（安全勝於一切），就是—我不決定，逼你們自己做決定，結果就是你們自己負責。是這樣的嗎？？

阿美：對！又例如：同仁想請公假，我把相關法令呈報校長，告知依規定此人不能請公假，沒想到校長反而告訴該同仁說我的法令認知不一定是對的，害得同仁反過來還要告我。

老師：校長還要做多久？

阿美：只能做到今年8月。

老師：所以這是否只是策略性懦弱，因為想要平安退休可能是他主要的動機，這樣想你是不是比較能接受他？但假若這也是大部分要退休校長的標準模式，你會有什麼感想？

阿美：這樣對國家的教育影響不是太嚴重了嗎？

老師：反過來說，你真的認為他這樣的行為對臺灣的教育前途不適合，那你願意去告他嗎？

阿美：不願意！

老師：你不願意告他，又怪他不負責任，聽起來其實他做的跟你做的是不是有同樣的原則呢？「認知的不完整會造成認知的扭曲」，要小心噢！

解說

「扭曲的思考」常常會成為人們情緒的來源，雖然人們都知道它是主觀的，但當事人在講校長時，根本不覺得自己跟校長也有類似的狀況，就是──同樣的不想擔負責任，所以「認知的扭曲」會在頭腦裡形成一個神經結，此神經結會自動回應情境形成習慣，對阿美原來所相信的價值，例如：校長要負責，國家才會有希望，這是她主要的認知架構，這使她成為一個較正直的人，但也因為她要做一個正直的人，所以會認為校長行為是不對的。既然如此，阿美就可以付諸行動去告校長，讓這種校長在臺灣又少一個，然而為何又不願告他呢？因為阿美可能有第二個認知扭曲的資料：「多一事不如少一事。」所以成人的頭腦是很複雜的，會從過去失敗的經驗中產生一種認知的決定，這個決定對她來說是行為之依據，但卻不一定是完整的；換句話說，這可能也是我們大多數的人會犯的錯誤──對待別人是客觀的公正批判，對待自己卻是主觀的同理接納。

案例二：焦慮夢─長期夢到被追趕

一位大學部的學生，從15歲開始出現焦慮夢─長期夢到被追趕，所以讓她從來沒有睡好過。經過治療找出的原因是─因為六年前父親外遇，讓她感到不安。治療過一次後，她出現第二個夢，夢境是她喜歡上另一個男人，這也讓她產生焦慮，因為她的現實生活中已有一位固定的男朋友，所以產生焦慮。

解說

可能因為父親外遇讓她產生不安全感，經過治療找出原因，解除原本的焦慮之後，安全感問題獲得解決，能量獲得轉變，所以不需要再做被追趕的夢。但是由於當事人過去幾年的能量都用在處理焦慮（因為擔心家庭破裂），所以需要有一個男友來獲得安全感——但這男伴又不可以太帥太優秀，因為會讓她產生另一種不安全感。所以當她現在喜歡上另一個男生時，就又覺得有罪惡感了。當事人的內在透過夢境會比較清晰看到一幅圖畫：一面看著眼前的男人，一面有罪惡感。當經過治療師如此解說後，就可以看到她的表情有了一種放鬆的改變。

這種過程符合認知治療的主要假設，當你知道「這是什麼意思」的時候（在此例中，是個案瞭解其焦慮夢真正的意義），就不需要再做原來不知道時所做的事情（例如：對男友易生憤怒但又覺得抱歉）。換言之，當我們的能量不需要用來擔心的時候，就可以拿來找尋希望。

案例三：助人時會有很深的無力感

阿正在路邊看到一隻受傷的狗，本想要幫助小狗帶著牠接受治療，卻因為狗兒不讓其接觸而感到無能為力。

分析

阿正的例子與其個人的非理性思考（IB）可能是有某些相關——不想要跟別人太接近，免得有負擔而失去自由，其可能的IB包括如下兩項：

1. 「過分涉入」，只要別人有煩惱，自己就會覺得有壓力。
2. 「過分完美」，只要我處理的事情，就一定要成功。

假設有這兩個東西，當然在人際「疆界」上就會有困難，在疆界上有困難的人，就可能會形成一種不想給予承諾的態度，因為不承諾就不會有責任，而在表面上形成為一種需要自由的姿態，這當然可能還有更深層的原因可以挖掘，不過可暫且以這個部分與個案進行更進一步的探討。

例如上面這個例子，阿正已經在動機和行為上都出現有誠意想協助的事實，卻因為實際上未能幫到對方而心生歉疚，這也印證了其對其他一般真實

個案之協助心態，好像一定要能徹底解決對方的問題才算有效幫助。但事實往往不盡如此，這時可以回到對自己的覺察上，來處理此一議題以減輕習慣造成而不自覺的焦慮。

 第五節　測驗

臺灣人憂鬱症量表（2003）

你是不是常常覺得自己壓力很大！你是不是感到總是開心不起來！

你是不是懷疑自己得了憂鬱症！善待自己真的很重要！

檢視自身情緒正是一個開始！請您來測測自己的憂鬱指數！

提醒你「時時檢視，情緒OK」！

請您根據最近一星期內以來身體與情緒的真正感覺，勾選最符合的一項！

	沒有或極少每週（一天以下）	有時（1-2天）	時常（3-4天）	常常或總是（5-7天）
1. 我常常覺得想哭	☐	☐	☐	☐
2. 我覺得心情不好	☐	☐	☐	☐
3. 我覺得比以前容易發脾氣	☐	☐	☐	☐
4. 我睡不好	☐	☐	☐	☐
5. 我覺得不想吃東西	☐	☐	☐	☐
6. 我覺得胸口悶悶的（心肝頭或胸坎綁綁的）	☐	☐	☐	☐
7. 我覺得不輕鬆、不舒服（不爽快）	☐		☐	☐
8. 我覺得身體疲勞虛弱、無力（身體很虛、沒力氣、元氣及體力）	☐	☐		☐
9. 我覺得很煩	☐	☐	☐	☐
10. 我覺得記憶力不好	☐	☐	☐	☐
11. 我覺得做事時無法專心	☐	☐	☐	☐

（續）

	沒有或極少每週（一天以下）	有時（1-2天）	時常（3-4天）	常常或總是（5-7天）
12. 我覺得想事情或做事時比平常要緩慢	☐	☐	☐	☐
13. 我覺得比以前沒信心	☐	☐	☐	☐
14. 我覺得比較會往壞處想	☐	☐	☐	☐
15. 我覺得想不開、甚至想死	☐	☐	☐	☐
16. 我覺得對什麼事都失去興趣	☐	☐	☐	☐
17. 我覺得身體不舒服（如頭痛、頭暈、心悸、肚子不舒服等）	☐	☐	☐	☐
18. 我覺得自己很沒用	☐	☐	☐	☐

◎計分方式：

「沒有或極少表示」　　　　0分

「有時候表示」　　　　　　1分

「時常表示」　　　　　　　2分

「常常或總是表示」　　　　3分

將所有十八題選項的分數相加，就可知道你的情緒狀態了！

◎8分以下

真令人羨慕！你目前的情緒狀態很穩定，是個懂得適時調整情緒及紓解壓力的人，繼續保持下去。

◎9分～14分

最近的情緒是否起伏不定？或是有些事情在困擾著你？給自己多點關心，多注意情緒的變化，試著瞭解心情變化的緣由，做適時的處理，比較不會陷入憂鬱情緒。

◎15分～18分

你是不是想笑又笑不太出來，有許多事壓在心上，肩上總覺得很沉重？因為你的壓力負荷量已到了臨界點了，千萬別再「撐」了！趕快找個有相同經驗的朋友聊聊，心情找個出口，把肩上的負擔放下，這樣才不會陷入憂鬱症的漩渦！

◎19分～28分

　　現在的你必定感到相當不順心，無法展露笑容，一肚子苦惱及煩悶，連朋友也不知道如何幫你，趕緊找專業機構或醫療單位協助，透過專業機構的協助，必可重拾笑容！

◎29分以上

　　你是不是感到相當的不舒服，會不由自主的沮喪、難過，無法掙脫？因為心已「感冒」，心病需要心藥醫，趕緊到醫院找專業及可信賴的醫生檢查，透過他們的診療與治療，你將不再覺得孤單、無助！

參考書目

王亭力（2006）。注意力缺陷過動症之認知行為親子治療團體成效。未出版碩士論文。高雄：高雄醫學大學心理學研究所。

臺灣人憂鬱症量表（2003）。董氏基金會。引自網路http://www.jtf.org.tw/overblue/taiwan1/

林梅鳳（2001）。認知行為治療團體對憂鬱症患者的衝擊與治療效果之研究。未出版之博士論文。彰化：國立彰化師範大學輔導與諮商學系博士論文。

姜忠信、洪福建譯（2000）。認知治療的實務手冊——以處理憂鬱與焦慮為例（原作者Blackburn, I. M., & Davidson, K. M.）。臺北：揚智。

洪淑慧（2010）。個別諮商理論與實務——課堂報告。嘉義：南華大學。

陳偉任（2006）。認知行為團體治療對女性門診憂鬱症患者治療效果之研究。未出版碩士論文。高雄：高雄師範大學輔導與諮商研究所。

張博淨（2008）。基督徒之認知行為治療——一位憂鬱症患者之敘事研究。未出版碩士論文。臺中：東海大學宗教研究所。

游恆山、邊光昶（譯）（1999）。心理治療與諮商理論：觀念與個案（原作者：Richard S. Sharf）。臺北：五南。

楊大和、饒怡君譯（2003）。短期認知行為治療。臺北：心理。

歐爲傑（2012）。個別諮商理論與實務——課堂報告。嘉義：南華大學。

蔡元瑛（2008）正向情緒焦點認知治療團體運用於憂鬱患者：療效評估與改變因子之探討。高雄：高雄醫學大學心理學研究所。

蔡美智（2006）。互動式閱讀治療改善注意力不足國中生社會行為認知之行動研究。未出版碩士論文。臺北：國立臺灣師範大學社會教育學系在職進修碩士班。

蔡佳縈（2006）。專業人員療效評估之概念：以ADHD認知親子治療團體及父母訓練團體為例。未出版碩士論文。高雄：高雄醫學大學行爲科學研究所碩士班。

郭雅美（2006）。運用認知行為取向團體輔導方案對高憂鬱指數高中生的輔導效果研究。未出版碩士論文。臺北：國立臺灣師範大學教育心理與輔導學系在職進修碩士班。

湯詠婷（2005）。階層式情緒焦點認知治療團體運用於憂鬱患者：療效評估與改變因子之初探。未出版碩士論文。高雄：高雄醫學大學行爲科學研究所碩士班。

馮瓊儀（2010）。認知行為團體治療對憂鬱症之成效：2000-2010年之統合分析。未

出版碩士論文。臺北：醫學大學護理學研究所。

蔡曉薇（2008）。完整認知行為治療對注意力缺失過動疾患兒童的療效：以症狀量表評估。未出版碩士論文。高雄：高雄醫學大學心理學研究所。

鄧伯宸（譯）（2010）。改變大腦的靈性力量──神經學者的科學實證大發現（原作者：A. Newberg與M. R. Waldman）。臺北：心靈工坊。

Abramowitz, J. (2006). The Psychological Treatment of Obsessive-Compulsive Disorder. *Canadian Journal of Psychiatry, 51*, 407-416.

Alfred Adler (1919) 引自網路 http://www.notablebiographies.com/A-An/Adler-Alfred. html

Butler, A. C. & Beck, A. T. (1995). Cognitive therapy for depression. *The Clinical Psychologist, 48*(3), 3-5.

Greenfield DN. (1999). *Virtual addiction*. Oakland, CA: New Harbinger Publications.

Lang, P. & Lacovik, A. (I963).The experimental desensitization of a phobia. *Journal of Aonormal and Social Psychology, 66*, 519-525.

Murray, E. J. & Jacobson, L. T. (1987). Cognition and learning in traditional and behavioral therapy. In Garfield, S. L. & Bergin, A. E. (eds). *Handbook of Psychotherapy and Behavioral Change*, 661-87. John Wiley & Sons, New York.

Neimeyer, R. A., Baldwin, S. A. & Gillies, J. (2006). Continuing bonds and reconstructing meaning: mitigating complications in bereavement. *Death Studies, 30*: 715-738, Taylor & Francis Group, LLC.

Nie N. & Erbring L. (2000). Debating the societal effects of the Internet: connecting with the world. *Public Perspective 2000*; 11:42-3.

O'st L-G. (2008). Cognitive behavior therapy for anxiety disorders: 40 years of progress. *Nord Journal Psychiatry, 62* Suppl 47:510.

Schwartz, J., Stoessel, P., Baxter, L., Martin, K., & Phelps, M. (1996). Systematic changes in cerebral glucose metabolic rate after successful behavior modification treatment of obsessive-compulsive disorder. *Archives of General Psychiatry, 53*(2), 109-113.

Winter, D., Tschudi, F. & Gilbert, N. (2006). Psychotherapists Theoretical Orientations as Elaborative Choices. In Peter Caputi, Heather Foster and Linda Viney (Eds.), *Personal Construct Psychology: New ideas*. Wiley, West Sussex, England, p. 131-150.

Weishaar, M. E. & Beck, A. K. (1993). Hopelessness and suicide. *International Review of*

Psychiatry, 4:177-84.

Young KS. (1998). *Caught in the Net*: How to recognize the signs of Internet addiction and a winning strategy for recovery. New York: John Wiley & Sons.

Young KS. (2004). Internet addiction: the consequences of a new clinical phenomena. In: Doyle K. ed. *Psychology and the new media*. Thousand Oaks, CA: American Behavioral Scientist, pp. 1-14. Cyberpsychology & Behavior 1998; 1:237-44.

第十二章

理性—情緒—行為心理治療之理論與實務[1]

 ## 第一節　名詞釋義

一、名稱演變及歷史地位

　　1955年，愛伯特‧艾里斯（Albert Ellis）發展出「理性治療法」（Rational Therapy），旋即改名（1961）為「理性情緒治療法」（Rational-Emotive Therapy, RET），並推廣使用了約四十年，到1993年，才又宣稱改名為「理情行為治療法」（Rational Emotive Behavior Therapy, REBT）。基本上，艾里斯改變名稱是為了更正確反映出理論的焦點在於思考、感覺及行為間的互相作用（Ellis, 1991, 1994, 1996）。

　　1959年，艾里斯在紐約成立了「理性生活中心」，後來改名為「理情治療中心」，並沿用至今。中心成立後，除了個別治療，艾里斯也開始採用理情治療進行團體治療，並且贊助有關理情治療的各種公開演說和治療師的訓練。

　　1962年，艾里斯出版《心理治療的理性與情緒》一書，首度以有系統、易理解的方式，展現其治療理念；他因此被視為是現代認知治療方法的先驅，或稱現代的認知—行為之父。

　　理情治療的代表性名言：「人不是被事情困擾著，而是被對該事情的看法困擾著。」（Ellis引自Stoic學派的哲學家Epictetus在西元一世紀所說的名言）

---

[1]　本章之資料，部分參考如下同學之整理：吳寶鈺、潘台雲，特此致謝。

二、主要概念

（一）理情行為治療法的基本假設

我們的情緒（E）主要根源於一些事件和情況（A）中的信念（B）、評價解釋，以及對生活情境的反應（C）。重視處理「想法」與「行為」之駁斥（D），而非重視感覺的表達。所以其主要公式如圖12-1。（廖鳳池，1988）

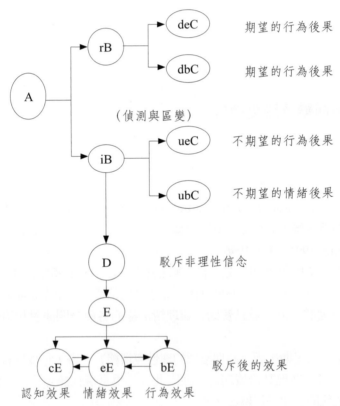

A: activating event（引發事件或經驗）
B: belief（指人們對事件所抱持的觀念或信念）
C: emotional and behavioral consequence（指觀念或信念引起的情緒及行為後果）
D: disputing intervention（指勸導駁斥）
E: effect（指治療或諮商效果）
F: new feeling（指治療或諮商後的新感覺）

圖12-1　理情治療的理論架構圖

艾里斯（1994）及Wessler與艾里斯（1983）將所提及的非理性信念，歸納為三類：

1. **個人要求**（self-demandingness）**方面**：個人必須具備充分的能力及成就，並獲得生命中所有重要人物的讚許。若非如此，就是極糟糕、可怕的，個人不僅無法忍受且將覺得自己是一個沒有價值的人，往後也將總是失敗和受懲罰的。

2. **他人要求**（other-demandingness）**方面**：他人必須如我們預期般的和善、公平地對待我們。若非如此，那將是天大的災難，而對方就是卑劣的、壞的和無用的人，個人不但無法忍受，且覺得對方無法獲得美好的生活，應受嚴厲的懲罰。

3. **環境要求**（world-demandingness）**方面**：個人必須得到想要的東西，且個人生活周遭世界應如同個人期待般地有秩序、美好與明確。我所生活的條件（環境、生態、經濟和政治）絕對必須是舒適的、安全的、言論自由的、和輕鬆自在的享受。若非如此，個人不但無法忍受這種不舒服、挫折之環境，且覺得這個世界可怕，不值得再生活下去。

（二）艾里斯列出理情行為治療法中的一些重要假定

1. 人們的困擾是受到自己制約（self-talking）的結果，而不是受到外在因素的制約。

2. 人有生物上與文化的傾向去扭曲思考（self-evaluating）及不停地困擾自己。

3. 每個人所製造困擾信念方面都不太一樣，並且會不斷地讓自己受困於自己所製造出來的困擾。

4. 人有能力（self-sustaining）改變自己的認知、情緒和行為，可以選擇與平常不同的方式去反應，並能訓練自己把生活中的困擾減至最少。

5. 理性思考者具有以下五項特質：

   (1) 其所根據的主要是客觀，而非主觀事實。

(2) 如果能依之而行，最後會導致的將是生命的保存而非折斷或斷傷。

(3) 如果能依之而行，將可使個人內在的衝突和災難也減低到最小限度。

(4) 如果能依之而行，將可避免不愉快的個人或環境之衝突。

(5) 如果能依之而行，將使我們的生命目標較早達成。

6. REBT的理論中最首要及基本的原理是：認知是人類情緒的最重要決定因素，我們的內在事件，我們對這些外在狀態的知覺和評價是我們情緒反應更直接有力的來源。第二個原理是：功能失調的情緒狀態與心理病理上許多層面，都是功能失調思考過程的結果。包括：誇大、過度簡化、過度類化、不合邏輯、未經驗證的假設、錯誤的理論及絕對性的看法。

7. 理性情緒理論的基本觀念是我們感覺到的是我們所想像的產物，要破除情緒問題，首先要著手思考的分析。遺傳和環境狀態雖對心理病理之產生是重要的，但都不是瞭解心理病理的焦點。人主要是由於自我教導而使自己的困擾維持下來。情緒困擾的原因是由於人對自己非理性想法的固著而來。

8. REBT的治療區辨認知的四種型態：敘述、解釋、推論、評估。
Ellis將評估部分區分成理性信念（rB）與非理性信念（iB）兩種狀態。

(1) 偏好（Preference）vs.強求（Musts）。

(2) 非糟糕化（Anti-Awfulzing）vs.糟糕化（Awfulzing）。

(3) 高挫折容忍力（High Frustrations Tolerance, HFT）vs.低挫折容忍力（Low- Frustrations, LFT）。

(4) 自我／他人贊同vs.自我／他人挫敗。

Ellis認為不武斷、非教條式（non-dogmatic）的偏好（preference）是心理健康的核心，其他三個主要理性信念（非糟糕化、高挫折容忍度、自我／他人贊同）都是從它所衍生而出的主張。絕對式的強求（dogmatic must）則是大部分心理情緒治療困擾的核心。低挫折容忍度以及自我／他人挫敗也是從「絕對式的強求」衍生而來。

9. Reationality這個字翻譯成中文是「理性」或「合理性」，也就是合理或合理性的思考；而intellectuality則是「理智性思考」，它有時會變成是「合理化（防衛性）」思考；二者涵義易有混淆，故建議把Reationality翻譯成「合理性」思考。

實例一：某天早晨當你載著女兒要去上學的路上，她不小心把熱騰騰的咖啡打翻了，正好倒在你的白色上衣，而她趕著上學的時間、你趕著去開晨會，這時候你的反應會是什麼？

反應一：雖然我當下很生氣，可是我想到時間快要來不及了，因此我不會生氣。【理智性思考】

反應二：我知道咖啡被打翻了要處理，可是我也知道我們兩個都要趕時間，所以我選擇現在要趕快出發。【合理性的思考】

反應三（女兒）：誰叫你要把杯子放得離我這麼近。【合理化】

由此可見，所謂的理智性思考很容易陷入一個合理化的反應，就是把過錯都認為是對方的錯，且為了自己的利益而不自覺地把說法變成更合乎道理。通常愈有知識和愈聰明的人，合理化的能力愈高明，然而卻不知道最後主要被欺騙的對象其實是自己，這和心理健康的原則是背道而馳的，所以並不能真正解決問題；但因為這正是很多投射議題的來源，所以更需練習覺察。

（三）人性觀

1. 人們生而同時具有保護自己、快樂、思考，並以口語表達、愛、與別人溝通，以及成長與自我實現的傾向；同時也有自我毀滅、逃避思考、因循、重蹈覆轍、迷信、無耐性、完美主義和自責，以及逃避成長的傾向，因此人（包括自己）性的本質其實是兼具正—負兩種傾向的。

2. 對人性的看法和主張
   (1) 快樂主義：教導人看清自己的偏執及其所將付的代價，從而有所選擇，也就是鼓勵人應追求「真正的快樂」。
   (2) 容許犯錯：犯錯是成長不可避免的代價，但唯有真正優秀者才能做到認錯與容錯。

(3) 不予評價的價值觀：人可以自己幫助自己——不要自評也不要評別人，而只是接受自己存在而為人、有正亦有負此一事實的價值。

(4) 絕對到相對的旅程：人有「絕對、必須」和「彈性、相對的潛能」。或說，人同時具有二分和不二分的原質。

(5) 合理、非合理思考之可能：人有非理性思考的本能，也有合理性思考的本能。

艾里斯與Dryden（2001）指出兩種最主要的心理困擾是：自我困擾與不安困擾。自我困擾發生在當個體要求自己、他人和世界時，因為要求沒有滿足，他們會用負面評價來貶抑自己；不安困擾又稱低挫折容忍，發生在個體要求自己、他人和世界——要求每件事都成為舒適的生活情境。這些需求若未得到滿足，個體會開始「災難化」此一挫折，並發展出「我沒辦法忍受」之反應形式。這部分對現今二十一世紀在無戰爭、無匱乏環境中長大之年輕人類，似乎特別明顯。在「公平」、「尊重」的口號下——思考信念總是唯我獨尊，當然挫折感就更大了！！

Ziegler D. J. (2000)曾將艾里斯理情行為治療的人格理論做成表格說明如下：

	強	中	弱	中間	弱	中	強	
自由 freedom		■						決定 determinism
理性 rationality				■				非理性 irrationality
整體論 holism	■							元素論 elementalism
體質論 constitutionalism	■							環境論 environmentalism
可變性 changeability		■						不可變性 unchangeability
主觀論 subjectivity	■							客觀論 objectivity
內在決定論 Proactivity	■							外在反應論 Reactivity

（續）

	強	中	弱	中間	弱	中	強	
平衡論 homeostasis				■				成長實現論 Heterostasis
可知論 knowability						■		不可知論 unknowability

　　由上表之圖形可知，理情行為治療之本質，似乎應該是一種「唯心─內控」（體質─主觀─內在決定）與「彈性─自主」（自由─整體─可變）的價值觀。

（四）哲學觀

　　艾里斯（1983）認為理情治療係一高度認知性及哲學性的心理治療學派，其所受前人思想指導的影響方面有：

1. Ellis認為阿德勒是影響理情行為治療法的現代先驅。（阿德勒相信我們的情緒反應與生活方式和我們的基本信念息息相關，都是認知造成的。）

2. 藉著對哲學的強調，艾里斯凸顯REBT與其他認知行為理論的不同（Ellis, 1994）。CBT當然也強調認知過程，但它並沒有像REBT般有特定的哲學特色。CBT的倡導者是Donald Meichenbaum，涵蓋了許多技巧，卻常常明顯地忽略獨特哲學觀之重視。相反REBT強調人類與生俱來就是哲學家，而且是天生的科學家、意義的創造者、用理性方法預測未來的使用者。因此它的目標之一就是幫助當事人，做出足以影響其未來及現在情緒和行為之深度的哲學改變。

3. 瞭解REBT的重點在於瞭解其對信念系統的觀念。信念系統是思考現實和個人經驗的組織方式，是抽象形式哲學的具體運思。在認知取向中，重要的是去檢視個人負向的認知系統，並試圖找到正向看待自己的方式。

4. 倫理學的人本主義，艾里斯主張「接受絕對是非的標準，以及接受對錯即應該受罰的觀念，會導致罪惡、害羞、焦慮、憂鬱以及對別人的敵意和無法忍受」。

5. 艾里斯還是一位不折不扣的快樂主義者、人本主義者、無神論者，認為人可以保有宗教信仰而同時具有良好的合理思考之能力。

（五）對情緒的看法

1. RET高度肯定情緒的經驗，其所反對或希望加以更正的只是過度的否定、自我防衛以及有害於維生和歡樂的誇張情緒，所以鼓勵人們能誠實不予評價地和自己的感受相處。

2. 對情緒困擾的看法
   (1) 非理性想法是兒童時期從重要他人那邊學來的。此外我們也自創非理性教條和理性，然後藉著自動暗示（auto-suggestion）和自我重複（self-repetition）的過程，反覆灌輸自己這些錯誤信念。
   (2) 大部分的情緒困擾主要起源於責備。因此如果要治好神經症或人格異常，最好的方法是停止責備自己與別人。相反的，人們應學習接納自己，儘管自己並不完美。
   (3) 艾里斯（1988）指出，因為我們會大量製造困擾的思想與情緒，所以更應增加控制自己情緒的能力。當我們感到不安時，不妨去檢查隱藏在背後的「必須」與「應該」。
   (4) 艾里斯將情緒分為兩類：一類是立即的反應（response），這是經驗、習慣或本能的產物；另一類則是持續的、深思的（reflection）反映，這與個人的哲學態度和思考歷程有關，一般人所談的情緒困擾是指第二類情緒而言。根據艾里斯的觀點，我們常說的「情緒」事實上大部分是一種成見、偏執與評判性的想法；情緒所以會一直持續下去，是因為我們反覆而且不自覺的在內心告訴自己一些話語所致，故可藉著改變這些內在語言或想法，來控制情緒。

（六）非理性信念

艾里斯曾列出12項一般人經常會有的非理性想法，如下（Ellis & Grieger, 1977）：

1. 個人有絕對的需求要隨時獲得他人的愛和讚許。
2. 對於自己所做的事情，一定要具備絕不會失敗的能力，而且要做的十全十美。
3. 會傷害他人或犯下罪行的人必然是邪惡、不道德且卑賤的，應該給予明確的羞辱、詛咒及懲罰。
4. 當事情沒有依照自己所希望的方式或方向進行時，是非常嚴重恐怖的大災難。
5. 人心理上的傷痛大多是由於外在事件引起的，而且人對自己的感受是很少能夠控制的，沒辦法自己克服抑鬱、憤怒等情緒。
6. 逃避生活中的困難與責任，要比用一些酬賞來自我要求還要容易。
7. 如果有些事情看起來有些危險或令人害怕，就一定會時時盤據在心頭。
8. 過去具有完全的重要性，因爲某些事一旦曾經強烈的影響過你，就會繼續決定你今天的感覺和行爲。
9. 生活中的所有人與事都要妥當處理，如果無法對生活中的問題很快找到好答案，那將會是很可怕且恐怖的。
10. 快樂無需主動追求，人們不必刻意取悅自己就可以獲致快樂。
11. 人們必須有高度的秩序性或確定感，才會感到舒適。
12. 人們對於自己身爲一個人會有一個綜合的整體評價，而且人的一般價值及是否能夠自我接納，要看他表現的良好程度及別人給予的程度而定。

以下則是比較眞實的內言說法：

舉例一：我要從別人身上獲得認同，也就是說每個人都應該要喜歡我；我生命中的重要他人都要喜歡我；別人不可以批評我，對方只要批評我，就表示我是不夠好的人。對讀書或人生，我也總是要求自己每一樣都要拿到九十分以上，如果有一樣沒達到就覺得自己不夠努力。（對自己誇大的要求）

舉例二：孩子做錯事情就應該要被罵；如果我知道有一個同學外遇或離過婚，就會不自覺的離她／他遠一點，因爲對方是一個有「汙

點」的人；或者說因為我努力克制自己不犯任何錯誤，所以也不能容忍別人犯錯，誰犯錯就應該受到代價或處罰，否則這世界就不公平。（人生不能有汙點、正義之神、公平原則）

舉例三：不論在情感、健康、學業或生活上，挫折愈大就會覺得壓力愈大。例如：草莓族的困難就是他們因為很少被挫折，所以一點點挫折就反應很大。而對孩子氣十足，看起來很可愛、很天真、樂觀的人，則要去觀察其樂觀是有受過創傷挫折的真樂觀，還是沒有受過挫折的假樂觀。（低挫折忍受力）

舉例四：不論是在面對婚姻事業或是自己人生的態度，總覺得自己是沒辦法改變，覺得無能為力。（宿命論）

舉例五：容易覺得憂慮，相信人無遠慮必有近憂，常常保險買得很齊全。（先天下之憂而憂）

舉例六：認為逃避比面對容易，也是低挫折容忍力的表現。例如：很多人不結婚，不結婚有很多種理由，有一種人可能是他的家庭經驗是不愉快的，父親或母親對孩子傷的很深，所以這類人往往在青少年時期就下了一個決定：我不要結婚，可是因為現在社會型態改變，接受各種狀態的存在，人只要不要傷害別人（雖然不結婚，卻成為別人永遠的第三者）就可以了。

舉例七：以老師為例，做老師五年以後就會出現一個習慣，那就是先入為主的現象。因為經驗多了，一看這個班就可認定誰是好孩子誰是壞孩子，誰又是需要小心的孩子，這也是一種「決定論」的立場。（過去決定現在）

舉例八：人和事情應該愈來愈好，遇到事情來的時候第一個反應常常是：「現在我要怎麼做」的行動導向之習性；雖然是有效了，但相對也失去了感受或人情味。（每件事都有解決的辦法）

舉例九：逃避的人常常也是依賴的人，例如：很多成功的男人的太太，為何能讓他一輩子不想換人？因為太太往往可以滿足先生除了賺錢萬事不能的被依賴之需求。（逃避者也通常是依賴者）

舉例十：對別人的事情熱心原來是一件好事。可是有人卻熱心到讓你受不了！也就是「過分涉入」別人的生活。例如：在一個家庭

中，若有一個失功能的人，就必定會有一個太愛幫助家人的人。（關心別人到讓別人或自己有壓力的程度）

舉例十一：適度的秩序性或確定感是有效功能者之特徵，但過度時則成為自己和別人之困擾，如完美主義者或潔癖者等。

舉例十二：逃避依賴的人常常是推不動的磐石，就好像過於熱心的人也是無法煞車一般。

（七）駁斥——DIBs (Disputing Irrational Beliefs)

此是一種科學方法的應用，協助當事人向他們的非理性信念挑戰。Ellis指出駁斥的歷程包括三個要素：偵測（detecting）、辯論（debating）與分辨（discrimination）。首先當事人要學會如何「偵測」出他們的非理性信念，特別是那些絕對性的語句；然後要學習跟這些功能不良的信念「辯論」，及進行理性與驗證性的質疑；最後要學習「分辨」非理性的信念與理性的信念。而駁斥的作法，第一個層次就是：說清楚自己的歷程（解說一下），第二個層次是：進入對方的立場去理解，第三：不是要說服對方也不是要堅持自己要別人來接受你，而能夠出現妥協的思考目的，這就是駁斥。駁斥的思考邏輯原則如下：

1. 我想要駁斥和捨棄的非理性信念為何？
2. 我是否有理性的證據支持此信念？
3. 有何證據證明此信念是假的？
4. 有何證據證明此信念是事實？
5. 我若沒有得到我認為必須得到的事物（或我得到我認為絕不能得到的事物），會發生最糟狀況為何？
6. 我若沒有得到我認為必須得到的事物（或我得到我認為絕不能得到的事物），那我可以使之發生的最佳狀況為何？

DIBs的技巧藉由個案回答問題的過程而能提供不同觀點，促使運用在駁斥非理性信念上（Ellis, Gordon, Neenan, & Palmer, 1997）。

駁斥（Disputation，簡稱「D」）的一般技巧

編號	駁斥	說明
1	證據在哪裡？	
2	是真的嗎？為什麼不是真的？	
3	你能證明嗎？	
4	為什麼它是「概化」（over-generalization）了的概念？	
5	為什麼它是一個壞詞（不好的說法）？	
6	大部分的人同意這個說法嗎？	
7	誰教你這麼說的（想的）？	
8	如果不這樣，會有怎樣的惡果出現嗎？	
9	你真正相信這個概念到百分之多少的程度呢？	
10	要什麼條件你才能放棄這個觀念（看法）？	
11	它通常能幫助你去做什麼事？	
12	即使真的如此，為什麼你就不再是個有價值的人？	
13	為什麼你應該……？	
14	為什麼別人必須……？	
15	假設最壞的情況已經就真的發生了，你為什麼不去死？	
16	為什麼它是「可怕的」，告訴我那是怎麼樣的感覺？	
17	你真的就再也沒有一點點信心或對自己有好感了嗎？	
18	假設它真的發生了，告訴我一兩個仍能讓你自己快樂的辦法？	
19	為什麼一定要那樣，你才能安心（快樂），這樣的快樂真的那麼有價值嗎？	
20	你過去曾遇到過最壞的結果，曾讓你痛苦到什麼程度呢？請具體說明。	
21	為什麼「如果我不……，我就……」（悲觀、憂慮）	
22	如果世界上少了一個你，世界就會停止運行了嗎？（絕對、過分關切、低挫折忍受力）	
23	為什麼「種因得果」，必須在何時何地何事都證明為真？（絕對）	
24	告訴我一個你認識的人，他是十全十美的（完美）	

實際的做法則包括如下幾種：

(1) 蘇格拉底式的問話：透過連續問句進行思考澄清之工作。例如：

　　Cl.：「我怕聽到別人說我不好。」

Co.：「那別人說你不好會怎樣？」

Cl.：「我會覺得自己不好。」

Co.：「那你覺得自己不好又會怎樣？」

Cl.：「我會覺得自己原來那麼不好！」

如此繼續下去，直到當事人的核心信念呈現出來為止。

(2) 功能性駁斥：目的在質疑當事人非理性信念的實用性，也就是「後果檢核」，幫助當事人去澄清：你這麼做有什麼幫助？假設你的想法是真的，那這有什麼結果，這對你有什麼好處？

(3) 實徵性駁斥：能幫助當事人評估信念的真實性，也就是「客觀性檢核」，像：有多少比率的人會相信你這樣講是真的？別人也會這樣想嗎？

(4) 邏輯性駁斥：就是「面質」，如當事人說：「我怕聽到別人說我不好」時，諮商師可以問對方：為什麼聽到別人說我不好，就等於我真的不好呢？

(5) 哲學性駁斥：協助當事人看到生活中的意義與滿足，「儘管在這部分事情不會時時如你所願，難道生活中就找不出其他令人滿意的地方嗎？」。

(6) 檢核表：假設你覺得你是非自我肯定，那你覺得你在這個班上你的非自我肯定程度是排多少，是第一還是第二，你自己評估你在哪裡？

同時，在做駁斥的時候，要避免的做法有兩個：

(1) 避免問「為什麼」：因為當你問為什麼的時候，個案就要去想一個理由來回答你，這就會產生合理化的反應。

(2) 避免教導：在個案還沒有想清楚自己的問題的時候就加入教導，等於把自己的想法跟信念說出來，並沒有辦法幫助個案檢核跟改變他個人的信念。

（八）理情治療進行的三個階段

Woods, P. J. & Ellis A. (1996) *Journal of REBT. 12* (2), 135-151.

1. 本模式的徑路圖（p. 138）

階段一：擴大覺察，瞭解行為的表面和內在影響事件，及C由B而非A所引起。

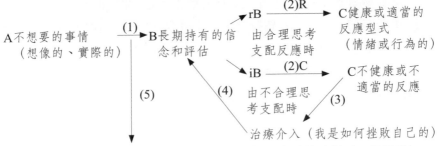

成功的「探測」可導致對該信念（評估）之意識性瞭解（口語說明）

階段二：知道並能開始覺察瞭解個人情緒分類成為困擾之主因

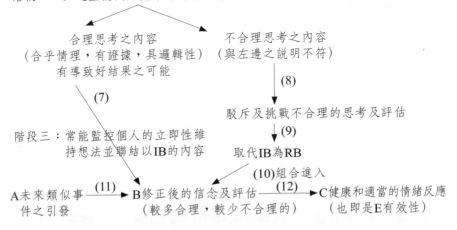

2. 注意事項

(1) A包括外顯或內隱的刺激。

(2) B通常以非語言表達或不完全語言表達之方式引發，<u>注意不要回到A試圖尋找更多的資料</u>，練習應指個人特定的B。

(3) 確認，瞭解確定<u>CL之IB的「內在語言歷程」</u>。

(4) 駁斥：承認自己的IB
找出合理的IB
<u>找出消除煩惱的替代策略</u>

(5) 練習本技巧時，宜暫停個人原先的專業特長。

（九）對認知—情緒—行為治療（REBT）的批評

1. Ellis所提的987個文獻證據過於空泛，而且態度偏頗，只挑選支持的證據，而有意忽略掉一些有所批評的文獻。

2. 他所提出的32個基本假定過於片斷，且彼此有互相矛盾的現象。

3. Mechenbaum, Mahoney, Ewart & Thoresen, Lazarus等人的看法（Ellis & Whiteley, 1979, pp. 174-239），則認為Ellis廣泛採用其他學派（尤其是行為學派）的治療步驟，容易引起對治療效果歸因上的混淆。

4. McMulline & Giles（1981）則認為RET徒具華麗的文辭，而缺乏嚴格的科學方法，而且採用直接強烈的面質方式，容易引起當事人的抗拒及中斷接受治療。

5. 缺乏足夠的實徵研究證據的支持（Mahoney & Arnkoff, 1978；Wilson & Leary, 1981；Patterson, 1986）。

6. RET的做法，會增加個案對治療者的依賴性，真正的成長，應交由個案緩慢的達成。

7. 認為RET直接攻擊不合理的思考，太過激進猛烈，造成個案的抗拒，妨礙成長的可能。

8. 用教導、說理的方式處理個案問題時，治療者的倫理責任是很大的。

9. RET的方式太理性了，對求援性強、順從性高，需要溫暖關照的個案可能出現失望或畏懼的連帶反應。

10. 強調用語言溝通，但有的人極不善於言詞，有些經驗是言語描述不來的。

11. 邏輯推理的結果，可能忽視了「關係」運作的重要性。

12. REBT對於人們為什麼會以非理性的信念訓誡自己，或為什麼會固守這些信念，並未提出一理論基礎做清楚的解釋。

13. 不適用於智能不足的當事人。

14. 可能產生的危險，包括：治療者會將自己的人生觀加諸在當事人身上。

15. 治療者若過度面質，可能會對當事人造成心理傷害。

16.Psychoanalytic、Rogerian、Existentialism反對的理由是與傳統溫和、被動、小心翼翼的諮商型態過於大相逕庭。

17.經驗和傳統導向的學派，則反對此種「反情緒」的立場。

18.大多數行為學派學者認為，RET是強調內在認知的中介歷程，而非外顯行為的。

（十）與認知行為治療學派的比較

由於理情行為治療和認知行為治療兩種學派之內容常有重複之處，因此特列表討論如下。

	艾里斯（REBT）	貝克（CBT）
重要概念	★是一種生活哲學。 ★不予評價的價值觀，存在本身就是一種價值。 ★容許人有犯錯的權利。 ★人有非理性思考的本能，也有理性思考的本能。	★反因果論。 ★認知扭曲（獨斷的推論、選擇性的抽象推理、過度類化、放大與縮小、個人化二分法的思考）。 ★處理的是心理疾病中的系統性偏差（訊息處理）問題。
人是什麼及人為何受困？	1. 生理基礎 2. 社會觀點 3. 心理觀點 ※四種核心非理性信念：絕對的價值觀、低挫折忍受力、悲觀與非自我肯定（Walen et al., 1992，引自Weinrach et al., 2001） G ↑ A◄─►B◄─►C ↓ D─►E─►F	1. 認知脆弱性（基模） 2. 人格向度（社會性、自主性） 3. 心理觀點 早期童年經驗 基模、基本信念、及條件式信念的發展 關鍵事件 基模、基本信念及條件式信念的活化 自動化思考 情緒　　行為　　生理反應 認知發展模式

（續）

	艾里斯（REBT）	貝克（CBT）
治療目標	降低自我挫敗的自我暗示行為、減輕情緒困擾。 幫助人在思考上更較為清晰而合理，在感受上較為適切，並在達成愉快生存目標上較有效率。	基本目標是排除思考中的偏誤與扭曲，以便使人可以較有效的生活運作。 在目標設定上強調具體、明確、優先次序，並需要來自案主的共同合作。
治療關係與其他	演繹式的宛如師生關係，治療師是較主動的。 接納，但不認為溫暖的關係是改變人格的有效方法。 不認為案主移情在治療是解決的必要方法。 頓悟：注重三層次頓悟（理智─情感─行為）之程序。（陳逸群譯，2001，p. 78）	歸納式的 共同合作的關係，比REBT更看重關係。 共同實證主義 蘇格拉底式的對話 導引式的發現與改變歷程

 ## 第二節　學生提問討論

一、羞恥攻擊練習（Shame Attacking Exercise）

艾里斯（1996）認為羞恥感是情緒困擾的核心，當人們做了讓他們感覺丟臉的事情後，往往會責備自己的行為，告訴自己不能再犯。但是「在REBT裡，我們試著協助人們停止責怪自己，不管表現多麼糟糕，也不管別人如何不屑其所做所為。」因此諮商師或治療師會鼓勵當事人，在公開場合做一些會困窘或出洋相的事，例如：在電梯裡大聲喊停／向陌生人要一塊錢／或者在街上唱歌，來體驗很多事都是我們自己想像的，真實情況未必如此可怕！

老師補充：shame attacking，例如：有學生很想讓自己回到十幾歲的年齡，但她實際上已是三十好幾了。如果要做羞恥攻擊的練習，就可以在下次來上課的時候，穿上自己心目中最漂亮的洋娃娃裝來上課。這就叫做shame attacking。其實我們每個人都有心目中想做的事，可是卻不敢做它。解決辦法就是：一定要做到一次，之後就會增加自己新的能力。因為發現害怕的其

實是感覺，而不一定是事實；真正去面對的結果，才能戳破自己感覺的魔咒！有一次，有一位學生要去吃飯的時候，老師家庭作業的要求是：不可以吃自己的菜，也不能找朋友陪你去，要一個人坐在十幾個人的餐桌旁，然後忽然之間就開始挾別人的菜。可以想像，那些人當場就嚇得半死，可是很意外的結果是——宗教系學生的反應是瞪他一眼，然後拿了盤子就走掉。英語系學生的反應則是：看他一眼，就很同情的跟他說：那你還要吃什麼菜？可見連所讀的科系，都會影響反應的不同，所以怎麼可以確定一定會有壞結果呢？

二、從十二條非理性信念（IB），來探討四個因素分類——低挫折忍受力／悲觀（災難）／完美主義／不自我肯定，彼此之間可能的關係。

我們知道，非理性信念有十二條，分別是：

1. 人必須從別人身上獲得愛及認同，以建立個人之價值（完美）。
2. 人必須證明自己的能力、適應力及成就，否則便是沒有價值的人。（自我預期）
3. 當人的行為邪惡不正時，就應受到批評、責備及輕視（責備）。
4. 當人遇到嚴重的挫折，他們會感受到無比的壓力（災難）。
5. 受傷害的情緒往往來自外屬環境，人是沒有能力去改變的（情緒控制）。
6. 危險或可恨的事情應予最大關切，並需隨時注意可能的危險（憂慮）。
7. 逃避困難及自我責任，總比面對來的容易（逃避）。
8. 過去的經驗與事件，是現在行為的決定者（無法改變）。
9. 人與事情應該變得愈來愈好（完美）。
10. 人應該為別人的問題或困擾而惱怒（過分關切）。
11. 人可以由不活動和消極的自我享樂中，獲得最大的幸福（惰性）。
12. 一個人應該倚賴別人，並且必須有這樣的人讓自己依賴（依賴）。

後來經過因素分析的結果，發現這些非理性信念可以歸納為四個因素分類：低挫折忍受力／悲觀（災難）／完美主義／不自我肯定。

這四個概念之間是否有前後影響的關係？換言之，這個先後次序是怎麼發展出來的？譬如說，第一個心態或現象可能是不自我肯定，不自我肯定以

後就會想去追求完美，但在追求完美的時候又會遇到失敗，失敗之後就會出現低挫折忍受力，最後才形成悲觀的人生價值觀。這種人通常是很努力的，因為他的潛意識覺得如果不努力，就會失去成功或活下去的機會了。他們通常是很努力的，但要付出的代價則可能是不快樂（這是通常所謂的成功性人格Type A之典型狀態）。

　　下面講一個故事來闡述這個議題：有一位大學老師，總是儘量減少跟別人競爭，不但排課不與人爭、打球不求勝利，甚至連升等也是從不提出，表面上看這是一位很瀟灑看得開的人。不過如果從防衛機轉來做討論。一個人在大學當講師做了二十幾年，應該不算是常態吧？常態是講師或助理教授或副教授差不多平均會做五到十年，然後就會遇到升等的壓力。可是這個人居然能做到二十年，還用講師來退休。這一種人不能說他不是逃避人格。那這種人到底該算他是低挫折忍受力，還是高挫折忍受力（大家不能忍受的事，但他可以忍受）？

　　以此為例，以下說明低挫折忍受力與高挫折忍受力的差別：

低挫折忍受力	高挫折忍受力
1. 不適應的結果通常是逃避 2. 發現自己可能不適合教書 3. 不升等≠不面對挑戰 4. 用逃避來應付升等壓力	1. 不升等≠不適應教書 2. 不升等≠低價值觀 3. 選擇不面對≠不適應 4. 其實也要有能力承受很多壓力 5. 是否重視內在價值——「為自己而活」

　　要客觀判斷這位個案故事的真相，其實還要回到心理動力的資料。當事人的父親非常嚴格。嚴格的人即使自己成功了，他周圍的人包括孩子也很難過日子；假設他這一生沒有成功，那他的家人或孩子就更難過日子了。很多這樣的父母親在不知覺中，會借用別人來完成自己的價值觀。所以這個人，活在他父親多年的權威性格之下，必須要柔和忍辱才能活下去，所以他從小就養成「什麼都可以」的個性。到他在進入社會的時候（如職場），也比較容易吸引別人去欺負或利用他，因為他的個性永遠是隨和的。但我們不知道這樣的人其核心價值是不是「逃避」？因為他也可以被認為是學會用逃避來有效因應其環境。

　　這裡可能有一個非常有趣的心理動力的演化歷程，各位想想：小孩子當然不能夠對抗大人的壓力，所以表面上產生的合作表現方式才能讓他活得下去。但實際上爲了自我的價值感，他其實還是有一種抗拒的，這種抗拒可能就表現爲一種拖延做事的習慣。他的工作是永遠做不完的，但你又沒有資格去罵他。因爲他永遠睡得最少，一直就是在做功課。什麼時候才會做完呢？一定要到時間絕對來不及了才能做的出來。這就是所謂的心理機轉！

　　我曾經跟他把事情發展的始末，一層一層的講給他聽並跟他說：「並不是你命不好或運氣不好，而是你自己內在有一個自己都不知道的陰影。多年來也是在跟你共處，並讓你在這個共處中，付出了相當的代價。」

　　這樣說來，這個人眞正的問題到底是高挫折還是低挫折忍受力呢？表面上應該算是高挫折忍受力，因爲萬年講師的滋味並不好受；但從內在來分析，他爲了因應幼年父母的壓力而變成終身沒有社會競爭力之本身，似乎又可以看成是一種低挫折忍受力之表現方式。而如果從非理性信念因素分析的發展觀點來看，其歷程似乎是從逃避悲觀（災難）預期、力求完美主義，到產生高挫折忍受力，是不是很有趣的一個過程之解析呢！

三、理情治療之面質

　　案例內容：一位碩士班之研究生（C1），爲了報考某校的博士班，請求老師幫忙修改研究計畫，但一直到繳交期限的當天早上才將資料傳給老師，卻要求當天下午要來拿資料。老師雖花了一個上午的時間修改，但因爲未立刻存檔，下午學生來拿時，卻叫不出來。以下摘錄部分內容，作爲「面質」技巧使用時的討論材料。（潘台雲，2010）

　　老師：很抱歉，資料叫不出來，是否再……。

　　C1：沒關係，那份資料，我也才只花了一天時間，昨晚半夜趕出來，就傳給您了。

　　老師：（大吃一驚——博士論文的研究計畫可以這樣完成？？）噢！如果你只做了一天，那我現在叫不出來應該也沒關係，看來這件事，對你來說不是太重要的。

　　C1：可是那我就無法報考博士班了！

老師：怎麼這樣說呢？你可以只用一天寫，而且只給我半天的時間修
　　　改，那你當然是有很大的把握可以做成功這件事的；這篇論文是
　　　否得到我的修改，應該就不是那麼重要了。

案例討論：討論使用面質的「時機」（適時），以及諮商員的人格特
質、專業素養，如何影響「面質」溝通的成敗。

（一）面質的時機

1. 當Cl的表現出現不一致時（不管是在意識或潛意識），諮商員適時
　的使用面質，將有助於Cl覺察找出自己的iB（非理性信念）。
2. 使Cl瞭解、覺察自己之iB，已造成目前哪些負面情緒和困擾。

（二）面質技術的內涵

1. 面質可說是諮商中三個最重要的技術之一（其他二項則為「同理
　心」、「立即性」）。
2. 諮商員具有「有效成人」的人格特質時，才能幫助做有效的溝通。
3. 諮商員並不批評Cl，而只是誠實的指出Cl思考或言行上的不一致
　性。
4. 諮商員不應該把自己的情緒，投射在Cl身上。
5. 駁斥（disputing）：在諮商過程中，藉由不斷使用面質，而使Cl終能
　覺察自己的內言的非理性（iB）之作法。

如果上例之Cl說：你不幫忙，那我就考不上了！而諮商員回說：那是你
的事，干我什麼事？這樣回應的例子，就是失敗的「面質」。

（三）諮商員的自省

一般人多半不敢使用面質，怕撕破臉引起更大的衝突。但有效的諮商員
則必須學習如何從心靈（心理）的層次去面質自我，如此才能示範並協助到
Cl之成長。

四、所謂「主觀客觀化」

　　人其實是希望自己的思考是愈來愈完整的，所謂的愈來愈完整是知道自己想要的是什麼，也知道別人想的是什麼，再將自己想的和別人所想的整合起來，以第三者的立場去看這件事情，所得到的又是什麼，最後再回歸到自己，去反思自己現在看待這件事時又是何種立場。這樣看待事情是不是就較能有完整角度呢？

　　這學期的諮商課程就在幫助各位一件事，就是讓自己從主觀變成客觀的一個歷程。而這個客觀的培養就在我們每次上課的學派中，讓各位從自己的生活，用不同的角度、不同的解釋去思考，到最後去歸納整理，自己在看待事情上是不是更為完整。如果各位能達到這樣的狀況，那就是「主觀客觀化」。

　　以我自己為例，我說我覺得我也是一個小大人，我不是一開始就能接受我是小大人的，我也跟大家一樣，不斷在生活中思考判斷，直到現在能接受那就是我。小大人有小大人的優點，那小大人當然有小大人的缺點，對不對？各位可以明白什麼是「自我接納」了嗎？所謂「自我接納」就是接受自己或社會認為並不是那麼理想的特質，這才稱為「自我接納」。接受自己的優點那不叫自我接納，那只是你個人的接納；接納別人知道的你，但那卻是你不肯承認的部分，那才叫做「自我接納」。有關理性思考、合理化思考、合理性思考，這三者是不一樣的，以前在跟別人辯論時為了捍衛自己都是以合理化的立場來對待，然而像我願意承認自己有小大人的特質，雖然我並不很喜歡，但我承認那也是我的一部分，這就是合理性的態度。基本上，我將這樣的看法當作是送給大家的一份禮物。如果各位願意在自己的人格上增加一點東西，那就對你的重要他人坦白承認你／他的人格特質吧。

五、何以能做「合理思考」，卻仍無「合理結果」？

　　在ABC理論中，大家似乎認為只要我們的思考能夠擴增，以後在我們遇到事情時，所做的反應就會比較有效，對不對？可是為什麼我們知道這個道理，而且能做合理的思考，但卻沒有合理的結果呢？各位能不能解釋這又是什麼緣故呢？你有了合理的思考了，比以前想的更寬廣完整了，可是結果為

什麼不好呢？那時候又該如何？

我們都同意「合理性思考」是比「理性思考」來的好，因爲理性思考只是代表智能的思考，但合理性思考是在智能運作中，除了瞭解自己和他人的想法外，也能顧及到感受。但各位大部分的想法是我們即使有了一種新的情緒和狀態，也不一定能眞正達到那樣的境界。問題在於各位所學到目前爲止，只是新的思考方向，而不是新的思考狀態，亦即，知道方向要這樣做，卻不見得能立即達到。若知道有好的方向，同時也能立即達到好的思考狀態，就我個人的經驗，是要有三年以上持續的打坐經驗才行。若要對生命做一個定義，最簡單的定義就是「呼吸」，因爲少了「呼」或「吸」其中一樣，生命就不存在。根據經驗，只要能夠改變呼吸，就能夠改變狀態，包括情緒、思考，統整稱爲「存在」。

雖然有緣人很少，但仍是很誠心的與各位分享，希望各位能一步一步的幫助自己，下定決心，如實的持續打坐，久而久之，便會發現當我們遇到事情時，就能立即察覺，它是什麼？該如何面對？對方所想的是什麼？即使是許多事同時發生，也能在一刹那間察覺，這種能力就是只有打坐禪定才能得到。

合理的結果，照何老師修行經驗之總結，就是——對自己／別人都問心無愧。

六、隨和者的非理性思考

自己從小人際關係就很好，不容易和別人有衝突，所以一旦有不愉快的人際關係發生，自己就會覺得不舒服，會一直掛心，這樣算不算是一種不理性的認知？以前公司有一位位階與自己相等但年紀比我長7歲的女同事，我一直無法與她良好互動的共事，我自己認爲的原因是「她很不好溝通，很堅持自己的想法」，公事上只要跟她有接觸，大部分會讓我很不舒服，自己曾經與她談過，希望能與她互相合作，畢竟我們同屬一個部門，結果是她讓我覺得她不需要這種友善的關係。我一直在反省，在這種情境下，是不是我要求太多，是我需要改變自己不理性的想法，還是要努力改變外在情境？但如果我只求改變自己，內心會一直覺得不公平，爲何別人可以活得那麼自我，不需要改變，爲什麼我要讓她？老闆知道我和她處得不好，叫我要體諒，當

她耍小孩子脾氣，我心裡的OS是——可是我年紀比她還小呢！ 如果我去找諮商員求助，他會如何教導我？

老師解說：

一個團體只要有六個人以上，每一個人就會扮演不同的角色，有人永遠等待被照顧，有人一直扮演照顧別人的角色，有人則站在自己立場算計利弊得失。因此不管別人的角色為何，更重要的是——要瞭解自己在團體中的角色為何。

做人有三種境界（層次）：

1. **他人要對我好**：屬於「生理我」的階段，每一個人為了生存，都自然是自私的。例如：與他人相處的出發點，這個人對我有沒有用處。

2. **交換原則**：屬於「社會我」的階段，也是屬於自私的心態，希望他人對我好，我也會對他人好，但交換的時候會出現我執的現象。他人對自己的好，會用自己的價值觀去評價。例如：一位人緣不好的同事，在客觀立場上，不只得罪你，也可能得罪別人並為此付出他個人的代價。但我們其實很少會看到這位同事所付出的代價，而只會注意到自己付出的代價。換言之，我們會喜歡他人的原因，是因為他人能投自己所好或者對自己有利益。在這種思考下，我們可能會發現自己並非擁有高尚的品格而覺得難堪。因此其實不需要太在意自己是不是好人或有沒有遇到好人，因為「好人」是一種非常情境性的定義，譬如自己對他人有好處時就是別人心目中的好人，或者他人對自己有利益，也會被我們當作好人。至於生命中非常重要的情愛、關係等價值，也都具有利益交換之本質，都是短暫、會變動的。對此一真相若能有深刻的瞭解，其實就可以活得更達觀自在吧。

3. **平等心**：屬於「心靈我」的階段，體悟到交換利益的短暫與虛幻後，凡事何必太在意呢。要對他人和自己的行為有所瞭解，討厭的人與可愛的人其實沒有太大差異，所謂「可憐之人必有可恨之處」，相反地，「可恨之人也必有可憐之處」。一位大家都討厭的人，從「社會我」的價值觀去批判他，也許是對的。但從「心靈

我」的觀點來說，一個人會如此討人厭，一定是遭遇過很不好的環境，才讓他變得如此之自私或討厭。處於他周遭環境的人，如果選擇要求「公平」，就必須遠離他，以免自己吃虧。但如果生命一直走下去，可能就會發現表面的公平也許沒那麼重要，因為知道他為什麼會變得如此，而願意不求回報地幫個忙，這在無形中會成為「陰德」，常常給予而不求回報，心就會開放，光就會往外擴散（氣─磁場好），這樣的人，即使不認識的人也會喜歡他，因此很容易暗中結好緣。

第三節　重要技巧

理情治療工作者通常使用多種模式的整合式治療法，使用各種不同的認知情緒與行為技術，並且依當事人情形而有變化，其中最常被使用的技巧大致如下：

（一）認知技術

駁斥非理性信念、認知的家庭作業、改變自我內言、幽默的作用。

（二）情緒技術

理情心象、角色扮演、羞惡攻擊演練。

（三）行為技術

操作性制約、自我管理原則、系統減敏感法、鬆弛技術、示範。

以下分項說明：

1. **閱讀治療**（bibliotherapy）：鼓勵成員閱讀書籍和利用錄音帶來改變不合理認知，並且能實地演練，以作為通向人格改變的途徑。能以合理的自我語言和建設性假設，主動使用理性信念來代替非理性的強求。

2. **認知性家庭作業**（cognitive homework）：成員要應用ABC 理論來處理日常生活中的問題，或利用時間思考他們的信念如何引發其個人的問題，以及致力於根絕這些自我挫敗的認知。在治療情境外的場合，也能從指定的家庭作業中，找出個人非理性信念並練習自行駁斥。給予當事人家庭作業，可以追蹤和瞭解當事人所持的「絕對」、「應該」和「一定」的非理性思考模式。

3. **幽默的使用**（humor）：在理情治療法所用的許多技術中，幽默是最受歡迎的一種（Warren & McLellarn, 1987）。藉著向當事人顯示其緊抓不放的無稽觀念是如何彼此矛盾和荒唐，幽默無疑可減少這些無稽的觀念。協助當事人對抗他們過度嚴肅的一面，並協助他們駁斥生活中的「必須」哲學。

4. **情緒策略**

   (1) 無條件接納（unconditional acceptance）：不管團體成員們在治療中或治療外的行為有多惡劣，RET都會無條件完全接納他們，並教導當事人在任何情況下皆能無條件的接納自己與他人。

   (2) 理情想像（rational-emotive imagery）：RET會教導成員們如何去想像一些最不堪的事情，接著會訓練他們以適當的情緒去替換負面的影響；或讓當事人先想像不愉快的情境，然後找出不適當的信念，加以駁斥，建立理性的信念和想法。這種技術是強烈的心理演練，目的是建立新的情緒型態。當事人想像自己在眞實的生活中以自己所喜歡的方式去思考、感覺及表現行為（Maultsby, 1984），例如：可以想像自己發生一件最糟糕的事情，想像自己面對這些情境時會產生不適當的不安煩躁，然後集中精神去體驗此時的感受，接著再將這些感覺改變為適當的感覺（Ellis & Yeager, 1989）。

5. **角色扮演和楷模示範**（modeling）：成員可在團體中藉由角色扮演的方式，學習與重要他人做直接而肯定的相處，並利用團體情境試驗和預演這些新方法。成員也在團體中模仿楷模者，也獲得認知、情感和行為上的改變。

6. **技巧訓練**（skill training）：此方法的假定是──當事人藉由獲得先

前所缺乏的技巧，他們會對自己更有信心，而且在其思考、感覺和行為的方法上，會經歷到有意義的改變。

7. **自我管理原則**（self-management principle）：利用自我引導的方法，教導當事人有效的改變方法。

8. **系統減敏感法**（systematic desensitization）：教導當事人藉放鬆及想像的焦慮情緒配對，透過反制約的過程減低焦慮。

9. **肌肉鬆弛技術**（muscle relaxation）：教導當事人利用相互抑制的原理，體會緊張與鬆弛的差異，來減低緊張和壓力。

10.**自我肯定訓練**（assertive training）：教導當事人合理的表達自己的看法、情緒與行為。

其他尚可包括一些特殊技巧之使用，例如：

1. **「圖形」的介入方式**：即使個案真正感覺到負面的比例是四或五，重點是他可以從「圖形」的方式，體會這只是「部分而非全部的自己」。因此就可以減輕負面之感受，這一點很重要，可以讓個案產生「完形的覺察」。

2. **自我「新內言」的建立與演練**：治療師可以教個案——「我不喜歡接受到負面回饋，但是我所受到的負面是全部回饋的兩三分而已」，當個案能這樣講時他就會感到比較好，也就達到比較客觀的諮商目標。

3. **家庭作業**
   (1) 聽錄音帶：將諮商情形錄音後，讓當事人聽此錄音帶，不僅讓當

事者覺知其情緒、承諾其責任,更可以讓其體驗到自我引導及積極增強作用,而能投入諮商活動中。

(2) 閱讀書籍:提供理情諮商理論或實務的書籍給當事者閱讀,期能從認知層面來改善當事者的心理困擾。

(3) 系統書寫家庭作業:此作業使當事人依ABC人格理論模式來分析其情緒狀態,其功能在提供當事者一種良好工具來協調認知、情緒及行為。不僅有助於改變非理性觀念,也能將諮商功效移轉到現實的生活中。如下表可當成家庭作業使用。

理情諮商自我協助表
（修改自Ivey et al., 1993, pp. 260-1）

姓名: _____ 性別: _____ 年齡: _____

A. 請條列寫出令你感覺情緒困擾或產生自我破壞行為之前所發生的事件、思想或情感:

　　1._____

　　2._____

　　3._____

B. 檢視上面所述的事件、思想或情感,並以非理性思考的方式來查核之。

C. 請寫出在事件、事實或行為發生後,你的感覺如何?你又做了什麼?你又喜歡怎樣去改善呢?

D.常用的或其他相關的非理性觀念	E.檢視非理性觀念,並挑戰它。如寫出「我為什麼必須做得那麼好。」	F.寫出非理性觀念的替代者,如「我願意做得更好些,但我不必做得完美無缺。」

(4) 摒除或稱駁斥（disputing）的做法:

　①不要企圖「自我防衛」。

　②「跳出」的中立立場（第三人觀）。

　③摒除的一般策略

　　A. 詢問自己對有關某種想法的證據、邏輯上之一致性,或語意上清晰性。

B. 重新評估自己對某種想法的客觀程度。

C. 用公平、客觀的觀點，來看待自己對某種問題的感受。

D. 誇張（反諷）的說法，也是情況適宜時的可行之策。

(5) 常常覺察自己「合理」、「不合理」及「合理化」思考之差別。

舉例：「一分耕耘，一分收穫」之信念

思考反映類型	對這句話的直接反應內容	未能如願時產生之內言	評估	說明
合理思考	努力應是比較有可能成功的	可能有其他因素介入，所以雖然很努力了，仍是未能如願（遺憾但不致喪氣）	最能有建設性之方向	最能站在事件的客觀性上，表現出彈性和對事實性的尊重
不合理思考	努力就應該（當然）會有好結果	會不會是老闆不公平或別人走後臺？這世界就永遠是黑暗的！再努力也沒用！（遺憾、喪氣、放棄）	傷自己最多	當事人認錯了性內言理（絕對的、悲觀的）而自苦不已
合理化	不成功是別人害的	我已經很努力，老闆他有眼不識泰山，活該！	最保護自己感覺的	在乎的是自己的自我觀念和自我感受是否良好，扭曲事實真相也無所謂

 第四節　實務說明——自貶性思考之澄清

實例：小萍覺得「當我聽到別人說我不好，我就會想原來我這麼不好，所以就很難過」。

Cl.：「我每次聽到別人有可能說我不好，我就覺得自己有可能真的不太好。」

Co.：「有什麼『證據』說你不好，你就真的不好？」（證據）

Cl.：「因為一定是他們看到什麼才會說我不好。」

Co.：「如果一直這樣你聽到別人說你不好，你就覺得自己不好，你覺得這樣子下去你會有什麼樣的『後果』？」（後果檢核）

Cl.：「就聽到時很難過啊！就只要聽到就會很自責，然後就會很難過。」

Co.：「其實你不是最瞭解你自己的嗎？要這麼受別人影響嗎？」（面質）

Cl.：「可是人家看到的也是事實啊！」

Co.：「所以你選擇相信別人看到的你，然後你跟自己說你就是那樣，是這樣嗎？」（面質）

Cl.：「對啊，我覺得他們看到的就是一部分的我啊。」

Co.：「對啊，那裡面就有一部分的我啊，是一部分嗎？」（強調語氣及百分比確認）

Cl.：「好像是蠻大的部分，我就會覺得別人看到的我就是很不好。」

Co.：「儘管在這一部分不是很滿意，但在你的生活中就找不到其他讓你滿意的地方嗎？」（客觀檢核）

Cl.：「有啊，可是我就是不能接受為什麼我做得不好而讓別人說話。」

Co.：「你是不是在意別人看你不好的部分，勝過於別人看你好的部分多呢？就是同樣有人說你好也同樣有人說你不好，可是你往往在意說你不好的人勝過在意說你好的人，是嗎？？」（邏輯性分辨）

Cl.：「別人說我好，我就會聽到我知道了；可是如果有人說我不好，我就會一直很難過。這樣算比較在意嗎？

Co.：「每個人的看法都有不同，公說公有理、婆說婆有理，連聖人都還會有錯呢！應該不要太受別人影響，你可以檢視自己的優點，傾聽別人對你客觀的評語嗎？」【這就屬於「教導」之範圍，治療師告訴個案正確的做法，但沒有處理他不正確的思考。】

Cl.：「對啊，我知道啊，我也知道自己有好的啊，可是就不能接受自己怎麼會有不好的。應該說我也知道會有不好的，可是我就會聽到別人說我不好就會很難過啊！」

Co.：「你有沒有想過別人說你不好，也可能因為他自己不好？」（邏輯檢核）

Cl.：「不會吧，是因爲他討厭我吧。」

Co.：「你很在意他討厭你，你又如何能夠去討好他呢？」（邏輯檢核）

Cl.：「不能啊！」

Co.：「你覺得自己不好，聽起來蠻像你覺得自己是失敗者，好像你都沒有辦法讓別人滿意，這種想法是怎麼來的呢？」（因果探討）

Cl.：「怎麼來的喔，就是如果我不好，別人就會不喜歡我，別人不喜歡我，我就會沒有朋友，沒有朋友，我就會很孤單，這樣我一個人就會很可憐。」

Co.：「如果是這樣子，那你認爲這個世界上有人是全部的人都喜歡他的嗎？」（客觀檢核）

Cl.：「應該沒有吧，可是有些人就是人緣很好，然後每天都很開朗。」

Co.：「但是人緣很好的人，也是有人不喜歡他啊。」（客觀檢核）

Cl.：「對喔。」

Co.：「所以依此類推，是不是有人不喜歡你也是一件正常的事情呢？」（邏輯檢核）

Cl.：「那他不要講出來啊！」

Co.：「那有沒有想過說，真正的好朋友才會去指出我們的好與不好？」（邏輯檢核）

Cl.：「可是我遇到的狀況不是這樣，就算好朋友跟你講，他會用一種比較真實然後比較柔性的方式跟你講啊，可是我剛剛前面講的，就是都會有一些人亂講話啊，說你做得不夠好啊。」

Co.：「所以這樣你是不是更可以說，愈來愈清楚那種說你不好的人的態度，不值得讓你去正視他們嗎？」（對質）

Cl.：「好像不值得乁，可是生活中就會一直發生啊。」

Co.：「所以你現在愈來愈清楚，你對生活中的這些話是可以有選擇性的？」（正向暗示及邏輯檢核）

Co.：「所以你在批評你跟讚美你當中，批評你的人十分裡面占有多少部分呢？」

Cl.：「嗯，大概二或三、三或四。」

Co.：「所以十分裡面只有二到三分是不好的，表示有七、八分的人都是對你抱持是正向看法的。」（數量或客觀檢核）

Cl.：「應該是吧！」

Co.：「你剛剛回答說你也不會因為那些人的批評而改變自己，但是你又不喜歡這樣子的感受，那你該怎麼辦呢？」（澄清及導引）

Cl.：「你是教我不要理他們就好了嗎？」

Co.：「不是說不要理他們，而是說你對那些話的在意程度可以不用這麼的重視。」（中性反應之教導）

Cl.：「可是如果你每天都要看到他們，怎麼可能不要在意呢？」

Co.：「可是你真的覺得說，他對你的批判那就等於是你嗎？」

Cl.：「不是啊，那是誤會啊。」

Co.：「那如果說那個只是誤會，並不是你的時候，那你還要這麼重要的放在心上，成為你情緒的一部分嗎？」

Cl.：「好像不用ㄟ，可是有時候就會在意。」

Co.：「對，這就表示說你自己都知道，但是你以前沒有這樣想。所以聽起來就是說，你每次遇到負面的回饋時，就會自己選擇說要相信我是壞的。那我不曉得你可不可以從今以後再遇到負面的挫折時，會選擇想起說——它會幫助我成長，所以你還是可以繼續感覺到不好，可是你也知道這個不好會幫助你變得更好？」（認知之重新建構）

 # 第五節　測驗

一、非理性信念量表（陳世芬，2007）

　　非理性信念量表，也稱作功能失調性態度問卷。這個量表測量你是否擁有某些非理性的核心態度或信念，而這些非理性信念或態度可能會阻礙你實現積極的人生目標，比如取得很好的成就或是擁有親密的關係。

二、指導語

　　此量表共有20項問題，請認真閱讀下面的每個問題，判斷句中的描述符合你的情況的程度，然後選擇1-5中適當的數字代表符合程度。請注意數字愈大，代表這個描述愈符合你；分數愈高，代表你擁有較高的非理性信念，總分100分：

　　　1. 非常不符合——1分；2. 有些不符合——2分；3. 不能確定——3分

　　　4. 有些符合——4分；5. 非常符合——5分

非理性信念量表	1	2	3	4	5
1. 我必須做每件事都十分有能力，才能成為一個有價值的人。					
2. 我的消極情緒是外界壓力造成的。					
3. 只有得到所有重要的人的認可，我才能快樂。					
4. 大多數不公平對待過我的人都是壞人。					
5. 我的一些行為方式已經十分根深蒂固，我不能再改變了。					
6. 當事情看起來可能會不對勁的時候，非常擔心是很合理的。					
7. 生活應該比現在更舒適才對。					
8. 如果我希望的事情沒有發生，那是非常糟糕的。					
9. 面對一種不好的生活處境，等待比試圖改變更加合理。					
10. 我討厭自己猶豫不決的狀態。					
11. 過去的一些事件對我的影響非常強大，而且不可能改變。					
12. 那些利用我的人應該受到懲罰。					
13. 如果存在危險或感覺某些壞事會發生，那麼感到難過是合理的。					
14. 事情如果不按照我喜歡的方式發展，那對我來說是很可怕的。					
15. 我必須不斷獲得成就才能使我對自己滿意。					
16. 事情的結果應該比平常的結果更好一些才對。					
17. 當一切都變得不好的時候，我無法控制自己的感受。					
18. 我必須要被那些對我來說重要的人所愛，才能感到快樂。					
19. 忽略個人的問題比試圖解決它們更好。					
20. 我討厭我的未來發展有任何不確定的因素。					
總分					

參考書目

李茂興譯（1996）。諮商與心理治療的理論與實務。臺北：揚智。

陳靜芳（2004）。理情團體治療對改善門診憂鬱症患者理性信念及憂鬱症狀之成效探討。臺北醫學大學護理學系。

吳英璋、王守珍校閱（1987）。理性情緒治療。臺北：大洋。

吳麗娟（1987）。讓我們更快樂。臺北：心理。

何長珠、何真（譯）（1984）。你不快樂。臺北：大洋。

何長珠（1987）。合理情緒治療法進階。臺北：大洋。

何蕙琪（2006）。網路理情課程對國小學童網路攻擊與現實攻擊傾向的影響。國立中央大學學習與教學研究所。

莫惠玲（2003）。理情團體輔導對單親兒童自我概念輔導效果之研究。國立新竹師範學院輔導教學碩士班

邱素梅（2008）。理情行為團體諮商對國小高年級兒童自我概念與生活適應之研究。國立屏東教育大學教育心理與輔導學系

邱惟真（2002）。在「理性」與「非理性」之間奮戰──「理性─情緒療法」的導師──艾里斯。張老師月刊，**298**，105-111。

周文欽等編（2000）。諮商理論。臺北：國立空中大學。

周淑椿（2006）。理情行為團體諮商對國小兒童憂鬱傾向輔導歷程及效果之研究。國立屏東教育大學教育心理與輔導學系碩士班。

施旼妍（2006）。理情行為團體諮商對父母離異單親兒童情緒穩定、理性信念的輔導效果之研究。國立屏東教育大學教育心理與輔導學系碩士班

陳金燕等（譯）（2000）。諮商與心理治療──多元文化觀點。臺北：五南。

陳世芬（2007）。加護病房護理人員之非理性信念、情緒特質與情緒管理對人際關係影響路徑之建構。國立政治大學教育研究所未出版博士論文。

陳靜芳（2004）。理情團體治療對改善門診憂鬱症患者非理性信念及憂鬱症狀之成效探討。臺北醫學大學護理學系。

張春興（2001）。現代心理學。臺北：東華。

廖鳳池（1990）。認知治療理論與技術。臺北：天馬。

Dryden, W. (1996). *Inquires in Rational Emotive Behavior Therapy*. London: Sage.

Ellis, A & Grieger (1977). *Handbook of Rational Emotive Therapy*, (Vol.1), New York: Springer.

Ellis & Whiteley (1979). Can Multimodal and Rational Emotive Behavior Therapy Bereconciled? *Journal of Rational emotive behaviour therapy, 15-2*, 95-132.

Ellis, A. (1991). The ABCs of RET. *The Humanist*, (51) 1. 19-20.

Ellis, A. (1994). *Reason and Emotion in Psychotherapy*. New York: Carol Publishing.

Ellis, A (1999). Why Rational-Emotive Therapy to Rational Emotive Behavior Therapy. *Psychotherapy, 36*. 154-159.

Wessler & Ellis (1983). Listening to oneself; Cognitive appraisal therapy. In W. Dryden (Ed.), *Key Cases in Psychotherapy*. London: Croom Helm.

Dryden, W., & Ellis, A. (2001). Rational emotive behaviour therapy. In K. S. Dobson (Ed.), *Handbook of cognitive-behavioral therapies*. Second edition. New York: Guilford.

Dryden, W., David, D., & Ellis, A. (2009). Rational emotive behaviour therapy. In K. S. Dobson (Ed.), *Handbook of cognitive-behavioural therapies*. Third edition. New York: Guilford.

Ellis, A., Gordon, J., Neenan, M. & Palmer, S. (1997/2001). *Stress counseling: A Rational Emotive Behavioral Approach*. The tower building., London Reconciled? Maurits G. T. Kwee and Albert Ellis.

Ziegler, D. J. (2000). Freud, Rogers, and Ellis: A Comparative Theoretical Analysis. *Journal of Rational-Emotive & Cognitive-Behavior Therapy*. Voll 8.

第十三章
現實治療之理論與實務[1]

現實治療取向葛拉瑟（William Glasser）和Wubbolding發展於1950與1960年代，強調人們應為自己的行為負責。1980年代，葛拉瑟開始宣揚控制理論，指出所有的人對於他們自己所做的決定都是有選擇的。到了1990年代，更開始把控制理論應用到企管上。控制理論提供一個理論架構，說明人們表現其行為的「為什麼」與「如何」。本取向強調當事人對其世界的主觀感受與回應其行為是有意圖的，是為了縮短我們「想要的」與我們「所擁有的」之間的差距。1998年，「控制理論」改名為「選擇理論」，更清楚的闡明內控心理的目的（張傳琳，2003）。

葛拉瑟的取向假設，人們都是自我決定的操控著自己的生活。因為我們選擇總合行為，所以我們需為我們的行動、思考、感受及身體狀態負起責任。他的前提是，所有行為都針對滿足隸屬、權力、自由、玩樂及生存等需求而來。其理論指出人們如何試圖控制其周圍的世界，並教導我們如何更有效地滿足個人需求之方式，使別人不至於受到傷害。

現實治療主要觀念是：行為之目的是為了試圖控制我們知覺到的外在世界，使能契合我們的內心世界。雖然每個人都有五種同樣的需求，但是每個人滿足這些需求的方式有所不同。我們在內心會發展出各種欲望的「相簿（picture album）」，說明著我們最希望如何滿足這些欲望。現實治療法排斥精神分析治療法的許多觀點，例如：醫療模式、把焦點放在過去、強調洞察、移情及潛意識等作法。

葛拉瑟提供三種解釋，說明為何我們碰到事情時會選擇受苦。

---

[1] 此章節感謝許玉霜、廖俊傑、陳美娜等的資料蒐集與課堂內容整理，於此加以致謝。

一、當任何人陷入一種挫折的關係時，選擇憤怒是正常的。我們很容易從這個憤怒中抨擊別人以傷害某人。而憂鬱及其他我們選擇的症狀則可用來束縛我們，並提供一個抑制憤怒的方式。

二、憂鬱是人們最常用的方式，他們發現這方式可用來求助而不必乞求幫助。當人們痛苦時，他人就會對我們伸出援手，這對我們自尊地得到權利之願望是很重要的，所以憂鬱是一個獲取他人注意及解決個人困擾的完美方式。

三、憂鬱以及所有其他我們稱之為心理疾病的形式，其目標都是讓我們得以逃避、不去做自己害怕或討厭的事。

本取向的主要目標在於協助人們找出滿足其五種需求的更好方法。治療者會協助當事人強化其心理強度，以負起自己生活的個人責任，並支援他們學習各種重新掌控生活及活得更好的方法。在歷程中，當事人會受到挑戰去檢查其行動、思考及感受，並設想出有更好的方式加以置換。

第一節　名詞釋義

一、WDEP系統

葛拉瑟和Wubbolding一起提出WDEP系統，來描述現實治療簡單的要點。所謂WDEP簡述如下：

（一）W（Wants）──探索需要、需求及知覺

諮商師有技巧的詢問，鼓勵當事人去確認、定義及具體描述他們希望如何滿足自己的需求。

（二）D（Doing）──方向及行動

現實治療集中在改變目前的行為。諮商員和當事人討論他們的需求後，一起設計出方向及行動，而非只是在討論態度及感覺，重要的是，是否能真正實踐。他們會問：你目前做了些什麼？上個星期你確實做了些什麼？下星期你要做什麼？

（三）E（Evaluation）──評鑑

治療過程中，諮商師主要的工作是要求當事人評鑑每一個完整行為的成分，然後促進當事人判斷其行動的品質，以協助他們做出更有效的抉擇。

（四）P（Plan）──計畫與承諾

最後諮商師會持續積極要求當事人對自己的抉擇和行動負起責任。

以勇氣與責任的整合（林姿慧，2010）此篇為例，當個體從述說當中看到自己的力量、勇氣與真正想做的事情，個體產生了正向的力量與勇氣之後，諮商師可以引導當事人思考：想與「問題」保持如何的關係，以此作為D的開始，瞭解個體是否喜歡「問題」所帶來的影響，想與「問題」如何相處，想往哪個方向去；而作者認為這是改變的契機，當個體想去影響「問題」，而非讓問題來影響自己的時候，表示個體已經發展出對問題能夠選擇與承擔責任的態度，而外化問題的好處，便在於能夠減少行動時習得的無助感與焦慮，也打開新的可能性，提供方向，讓個體可以與諮商師相互合作，共同在決定方向中（D），找到方式以滿足所需（D），並且評估（E）與行動（P），讓勇氣與責任將改變帶到現實生活當中（林姿慧，2010）。

二、SAMI2C3

在執行WDEP的過程中，Wubbolding提出運用SAMI2C3來幫助當事人完成計畫及承諾，他認為掌握這些重點就可以較容易完成一切規劃。SAMIC3的內容如下：

Simple　簡單

Attainable　可獲得的

Measurable　可測量的

Immediate　立即的

Involed　投入

Controlled by the planner　可自由控制

Committed to　承諾

Continuously done　持續去做

　　計畫必須是在每個當事人的動機及能力範圍內，容易瞭解、具體可測量的、且有修改的彈性。除此之外，也必須為當事人可以獨自且願意持續去做。最重要的一點是，諮商師和當事人要一起評估確認計畫是否實際可行，確實與他們的需求及需要有關，然後再要求當事人去實踐他們的計畫。若沒有承諾實踐的話，決定的事情與計畫都是空談，這是現實治療的重點。

三、3R

　　3R意即現實（reality）、負責（responsibility）和正確的（right），結合控制理論——人的「總合行為」由行動、思考、感覺、生理反應組合而成，闡釋對案主的行為觀點，不接受任何藉口、不要懲罰以及永不放棄的原則。不接受任何藉口：如果案主未能完成其計畫，諮商員可與案主重新檢討情況，協助案主修正原計畫，但不接受案主各種為失敗所做的解釋。不要懲罰：現實治療認為，懲罰不是改變行為的有效方法，反而會增強案主的失敗認同，並且破壞治療關係，因此諮商員採取不批評、不懲罰。永不放棄的原則（對計畫承諾）：承諾可用口頭或契約的方式，強化案主實踐計畫的決心。此「3R：負責、正確、合於現實」及「共融關係」，是現實治療法的精義所在，也是個體滿足需求不可或缺的要素（曾端真，1998）。

1. **負責**（responsibility）：「負責」是指個人在不妨礙他人或侵害他人需求滿足的情況下，滿足自己心理需求的行為能力。現實治療對當事人的問題採取非疾病的觀點，只視其問題為「不負責的行為」。當事人現在的問題雖然和過去有關，但主要的焦點仍需放在當事人現在正在做什麼，亦即「現在的行為」才是治療的核心，當事人必須面對他所處的真實世界。

2. **正確的**（right）：當個體希望獲得價值感的滿足，必須有一套行為的標準，藉此標準糾正錯誤的行為時，如果行為沒有受到任何的評價，將無從改進，也無法由行為中獲得價值感。

3. **合於現實**（reality）：滿足需求是個體當前生活的課題，與過去無關。Glasser認為個體只有在完全的意識狀態下，才能以合於現實的有效行為來滿足需求。

　　經國家圖書館網頁之碩博士論文檢索系統，以「現實治療」這個關鍵字檢索，共得從1991-2011年碩博士論文43篇。在研究主題內容方面，以偏

差行為輔導的研究論文有30篇，顯示現實治療所強調3R：現實（Reality）、正確（right）、負責（Responsibility），是解決偏差行為方面頗具實效的方法，其輔導效果大致上是受到研究肯定的。

四、「成功的認同」與「失敗的認同」

（一）成功的認同（Success Identity）

在人格發展的過程中，若兒童能與較具自我價值感的父母及重要他人有相處的機會，較容易發展出成功的認同，具有成功認同的人有力量協助自己創造滿足的生活；具有自我價值感、感受到自己對別人的重要，並能以負責任（意指不妨礙他人需求）的方式來滿足自己。《沒有失敗的學校》一書中指出，學校和同儕團體對兒童「失敗的認同」之發展，扮演了重要的角色。因為老師常忽略學生對愛及價值的需求，又常常處罰學生。當兒童的失敗一再被強調，並無法有機會學到以負責的行為來滿足其需求時，兒童便容易發展出失敗的認同。

五、控制理論

控制理論的理念是：人類行為是有目的的，且這些行為往往源自於個人的內在，而非外在環境的力量。雖然外在環境的力量會影響我們的決定，但我們的行為其實並非這些外在環境的力量所造成的。人們的所作所為其實只是為了滿足基本的人性需求。

現實治療法的主要目標是教導人們一些較佳且更有效的方法，去從生活中得到我們所要的。控制理論反對決定論的人性哲學，此理論認為人們具有內在的動機，能根據內心的某個意圖去表現其行為，以控制其周遭的世界，如果每個人願意努力為著某一目標而行動，他必能改變，並可過更好的生活。但當個人的選擇侵犯別人的自由時，其行為便是不負責任的。通過現實治療法的演練，一方面可學到如何獲得自由，另一方面又能避免傷害別人。

（一）選擇理論

Schoo & Adrian（2005）研究現實療法和人體能量場——脈輪關聯之觀

點：以影響心靈和身體的運作與需求為例，研究結果發現人類的選擇理論和現實治療的需求與過濾過程，與人體能量場的七個能量（脈輪）中心之發展過程有關，亦即當個人之需求為物質性安全時，則可能產生比較競爭和攻擊之心態（臍輪之功能）；但當個人之追求轉向利他原則時，則容易出現眉心輪（第三眼）之發達。可見為了聯結身體和心靈以及加強治療過程之療效，瞭解到每個人的發展和安樂（身體的、心理的和精神的）狀態，會因是否選擇採取正向行為而獲利有關。

Sheryl Prenzlau（2005）研究現實治療如何減輕創傷後壓力症候群的相關症狀為例。若以選擇論為基礎，向當事人闡釋說明人們是自己選擇自己所要的一切——包括悲慘或成功。治療師的任務因此乃在於幫助當事人做出更明白與更有知覺的選擇，像是決定要怎麼做才可以過自己想要的自由生活，且依然可以與人相處等。為了這個目標，治療師幫助當事人描繪其優質世界之理想與做法。

「選擇理論」是現實治療法當中很重要的概念。它假設大腦是一個選擇系統，會進行「行為統整」，所有的行為表現，都是系統選擇用來滿足心理及生理需要的方法，即人選擇該行為能滿足人類的需求時，則為有效控制。不滿足時，個人也會選擇某種行為來與當時之存在狀況有所統整，例如：消極應對、表現憂鬱。

所有的行為都可以稱為總體行為，並且用動詞來加以描述，它包括四個不可分割的部分——動作、思考、感覺和生理活動。雖然人們只能直接控制動作和思考部分，然而，我們可以通過選擇動作和思考來間接控制我們的感覺和生理活動。

看到健康報告→慘了！紅字一堆，還好只有紅字、身上沒有其他怪怪東西→找醫師討論找出原因→感覺要有積極作為→生理活動是健康的／覺察紅字應是長期身體累積的結果，所以可以修訂個人的習慣！但假設當事人的反應是：糟糕，我沒救了→睡覺、酗酒→感覺失望難過→生理活動變成是更不健康的結果！

六、自主性（Autonomy）

指個體負起自己行為的責任及掌控自己生活之一種狀態。

七、承諾（Commitment）

指認同於執行引導行為改變的具體計畫。

八、諮商循環（Cycle of Counseling）

指創造出一種積極正面的氣氛，使諮商得以產生療效的特定方式。

九、共融（Involvement）

治療者必須與當事人建立共融關係。治療者表達自己真正的關心、溫暖與瞭解，使當事人體驗「被瞭解與被關懷」，減少由於基本需求沒有滿足所引起的痛苦，進而建立對治療者的信任關係與願意改變自身行為的動機。傾聽對方說話是建立治療上信任關係最好的方法之一。治療者必須有一些特定的人格特質，包括親切、瞭解、關心、尊重、開放及樂於接受別人的挑戰。

十、痛苦行為（Paining Behaviors）

當事人往往藉著表現出的症狀（例如：頭痛、憂鬱及焦慮等）而選擇哀愁，因為這些似乎是當時最佳的行為選擇。誠然，過去曾發生的痛苦經驗對於今天的我們有很大之相關，但再次複習那段痛苦回憶對於我們現在必須進行的生命目標，必有什麼重大貢獻，我們必須做的其實是改善前一個重要的關係。（曾端真，2003）

十一、知覺到的世界（Perceived World）

抉擇理論闡釋的是，為何我們沒有直接滿足我們的需求。我們將這些知識儲存在腦部某個特定的地方，稱之為獨特的世界（quality world）。何謂獨特的世界？心理師如何進入當事人獨特的世界？獨特世界好比是我們個人的香格里拉（理想秘密基地），基本上我們並沒有直接滿足我們的需求，我們做的其實是將那些可以讓我們有好心情的一切，放在腦中一個特定的地方，這就是獨特世界或理想世界。我們時時刻刻都會往這個世界努力，以期盼自己能有效的掌控生活行動。當事人在他的獨特世界中，可能沒有一個人能讓他滿意，心理師要做的，就是成為讓當事人考慮進入獨特世界的人選，

藉著正確與同理性的瞭解，才能夠進入當事人的主觀世界，深入的瞭解他，協助當事人面對現實（可能要一學期的工作才能完成），並以合理的方式做出合理的選擇，解決當事人的困難，澄清觀點。

以現實治療用於個人創傷後壓力症候群為例，藉由使用現實治療法於創傷後壓力症候群的當事人，治療師可以協助減弱個案沉溺在過去創傷事件之程度，幫助個案看到自己其他的「優質」的世界，而協助當事人把今後的努力也圍繞在未來的希望和計畫之中（Sheryl Prenzlau, 2005）。

十二、相簿（Picture Album）

人們對於如何滿足其心理需求之知覺與心象。滿足這些需求要藉助滿足我們優質世界的圖像，換言之，我們選擇放在優質世界裡的東西是最重要的（曾端真，2003）。

十三、正向的沉迷（Positive Addiction）

增強心理強度的一種途徑，例如：跑步與冥想都是這一類的活動。

十四、心理需求（Psychological Needs）

意指隸屬、權力、自由、與玩樂等之需求，這些都是驅動人們與解釋行為的力量。而若能實事求是地做出負責任的選擇，自然有助於整體性和增強身體、心理和精神健康。此種能量體之概念與猶太教的卡巴拉生命之樹的素質（生命之樹用來描述通往神的路徑）、印度昆達利尼動態（舞蹈）靜心系統及基督教的七個聖體（洗禮、確認、聖餐、懺悔、恩膏疾病、聖職、婚姻）等概念，亦均有其類似之處（Schoo & Adrian, 2005）。

表13-1　基本和更高的需求層次結構

階段	需求	特質
靈性	知識	內在自我、靈性追求、真實。
個人	信念／價值	自我覺察、信念、信仰、智慧。
個人	自由	表達獨到的見解；實現夢想、溝通、忠誠。

（續）

階段	需求	特質
個人	歸屬	愛、同理心、寬恕。
個人	快樂	幸福、自尊／接納、內在能量。
基本	能量	情感控制、性、欲望、財富。
基本	生存	性／生育。

資料來源：Schoo & Adrian (2005). Reality Therapy and the Human Energy Field: Working with Needs that Influence Mind and Body, *International Journal of Reality Therapy, 24*, 2,15-20.

十五、責任（Responsibility）

指以不干擾別人滿足他們需求的方式，去滿足自己需求的行為表現。

十六、自我評估（Self-evaluation）

指當事人能評鑑自己目前的行為，以確定自己的所做所為是否能滿足自己的需求。

以描述人際關係心理分析與精神分析面向如何應用到選擇理論和現實療法中之整合為例，卡普曼（Kapman）的戲劇三角概念是用來解釋：什麼家中的人際關係是當事人長期心理問題的根源，卡普曼三角會幫助當事人意識到其角色之意義時，將有助於察覺自己行為的模式。因此家庭成員會更容易覺察到，造成家庭偏差的無意識心理遊戲之模式。而卡普曼戲劇三角與選擇理論之整合，則可幫助人們看到家庭暴力和上癮行為之間的共同性，瞭解到當事人真正的動機均在於：滿足自己自覺無能的需求（Michael Fulkerson, 2003）。

十七、總和行為（Total Behavior）

指行動、思考、感受及生理反應等，相互關聯的行為要素之總稱。從出生到死亡我們能做的就是行為。所以行為都是完全行為並由四項要素構成：行動、思想、感覺及生理。我們不能直接控制感覺和生理，唯有行動和思想能讓我們避免失控或得到自由。改變我們的行動和思想雖然不容易，但那是我們唯一能做的。假如我們成功地做出更多滿足的行動和思想，我們就可以在過程中獲得很多的個人自由（曾端真，2003）。

第二節　提問討論

一、現實治療的真意——負起自己三分之一的選擇權

　　現實治療就是一個經常性的，內在自我檢查與覺察的一個系統。自我成長有四個向度——自我瞭解、自我接納、自我肯定與自我改變。

　　每一個人都有自己的問題，假設我的問題就是焦慮，我要怎樣才能離開我的焦慮、或減輕我的焦慮？要怎樣做才算是改變？終究有一天，你將瞭解控制你的不是你周圍環境的事，而是你的焦慮，而且是你決定要讓自己很焦慮的，也許你覺得這句話太委曲你了，因為你的焦慮是你爸爸害的，可是爸爸害了你後，不是你決定要繼續虐待自己嗎？這份痛苦經驗有多痛，是誰所決定的？不是你爸爸，而是你所擁有的內在選擇權。每個人都受到過去、現在、未來三者的影響，但每個人的未來都屬於自己而非由別人來決定；因為未來的三分之一是你的，不是別人的。

　　此時此刻你若覺得自己夠可憐、該憤怒，當然也都是自己決定的，不要再去怪父母或他人，也需要怪怪自己吧！當一個人批判的對象全都是外界、全都是別人的時候，根本就失去現實感，這樣，自己與他人是同樣不公平的。

　　幼年的經驗最為可怕，主要因為孩童當時處於感受狀態，而感受有被放大的傾向，就是因為這兩點，使人容易成為童年經驗的奴隸，然而這並非完全基於事實，最多它只是三分之一的事實。

　　要對自己公平，每一個人都有三分之一是自己可以決定的，但是如果你每天把剩下的三分之一拿來責怪前面三分之二而來的痛苦，這也是自己的決定。所以你要什麼？你做了什麼？你得到什麼？現實治療就是這麼簡單直接的原則，其他的都是多說的。

二、表面的不幸是假的

　　有人的60歲說要拿來修行，有人的60歲說要來做第二事業，同樣是60歲可是每個人的定義就是很不一樣；但是每個不一樣的定義都要負一個代價，像前者會生活清閒但平淡、後者可能忙的很有意義感卻又覺得很累。所以人生在世沒目標固然不好，有目標也要付出代價；目標愈清楚愈遠大，要付的

代價愈高。所以此時此刻，每個人都是不同的存在心態，但是有一樣東西大家是相同的——每個人心裡面都有一個原來的我，那個原來的我是人類的本性，有人叫它做「自性」。當你做了你想要的事，然後遇到挫折並發現無法解決之時，就知道要回到原我，然後會慢慢發現：因為你追求那樣的目標，所以才會有那樣的挫折，如果你放棄那個目標就不會有挫折。通常我們在年輕的時候，還不能瞭解目前我們追求的每一樣東西，並不能真正達到自己想要的幸福。

　　心理學時常關注人們所追求的東西為什麼得不到？要怎樣才能得到？得到以後要怎麼辦？現在大部分的人都在講這個入世的東西，如地位、金錢關係等，但這只是人存在的一部分，這僅僅只是自己看得見的部分，還有一個看不見的部分，還有一個你，而那個「你」才是珍珠與鑽石。

　　不管你現在多糟糕或多麼沒有成就，你仍然是一顆鑽石，只不過通常低成就的人很難相信自己是鑽石，這種表面的不幸是假的，你的低成就與不幸的感受，只是社會價值從小灌輸教育你的結果，但其實不是人存在的實相！

　　感受是靈魂的一部分，它下面還有一個靈性的部分，然後會有很多相關的投射進入我們的感受與認知。在這個時候，我們可以容許自己有這種感覺，但請不要完全相信，認為這是全部的實相！因為每一個人都還有靈性的部分，此時尚未用到。打坐是把靈魂和靈性統整起來唯一的途徑，不用花錢就可以讓你回到你自己的家——自性光明，它當然也是所有人、事、物的家！任何負面的東西都只是浮光掠影，但是在沒有透徹的瞭解以前，大部分人也就只能在浮光掠影中輪迴一生，這些浮光掠影的內容其實就是你我人格的投射，所以對我們的負面感受有時真的不要太當真，至少要留百分之十的空間給自己，不要全然相信那個負或那個正。

　　所以下次遇到討厭的人時記得提醒自己：那個人其實跟我一樣，想把人做好、把事做好，也希望自己面前沒有敵人只有愛人，他的需求跟我一模一樣。其實每一個人都是這樣的。

三、承諾的五個層次（Five Levels of Commitment）

　　整個現實治療的原則與歷程，大致可以從下列兩張圖片呈現出來：

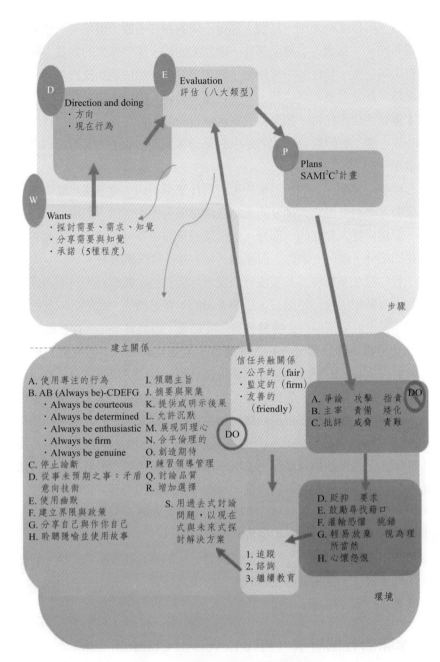

圖13-1　現實治療的原則與歷程

資料來源：何長珠，上課講義，2010年11月25日。

　　以自己為例，如果我們可以選一句作為自己的答案，想想你會想停留在哪個狀態呢？這五個層次就是凸顯個人動機的層次，我們對一件事情能改變與否，跟動機的相關性是很高的，如果你要對方改變，你要設想你是否能讓對方改變動機？

(1)你現在正在做什麼？

(2)在上一星期裡，你實際上做些什麼？

(3)在上一星期裡，你想要做些什麼不同的？

(4)你說你想要去做的，是什麼事情阻止你去做呢？

(5)你明天要做些什麼？

　　對自己重要的負面情緒，必須注意其相關的資料是什麼？相關的價值判斷是什麼？例如：我們對主管不滿意，如果試著站在你是主管的角度，就會有新的想法出來。

　　治療師可以用下面這些話來跟當事人溝通，例如：你想成為什麼樣的人，假設你現在擁有你想要的，那些是什麼？你希望你的家會是怎樣的？你真的想要改變嗎？是什麼阻止你得到想要的生活呢？自己上星期還做了那些有用的事？有沒有做出不一樣的事？這些都是跟焦點解決取向很相似的技巧。你有沒有在談話中很自然的談到這些語言，這樣你才算做到了「諮商生活化」。此外，現實治療還可以應用在不同的團體諮商情境中，如網路成癮大學生團體、發展障礙者自主團體、霸凌預防團體、小學生教室問題行為團體、減重食物療法團體等（黃姝文、丁原郁，2010）。

 ## 第三節　重要技巧

一、共融關係

　　現實治療法強調治療者要以真誠的關心幫助當事人面對困難，尋求解決的途徑，滿足基本需求。因此治療者要以第一人稱的「我」來表明自己的看法與關懷，而不用含混的字眼。在治療初期，當事人可以談論任何有興趣的主題，而不必侷限於述說自己的苦難與困惑等問題。

二、設限（Set Limits）

　　治療者必須設定計畫中所能給予的時間與關懷，也只能在約定時間內與當事人建立正常的共融關係，而不允許約定時間之外過度的相處與交往。

三、面質（Confrontation）

面質是治療者以一種對立的，不接受任何解釋的態度，幫助當事人面對自己不負責任的行為，以便看清阻礙成功的不當防衛與藉口。

四、示範（Modeling）

社會技能可以從觀察與模仿中習得，自我控制有時也能從觀察別人的反應中而有所增進。

五、教師的角色（Teacher's Role）

當事人表現出負責的行為，常期望治療者給予獎勵。治療者並需教導當事人，如何從日常生活當中採取較佳的途經以達滿足需求。

六、幽默（Humor）

治療者使用幽默可以使關係輕鬆自在，也使當事人學習健康的方式來面對自己的失敗與弱點。

七、矛盾法（Paradox）

現實治療法以不同於傳統的諮商方式來面對當事人的問題，使當事人未有防範的接受這種說法，而能在不同的角度真正看清問題，使治療重於行為而非只是感覺。

八、決定模式技巧

1. 你要什麼？
2. 你真正要什麼？
3. 定義你的需求。
4. 你在做什麼？
5. 有用嗎？（這樣可以滿足你的需求嗎？）
6. 選擇一個實際有效的計畫（計畫必須簡明、可行），在承諾實踐時不容許任何藉口。
7. 你決定怎麼做？（必須達成協議）

8. 評估（是否可行）—A.是→選擇滿足需要的行為→成功的計畫→滿
足需要

B.否→重新評估計畫→永不放棄

決定模式技巧其執行的原則與過程如下圖：

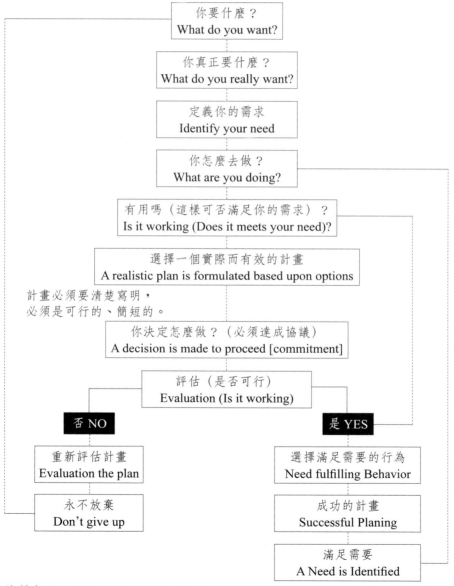

你要什麼？
What do you want?

你真正要什麼？
What do you really want?

定義你的需求
Identify your need

你怎麼去做？
What are you doing?

有用嗎（這樣可否滿足你的需求）？
Is it working (Does it meets your need)?

選擇一個實際而有效的計畫
A realistic plan is formulated based upon options

計畫必須要清楚寫明，
必須是可行的、簡短的。

你決定怎麼做？（必須達成協議）
A decision is made to proceed [commitment]

評估（是否可行）
Evaluation (Is it working)

否 NO

是 YES

重新評估計畫
Evaluation the plan

選擇滿足需要的行為
Need fulfilling Behavior

永不放棄
Don't give up

成功的計畫
Successful Planing

滿足需要
A Need is Identified

資料來源：William Glasser (2001), Counseting with choice theory, Harper Collins.
p. 272.

九、現實治療十個步驟

在十個步驟的執行過程中把握兩個原則：1.少談過去，多談現在—未來；2.少談無法控制的部分，多談自己可控制之部分。以下十個步驟可分5-10次以上之團體或個別諮商進行之。

十個步驟	一般求助之個案	強制輔導之個案
1. 激起動機	現在的生活是你想要的生活嗎？ 你有多麼不想要現在的生活？ 你有多麼想要改變？ 我聽不到你說什麼？	你喜不喜歡被要求來輔導？ 你多麼不想要被要求來輔導？ 我聽不到你說什麼？是要讓當事人藉由再講一次而增強覺察自己的想法或目標 在輔導結束後，想不想再被要求來輔導？ 那怎麼做，才可以不再被要求來輔導？
	誰的行為是你可以控制的？ 你希望這輩子每週都要參加輔導嗎？ 我們也只有幾週的時間，來一起想一套方法，讓你可以滿足您的需求、生活能自在，而且不用再一直參加輔導，你覺得怎樣？ 在案主提到不舒服事時，用初層次同理心。 在案主再提到不舒服事時，用高層次同理心。	誰的行為是你可以控制的？ 那我們也只有幾週的時間，來一起想一套，方法讓你可以滿足您的需求而且不用再被要求參加輔導，你覺得怎樣？ 在案主提到不舒服事時，用初層次同理心。 在案主續提到不舒服事時，用高層次同理心。
2. 無法逃避	除非你不再談你的症狀，要不然我幫不上你。 過去是你無法控制的，但現在及未來則可以。	你提到是因為對方刺激你，你不得已才下手，但對方是你我都無法控制的，而只有你才能控制你自己，不是嗎？
3. 矛盾法	你能否每天用5分鐘專門用來焦慮／憂鬱，而且只能用5分鐘，下次告訴我這麼做之後你的心得。	如果他真的不想講話，我們（團體）是不是可以允許他5次不講話？ 團體中的干擾行為，例如：吹口哨、私下講話，此時我們可以停下來，並表達：「我們可以聽你吹口哨或聽你們講話5分鐘。」

（續）

十個步驟	一般求助之個案	強制輔導之個案
4. W[what/want]的用法	在這過程中，你想要的是什麼？ 你的理想生活是什麼？ 在什麼樣的情境下，你特別容易不舒服？	在這過程中，你想要的是什麼？ 你理想中的生活又是什麼？ 在什麼樣的情境下，你特別容易動手／犯行？
5. D[do]的用法	你現在做什麼，以得到你想要的東西或能滿足你的需求？ 在什麼樣的想法下，你特別容易不舒服？	你現在做什麼，以得到你想要的東西或能滿足你的需求？ 在什麼樣的想法下，你特別容易動手／犯行？
6. E[evaluation]——可問過去之成功經驗，使其增加其自信。	你評估一下，你覺得你的作法有效嗎？ 你以前曾做過有效的作法嗎？是什麼？ 在什麼樣的情緒下，你特別容易不舒服？	你評估一下，你覺得你的作法有效嗎？ 你以前曾做過有效的作法嗎？是什麼？ 在什麼樣的情緒下，你特別容易不舒服？
7. P[plan]的用法	在評估之後，你覺得你可以怎麼做來得到你想要的東西或滿足你的需求？	在評估之後，你覺得你可以怎麼做來得到你想要的東西或滿足你的需求？ 在什麼樣的行為下，你特別容易動手／犯行？
8. 家庭作業（具體聚焦）	你離開這裡後可以怎樣想這件事，讓你自己知道你是有能力的？ 你離開這裡後可以怎樣做這件事，你何時做？你穿什麼衣服？你要怎麼說？	你離開這裡後可以怎樣想這件事，讓你自己知道你是有能力的？ 你離開這裡後可以怎樣做這件事，你何時做？你穿什麼衣服？你要怎麼說？
9. 問差別	你怎樣看待你自己現在與剛來之時的不同？	你怎樣看待你自己現在及剛來時候的想法及做法？
10. 多鼓勵	你做的很好，我很為你的進步高興！ 你怎麼告訴自己你做的很好？	你做的很好，至少你沒退步／你是怎麼做到的？ 你怎麼告訴自己你做的很好？

十、現實治療的貢獻

　　經國家圖書館網頁之碩博士論文檢索系統，以「現實治療」這個關鍵字檢索，共得從1991-2011年碩博士論文43篇，全部都是碩士論文。以下針對「研究對象」與「主題內容」二大類歸納整理摘要。「研究對象」細分：兒

童、青少年、成人三小類；「主題內容」細分爲：自我概念、行爲問題二小類。從以上博碩士論文內容摘要，可以歸納近年研究偏向與趨勢如下：（張耀晟，2006）

（一）對兒童研究有增加的現象

在43篇論文中，以兒童爲研究對象占19篇，以青少年爲研究對象占10篇，而成人有9篇。研究的對象跟研究生以工作場所所接觸的當事人爲對象有關，發現對兒童研究方面有增加的現象。目前國內培養國小師資多元化，原本的師範院校也面對轉型，愈來愈多人投入國小學生行爲問題的研究，對師範院校的研究水準有提升的作用，也顯示出現實治療適用於治療學校中學生的學習和行爲問題。

（二）著重偏差行為

在研究主題內容方面，以偏差行爲輔導的研究論文有30篇，在增進自我概念、制控信念方面有10篇，顯示現實治療方法在增進當事人正確選擇「負責」的行爲時，能幫助當事人改正行爲以及幫助當事人自我輔導的功效。

（三）綜合討論

1. 現實治療應用於諮商情境：現實治療可用於個人治療、團體治療與婚姻諮商。葛拉瑟認爲人有兩種基本心理需求：愛與被愛，及自我肯定和他人肯定的價值感，團體諮商提供了個人滿足這兩種需求的管道。尤其是當個人能與團體成員建立共融關係時，成員間的承諾更能發揮效能。

2. 從歷年的博碩士論文來看，研究者能借助團體的力量，使當事人對在團體輔導中承諾的計畫，更具牽制的作用，特別是一些偏差行爲和情緒問題，的確能得到顯著的降低或改善。現實治療適合運用在學校的輔導工作。

(1) 現實治療在親職教育及心理健康方面的教育性功能，很適用於學校輔導工作。葛拉瑟建議父母應注意下列幾點：親子有衝突時，

加入第三方的磋商和協談是上策。

(2) 對父母角色的認同：育兒是長久與辛苦的歷程，為人父母者願意心甘情願的付出，不要處處想得到回報，孩子將會有很大的壓力，不易達到親密共融的關係。

(3) 父母應區分自己的責任與孩子的責任：太多人沒有能力滿足其需求，是因為分不清什麼時候該說「是」，什麼時候該說「不是」。如果我向孩子的哭聲投降，他將失去學習的機會；他們會試探父母所說和所做的，然後判斷父母是否真的在意其作為。

(4) 父母情緒的表達：孩子只有在愛、接納、負責、管教、引導與情緒適度表達的氣氛下，才能發展出健康、有彈性的自我功能，也才能得到需求的滿足。

(5) 現實治療所提出的觀點很實用，容易收到效果，家長、學校老師、學校行政人員、心理醫生、諮商員等都廣泛運用現實治療於助人的工作中。

3. 以現實治療用於霸凌預防為例，霸凌預防計畫（bullying prevention program, BPP）的基本策略和過程，是運用現實治療理念改變學童的行為和思考。聚焦在被霸凌學童的自由行為，幫助他們為自己行為負責，作為在學校有效控制霸凌情境的基礎。現實治療師運用某些特定心理治療技巧，協助案主建立成功的自我概念。常運用的技巧包括：(1)運用問題去探索個體的整體行為和內在世界，如欲望、需求、認知。(2)增強正向行為，建構行動計畫。(3)運用適當的嘲諷（sarcasm）或隱喻（metaphors）來面質個案不合現實的行為。(4)運用「幽默」和個案發展友善的同盟關係。(5)「面質」個案，不接受任何藉口。(6)利用「重新框架」幫助個案改變思考方向，並視行為為自己的選擇。(7)運用矛盾處方（paradoxical prescriptions）來幫助個案選擇出一個自己的症狀處遇（黃姝文、丁原郁，2010）。

4. 以探討韓國大學生網路成癮（可分為網路性愛成癮、網路關係成癮、網路強迫症、資訊過度負荷、電腦成癮五種類型）之研究為例：現在大多數的大學生已習慣使用網路作為他們教育工具的一部分，南韓的大學生更是網路成癮的最大族群（Jong-Un Kim, 2007）。

Glasser（1985年）曾使用選擇的理論來解釋網癮。劉易斯和卡爾森
（2003年）和Howatt（2003）也採取現實治療法的優勢理論，作為
成癮恢復工具的核心概念。研究中並設計出一套針對網路成癮大學
生的現實治療團體方案，以現實治療理論為基礎，包含控制理論、
五大需求、整體行為、制定計畫，也包含一些認知行為技巧，如時
間管理技巧、提醒卡等，來降低大學生的成癮行為。方案以現實治
療的概念為主，包含五大需求、選擇理論、整體行為車（WDEP）
並輔以物質依賴指標概念——網路成癮清單、時間管理技巧等概念
來切中成癮者的獨特性。單元二的網路成癮清單則界定出成癮的特
徵與症狀；單元三、七可因應此類衝動控制疾患在網路使用的時間
控制問題；單元六的「成癮觸發點之探索」是以切斷再犯循環為概
念，讓成員瞭解自己並非「無法選擇」的成癮，而是「可選擇和控
制」的。因此，此方案具有結合現實治療和精神疾病治療概念的一
大特色，詳情請參Jong-Un Kim（2007）。

 # 第四節　實務說明

一、實務對話說明

（一）諮商主題：個人自由與家庭歸屬感之澄清

CL	CO
我覺得個人有很多不同需求，當需求衝突時，就造成我這幾年的掙扎。	是否也就是剛剛W同學的例子——想求兩全之困擾？
我沒有要兩全啊。	這裡是否可以對自由和家庭歸屬感先做一個定義，你的自由是想去哪就去哪，想要不工作就可以不工作；是這樣的嗎？〔決定模式技巧／W（What/Want）〕
不是。	那麼你想要的自由是什麼呢？（決定模式技巧／D／Do）
有時候我想要一個人搬出去住，想有我自己完全的自由，但這樣就又會失去了家庭的歸屬感。	對你來說，什麼叫家庭歸屬？是一起吃晚餐嗎？（引導）（探問）

（續）

CL	CO
對！一起吃晚餐讓我有家庭的歸屬感。	所以你心中認為的歸屬感還有什麼？
因為曾經有一次在冬天時非常想吃薑母鴨，卻沒有家人陪，心裡面會非常難過。	這也是歸屬感嗎？
是阿。	這好像不是家庭歸屬感，而是你個人的歸屬感。（澄清）
嗯！就是和家人一起吃飯的感覺，和自己一個人吃飯是不一樣的。	那麼需要一週六天，十八餐嗎（哄堂大笑）。（幽默——有時候用這種看似荒謬的問題，亦可讓對方有新的靈光一閃）
當然不是。	所以你只是需要有部分時間有家的歸屬感！
	那麼實際上你一週回家多久，半天嗎？（具體化）
三天半。	那你的理想呢？
現在感覺還不錯（哄堂大笑）。	那為何還要問這個問題？（面質）
我想這是人都會遇到的問題。	但是對你呢？
我需要快樂，也需要權力。	別講得這麼抽象，對你來說，你有這個須求，但是三天半的相處就是你可以滿足的，不過對別人可能不需要三天半，對不對？（評量與澄清、決定模式技巧／E）
	（此時有M同學分享與家人互動之經驗）：像我住我家大概三公里的地方，所以不能常回家。但沒去研究所上課的時間，就會去田裡看我爸媽，跟他們寒暄問暖。
	換言之，這部分沒有標準答案，也不要只以自己的滿足為標準，這週回去是否問問你們的重要他人對這事的看法，可以嗎？（回饋與溝通之建議）
很簡單，就三天半就對了。	不，是要去問問家人覺得會不會太少或太多，因為你在意的是他們，所以你要協調的對象要包括他們。（決定模式技巧／P-Plan）

（二）諮商主題：該怎樣就怎樣，這才叫做現實治療，不要逾越自己和他人的權利。

CL	CO
CL大學畢業後在某安親班當輔導老師，覺得有些小學生言行經常失禮，似乎是想爭取別人的注意力。	你覺得的失敗認同是指什麼？
就是他們書讀不好，卻想爭取注意力。	你指的是班上成績不好的學生嗎？（釐清問題）
像獨生女A，她想幹嘛就幹嘛，不顧慮別人感受，別人不喜歡她，只有一個朋友B（父母離婚再婚），她們兩人（A和B）比較好；可是互動的方式又很奇怪，B常會指使A……。然後每次發生什麼事，同學都會歸罪到她們兩人身上，其實事實明明不是這樣的。	聽起來那是人際關係失敗，其中也有學習成績失敗的可能原因，但這兩個情況不一樣，你比較苦惱的是哪一種呢？（釐清問題）
我的問題是：如何可以幫助她們能跟同儕較好的相處？	可是這也算是人生百態，你為什麼不能接受呢。（面質）
那如果用現實治療要怎麼做呢？	（於是有多位同學分享建議）（聽取眾議—以獲得客觀檢核）
對啊。	好，現在是否可以請你自己解釋一下這個團體現象，每個團體中都會有幾個人被其他人排斥，這不是人群很自然的現象嗎？（回到當事人焦點）
可是這樣她們不是很可憐嗎？	OK！！那麼針對排擠人的同學，你做了什麼呢？（決定模式技巧／D-Do）
當他們來告狀時，會跟他們說：沒關係！東西掉了，你撿起來就好。	
	這是客觀介入，有沒有做過第二種做法呢。
小朋友來告狀時，我會說：沒關係，會去跟他說。	好！第二個方法是作協調者，有做過第三個方法嗎？（決定模式技巧／E）
沒有。	你跟她們相處幾個月了？
一兩個月。	到目前為止，有沒有因為你介入而改善呢？

（續）

CL	CO
這兩個月他們大都在自己班上，功課寫完才會下來，所以沒看到她們互動。	重點是你每次看到她們被孤立時都會介入，是否你有公平和正義的個性，但你感覺有沒有效呢？（情感反映）
只是剛開始時有一點效用而已。	那麼這兩個小學生被你保護後，有比較親近你嗎？
也沒有，她們犯錯時，我也會講，所以她們可能會認為老師（我）是敵人。	換句話說：你所做的並沒有達到你想要之結果，有沒有發現新的資料呢？
B可能是單親孩子的行為，會故意引人注意——摺紙飛機丟你，我會故意不理她，不過很多事她會故意踩我的線。	如果現在你還剩下一個問題，這件事情上，你認為的問題是什麼？
不知道，多管閒事嗎？	她們的問題是？
獨生子女管教問題，規勸不聽。	我現在的困難是，你的立場好像只是補習班的輔導員，是個沒有很多權利的人，被主管單位期望做的只是起碼的維持秩序之工作；但你心裡卻想做心理輔導，這樣是什麼意義呢？（解說—控制議題的暗示）
	到目前為止，你都在努力的介入，但也可以問問自己，是不是因為你公平原則較強而卻無著力點，所以才產生挫折感？？這其實也是一種選擇，反思一下這種關注和你個人的重要經驗有沒有關係？ 其實所謂的現實治療，也不過就是客觀覺察自己和別人的投射或移情而已；該怎樣就怎樣、不要越權（補教輔導教師的角色澄清），也才是現實治療吧？？

參考書目

宋湘玲、林幸臺、鄭熙彥（1997）。學校輔導工作的理論與實施。高雄：復文。

林明傑、陳慧女、黃志中（譯）（2003）。現實治療諮商（原作者：Wubbolding, R & Brickell, J.）（1999）。嘉義：濤石。

林姿慧（2010）。勇氣與責任的相遇——從敘述與現實治療談起。諮商與輔導，**297**，34-37。

修慧蘭等（譯）（2004）。諮商與心理治療：理論與實務（原作者：Corey, G.）。臺北市：雙葉。（原著出版年：2001）

張傳琳（2003）。現實治療法—理論與實務。臺北市：心理。

曾瑞真（1998）。現實治療理論與實施。臺北市：天馬。

曾睿憶（譯）（2004）。是你選擇了憂鬱（原作者：Glasser, W.）（1998）。臺北市：商周。

黃姝文、丁原郁（2010）。現實治療在團體諮商中的運用。輔導季刊，**46**（4），23-32。

Gerald Corey (1996). *A new psychology of personal freedom: Theory and Practice of Counseling and Psychotherapy*. New York: Harper Collins. California: Brooks/Cole Pub. Com.

Michael Fulkerson (2003). Integrating the Karpman Drama Triangle with Choice Theory and Reality Therapy. *International Journal of Reality Therapy, 23*, 1, 12-14.

Sheryl Prenzlau (2005). Using Reality Therapy to Reduce PTSD-Related Symptoms. *International Journal of Reality Therapy, 25*, 2, 23-29.

Schoo & Adrian (2005). Reality Therapy and the Human Energy Field: Working with Needs that Influence Mind and Body. *International Journal of Reality Therapy, 24*, 2, 15-20.

Jong-Un Kim (2007). A Reality Therapy Group Counseling Program as An Internet Addiction Recovery Method for College Students in Korea. *International Journal of Reality Therapy, 26*, 2, 2-9.

William Glasser (2001). Counseling with choice theory, Harper Collins, p. 272.

第十四章

女性主義治療之理論與實務[1]

　　女性主義歷史可以遠遠追溯到很久以前，但是真正引發女性主義運動的論述則大約在十八世紀的後期才出現。根據顧燕翎在《女性主義理論與流派》一書中的導言所述，「女性主義」一詞源於十九世紀法國，意指婦女運動。「女性主義」的英文字feminism，源自於法國的feminisme，是由拉丁字根femina〈女人〉+ism〈主義〉而來。根據美‧南茜‧柯德教授發表的文章《現代女性主義的奠基》中確定這個名詞。女性主義是指一個主要以女性經驗為來源與動機的社會理論與政治運動。

　　最早期的女性主義者致力於所謂「女人問題」之處理，他們批判女人受到限制的角色，但他們不一定認為女人是弱勢的。在對社會關係進行批判之外，許多女性主義的支持者也著重於性別不平等的分析以及推動婦女的權利、利益之議題。在近兩世紀之內，更因其使用廣泛，而被賦予不同意義。

　　至今一般人傾向於把女性主義看做是，為了終止女性在社會生活中的附屬地位所做的種種努力。換言之，女性主義之產生是基於人們主觀感受到男女不平等或者女性受壓迫，而企圖以行動謀求改善。同時女性受到壓制的起因是人為的、制度的，而非生物性的，才可能以人為的力量加以改變。故而所謂的女性主義之定義主要便是在於：(1)描述男女不平等的現象，或女性的第二性處境；(2)以女性觀點解釋很多社會現象之原因；(3)尋求改善之道；(4)探討如何根除宰制與附庸的權利關係，建立平等共存的新文化、新

---

[1]　　本章資料感謝以下學生的資料整理：陳麗娟、楊巧蘋、張千惠、莊淑苗，特別是李映嫺之協助。

社會（顧燕翎，1996）。

比起其他心理治療理論，女性主義學派不只檢驗導致個人問題的心理因素，同時一起檢驗社會的影響，諸如性別角色以及多元文化背景對於個人發展的影響。女性主義學派關注世界各地女性的議題以及弱勢團體的女性，女性主義治療師明瞭男女在一生中不同發展方式的重要性，包括青少年社交及性發展、育兒習俗，以及工作角色上的不同。此外，女性主義治療師的重要議題還包括發展出一種社會以及文化的解釋，說明為什麼女性在某些心理疾病上占了大部分的比率，例如：憂鬱症以及飲食障礙等。

女性主義治療的干預包括幫助個案瞭解性別角色以及社會因權力落差所造成的影響，並且在某些情況下幫助個案面對那些歧視，面對傷害他們的社會機制進行改革。可以說，從1960、1970年代的政治化女性運動（意識覺醒團體），演化到當前含括來自不同文化背景的女性、男性個案，以及對團體的興趣，例如：家庭及女性治療團體、女性主義治療，均一貫保有對於社會以及團體議題的重視與關懷（Richard S. Sharf, 2009）。

 # 第一節　名詞釋義

一、女性主義運動

女性主義思想始於十九世紀啟蒙時代思想家及新生階級資產（中產階級）婦女，例如：瑪莉・維特・蒙塔古（Mary Wortley Montagu）女士及孔多賽侯爵（Marquis de Condorcet）之提倡女性教育權。此外還有許多自由派思想家，例如：傑瑞米・邊沁等亦要求女人在各方面都該具有平等的權力。而其思想的主要源流應歸諸法國大革命與理性主義哲學家洛克等思想之影響，主張「人人生而平等」、「自由、平等、博愛」以及「天賦人權」的思想。

最早期的女性主義及運動通常被稱為「第一波女性主義」，這個階段是女性意識的覺醒與抬頭；第二波女性運動（亦稱為新女性運動）則通常專注於社會和經濟層面上之全面性的平等——爭取男女同工同酬的待遇、墮胎合法化、同性戀自由、離婚法成立、托兒所、強暴保護站等廣及各層面的措施。

近十年在臺灣，女性主義也已發展成爲重要主題。以下逐一說明女性主義在臺灣演變的過程：

（一）戒嚴時期的臺灣女性政治地位

婦女雖然有投票權，但普遍依然維持著扮演一個賢妻良母的角色。戒嚴期間的婦女團體只有婦女會和婦聯會（設孤兒院等），由蔣宋美齡夫人組成這些團體，其功能與運作大多配合當時政府的政策。

（二）1982年由李元貞等人創立了「婦女新知雜誌社」

其主要努力方向爲促使臺灣婦女意識覺醒。這些團體除了從事傳統服務和救助工作之外，更積極的參與政治改革，藉著推動相關法律的修改，制定及監督政府政策，尋求改善婦女在臺灣的地位。在戒嚴時期，婦女新知雜誌社更提出「婦女參政」的大膽主張。

（三）解嚴之後，許多婦女思想活動由「婦女新知雜誌」開始

「婦女新知」透過雜誌社，提供有關婦女人身安全的專題，也曾提出「人身安全年」、「婦女參政年」等議題。

（四）臺灣女權演變的一步一腳印

臺灣在女權運動上的進步，可以從法律的改革中得知。如今性侵害防治法通過了，結婚之後，居住處所由夫妻雙方一起協調；在姓名條例中規定，夫妻雙方結婚之後擁有監護權的女性，有權力讓孩子跟她的姓。而且在監護權的歸屬上是以小孩利益作爲優先考量，監護權不再全都歸屬父親；婦女如果懷孕，可以請「產假」，不必再爲了生產辭去工作；主管若有性騷擾行爲，有法律來保障婦女的人身安全，這些部分都是女權運動在臺灣明顯進步之表徵。此外，一些更大的指標性變化，例如：女性經濟地位的提升、政治上的地位、部會內閣首長也有不少女性成員等，都反映出二十一世紀臺灣婦女生活方式及觀念的改變。

二、女性主義理論與流派

（一）自由主義女性主義

此學派在時間上是所有女性主義流派的起點，十八世紀歐洲的女性主義受到啓蒙運動、自由主義的影響，他們吸收自由主義的理性、平等理念擴張到家庭。「平等」是自由主義的核心原則，婦女運動初期，爲了爭取財產權、投票權、工作權，其訴求就是女人和男人「一樣」有理性、有能力。這使得女性爲爭取平等一味的強調相同而抹煞差異，使女性被迫以男性立場爲標準才能得到平等權利。

Mary Wollstonecraft（1759-1797）是十八世紀自由主義女性主義的代表人物，其在1792年所著的《女權的辯護》（*A Vindication of the Right of Woman*）是最早期女性主義的作品之一。她認爲男女一樣具有理性，希望藉由教育發展培養獨立自主的人格，才能成爲丈夫精神上與智識上的精神伴侶。時序進入到美國獨立戰爭與法國大革命期間，少數西方世界的白人女性，更意識到要爭取權利應該從政治著手。其基本主張就是平權，而最重要的作法就是取得投票權。

自由主義女性主義在二十世紀後期的發展趨勢是擴大公領域範圍，增強國家保護弱勢個人（例如：家暴受害者）之公權力，並且愈益注重經濟分配的公平性，主張應由政府積極介入；在法律方面則由反對性別歧視的立法，進而積極以立法擴增其平等性——像公設托兒所、受害婦女庇護所、加強就業訓練等，都是其所強調的重點。

（二）社會主義女性主義（Socialist Feminism）

「社會主義」最早在1827年由英國Robert Owen提出。1830年代的「社會主義」意含爲：一種新創的社會制度，重視社會性、合作、友善；社會應嚴格監控財富累積之公平性（顧燕翎編，2000）。

社會主義女性主義認爲性別壓迫、階級壓迫與種族壓迫是三條盤根錯節、無法分開的脈絡，必須一一斬除，才能解放女人。英國William Thompson的著作《半數人類的控訴》（*Appeal of One Half the Human Race*）亦提到

父傳子的財產繼承制，是影響男女經濟上立足點不平等的最大因素（楊美惠，1988）。

社會主義女性主義主張「婦女解放」是必須透過社會、政治與經濟結構等全面性社會改革方能達成。1884年恩格斯出版《家庭、私有制和國家的起源》（*The Origin of Family, Private Property and the State*）主張把婦女從家務中解放出來，讓婦女參與大規模的生產行列。但家務並未社會化，結果就是使婦女承受雙重勞務負擔，而且在工作領域中也居於從屬地位。

（三）激進女性主義（Radical Feminism）

自由主義女性主義與社會主義女性主義發源於歐洲，激進女性主義則最早起源於1960年代末至1970年代初的美國紐約、波士頓等地，此後開始逐漸影響到歐美各地。「radical」一詞在拉丁語系裡有「root」的意義，認為女性所受的壓迫是剝削形式中最深刻的，且是其他各種壓迫的基礎，因此激進女性主義試圖找出使婦女擺脫這種壓迫的方式。

基進女性主義主要是繞著性別角色而發展，強調父權制度而非資本主義才是婦女受壓迫的根源。葛瑞爾（Germaine Greer）在1970年所著的《女太監》（*The female Eunuch*）一書中，認為女性從小在家庭和教育之中就逐漸受到父權制的壓抑，放棄了自主權主動性，成為了一種被「閹割」的人格。

由於性別制度是壓迫的來源，因此不少人主張以中性的文化來取代之。

激進女性主義者過於將男女分離，以及過度強調女性自身特質的優越性，造成女人始終都處在一種反叛的與異己性的狀態，這樣的二分法，反而造成性別問題無法解決的僵局。到了1980年代中期以後，雖然激進女性主義者們仍然繼續參與許多社會活動，但也在許多包括倫理學、同性戀等問題上產生爭論，而逐漸分裂成較多元的女性主義，或被其他的女性主義主張如環保女性主義等取代。

（四）第三世界女性主義／黑人主義女性主義

從1960至1970年代初期，第二波美國婦女運動中白人女性主義者對母親角色採取負面批判的態度，挑戰「母親」是女性宿命的傳統觀念。然而，黑

人女性主義者卻極力爭取保障作母親的權利，認爲是成就感與生命的重大依歸。由此可見，女性雖然在各種文化中都是受壓迫的，但是她們所受壓迫的形式是不同的。

胡德（Elizabeth Hood）在其〈黑人女性、白人女性：不同的解放道路〉一文中，探討了白人女性與黑人女性所受壓迫的異同。她雖然認爲二者都受到「爲白人男性所建立和操作的男權制」的壓迫，但「作黑人更難於作女人」。因此，若不將反對男性統治的鬥爭與反對種族主義的鬥爭結合起來，黑人女性和白人女性就將繼續處於分裂狀態。

自從一批自稱卡巴希河團體（Cambahee River Collective）的黑人女性於1979年發表了一篇題爲〈黑人女性主義者的聲明〉以來，這篇文章一直被視爲黑人女性主義的經典之作。這一聲明指出：黑人女性所受壓迫的複雜性，使其不能認同於任何只強調反對壓迫一面的任何群體。關於這部分美國華裔心理學家Sue於1990年提出的觀點，恰可作爲一個有趣的參照！

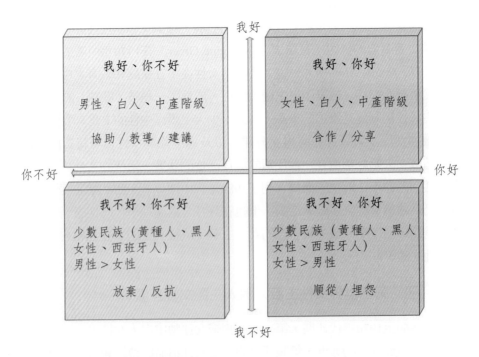

圖14-1　四個象限的性別和虛擬健康的關係（Sue, 1990）

三、人格發展理論中之女性主義觀點

1970年代以後才開始出現的女性人格之研究，並非專屬於某個特定的理論，而是由許多不同的研究者所提出的。在女性人格研究議題出現之前，人類人格發展理論即出現一些探討兩性差異的空間。

精神分析女性主義者（psychoanalytic feminist）以佛洛依德理論為分析工具，理解女性壓迫的根源，開拓且深化女性主義有關的性意識、性別認同、性別特質、母性／母職、主體性、主客關係、生態等議題。

佛洛依德認為男孩因為「閹割恐懼」而認同父親角色，女孩則因為「陽具欽羨」懷恨母親進而產生「戀父情結」，將缺乏陽具的恐懼內化為女人不如男人的價值觀，無法形成強大的超我與穩固的自我，女孩終將成為一個缺乏社會關懷、正義感、缺乏思辯能力與因為害怕不被愛而努力遵守父親規範的人——發展出陰柔被動的女性或陰性特質。

從婦運及性別角色省思的角度而言，佛洛依德理論具有下列幾項意義：1.描述他所處的時代與社會的實際情境，幫助我們瞭解男尊女卑文化在心靈結構之形成與運作層面的狀況；2.前述瞭解會導致父親之功能解碼，使「父親功能的完整度消失」；3.生物性別、性傾向與性別特質三者之間並沒有必然的關鍵；4.「男性至上觀」、「閹割情結」和「壓抑」作為文化、社會與主體誕生的觀點，使人思索是否有任何改變的可能？

佛氏的理論經過Lacan去除其中的生物決定論之後，可以被女性主義用來建構性別主體，讓人們看到，唯有在強制性別分化的文化中，閹割情結才會成為成長過程中不可逃避的階段。其他女性主義者也都紛紛運用精神分析之觀點，去探索男性文化特徵和解構男性氣質之內涵。

Jung認為人類本性裡有基本雙性傾向，男性的人格存在著女性特質「阿尼瑪（Anima）」，而女性的人格存在著男性特質「阿尼瑪斯（Animus）」。Karen Horney（1885-1952）是一位精神分析學家，認為女性心理的分析受到男性偏見影響，她以來自病患臨床觀察所形成之研究假設，重新探討佛洛依德的一些概念，她並不否認女性可能會對陽具妒羨，卻不贊同佛洛依德誇大這些特性對女性的重要性，她認為：女性內在所產生的低劣感，主要是因為無法在社會上獲取成就所致。

　　佛洛依德和Deutsch假定了女性特質和受虐傾向之間的生物決定關係，Horney認為受虐女性所展現的態度主要來自文化影響，女性因經濟、身體自主和情緒受到壓抑，而產生弱小的、情緒性的、依附的行為，而男性在實際生活中又選擇這樣的女性作為配偶，無形中更會增強了女性的信念。她也認為當時的社會形塑了特定的女性形象，期望去愛一個男人並被他所愛，服侍他、照顧他甚至改變自己去適合他，這樣安排的結果就是使男性的自尊心態增強，而女性的自尊降低與缺乏自信。導致當工作與愛情產生衝突時，女性往往會認為問題源於自己的人格問題，佛洛依德的理論將之解釋為「男性情結」。

　　Hare-Mustin和Marecek提出在進行性別研究時，要避免α偏差──將女性與男性分為兩個不平等的類別，且有強化男女刻板印象之虞，或β偏差──將女性與男性視為完全相同的類別，而忽視女、男性在真實生活中的差異（Davis Kathy/Evans Mary, 2006）。

　　Hyde（2005）對46個研究進行過統合分析後，發現男性與女性在許多心理變項上是相似的，雖然數理、語文或溝通模式有些差異，但差異不大。主要差異只存在於男性較具攻擊性，有較佳的運動技巧以及對性所採取的模式與女性不同。

　　Gilligan（1977）體認到人類發展理論幾乎全是以男性（孩童或成人）研究為基礎，認為Kohlberg道德理論研究所提出的正義道德並不適用於女性，她發現女性的道德發展著重在「關懷」與「責任」，她認為「聯繫性」與「相互依賴性」才是女性的中心概念。人生對男性來說所要強調的是成就，但對女性來說所要強調的是關係。所謂的成就就是成就導向，所謂的關係就是關係導向。

　　Sandra Bem（1981, 1983, 1993）提出「性別基模」的觀點。她觀察到兒童會習得社會的性別觀點，並且不自覺的將此觀點運用在自己身上。例如：小男生穿褲子，小女生穿裙子，這即是在傳遞社會文化所不自覺的一種性別基模的模式，而一個強勢的性別基模將會導致個人看待自己以及他人的眼光變得非常狹隘。

　　Kaschak（1992）使用「性別化」來描述人類的生活，乃是以性別為依據的邏輯運作。在男女形塑自我認同的過程中，其實是由男性在定義女性

的。譬如西方社會男性十分看重女性的身體，因此女性的外表被賦予異常重要的地位。男性不需要克制性衝動，而女性卻被期望要貞潔但又具備性感的身體。在諮商過程中，治療師應覺察自己和個案是否受到傳統刻板印象所影響，才有機會發現真實自己。

由上述的人格發展觀點中我們不難發現，女性心理從最早期的被忽略地位到承認男女雙方具有相同特質，再到接受兩性的性別差異，是一條漫長而艱辛的路。這呼應了女性主義的一句話：「先做人，再做男人或女人。」生而為人類，所遭逢的生物限制與生存環境壓力也有所不同。因此，諮商教育如何能在課程訓練中，兼顧並覺察這些系統錯綜複雜的影響，使真正的平等能落實在生活實踐中，才應是女性主義諮商的努力方向吧！

四、女性主義對傳統理論與性別角色的挑戰

（一）對傳統理論的挑戰

劉惠琴（1999）認為傳統心理學是「以男性為主體，以女性為客體的脈絡下所建構出來的知識」。因此習慣以男性的角度出發，由「男性」立場來定義「女性」，而長久以來，這些以男性為主流（中心）的理論亦被同樣用來解釋女性的心理與觀點。Worell與Remer（2003）即提出幾個傳統理論的假設：

1. **男性中心理論**：以男性取向的建構來對人性做出結論。
2. **性別中心理論**：將男性與女性的發展分為不同路徑。
3. **種族中心理論**：假設人類發展與互動是跨越種族、文化與國家的。
4. **異性戀理論**：視異性戀為正常的性取向，而貶低同性間的關係。
5. **內在心理取向**：將行為歸因為內在心理因素，導致責怪受害者的結果。
6. **決定主義**：假設目前的人格型態與行為是在發展早期就已經固定的。

女性主義者相信許多的問題都緣起於性別權力不均與性別社會化過程影響之結果（邱珍琬，2006）。女性受到教養、社會環境、文化的潛移默化，不自覺的將各種問題之來源均歸因於自己，形成自身許多心理困擾而尋求諮

商，但其實這些不一定是眞相。

Worell與Remer（2003）將女性主義理論與傳統理論相互比較，描述出女性主義因應傳統理論而發展出來的下列各種建構（Gerald Corey, 2005）：

傳統理論與女性主義理論之比較

傳統理論	女性主義理論
*中性中心理論 （andro centric theory） *性別中心理論 （gender centric theory） *種族中心理論 （ethnocentric theory） *異性戀中心主義 （heterosexism orientation） *內在心理取向 （intra psychic） 決定論 （determinism）	*性別中立 （gender-free） *變通彈性 （flexible） *互動論 （inter-actionist） *全人發展取向 （life-span-oriented）

（二）對性別角色的挑戰

1. 生理性別（Sex）與社會性別（Gender）

生物中有許多物種可以劃分成兩個或兩個以上的種類，稱之爲性別。典型的情況下，一個物種會有兩種性別：雄性與雌性；人類則稱爲女性與男性，身爲女人的一切生物性意義，包括有生殖力、性基因、性器官等。

社會性別是指所處文化或社會環境給予的期待，如：女性應該要有「女性特質」（feminine，或陰柔特質、女性化），男性被期待要有「男性特質」（masculine，或陽剛特質、男性化）。女孩應該柔弱、順從、乖巧，男孩應該勇敢、進取、積極等。不管身處哪一個國家或時代，這些性別角色之差異總是存在著的。

以往生物因素常被借用來支持男女不平等或使其合法化，女性主義的研究者則認爲男女不平等的因素還包含許多社會因素，並非「男女天生的差異」一句話可概括解釋。

2．父權

由於權力的掌控與資源分配是由男性主導，女性常常只能去適應環境裡權力系統下他人的要求。在此權利系統中，女性是附屬的、被剝削的地位。

女性主義的賦權是指把對方本來就有的權力還給對方，教導女性重新定義自我，覺察社會性別刻板印象的影響，建立新的自我認同，勇敢接受屬於自己的責任並重新架構與尋找權力資源。

3．工作的性別差異

對於工作上的性別不平等，心理學家常解釋為女性對成功的懼怕或是缺乏動機，這不但忽視了社會因素也使得女性的處境更加困難。男性和女性在勞動市場的性別薪資差異即是一個普遍現象。實質上，性別薪資差別源自父權和資本主義的社會結構，例如：男性是養家活口者的父權觀念，導致形成男性的薪資高於女性是「習以為常」的社會規範。

4．家務分配的性別差異

在Mayilyn Yalom（1993）的《太太的歷史》一書中，探討從古代聖經到中世紀的歐洲妻子、維多利亞時期的美國邊疆妻子，再到現代妻子被賦予什麼樣的角色地位。發現整個古代世界妻子主要的功能就是生育後代，中古世紀的農村妻子則需擁有生活所需的各種技能——照顧家禽、製作奶油、紡織、準備三餐、種菜、照顧家人、到田裡幫忙等，幾乎不論哪種社會地位的妻子，均得負責管理家務，這是自古以來的性別角色分工。

1970年代以後，許多女性視家庭為壓迫女性的中心場域，但事實上，絕大多數的女性仍承擔有過多的家務與照顧孩子的責任；因此非傳統家庭提供了一個願景，使女性得以擁有較不受壓迫的家庭關係與角色形態。但建構一個非傳統家庭，不僅男人需要改變自己已被內化的社會期待，女人也要探索自己是不是在潛意識中仍認為自己應當承擔較多的家務責任。

5．生育與母職

關於現代女性在生育與母職的兩難困境，可以由Hewlett與Sylvia Ann寫的《美國婦女解放的神話》（*A less Life-The Myth of Women's Liberation in America,* 1998）一書看出，她談到由於離婚率的提高，婦女不能再指望婚姻能帶來經濟保障；雖然女性就業的比例急遽的上升，但美國婦女所掙得的工

資大約仍是男人的百分之六十四。導致不少女性最終仍徘徊於世俗的母親與執著追求事業之間而忙碌一生。很多人最後才發現：生養孩子的代價就是使得婦女被排除在工作市場的成功之外。

引用經濟學家所羅門‧波拉徹克的說法：婦女掙錢較少是由於「在家庭裡有不可推辭的勞務責任」的原因。唯有藉著法制規範出對家庭支持的社會福利政策，婦女在勞動市場上方不致處於劣勢。

因此可說，女性主義者不是主張女性要擺脫母職，而是要改善擔任母職所面臨的諸種壓迫。女性主義認為女性想要擁有愉快的母職經驗，首先必須擁有「要不要小孩」的選擇權（包括避孕與墮胎的權利），建立較為自由的家庭形式，政府也應加強母親的支持網路，改善女性的就業與生產福利，提供更完善的托兒政策。

6. 身體自主權

二十一世紀的女性不論是否真正得到性解放，卻仍需永遠背負著生理事實——擔心受孕、生養的壓力永遠無法解放。1960年代，墮胎管道已經變成女性運動的一個主要平臺，墮胎合法化的支持者認為墮胎是女性可以控制自己身體以及生殖自主權的一種體現。但即使如此，女性所要面對的不僅是墮胎的生理風險，還有心靈上與道德上的雙重壓迫，而這種壓迫往往是跟隨女性一輩子的。

在人類大部分的歷史裡，強暴都不是侵犯女人的罪行，而是侵犯了受暴女性的丈夫（或父親），因為女人是他們的財產。第二波女性主義興起後，強烈挑戰這種傳統觀點而將強暴定義為一種社會機制，是一種男性誤用權力的展現（Joy Magezis, 1996）。

身為現代女性，很難不被電子商業媒體所製造出來的女性性感形象所控制，為何女人要這要做呢？以前的女人被動的等待男人來愛，現在的女人則需要主動的爭取男人的愛。這是真的被解放了？還是又替自己塑造了另一種形式的壓迫？當女性形象被物化後，女性豈不仍然只是個商品嗎？

對女性而言，自我覺醒後面對問題之後選擇與問題妥協，與無知的面對問題而妥協，此兩種情境在意識層面是不同的心理狀態。多數女性的心理疾病，即是發生在內心衝突無法平衡的未知狀態，如果女性願意跨出自我規範的限制，在獲得知識的同時，也爭取到了更多思考與價值判斷上的自主權與

權利，應該才是眞正平等的第一步吧。

五、女性主義心理學的原則

女性主義心理治療可追溯至1960年代的女權運動，女性意識覺醒成爲一個團體，並促成各類女性服務機構的成立。1970年代，各種女性心理學相關研究機構陸續成立，但理論尚未清晰。1980年代，實體理論漸趨成熟，尤其女性主義分析理論、女性主義家庭治療、女性主義生涯諮商等理論系統上，皆有重大的整合。

女性主義的基本信條：「個人的即政治的（personal is political）」，其焦點來自於治療上採取的立場，主張揚棄各種來自於文化上與治療上對女性的成見和限制。早期心理治療被認爲是壓迫性的關係，如同「病人與長老」（Chesler, 1972），而女性主義則解放了這種觀念與限制，包含新技術的產生，例如：去階級性結構（non-hierarchical structures）、資源與權力平等共享、賦權（empowerment）等。

女性主義治療拒絕接受傳統心理學對女性的假設，以及傳統心理學對女性特質的次等化／偏差化／雙重束縛等現象；她們認爲女性的「依賴」、「歇斯底里」、「神經質」、「憂鬱」等症狀，非全部由女性「個人」因素造成，而往往是社會建構之結果。女性主義治療師認爲，女「人」身處其中所出現之衝突與無力感，或許只是女人在其環境中必須採取的一種生存策略，因此心理治療工作應重新檢視當事人舊有之價值系統（如性別中心論、異性戀中心論、內在心理取向、決定論等），並提出更具有雙性平等眞義的治療假設、角度、策略與技巧，包括如下幾點：

1. 個人的即政治的

女性主義實踐的一項基本目標即是「社會轉變」（social transformation），改變現狀、改善女性的現況與福祉。每個當事人的個人問題皆有其社會性和政治性根源。女性主義者不僅僅是把治療工作視爲協助當事人度過難關的方法，同時也是一項促進社會轉變的策略。親身參與社會改變的直接行動，也是治療者的責任之一。

2. 平等的治療關係

當事人被看作是有能力去改變並產生改變的個體。治療者是另一個取代「專家」等權威角色的訊息提供來源。為了符合平等主義原則，治療者應與當事人共享權力、去除治療進行的神秘色彩。

3. 崇尚女性經驗

探索女性經驗是瞭解女性心理困擾的重心。女性主義重視主觀經驗的價值，並鼓勵女性將她們的情感和直覺表達出來。女性經驗的內容涵蓋一些基於性別特有的現象，例如：強暴、性侵害、性騷擾、兒童性虐待、飲食疾患與家庭暴力等。

4. 重新定義心理困擾與「心理疾病」

女性主義治療者排斥心理疾病的「疾病模式」。他們認為「心理困擾」（stress）是傳達了體制展現不公平的訊息，而不是疾病。「傷痛」（pain）是象徵反抗，是生存的意志與本領，而非缺陷與瑕疵的跡象。並指出女性面臨病態環境引發的反應是處理社會壓迫的創造性策略，而不應該當作一種「症狀」來看待。

5. 女性主義治療者對壓迫的整合性分析

女性主義治療者除了非常強調性別外，他們也會體認到種族、階級、文化、宗教等各種形式的壓迫，皆根深柢固地影響一個人的信念、選擇與知覺，因此挑戰所有形式的壓迫。

6. 促進女性的意識覺醒

困擾非個人問題，不應只是改變個人去適應社會，而應透過意識覺醒，及對社會整體脈絡的覺察，釐清個人失敗、無能感之下的傳統包袱與影響力，才能欣賞善用個人原有的生命力，並集合大眾力量，創造出新的女性世界之價值觀。

六、女性主義與其他諮商學派的異同

最早意識到女性治療理論的必需性是荷妮，她提到以男性為主體價值來評估一切的結果，女性當然受到極大影響，而女性也以為順從男性期待就是她們的天職，連看待自己也是依從男性的觀點。女性主義治療與傳統治療不

同的地方在於：

1. 女性主義治療瞭解「治療」是有價值觀與政治意味的，而傳統治療認爲治療是價值中立，無政治意涵在內。
2. 女性主義治療者認爲心理病態是當事人受壓迫的結果，而傳統的治療則是將心理疾病責任歸爲個人內在因素。
3. 女性主義治療挑戰傳統性別角色，也力促社會的改變；傳統治療師增強性別角色的傳統，要當事人去適應既定的規範（邱珍琬，2006）。

（一）女性主義與精神分析治療學派的異同

1．相同點

女性主義與精神分析學派都著重個人或主體性的浮現，女性主義以精神分析學派的分支「客體關係學派」理論出發，客體關係學派著重個人與母親之間的聯繫關係，女性主義也重視母親與女兒之間的關係聯結，希望可以重新聯繫母女關係，讓母性的生命更有意義。

2．相異點

女性主義反對「生物決定論」，因爲性別是由社會因素所制約的，也否認佛洛依德認爲女性將對於自身陰蒂的興趣，轉而尋求男性陽具的興趣來達成性高潮的說法（邱珍琬，2006）。

（二）女性主義與阿德勒治療學派的異同

1．相同點

阿德勒學派強調「平等關係」、「社會興趣」，生命任務中最重要的就是建立與他人的情誼，擁有滿意的親密關係，對社會有貢獻，此點與女性主義不謀而合。女性主義重視女性經驗，以及女性與他人關係的重要性。兩者皆強調同理與瞭解當事人處境及經驗，理解其受壓迫的真相與感受，才可能與當事人繼續努力創造更爲平權、自在的生活。

2．相異點

阿德勒認爲人的「自卑情結」可以使人改善行動的動力來源，他很同情

女性立場，但確認為女性在自己性別角色功能的訓練不夠，而女性主義則認為女性的社會地位低下亦是人為產物，並不是光靠自己的努力就可以達成改變的（邱珍琬，2006）。

（三）女性主義與存在主義的異同

1．相同點

存在主義不注重改變或「治癒」當事人，而是以間接、深入的方式去探究當事人內心阻礙其真誠生活的障礙。女性主義也協助當事人去檢視自己的生活、環境以及自我與周遭的影響，尤其是生活環境對於女性處境不利條件與原因。女性主義肯定人皆有自我覺察能力，將治療目標放在「意識覺醒」的部分，提供女性正確的資訊與其社會化過程的實相，希望經由這些覺察的體驗，而願意行動進而改變自己，這一點深深呼應存在主義尋找意義、目的與價值的立場。

2．相異點

女性主義將存在主義「焦慮」的議題延伸到生命現況的實際挑戰，不僅只是生命有限而已。

（四）女性主義與個人中心治療學派的異同

1．相同點

兩個學派都強調平等及人性化的治療關係，重視人的獨特性與潛能，以及自我引導與自我實現的能力，重視個人所體驗的現象世界是內在重要參考架構。

2．相異點

個人中心治療學派鼓勵人向內做整合，卻忽略了女性的統整阻力來自外在環境或社會制度，因此女性主義學派治療師會強調心理過程裡的社會因素——挑戰既有的社會規約、努力解放社會所制約在個人身上的束縛（邱珍琬，2006）。

（五）女性主義與完形學派的異同

１．相同點

完形學派注重體驗與感受，也注意身體語言的表現，女性主義亦常使用這些技巧，讓女性可以眞實的接觸自己，認識其內在所發出的訊息，也留意未表達出來的情緒或感受；完形主張人應該是完整的——認知、情緒、行爲、知覺等都是自我的一部分，不應該有所偏重，也注意到環境脈絡的影響力，這種種觀點均有助於女性主義之體現。

２．相異點

完形學派重在個人，女性主義治療卻放眼在社會文化改革；完形學派主張分離與自主以及個人的內在依賴，而女性主義則認爲聯繫很重要，個人也要向外拓展。

（六）女性主義與認知行爲（理性情緒行爲／REBT）治療學派的異同

１．相同點

REBT認爲必須性（must、should）的語言使用習慣，會讓自己產生莫名的壓力，我們的許多自我挫敗的信念，主要是「自我灌輸」而來，並將其接收與內化，甚至以投射之方式爲這些信念找證據。REBT認爲人格的形成，除了生理因素還要參考其社會環境或學習歷史，這一點和女性主義主張相似。女性主義的「意識覺醒」團體就是一種認知上的重新架構，以不同的角度重新詮釋女性經驗，可以讓女性有賦能的感受。

２．相異點

女性主義也注意到語言的功用與影響，除了改變一般男性主導的用語與暗示情境之外，爲了尊重當事人，讓治療過程不再受父權的壓迫情境，謹愼使用語言（如以他取代她的文字書寫習慣等），不讓語言傳遞歧視、偏見或是威脅等意味（邱珍琬，2006）。

（七）女性主義與家庭治療學派的異同

1．相同點

女性主義運用在家庭治療上，將家庭治療之意義視為是一種「探索與經營人類經驗形成及轉型中的內容與過程」，並將性別、文化與社會政治等脈絡都統括在家庭的建造與互動之中。此外，對家庭治療討論的「界線」問題，女性主義認為關係中的「融合」與「糾結」不是只有病態的觀點，而尚有其正面意義與作用。

2．相異點

女性主義家庭治療經歷了三個階段，對於家庭不同詮釋的演變：

(1) 沒有一個系統的形成是可以豁免於性別這個變項的，所有的處置與介入都應該認知兩性社會化過程是不同的。

(2) 檢視家庭系統理論，發現了父權體制是運用「角色補充」的觀點來貶低女性的重要性，女性主義則用「角色對稱」來替代「角色補充」。

(3) 將性別議題納入傳統的家庭治療工作中，並努力有所調整。

 ## 第二節　提問討論

一、覺察目前的平等狀況是前人努力的結果

女性主義很有意義的是，讓我們重新省思──成為自己的加害者的，是否正是從小到大賴以生存的文化（倫理、家規）本身？就此而言，女性主義可說是一個革命文化，讓女性對於自身原本習而不察的事情，重新有所思考與區辨，瞭解為什麼會變成今天如此這樣的局面？這也就是女性主義所強調的一項重要觀點：個人即政治。

女性主義在國外大概有五十至六十年的歷史，在臺灣則只有十至二十年左右，表面看來大概有十年的歷史。在這十幾年當中，社會大眾比較會注意到的表面是──女性愈來愈敢做驚世駭俗之事，比如強調性解放等，但這其實只是其中的激進主義。一般來說，女性主義的表現雖因個性或學派立場而可大可小，然而其最重要的基本精神應該是──大家都是平等的，大家都可

以有一樣的權利。但是所謂「同樣的權利」對不少人來說，可能必須奮鬥努力多年才能爭取得到。雖然目前大環境中尚有許多不平等的事實，但是在未來的十年中，各位可以努力讓自己的生命有更多平等的現象。若欲如此，則必須深思自己與女性主義的關係。

二、社會文化脈絡之影響

過去我們談了許多諮商理論學派，從個人內在談到家庭系統脈絡，我們都知道家庭文化對個人之影響。然而今天要加入另一個新的系統概念，亦即「社會文化脈絡」。

社會文化脈絡的具體影響即是多元文化。所謂多元文化，不只是包括黑人／白人／黃人，還包括富人／窮人、男人／女人，也就是各式各樣的「階層」。另外和多元文化相對的是單元／一元文化。何謂單元／一元文化？就是大家常犯的一個錯誤──自動化的極端觀點，例如：美或醜的評估觀點。其實美醜的觀點主要是人性的觀點，更進一步說，是社會與男性的觀點，這點連我們女性都已被內化到相當程度。舉例來說，一個很有趣的現象是：在動物界中雄性動物都是比較漂亮的，他們用美麗的外表換取交配之利益和好處，而且大部分的雄性動物（獅、北極熊）都不需餵養後代而只是下種，這是動物世界中可觀察到的事實。然而在人類世界則剛好相反，強調「郎才女貌」，所以人類世界比起動物界已經經歷了很大的文化變革。在人類世界中，女性的美貌是求生存或是獲得較好生存的條件，這是人性的曖昧之處。不過我們可以再思辨，此種人性之曖昧與「我是女人」或「我採取男人的觀點在看女人」之間又有什麼關係？這個問題，沒有辦法馬上有答案，但可以讓我們反省思考──自己的頭腦中有多少架構已經是不公平文化的移植，並且成為我們自己不知不覺的價值觀的，還有哪些現象？

另外一個事實即是，在我們文化中大部分女生的擇偶條件仍放在對男性的安全感之需求上──無論是聰明才智的安全感、金錢的安全感、或個性的安全感。所以對女性來說，其本能的擇偶條件是安全感而不是美貌；但是對男性而言，擇偶90%以上年輕男人的目標都是要漂亮的女性，因此我們大致可以做以下歸結：

1. 實際上到現在爲止，文化對女人漂亮的定義，仍是一種經過男人的認可所形成的女性也同意（並追求的）價值觀。

2. 目前各種諮商理論學派的共通點是：創始者都是西方文化中的白種男性，這種不自覺的典範學習也其實就是一種文化入侵。前面文獻中曾提出Sue（1990）四個象限的性別和虛擬健康間的關係說明。他所提出的這四種象限其實都存在每一個體中，只是比重多寡不同而已，所以心理健康的定義應該只是程度上的相差。功能性較好的人，比較能夠維持在一種象限之中較好的部分，比如說表面上大家會認爲「我好、你好」是最好的象限，因爲大家都OK，但這只是人類共同表演出來的烏托邦理想而已。因爲實際上男性比較多的比率應該是「我好、你不好」，比方不少男人都認爲：男人可以外遇，但女人就不行，很少男人會覺得自己的外遇是綠帽子，但是卻不能容忍太太爲其戴綠帽子，這也就是所謂的雙重價值觀。

3. 中國人的社會強調女性要依賴、順從、自我犧牲，各位可以思考一下：這些特質在自身腦海中會浮出怎樣的形象？你個人與這些特質的關係又是如何？這些形象就社會的建造面上看起來都是負面的，但這些力量同時又是人類最偉大的力量，因爲這些特質的正向意義就是堅忍、堅毅與不放棄。

三、從「性解放」過渡到「性創傷的治療」

1960年代的美國正值越戰，因爲越戰而有反戰運動——反抗當時政府的決定。而戰爭的相對訴求就是自由，所以反戰運動引發了當時對自由的呼求。自由的呼求很多，除了反抗國家的政策之外，繼之而起的還有披頭音樂、大麻嬉皮與性解放，女權運動也因運而生。

所謂的女權運動在當時是指女性身體的自主權，也就是爭取可以墮胎、性解放的權力，我們知道任何潮流革命運動都是在兩個極端之間擺盪，因此當時的女性開始發聲，出現所謂「意識覺醒」，在這「意識覺醒」中很多人就產生「姊妹情誼」（sisterhood）：她們除了享受享樂以外，還有理想存在。這個理想會走出家暴、強暴的防治之路，整個過程是從「意識覺醒」到「姊妹情誼」，再走到「自我協助」，發展出各式各樣的互助團體。1960年

代開始出現了一個重要的現象，即因意識的覺醒而產生了「自助團體」，在美國非常流行，例如：3A匿名戒菸協會。「自助團體」除了戒酒團體之外，還包含酒癮團體、戒菸團體、體重控制團體、性強暴婦女團體、乳癌團體等。

女權運動另一個重點為「個人即政治的」，其解釋是說，我們現在所相信的事情，是我們周圍的文化影響我們所相信後的結果。換句話說，個人現在所相信的價值觀中，有很多自身未覺察到的外在文化之影響。

接下來1970年代有很多的學會因運而生。到了1980年代，學術因為女性主義的影響而更加分化，80年代的女性主義團體治療更發生戲劇性的改變，走出許多新的東西，像肢體意象、家暴、飲食疾患、亂倫與性虐待等。其中飲食疾患、亂倫與性虐待在1980年代更正式登上學術世界的講堂，目前在臺灣近幾年來，亦有相當多此方面的相關資料進入諮商範疇，最常運用的是個別諮商與家族治療的範疇。

四、四種女性主義哲學的思考

自由主義女性主義者：其所努力的目標是處理偏見。偏見主要是指工作的偏見與社會文化的影響，所以在治療上注重賦權。例如說如果個案表示：「老師，那我該怎麼辦？」此時傳統的諮商員可能會回答：「所以你有很多的困擾，你不知道怎麼解決。」但若是持女性主義的諮商員則可能會說：「你做了一個很好的決定，來找我談話，看看是不是對你會有幫助。」由此可見，內在理論架構之思考會影響晤談的方向。

社會主義之女性主義者著重的是制度之問題，此層面影響範圍擴大到政治與社會面，同性戀權利的爭取即屬於此部分。激進主義女性主義者則重視社會制度、性別關係，以及性和身體的資料。第三世界的女性主義者或稱文化主義之女性主義者，注重的則是女性和母性的重要性，其焦點放在哺育和互助。但問題在於，哺育的人是否也想要被哺育？另一個也需要我們思考的問題是：一個很偉大很能給別人愛的母親，如何從別人獲取愛的滋養？她又是否需要從別人身上獲取愛？從心理治療的角度來說，撫慰性高的人被稱之為大地之母，而大地之母這一類的人，難道就不需他人的撫慰嗎？各位如何回答呢？

再者文化主義女性主義者仍著重於交換原則——互助爲本。互助有兩種原則，其一是我幫助你、你幫助我，這是大家每天都在實踐的。其二是A→B、B→C、C→D此一循環不一定往回走，但是每一個人最後都可能得到回報的經驗，此即廣義的互助。

五、新女性特質——溫柔與堅強並重

人們期待女人要比男人表現出更多的溫暖。在西方文化對女人最好的形容詞是nice，在東方文化則是「好」，好女人、好孩子、好女兒、好姊姊。但相形之下，在我們的社會和家庭系統中，比較少強調要做一個好兒子、好男人。因而對女性角色的要求有以下的假定：

1. 女人不該表現出獨立的心靈。
2. 女人被看作是情緒化的、感性的，而不是理性的、邏輯的。
3. 人們認爲女人天生比較在乎人際關係，而對成就較沒興趣。

換言之，女性要有以上特質才符合人們的期望。

在此現象下出現新女性的特徵：依賴又獨立、施予他人而又樂於接受、同時兼具思考與感受之能力、既溫柔又堅強。換句話說，即是所謂的「中性人」之角色！這種價值觀，嚴格說來，應該又是偉大的女性能量扭曲自己變身而成的一種文化特優產品；身爲女性，我們更可以思考的是：除了外女內男之特質外，是不是也還有外男內女的組合可能呢？畢竟夫妻男女之間一生中的門當戶對，應該有好幾種不同的組合吧。你自身又具備了哪些新女／男性的特質呢？

六、代理孕母面面觀

生兒育女是許多人的喜悅，卻也是某些人心中難圓的夢，隨著科技日益進步，開始有了各種克服不孕的管道，代理孕母就是其中一例，但是從中卻衍生出許多爭議，所爭議的議題包括：女性的身體是否工具化了？生小孩又究竟是誰的意願？有的人認爲懷孕過程絕不是一個可供販賣的商品，而在其他國家的法案中，也規定代理孕母必須是無償開放。但大家心裡都知道，如果不是重金禮聘，誰會願意無償從事代理孕母的工作呢？這個議題又將會牽

扯到一些更弱勢的婦女（沒錢但身體健康者），爲了錢去當孕母。科技再成熟，都無法完全保證懷孕的過程百分之百安全，更何況是解決代理孕母後續所衍生的各種問題，但還是有人認爲不可因噎廢食，畢竟這是解決許多不孕夫婦問題的最大希望。

代理孕母的討論指向一件我們更想瞭解的議題——到底是誰決定要生育小孩？傳統諺語「不孝有三，無後爲大」，「無後」是許多無法傳宗接代婦女／家庭心中永遠的痛。縱然她們不是自願不生育或縱然他們已經生了好幾個女兒，但是礙於重男輕女的觀念還是等於沒有生育，往往惹來公婆、家人的數落，先生的不滿甚至外遇的藉口。因此我們關心的是，婦女面對生育問題，到底有多少決定權？或者婦女只是夫家用以延續香火的工具罷了？難道一個無法生育的女性，就是不完整而有所缺陷的嗎？女性的價值有很多層面，並非僅有「傳宗接代」能作爲女性的唯一價值，今日的女性比起以往難道不能擁有更多的選擇？

只要談到生育，就關乎女性身體自主權的討論。在人工流產和人工生殖的法律制度面上，依然還是存在著許多的不公平，例如：有人質疑簽同意書一事，認爲女生應該有自己身體的自主權，身體是自己的，爲什麼執行流產還要老公同意？可是醫療法律的規定就是這樣，包括人工生殖的部分精子跟卵子要配合及代理孕母部分的子宮外借，都規定要是先生的精子才承認孩子的身分。由此可見，女性身體自主權在醫療層面，還很明顯的有許多不公，但我們不能因爲不公平就停止努力。

七、身體自主與資本主義

近年來女性拍攝寫眞集的風潮方興未艾，這到底是女性對身體自主權的掌握，抑或是在男性支配女性角色下行使的剝削現象？傳統男性常將女性身體視作私有財產，例如：「我的」女人怎能隨便穿著短裙在街上給別人看，因此常會有意無意去支配女性的穿著打扮。然而時至今日，愈來愈多的女性有了新想法，自己身體是自己所有，理應自行負責何必成爲某個男性的附庸。但是，從另一觀點來看，寫眞集的風潮，往往意味著成名與利益。因爲男性的性本能需求（好色），於是我的曝露身體既可換取金錢酬勞，甚至一炮而紅，走入五光十色的演藝圈。其背後的主導角色，恐非僅僅只是自主權

或是傳統沙文主義的議題，而是資本主義的無孔不入。畢竟人有性的本能，但是透過資本主義的想法，將其商品合理化、精緻化，並從中牟取大量的金錢利益。這樣的立場，真正是女性自主了，或者只是另一個包裝精美、振振有詞的女性身體剝削文化的政治表現呢！

八、女性主義之家庭治療——解構家庭角色

女性主義家庭治療主要做的就是「解構」。通常在一個家庭中，父親是最有權力的人，所以較容易成為迫害者，相對於迫害者就會有一個受害者。在一個家庭中，一個迫害者和一個受害者就會有第三個角色出來平衡此二者，就是拯救者。而「解構」也就是將這三者重新洗牌，改變固定的關係。在一個家庭中，如果這三種角色功能愈具有轉換的彈性，則家庭愈有功能；反之，一個家庭的關係愈固定，例如：迫害者永遠是迫害者，那麼這個家庭就容易產生困難。所以順從不能是永遠的順從，因為最容易讓別人產生控制欲的就是對方很順從，這是人類相處的動力中一個很重要的資料，所以最好在順從中帶點別的元素，這也是女性主義的利器。在女性主義的利器中，原則和方法是不同的。原則是講求平等，但是方法可以出現理性的（和對方談判）或情感的策略（讓對方不得不接受）。換言之，利器（有利的武器）倘若能視情況而運用得當，就是一種彈性人格。

九、指認傷痛即是治療

女性主義重新定義心理困擾與所謂的「心理疾病」。女性主義將「心理困擾與心理疾病」從傳統的病理觀點轉換為現今的「傷痛」觀點。「受傷」更進一步的意思是——知道自己受傷的同時，就是有能力開始「反抗」的時候！所以反抗、生存的意義代替了原來的心理困擾與心理疾病。進一步來說，症狀的意義被重新詮釋為某種生存策略。

為何「表達出傷痛」就是治療？表達具有治療效果，必須是以「壓抑」作為前提條件。因為壓抑，所以累積形成更多的負面能量，致使問題無法獲得解決，因此需要「宣洩」。宣洩可以促使心理能量由負向的壓抑回到平衡狀態，回復平衡則需要「溝通」。藉由溝通，從他人身上得到新的思考架構。也就是說，一個人如果能適當地表達出自己負面的情緒，在治療情境中

通常可以得到治療的結果。這也是Enns（1993）所提出的一項重要論點：學習指認出傷痛的來源，並將傷痛表現出來，乃是治療歷程改變的關鍵之處。

第三節　重要技巧

一、女性主義治療之原則

　　從過去到現在，女性主義不變的治療即是——性別乃是治療的核心，並包容歧異性，追求維持權力上的平等。Corey（2005）舉出幾個對女性主義治療的原則如下：

　　㈠ 個人的即政治的：人生活在社會中，受到社會與政治的影響是理所當然的，女性的許多問題其實是社會制度與政策下的產物，個人無法置身事外。

　　㈡ 個人與社會身分是相互依存的：社會由個人集合所形成，個人也無法獨立於社會脈絡之外，兩者是相互依存的。

　　㈢ 將「心理疾病」的定義重新作修正：心理疾病不應該以病態的觀點來看，個體內在、人際關係與環境的影響都應該列入考慮。

　　㈣ 女性主義治療師採用統整的方式來分析壓迫：從性別的角度分析壓迫來源。性別角色根植於社會文化的影響，相較於個人內在觀點，是一個更大的環境系統視角。

　　㈤ 諮商關係是平等的：避免在諮商場域中，再度複製「權力」關係。

　　㈥ 女性觀點是有價值的：只有瞭解女性看法才能同理其處境，男性亦有可能因社會刻板印象而遭受壓力產生困擾，可以經由女性主義諮商過程來瞭解剖析。

　　有一點在諮商過程是需要注意的是，諮商員本身對女性主義是認同的，且願意應用在實務上。Bell Hooks也提醒我們，父權社會是由男女共謀的一種文化，不能將責任全由男性來承擔，因此需要由兩性共同努力才能改變。女性主義該努力的是：更多的去瞭解，是怎樣的社會過程讓性別歧視成為性別的標準。

二、女性主義諮商之治療目標

Worell與Remer（2003）認為女性主義治療師是協助當事人：1. 意識到自己性別角色社會化歷程；2. 指認出內化的性別角色訊息並以建設性信念取代；3. 瞭解社會上對性別的歧視壓迫對個人的影響；4. 獲得改變環境的技巧；5. 發展更廣泛自由選擇的行為模式；6. 按照自身的情慾來界定行動，而不是依照其他人的情慾；7. 發展個人與社會力量。

在一般諮商情境中，由以上諮商目標延伸，具體的做法如下：

1. 協助女性／男性更多信任自己的經驗直覺。
2. 使當事人能夠欣賞與女性相關的價值。
3. 幫助女性學會照顧自我（做自己的母親）。
4. 協助女性接納並珍愛自己的身體。

Kagan與Tindall（2003）提出幾項治療過程的要點：

1. 社會─政治分析：強調女性經驗是內在心理因素與外在環境影響互動而成，不可將問題視為個人，需將大環境與社會文化因素納入考慮。
2. 強調性別角色刻板印象之覺察：性別角色是社會建構下的產物，並將其制度化以確保男性族群的優勢地位。
3. 以女人為中心：以女性為中心經驗作為發展主軸。例如：每次都要化妝許久才敢出門的年輕女性，對於美麗的外表，常常患得患失，一般人會以為女性過於專注外表，是因為虛榮心作祟。然而女性主義治療師進一步瞭解後得知，這位女性曾經因外表不佳而遭受汙辱甚至失去升遷機會。治療師從當事人的經驗脈絡，即可進行重新架構與重新標籤的任務。
4. 力量與無力：從不同面向探索力量（個人的、人際的與社會的），瞭解力量不能獨立於特殊歷史與文化脈絡之外。
5. 對未來的樂觀願景：女性可以追求自己想要的人生目標，不一定受限於社會的箝制與要求，讓自己可以有不一樣的未來。
6. 對社會運動與改造的承諾：光靠個人改變無補於現況的改善，需要社會環境大幅度的改善，才可以讓女性享受更多的人權。

　　女性主義治療對心理衡鑑也持較保留態度，她們認為衡鑑系統是由白人精神科醫師發展出來的，忽略社會因素帶給女性的困擾，或許這才是女性患病的主因。為彌補這種單一價值觀所帶來的傷害，McAuliffe、Eriksen和Kress（2005）提出一個建構式策略作為診斷的配套措施——CPSS理論，同時檢驗當事人的脈絡（context）、生命階段（phase）、建構式階段（stage）及個性風格（style）。目的是促進個案的能力、自我覺察，以及能更自覺地勇敢面對造成壓迫的社會因素（Richard S. Sharf, 2008）。

三、諮商師的角色與功能

　　㈠ 女性主義不只是一個學派，而且是治療者的生活方式、行動與信念。不過持女性主義哲學基礎的治療者，仍然可以使用不同的理論取向。

　　㈡ 秉持人本主義的基本態度：真誠一致、無條件關懷與接納、盡全力同理當事人的感受與經驗。

　　㈢ 建立平等與賦權的治療關係：建立平等合作的諮商關係，促進當事人邁向獨立。去除治療的神秘性，當事人與治療者同樣可以扮演主動參與的角色，共同決定治療目標與程序。

　　㈣ 適度的自我揭露，扮演正面經驗的楷模角色。

　　㈤ 在治療中指認與檢視性別角色的不平等與壓迫，促進當事人對性別角色與個人權力的覺察。

　　㈥ 女性主義諮商師應該也是社會轉變的催化者，旨在達到性別平等。

四、當事人在諮商中的經驗

　　女性主義諮商協助當事人經驗，並處理以下主題：

　　㈠ 讓當事人有機會探索焦慮與防衛的情緒與感受。

　　㈡ 協助當事人瞭解權利與控制的議題。

　　㈢ 與當事人一同檢驗影響其行為的外在力量。

　　㈣ 協助當事人指認成長過程所接受到的訊息，並學習只承擔適當的責任。

　　㈤ 協助當事人對社會成規與期望予以批判性檢視。

　　㈥ 協助當事人探索個人價值。

(七)協助當事人探索生活／生命的意義。

五、女性主義諮商的技巧

　　儘管女性主義治療似乎成爲諮商治療的一個流派，但基本上還是論述多於實作的一種理論取向。Forisha歸納女性主義治療的基本模式是融合了完形、人本主義、理情學派的技巧，主要在於這些技巧所揭櫫的共同信念是：相信個人價值。

　　以下就Cummings所提的四方面技巧加以探究（引自邱珍琬，2006）：

（一）賦能當事人

　　「賦能」是女性主義很重要的一個理念，賦能的具體方法如下：

　　1. 破除治療迷思

　　將治療過程透明化。諮商師會明確告知當事人在治療中做些什麼、目標在哪裡、治療關係是合作關係等，這樣的處置會讓當事人覺得自己有能力。雖然女性主義治療師不反對使用DSM-IV-IR對心理疾病的歸類，但是基本上不採用標籤當事人的方式，因爲這樣可能忽略了社會文化因素的影響，也可能讓當事人陷於病名診斷的困境而覺得無助。

　　2. 肯定訓練

　　藉由慢慢增進能力與信心的方式，達到賦能的技巧，運用在飲食失調與空曠恐懼症的當事人身上有其積極的效果。女性被期待被動謙讓、爲別人著想，因此會在人際溝通中注意到他人的情緒卻沒有決斷的勇氣。肯定訓練的要素就是平權，藉由肯定訓練以學習拒絕與批判，增強女性眞誠表達的力量，也就是達到「自我定義」的結果。

　　3. 性別角色分析

　　協助當事人覺察、瞭解社會化對性別角色的影響。例如：對飲食失調的當事人，可分析社會與媒體對於女性美麗標準的定義與偏見。

　　在性別分析中加入「角色脫除」的活動，請當事人將目前所肩負的一些角色列出來，例如：母親、妻子、姊妹、學生、朋友等，也發現當事人常常忽略了「自我」這個重要角色，提醒當事人自己想要過的生活是什麼？哪些

角色可以先剔除？可以做怎樣的改變？該如何照顧自己？

4. 權力分析

覺察既存的兩性權力關係，讓當事人瞭解自己也有能力發揮影響力。權力分析牽涉到不同權力的來源與形式，包括覺察女性可以擁有的權利在哪裡？母性是否也算是一種能力？當事人可尋找自己可利用或培養的能力來進行改變，甚至以團體形式做出更大幅度的改變行動。

5. 意識覺察

經由閱讀、團體討論、分享經驗、論述、觀看相關影片，讓女性覺察到女性低落的社會地位，以及社會機制在其中的運作。在治療過程中，治療師經由再教育、家庭作業或是資訊提供的方式，讓當事人去認識自己性別與困擾之間的可能關係。意識覺察是治療師的必備條件，進一步也希望可以讓當事人擁有這項能力，因為意識是行動的先決條件。

6. 認識也接受自己的情緒

瞭解自己的感受是接納自我最重要的一步，女性常常被教育去滿足男性或其他人的情緒需求，自己的情緒需求卻常被忽略或否認，許多的心理疾病也因此而產生。諮商師本身也要接受自己有情緒，這樣才可以在諮商場域中作良好示範，與當事人探討情緒力量、功能，以及分析情緒在現存社會中所受到的壓抑與拘束，有助於當事人解脫綑綁，活得比較自在自由。

7. 一般化

雖然女性主義治療師也使用診斷手冊（如DSM-IV-IR），但不同的是會去思考當事人問題的文化與社會脈絡。女性主義治療師的思維是：將女性情緒或是困擾「病態化」是父權思考的結果，對女性極度不公平，主張治療師在面對當事人需要有更寬廣、客觀的思考，有些情緒可能只是吶喊，不需要將其套上特殊病理名詞。

8. 重新架構或定義（命名）

重新架構主要是將「責怪受害者」轉換為探討當事人環境中社會因素，對於問題形成的各種可能性。女性容易將問題歸因於自己身上而自哀。重新定義權利，讓女性可以從另外的角度看到自己的能力或權利。

9. 界限釐清與責任歸屬

女性往往在關係中成就也失去自我。界限釐清表示每個人都是有能力的、也是有限的，女性一旦接受自己是有限的，就會懂得照顧自己，去承擔自己可以勝任的工作，而不是為了成就「不自私」的刻板印象，而讓自己共同沉淪。界限的釐清亦可讓女性在親密關係中，保有適當的自我空間。

（二）減少治療師與當事人間的權力差異

女性主義治療師不希望在諮商過程中再製父權社會的權力結構，所以會特別留意治療師的專業權威與當事人的權力關係，其實減少治療師與當事人之間的權力位階，也正是權利分享與「賦能」當事人的一種方式。適時自我表露治療師的真實生活經驗與感受，都是縮減位階差異的有效方式。

（三）將當事人的問題置於社會文化情境中來做考量

女性主義治療師不一定與當事人有一樣的經歷，但卻可以用同理、設身處地之做法，減少當事人的孤立感。部分學者更主張在治療過程中置入「再社會化」，包括了當事人信念系統的認知重建，當事人學習一些非傳統的角色與對自我的看法，開發新的因應策略和技巧，擴展自我經驗，建立正面自我意象。

（四）運用性別角色的觀點

分析給當事人知道其已經內化的女性（或男性）角色、角色間的衝突，以及與其自覺的女（男）性意識間之衝突。

治療師可運用標準化或客觀化的量表作為診斷評估之參考，接著可以與當事人分析討論社會與文化對於不同性別的期待、養成教育與其影響，讓當事人嘗試體驗一些不是社會傳統認定的角色，從中得到一些解脫與成就感。

語言與思考的改變是女性主義團體裡很關鍵的一環，將自己的經驗重新予以命名，而且是正向、樂觀的角度，經由經驗的分享可以瞭解女性經驗的共同性與被壓迫的現實，去除父權機制所灌輸的自卑情結，這些都可以促使思想上的改變。此外，使用的語言不同，也會對於想法有不同的框架和重塑

的意義，例如：女性的「軟弱」可以解釋爲「求生存的工具」，「情緒化」可以是同理他人能力、表達眞實自我之表現。

（五）運用或改編其他學派的諮商技術

整合完形學派的技巧包括幻想與空椅法，擴大知覺感受範疇與其他語言方面的技巧，在團體運作過程中使用角色扮演、自我肯定訓練、遊戲與藝術、身體與放鬆活動、幻想與創意、退化，甚至外出郊遊都可以納入團體活動，這些團體活動都可以挑戰女性們對於自己「有限」的認知。

（六）閱讀

經由閱讀獲得他人成功經驗，讓自己可以有賦能的感受，願意在實際生活中做一些改善。女性文學可以讓男性主導的歷史獲致一點平衡，女性文學的閱讀可以讓女性更明白自己不孤單，藉由討論或交換意見，可以刺激更多的思考。

（七）影片賞析與討論

影片賞析的方式通常會喚起當事人許多隱藏的情感，讓電影情節帶動自己久疏的情緒。

（八）家庭作業的運用

家庭作業是依照每個治療師的喜好不同來使用，每次的家庭作業後面都有一個設計理念，例如：改變生活中的一個小行爲、花時間獨處、我的地方（互換已經習慣的座位，然後感受）。

（九）結束動作

當治療結束之時，當事人或許會有一些失落，因爲即將失去一個無條件接納、爲自我所建構的時間與親密的關係。因此女性主義治療師必須在治療過程中，協助當事人可以成爲自己的情緒容器，有自我探索和獨處的私我空間，會去尋找自己的支持系統，願意嘗試新的行爲或計畫，在諮商結束之後的自我強度可以讓她重新去面對生活中的波折。

六、結論

　　把焦點放在性別上是女性主義治療的中心。女性主義的貢獻之一是把諮商與心理治療帶入性別意識敏感（gender-sensitive）的領域。女性主義的治療者清楚明白對於伴隨個案成長的典型性別角色訊息要有完整的意識，且有技巧的幫助個案指認並挑戰這些訊息，同時也把性別平等帶入治療之中。提供另一個不同的思維模式，能夠將權力賦予不同性別及文化的個人。藉著檢驗性別與文化差異對於女性或男性的影響，納入社會學因素，重新思索社會因素對於個人的重要性，重視社會及個人的女性觀點，朝向平等的關係前進。

參考書目

何長珠教授2007年上課之ppt檔講義。

女性主義（家族）治療，修慧蘭主講ppt檔講義。http://psy.nccu.edu.tw/~counseling_theory/Feminism%20Psychology.ppt。

馬莉、張耀昌譯（1998）。美國婦女解放的神話。加拿大：明鏡出版社。（原著者休利特，出版年：1998）

歐陽子譯（1996）。第二性／形成期／第一卷。臺北市：志文。（原著者西蒙·波娃，出版年：1949）

楊宜憓、高之梅譯（2002）。性別與社會心理學。臺北市：五南。（原著出版年：1998）

邱珍琬（2006）。女性主義治療理論與實務運用。臺北：五南。

修慧蘭等譯（2009）。諮商與心理治療／理論與實務。臺北：新加坡商聖智學習出版。（原著者柯瑞，出版年：2005）

楊美惠（1988）。女性·女性主義·性革命。臺北市：合志。

葛魯嘉、陳若莉（2000）。文化困境與內心掙扎：荷妮的文化心理病理學。臺北：貓頭鷹。

何穎怡譯（2000）。女性研究自學讀本。臺北：女書。（原著者瑪姬西絲，出版年：1996）

何穎怡譯（2003）。太太的歷史。臺北市：心靈工坊。（原著者瑪莉蓮·亞隆，出版年：2003）

劉惠琴（88）。女性主義與心理學。性屬關係（上）：性別與社會、建構（王雅各主編）（p. 135-175）。臺北：心理。

樊雪梅譯（1999）。婚姻治療。臺北市：五南。（原著者魯賓，出版年：1995）

馬長齡、羅幼瓊、葉怡寧、林延叡譯（2009）。諮商與心理治療。臺北：心理。（原著出版年：2008）

楊雅婷、顏詩怡、司馬學文、林育如譯（2006）。性別與女性研究手冊（第一版）（原作者：戴維斯／艾萬斯／洛伯）。臺北縣永和市：韋伯文化。

顧燕翎編（2005）。女性主義理論與流派。臺北：女書。

Kagan, C. & Tindall, C. (2003). Feminist approach to counseling. *European Journal of Human genetics, 10*(11): 682-688

Yalom, Mayilyn (1993). *Blood Sisters: The French Revolution in Women's Memory*, USA: Big River Books.

Worell & Remer (2003). *Feminism and feminist therapy: lessons from the past and hopes for the future*.

http://www.psychwiki.com/wiki/300459151-Feminist_Theory

http://www.rti.org.tw/big5/recommend/taiwan/content/content_15.html.

http://tw.knowledge.yahoo.com/question/?qid=1005020103987.

http://tw.knowledge.yahoo.com/question/question?qid=1406011406358.

http://www.mlsh.tp.edu.tw/class/101/sun/.

第十五章
家族治療與家族心靈排列[1]

本文將以「家族治療之八大理論介紹」（此部分之參考書目，請參考朱貞惠論文）、「海寧格家族系統排列（西方新潮）」及「華人家族心靈系統排列（本土模式）」三個方向，進行相關文獻之介紹。

 ## 第一節　家族治療之八大理論介紹

精神分析理論由佛洛依德（Sigmund Freud）於1920年最先提出，並建立治療技術。

佛洛依德察覺家庭關係對個人人格形成具有其衝擊性，尤其是病態行為的發展。後來的學者如阿德勒（Aldler）、蘇利文（Sullivan）、羅吉斯（Rogers）等人，也愈來愈注意到瞭解個案所身處的環境及社會脈絡才能瞭解其行為的發生。1930年代開始，家族治療的先驅，婚姻諮商與兒童輔導領域開始逐漸盛行，其概念乃基於精神異常起因於人際間及個人內在皆產生衝突，而治療師不能單單僅治療個人，必須同時治療有困擾之夫妻雙方，或家長與孩子才能達到真正的治療效果。1940年代末期和1950年代初期，開始以家庭觀點觀察人類行為，其源自傳統精神醫學中，處理精神分裂病人與青少年不良行為問題所引發的挫敗（曾慧嘉，2005）。

大部分關於家族治療運動的調查，皆同意1950年代是家族治療建立的年代（引自Goldenberg & Goldenberg, 1996, 1999）。家族治療分別開始於四個地方，像John Bell開始於Clark University，Murry Bowen在Menninger Clinic，

1　本章資料感謝以下學生的資料整理：朱貞惠、翁淳儀。

Nathan Ackerman在紐約開始進行治療，但Bell與Ackerman與其他學者不同的部分，爲其治療對象非精神分裂症的家庭。Don Jackson與Jay Haley在Palo Alto開始了溝通學派家族治療。在1960年代末期，行爲家族治療首度出現，60至70年代期間，除了行爲取向其心理動力、人本取向皆主導了諮商和心理治療。許多取向共同開創出家族治療典範轉移，也成爲現今實務工作者之主要理論取向。1980年代，家族治療領域開始處於成熟時期，其也成爲國際性的現象。在世界各地，如加拿大、英國、荷蘭等地皆有主動的訓練計畫與委員會。

自1990年代迄今，各學派之間不再互相排斥，而是形成一種整合的趨勢。且受到新的認識論的爭議性觀點的鼓舞，學者們對系統理論的興趣又再度復甦。而建構論觀點的加入，影響家族治療臨床工作中的語言和意義。

自家族治療發展迄今，許多學者投入家族治療方面之研究與論述，Goldenberg與Goldenberg（1996/1999）將其分爲八大學派，即心理動力理論學派、經驗學派、Bowen取向學派、結構學派、策略學派、米蘭學派、認知行爲學派、後現代治療學派，而每個理論學派對家庭問題的產生及治療介入皆有其特定的觀點，茲分述如下：

一、心理動力取向的理論

Nathan Ackerman是兒童輔導運動的兒童精神分析師，也是家族治療的先驅。他開始注意到家庭是社會與情緒的單位，因此開始嘗試與整個家庭一起晤談，並將精神分析理論（個人內在取向）與系統理論（強調人際關係）整合形成「心理動力論」。他認爲家庭的功能不良是起因於家庭成員間角色互補的失敗、持續未解決的衝突，以及偏見的代罪羔羊所造成的結果，其治療在於解開這種連鎖的病態。

今日的心理動力學大部分皆是依據客體關係理論發展而來，其理論強調在嬰幼兒時期對主要照顧者依附關係的原始需求，並分析這些內在的心理表徵—客體—持續在成人關係中尋求嬰幼兒時期未被滿足的部分。

因此，此派治療的重點置於個案的過去，個案過去未解決的衝突，乃因個案尚未有自我覺察，所以不斷在目前的問題及情境下影響個案。換言之，

強調個人內在心理衝突，將影響到目前的家庭生活之人際互動關係。其主要論點如下：

（一）病態連鎖

在家庭成員間具有多種形式的能力欠缺或功能不良，而其表達、維持和控制都是具有相互關聯性，且交互影響彼此。

（二）代罪羔羊

家庭問題透過家中某位成員之病徵來呈現，因此該位成員容易成為他人眼中被批評、責難、懲罰或輕視之對象，而其內心具有衝突與不平衡。

（三）內射

過去與父母之一未解決之關係，將成為個案內心的烙印或不可抹滅的記憶，並持續衝擊個案身心發展及家庭互動，尤其是配偶或孩子間的關係。

（四）投射性認同

為潛意識的防衛機轉之一，將自己不喜歡的某些層面或是部分歸於另一人（如配偶），後者所被引發的行為並非出自內在情感，而是因前者投射感受。

（五）家庭帳冊

每個人在家庭關係中投注了多少、他所提供與獲得的是否有公平的平衡。如家庭想要維持生命與避免停滯，則需經由調整來獲得平衡。而家庭帳冊即是一個多世代會計系統，記錄誰給了什麼，還有虧欠誰什麼。

（六）家庭倫理

家庭長久以來透過保有公平性及規則化之人際互動模式，可確保每位家庭成員的基本權益受到考量與尊重，亦可作為個人角色行為之依據。

二、經驗／人本治療取向的理論

經驗學派導向之家族治療學者以Carl Whitaker及Walter Kempler為代表，而以人本為導向的家族治療學者以Virginia Satir為代表。Whitaker認為人有自我決定權，在追求自我實現的歷程中，需克服個人內在與人際間的阻礙以獲得成長與成熟，在治療過程中重視真實與象徵性的經驗。Kempler堅持只處理現在，即是治療師與家庭成員所共享的每一刻，也時常質疑及挑戰所有的家庭成員，以增加他們的自我意識，直到對彼此關係能具有創造性及實現性。Satir則相信所有的人都擁有成長所需的資源，並協助個案接近此資源及如何運用資源。

經驗主義取向治療將權力及決定權交回個案手中，促進家庭成員有自發性、表達情緒之自由及個人成長之機會，並透過良好的人際互動經驗來促使個案成長。

此派學者其主要論點如下（曾慧嘉，2005）：

㈠ 人性觀：本理論採存在主義之理念，注重人之個人性、選擇的自由和個人的成長：

1. **個人性**：Whitaker認為個人需有良好的自我分化，才能在家庭中維持歸屬感，同時擁有健全的分離與自主。

2. **選擇的自由**：Whitaker認為家庭中的每位成員皆具有成為真正「自我」的權利，其治療目的在協助個人發現自我、增進個人成長和個人性的角色。

3. **個人的成長**：家族治療重點不在症狀之去除而是在促進個人成長，但在促進個人成長的同時也建立家庭成員之歸屬感。

㈡ 提出「認識論」的轉變點，透過尋求個人內在衝突來處理個案之人際不良的互動關係。

㈢ 採取尊重的態度，並運用「此時此地」的治療技巧與清楚的溝通模式，重視當事人的「自我覺察」。

㈣ 重視家庭對個人身心失調所造成的影響，治療歷程之運作有賴於真實與象徵性經驗兩項治療因素。

㈤ 鼓勵家庭成員公開表達自我，以協助個人成長，並促進家庭功能之健全發展。

三、Bowen取向的理論

Murray Bowen家庭系統治療是迄今就家族治療而言的所有學派中，就人類行為及人類問題而言最為整全的方式。該方式將焦點探索的更深，包括家庭成員的心智，也探索的更廣，涉及模塑家庭生活且仍將發揮影響力之更廣泛的家庭網絡（Nichols & Schwartz, 1998/2002）。Bowen的理論源自「人類家庭是自然系統中的一種」。Bowen也是家庭系統理論（family systems theory）的發展者，他認為家庭是情緒單位的概念，緊密的關係網絡必須被放置在多世代或歷史的架構下，才能進行完整的分析及理解，並提出八個連鎖概念，以說明核心家庭與大家庭的情緒歷程，其概念彼此相互聯結，如果不對其他概念有相當的理解，便無法完全瞭解某一個概念。其主要論點如下（Nichols & Schwartz, 1998/2002；Goldenberg & Goldenberg, 1996/1999）：

（一）自我分化

「在人類的關係系統中有兩種自然的力量相互制衡：一種朝向個別化或自主，另一種朝向群體我或混淆。」因此「自我分化」是指以家庭系統觀點出發，去檢視個體情感之獨立或與家庭維持結合之過程，亦即個體在家庭系統中必須隨時調整彼此間的距離之模式。Bowen（1989）對自我分化描述為，個體對於自身瞭解並認可自己，不需仰賴他人之接受或認可。Bowen以「自我分化」來說明個體區分情緒與思考的程度，分化程度愈大，個體愈能區分情緒與思考，承受巨大壓力時也不易產生焦慮感或症狀，且愈不易受到家庭不良功能之影響。

（二）三角關係

家庭情緒系統的基礎便是三角關係，三角關係也是穩定關係的最小單位。雙人的關係在一般外在環境平穩時，可穩定運作，但一旦面臨衝突或壓力時，低自我分化者為了避免直接面對問題，因此會扯入第三者來減緩兩人之間緊張的關係，這樣也使系統恢復穩定及平衡。Kerr與Bowen（1998）進一步將三角關係的運作分成三種形式：第一類為跨世代聯盟，意指夫妻兩人相互搶奪孩子與其聯盟，其中一方藉由小孩的支持與指責另一方的錯誤，以

避免面對真正的問題；第二種是代罪羔羊，夫妻將注意力轉向小孩，把小孩當作有問題的對象；第三種是親職化的小孩，指小孩非常積極地介入父母的衝突中。

（三）核心家庭情緒系統

起初Bowen是以「未分化之家庭自我團體」一詞，形容家庭中情感上的一致或融合性。當我們在原生家庭中未完全自我分化會導致與父母的情感截斷，在之後的婚姻中又得到新的融合。婚前個人自我分化程度愈低，將造成婚後與配偶間的融合度愈高。因此新融合狀態並非穩定狀況，容易產生以下問題之一或數項：1.配偶間敏感的情感距離；2.配偶中有一人將會有生理或情感上的功能失常；3.婚姻衝突；或者是4.將問題投射在一個或數個孩子身上。

（四）家庭投射過程

父母在原生家庭中未完全自我分化，因此在婚後將自己的不成熟或問題投射到子女的過程。此種投射的對象通常是最依附父母、分化程度最低的孩子，而未受家庭投射歷程影響的子女，則能發展出較父母為高之自我分化。

（五）情緒截斷

在投射歷程介入較深的小孩，在成年期或更早時就必須透過各種策略來抗拒融合。因此他們會以地理上的分離，如搬到外縣市來使自己與家庭做適當的隔離。在情緒方面則是透過自我欺騙或不再與父母談話，來切斷與家庭的實際接觸，以逃離原生家庭未解決的情緒束縛。

（六）多世代傳遞過程

子女因受到家庭投射歷程影響而成為了比父母分化程度低的人，再由家庭投射歷程影響，造就更低自我分化的下一代，如此代代相傳，使嚴重失功能成為了家庭情緒系統延續數代運作的結果。

（七）手足位置

Bowen亦認同家庭中的出生順序不同，小孩也將發展出某些特定的人格特質，且如果婚姻狀況愈接近一個人幼年時的手足位置，則這個婚姻的成功機會也就愈大。Kerr與Bowen（1998）指出，有幾種類型的出生順序較容易被拉入親子三角關係中，包括在出生時正處於家庭面臨不尋常的壓力或是在家庭中具有特別的出生序，或在父母原生家庭中對父母本身具有特殊意義的手足之性別排行相同者，以及有身體缺陷或是對父母的爭執有較高的敏感度者。然而，需要注意的重點是一個人在家庭系統中的「功能位置」，將塑造他往後的期望與行為，並非是他真實的出生順序。

（八）社會退化

Bowen主張社會就如同家庭一樣，也包含了未分化與個體化的相對力量，倘若在長期的壓力下，如人口不斷成長，但自然資源卻日漸減少，便會形成一個焦慮的社會氣氛，亦會降低社會的分化功能，即是「社會退化」。他呼籲應在理性與情緒兩者之間做較好之分化，採用較為理性的觀點來做決定，而非單憑情感來行動。

（九）家族圖

Bowen發展出一種圖表的調查方式，來瞭解多世代的關係型態和跨世代的影響力，如何影響核心家庭的運作。故家族圖，是至少將三代的家庭狀態畫成圖表並做記錄與資料整理，以瞭解現在問題之根源為何，並用以追蹤瞭解家庭中重複性發生的行為模式。

四、結構取向的理論

Salvador Minuchin及其同事提出家庭結構理論，與其他家庭系統方法一樣以脈絡為焦點，但結構取向家族治療獨到之處在於使用空間和結構隱喻來描述問題和尋找解決方法。因此其論點在個人症狀必須在家庭互動模式的脈絡中才能夠充分瞭解，因此要消除症狀就必須改變家庭組織或結構。其理論者強調，家庭系統的整體性、家庭單元的主動性以及家庭經由溝通模式形成

的組織方式；並以家庭成員間的聯盟、界限與權力關係來描述家庭系統，認為許多心理疾病與行為是家庭結構或權力運作不良之反應。

結構家族治療著重於家庭溝通模式，因家庭溝通模式將提供線索以瞭解家庭結構、家庭次級系統界限的滲透性以及同盟或聯盟這三者是否存在，而這些將影響到家庭是否能達成穩定和變化之間的複雜平衡。其主要論點如下：

（一）家庭規則

家庭的交互作用仍循著一定的模式持續進行，意指家庭成員於日常生活中，藉著某些規則重複進行行為的互動。而此一模式將有助於調整及穩定家庭功能。

Satir在《家庭如何塑造人》一書中，將家庭規則的型態分為：

1. 人性的與否定的：前者與後者之不同，在於後者要求不能將個人之情緒展現於現實生活中。
2. 外顯的與隱藏的：前者對於問題是採可談論之態度，而後者表面看似開放，但實際上則是服從決定。
3. 建設性的與破壞性的：前者以解決問題為導向，可共同討論；後者將問題歸咎於個人。

（二）家庭結構

構成家庭成員間互動模式的家庭結構，係是結構取向家族治療最主要之概念。Minuchin與Fishman（1981）認為家庭也是有機體，需要某種內在組織以指示關係的組成及性質，且具有調適力。因此隨之而來的家庭成員互動模式，即構成了家庭結構。

（三）家庭次系統

將大家庭視為一整個系統，再依據性別、世代、共同興趣或是功能來區分為幾個小的次系統。一般而言，配偶、父母和手足系統是家庭中最顯著和重要之次系統。Goldenberg與Goldenberg（1996）指出，次系統的功能不彰

將可能產生家庭問題。如夫妻系統吵架，有可能使孩子的次系統混亂並成為父母親系統中的代罪羔羊，進而影響到整個家庭。或是在夫妻系統中有一方失功能無法順利執行平時的親職功能時，通常有可能會造成小孩子逃家，或是透過其他的症狀來反映出家庭的不安定與混亂（游淑瑜，2003）。夫妻一方失功能也可能造成孩子與父母角色階層的易位狀況，小小的孩子開始擔任起大人的角色，並進入了父母的次系統之中，進而造成了反客為主的狀況，父母對孩子產生了過度的期盼，更希望從孩子那得到肯定與支持，孩子成為了父母的依靠者和主宰者（引自何怡穎，2008）。但如果功能良好的家庭是此三種次系統整合運作，可保護其分化並達到家庭系統之統整。次系統即是家庭結構的成分，而家庭系統即是仰賴這些次系統來區分並執行功能。

（四）界限滲透性

　　界限是指圍繞在家庭成員與次系統看不見的線，界限可用來區隔系統內各部分或系統間，因此區分了主系統、次系統及外界環境，其作用在於維持分離性，但同時可維持整體家庭系統的歸屬感。如果將界限粗略分類，可分為人際間的界限與代間界限。Minuchin（1974）指出，清晰的家庭界限可使家庭中的成員保有自我的個體或小系統間自主發展的生理、心理空間，但同時又不失對家庭歸屬感的需求。家庭內的界限隨著其彈性或滲透性（permeability）而有所變化。因此在功能良好的家庭中，其界限是清楚明確的。其家庭界限可分為以下兩大類：

1. **糾結**：在糾結的家庭中，其界限是未分化且容易穿越。因界限過於模糊不清，導致彼此之間能自由地侵入任何一個次系統，如孩子的行為舉止就有如父母一般，過度涉入彼此的生活，成為一種限制個人自主性發展的家庭結構。

2. **疏離**：界限過於僵化、且缺乏彈性變化時，家庭成員雖可自主地發揮其功能，但鮮少感受家庭忠誠。在人際間的距離較大，缺乏相互依賴或資源相互提供，除了造成家人間的孤立，也可能造成社會孤立的情形（Corey, 2001）。在此家庭中，其溝通模式為緊張與防衛狀態，家庭的保護功能也有限。

（五）權力關係（Power）

家庭系統中的權力是表示每位家庭成員對於運作結果的相對影響力，但是否具有其權力端視其他成員或次系統如何反應。其家庭系統的權力結構可分成以下兩種：

1. 同盟（Alignment）

家庭成員一同參與家庭活動、站在同一陣線上或一鼻子出氣共同抵制另一方。但結構主義者認為三角化關係（triangulation）的同盟方式是失功能的，因此三角關係被視為是一種失功能的過程（Bell & Bell, 1979）。而三角化關係與Bowen的三角關係（Triangles）概念類似，在父母之間遇到衝突時，為了握有權力，父母分別要求孩子與自己結盟來共同對抗另一方。父母本身不能解決問題，需由第三者介入處理。家庭三角關係會影響孩子的憂鬱傾向、自尊、學校適應、婚姻關係、身心症等問題的產生（Smith, G. B. & Schwebel, A. I., 1995）

2. 聯盟

是一種由特定的家庭成員組成，聯合起來共同對抗第三人的合作關係。聯盟又分為下列兩種：

(1) 穩定聯盟：是一種固定而沒有彈性的聯盟關係，例如：母親與兒子。透過聯盟可支配家庭日常運作。
(2) 轉向聯盟：將原先兩人間的衝突轉由第三人為其衝突負責，以避免及減輕原先關係中衝突所帶來的焦慮及壓力。

（六）家庭地圖

在Bowen提出的跨世代理論中，是採用家族圖來描繪及瞭解至少三個世代的家庭關係，而Minuchin則發展了一種名為「家庭地圖」的評鑑工具，以少數簡單的符號來瞭解複雜的家庭溝通模式，也繪出家庭互動及結構性問題。

五、溝通／策略取向的理論

溝通／互動治療取向從研究精神分裂患者的溝通中發展出溝通理論，將

專注力放置在家庭互動模式，以瞭解究竟錯誤的溝通模式到底是如何導致家庭的功能不良。對此理論的學者來說，所有的行為在某種程度上來說都是一種溝通。策略家族治療認為家庭問題的原因起於互動，問題維持的原因在於互動間特定的行為次序，非個人的心理病理，因此，治療者的任務在於發展特定計畫與策略，以解決當前問題為治療目標。其治療焦點放在過程而非內容，而且是問題解決導向。結構取向與策略取向有些明顯的相似點，對家庭階層、聯盟其他家庭結構議題的關注被歸為結構派，而矛盾指令以及利用溫婉的方式處理抗拒的興趣則被歸為策略派。此派學者其主要論點如下：

（一）指令的運用

指令在策略家族治療學派中扮演著極為重要的角色，當問題的形成與治療的目標愈清楚，則指令愈容易下達與執行。

（二）矛盾介入（Paradoxical Intervention）

為了切合問題狀況或因應當事人之需要，矛盾介入是以一種方法去操縱個人或家庭，使當事人處於進退兩難之處境，切斷當事人之抗拒，最後違背「反向指令」而發生改變，並放棄原本功能不良的行為。矛盾介入是一種以「症狀處方」的方法。

（三）重新框視（Reframing）

此乃一種重新詮釋所發生的事情的技術，透過給予事件或事情全然不同的意義，以協助家庭成員從另一種角度去看待所發生的事情，使其問題行為獲得解決。重新框視來改變家庭的觀點，最終以新觀點所產生的選擇來改變家庭行為模式。

（四）假裝技術（Pretend Techniques）

與Haley的矛盾技術相比，其假裝技術的質問特性較少。此技術不適用於引發違逆與反抗，但有助於克服家庭抗拒。透過假裝表現出一個症狀，治療師改變了背景脈絡，在不知不覺的情況下要求當事人自願去控制行為，以假裝的方式去解決原來真實症狀的狀況。

（五）家庭隱喻（Family Metaphors）

透過某種圖像或象徵物，讓家庭成員在一種安全且不受到威脅之情況下，將問題或症狀以一種隱喻的方式呈現，並協助產生不同的新觀點或覺察。

六、米蘭（系統）取向的理論

此取向的特色是有系統的從行為、關係、不同家人如何知覺與解釋一件事中找尋差異之處，並致力於家庭成員是如何保持系統平衡關聯性揭露出來，此取向後來也被稱為「系統取向家族治療」（systemic family therapy）。此理論以「循環認識論」為基礎，在治療精神分裂患者及厭食症兒童上特別成功。米蘭治療者認為：家庭遊戲的規則界定並維持了關係，非個人之力量。而前來治療的家庭為了維持家庭恆定，每個家庭成員的行為並非是為了協助改變，因此其行為與發病之症狀行為相關。米蘭／系統家族治療之目標在於打破此一家庭的「心理遊戲」，並賦予家庭生活模式新的意義，同時強調家庭獲得新意義、新價值重於對療效的洞察與行動。其治療理論與技術包括：

（一）假設形成

假設形成是指治療團隊在與家庭會談之前積極地討論，並提出導致家庭問題的可能成因，來形成一個關於家庭問題之「地圖」，並指引治療師一個方向去詢問各種問題，透過蒐集到的答案去證實、修正並推翻假設。此為米蘭取向的核心，也是此種治療的第一步。

（二）家庭儀式

許多儀式行為，例如：畢業、成年禮、結婚、喪禮等，經常在一個家庭的生活中扮演著極為重要的角色，儀式的目的是為了釐清家庭關係中可能出現之混淆，而這些轉型期是用來標示並促進家庭之發展過渡期與改變。

（三）正向解讀

病症行為被重新框視，當成是一種對家庭正向、善意的行為，其行為目的背後的原因是為了保持家庭系統的平衡，並促進家庭凝聚與幸福感。

（四）循環詢問

透過詢問許多人相同的問題以得知他們對同一個關係的態度，並發掘不同成員對於某些事件或關係在觀點上之差異，其重著在家庭的關聯性，並非個人之症狀。

（五）中立

指治療師並不與家庭特定成員形成同盟關係，而是努力與所有家庭成員維持聯盟；治療師不提供家庭建議，而是引發家庭的能力來產生自己的解決之道。

七、行為／認知取向的理論

行為治療最初形成以「學習理論」為基礎，在其治療過程中，家庭成員都被視為當事人之自然環境的一部分，透過發展出定期監督、以資料為基礎的介入程序等，將科學方法帶入治療過程，並強調環境、情境和社會的行為決定因素。認知行為治療則是透過影響個人思考模式來改變思想與行為，其主要治療理論與技術包括：

（一）行為分析

行為分析是採用客觀的方式記錄家庭成員之間的交流行動，而交流行動是先行刺激之他人行為，以及問題行為之互動結果。行為分析的目的是為了改變妨礙有利互動的環境條件，並增加家人之間的互動關係，以及使家庭成員維持改變後的行為。

（二）制約

制約分為二種，第一種為古典制約，意指將制約刺激與未制約刺激做聯

結，使其引起行為反應。例如：原先未經過制約刺激的鈴聲，在重複不斷與未制約刺激的食物配對後，即使狗聽到鈴聲但未見到食物，也能引起唾液分泌的行為反應。第二種為操作制約，意指透過正增強、負增強、懲罰及削弱等不同的形式，來增加或減少行為反應發生的次數。例如：違反班規扣操性成績，即是透過懲罰來減少操作反應出現機率。

（三）增強

增強分為二種，第一種為正增強，在對象進行完某個行為之後，利用對象喜愛的刺激，例如：口頭獎勵或禮物，來使該行為出現的頻率提升。在斯金納的實驗中，老鼠在按下槓桿後提供食物和糖水，使老鼠增加按下槓桿的次數。第二種為負增強，在對象進行完某個行為之後，利用對象厭惡的刺激，例如：懲罰，來使該行為出現的頻率提升。在斯金納的實驗中，以噪音作為刺激，老鼠透過按下槓桿的行為來停止噪音，使老鼠增加按下槓桿的次數。

（四）行為模塑

為了能使個案達到其目標行為，因此在過程中給予增強，以鼓勵個案朝目標行為前進，而非達到目標時再給予增強。

（五）後效契約

契約是一種載明因果關聯的工具，非強制性工具。家庭成員在互動規則上達成協議，並遵從這些規則的結果。在學校的班級經營也是透過此方式，在教師與學生間訂立彼此同意的契約，並在契約上載明學生在行為上必須進步到什麼程度，才能獲得某種獎賞。其用意是協助學生為自己行為的後果負責，並約束自己的行為。

（六）認知重建

重新建構當事人對事件的想法，以產生行為改變的治療程序。

八、後現代主義家族治療

在過去的時代裡，每一種治療模式都試圖瞭解「家庭」的意義，並認為自己的專長在於解決過於恆定的家庭，並重整他們的家庭架構，改善他們以較好的模式檢視問題之所在。也極少注意人類、社會階層、種族或性別定位，甚至家庭的種類（單親家庭、領導家庭、再婚家庭），也絕少注意家庭中男女權利的不同。

如今治療者對家庭的接觸比較不像一個專治問題而且信心十足的專家，受建構主義影響的結果致使治療者們在面對治療家庭時更加謙虛，褪去治療者專家的角色，和患者建立平等的合作關係並支持他們先天上的資源。這些資源不僅在家庭結構上受到限制，也被先前所提的社會力量所限。愈來愈多的家族治療者瞭解他們並不能改變社會的狀況，甚至也改變不了家庭的結構，只能幫助家庭的成員重新檢視他們賴以生存的信念。

因此在邁入二十一世紀之家族治療新興理論，除了後現代主義家族治療之外，尚有敘事性家族治療、焦點解決家族治療、多元化主義、女性主義家族治療、醫學家族治療以及整合家族治療模式等。

後現代主義受懷疑論和重新檢視觀點之影響，認為問題不在人的身上（心理分析學也有此問題），也不在人際關係上（家庭系統理論裡也有此問題），而在於個人觀點的立場上。

敘事性家族治療成為幫助人們重新檢視他們生活中故事的一種過程。敘事性家族治療，在治療過程中會把問題重新界定，家庭被迫把問題置於家庭之外，有時透過問題物化或擬人化，使它成為一個分離的實體，而不是有病症的人的內在特質或屬性，這即是外化技巧。

焦點解決家族治療（solution-focused therapy）受社會建構主義和建構主義的觀念影響，他們認為如果一個人的實體僅僅是社會的結構、語言的產品，那麼治療的目標也僅只是改變對方「語言」上的問題。因此治療重點從討論問題移轉至討論解決計畫，但其實目的仍是為了消除問題。

綜合以上介紹，整理如表15-1所示。

表15-1 西方家族治療八大學派觀點之整合

學 派	家庭問題產生的觀點	家庭問題產生的重要概念	治療介入觀點	治療目標	治療技術
心理動力	認為家庭問題的產生是個體早期家庭的衝突經驗，而且這些經驗是處於個人覺察範圍之外，因此導致目前家庭生活的人際衝突。	病態連鎖、代罪羔羊、角色互補內射、依附、投射認同、家庭帳冊、倫理、家庭承傳、資格。	透過對這些早期家庭衝突經驗的覺察，使不影響當事人的生活。	個人內在心理改變解決家庭病態衝突去三角化，除去投射，個別化復原真實，公平，倫理，責任。	對個人行為及口語的潛意識意義加以解釋，並說明其對家庭功能運作的影響。
經驗／人本	認為人有選擇的自由，可以自我決定、自我成長、自我實現。而認為家庭問題的產生是因為家庭成員無法在此時此刻對自己的感受進行覺察，因此阻礙彼此的溝通。	用象徵性因素代表家庭的內在世界，並對外在世界的現實賦予意義當下的自我覺察、自我價值、一致的溝通。	認為人有選擇的自由，可以自我決定、自我成長、自我實現。如果個人能充分去覺察自我的經驗、感受與存在，即可以做選擇，為自己負責。	與家庭的一體感與和健康的分化並存真誠、學習表達個人對存在的感受，建立自尊，減除家庭帶來的傷痛，克服障礙以達個人的成長。	面質以發現其自我現： ·治療者的自我揭露 ·個人內在冰山的覺察 ·家庭雕塑 ·家庭重塑 ·治療者示範直接的行為與練習
Bowen 系統取向	認為家庭問題的產生是個體個人對原生家庭的情緒性依附，以致使個人無法成為成熟的獨立個體。	自我分化： ·家庭三角關係 ·多世代的傳遞歷程 ·核心家庭情緒 ·投射	用理性的過程幫助當事人對目前關係的自我覺察及統整，讓當事人能與原生家庭分化。	降低焦慮： ·症狀減除 ·增加個體自我分化 ·導致家庭系統的改變	教導分化、個別化的概念： ·增進對目前家庭關係的覺察 ·家庭圖 ·與不同家庭組合評估會談

（續）

學　派	家庭問題產生的觀點	家庭問題產生的重要概念	治療介入觀點	治療目標	治療技術
結構	家庭問題中個體的症狀是植基於失功能的家庭結構，如黏滯或疏離的次系統，或沒有彈性的界限。	家庭次系統： ·界限 ·同盟、權力和聯盟 ·糾結與疏離	透過家庭系統的重新解構，讓家庭成員有所領悟，產生互動模式的改變，因此也會產生新經驗與相應的洞察。	重新建構家庭組織： ·改善多世代傳遞的失功能 ·互動形態 ·減除家庭成員個別的症狀	參與： ·適應 ·重新架構 ·創造彈性的界限 ·整合次系統
溝通／策略	認為家庭問題或症狀是來自家庭成員間持續不斷而又具破壞性的互動及溝通策略，而家庭規則支配互動行為的力量，症狀代表控制關係的策略。	對稱性和互補性溝通： ·家庭互動模式（家庭系統互動的規則） ·矛盾意向 ·家庭階層組織	治療者的直接行動導向，以改變具破壞性的互動及溝通策略	減輕症狀 ·解決目前的問題	尋找具破壞性的互動模式： ·矛盾意向處遇 ·症狀處方 ·重新標示 ·治療性的雙重束縛 ·指導 ·假裝技術
米蘭／系統	失功能家庭是導因於具破壞性的「心理遊戲」，而這些遊戲依循著某些與真實生活不相容的信念系統與規則。	矛盾意向與反矛盾意向的概念 ·恆定處方、循環發問 ·第二序人工頭腦學	家庭如果能對其聯結模式賦予新的意義，亦即是幫助家庭放掉先前直線的思考觀點，家庭就可以做出改變。	賦予家庭模式新的意義： ·打斷家庭具破壞性的「心理遊戲」 ·幫助家庭選擇做出改變	正向解讀 ·循環發問 ·重新框架 ·矛盾意向 ·恆定處方 ·儀式

（續）

學　派	家庭問題產生的觀點	家庭問題產生的重要概念	治療介入觀點	治療目標	治療技術
行為／認知取向	認為個人的不適應行為，是來自與他人互動的過程中獲得增強所維持。	制約： ・增強 ・行為塑造 ・示範 ・基模	認為對所要的行為進行增強，不要的行為給予處罰或忽視，就可改變不適應行為。	改變人際間失功能的行為，以消除問題行為及適應不良。	增強： ・跟循技巧 ・後效契約 ・運用正向的互動
後現代	人們運用語言主觀地建構他們對現實的觀點，並建構他們的故事，而家庭的問題是植基於過去的「故事」，且影響目前的選擇與行為。	沒有固定的真實，只有對現實的多元觀點，及對意義的建構。	人們運用語言主觀建構他們對現實的觀點，並建構他們的故事。所以透過治療者的參與，進行治療性的對話，可幫助家庭共同建構家庭的故事，而獲致新的意義。	經由對舊問題情境的重新建構及賦予新意義，學習及創造新的觀點。	關注的焦點在於解決而非問題： ・奇蹟式的問題 ・發現例外的問題 ・外化壓抑的問題 ・反映小組

修改自翁樹澍、王大維譯，1999，pp. 583-586。

 # 第二節　家族治療之新模式—家族系統排列

一、家族系統排列（Family Systemic Constellations, FCS）（翁淳儀，2009）

　　此法是德國的心理學家伯特海寧格（Bert Hellinger），依自身所學所悟而創造之一種家族性的團體治療模式。他認為家庭成員如同宇宙星座般每人都有一個位置，家庭的運轉也有其確定的規律。家族系統排列的功能是在協助我們辨認家族背後的動力狀況，透過治療師介入調整被擾亂的家族系統，

讓靈魂和解,便可因而解決家庭問題。

二、家族潛意識與「公平」(因果)觀

家族中存在著一種系統式的動力(又稱為家庭良知),使每個成員均有同等的權利被接受或被認可,否則就會引發下一代的干擾來得到補償。所謂家族成員包括自己、父母、祖父母、父母的兄弟姊妹,以及任何與家庭成員有關係的人物,例如:母親的前任伴侶或殺父仇人等。

三、偉大靈魂即是「道」(Dao)或「靈性」

海寧格認為它能調解二元對立並整合之,在家庭裡結合生者及死者,讓糾葛的家族靈魂得以和解,恢復家族潛意識原有的秩序。凡是體會這種靈魂碰觸之感的當事人,都會在剎那間知道,自己被那超越的力量融入而重感是和諧一致時的殊勝經驗。

四、愛的序位(Order of Love)

海寧格觀察每個家庭系統內都有一定的秩序存在,不可逾越;若違反則會使家庭系統失衡而引發糾葛。家庭內愛的序位之原則是「父母優於孩子」、「父親優於母親」、「先來優於後到的孩子」,家庭間的秩序則是「新家庭系統優於舊家庭系統」。

五、家族潛意識(祖靈)及靈性

雖然英國人類學家斯賓塞(1876)在《社會原理》書中,即表示祖靈崇拜是各種宗教的根與一切宗教的起源。海寧格也曾於2002年,說過這樣的話:「事實上,所有的孩子都屬於某個特定的家族系統,每個人都承載著歷代祖先的靈魂。而『孤魂野鬼』之存在,則是因為其被拒絕回到家族的序位之中,於是他們不斷敲門,並讓子孫以遭致厄運、生病、不幸等騷擾方式來取得注意。」

六、神聖空間

Eliade（2001）提出，時間與空間具有兩種存在模式，「神聖與世俗」。宗教人中，也有少數的人（經由天賦或修行），經驗到空間中存在著斷裂點或突破點或透過儀式，亦可跨過「門檻」，由凡俗空間進入神聖空間。這種在凡俗空間不同性質中形成的突破，創造了一個特殊的「中心」，處於世界中心的人，方得與另一世界（上天或入地）共融交往，而產生靈魂及靈性上的不同經驗。

Cohen（2006）說：一旦家族排列的工作開始，扮演者很容易立即進入由扮演角色所投射出的感覺（來自於祖先或亡靈領域者），並因而能夠瞭解和現在問題間的系統連接，然而，這是怎麼做到的呢？

對參與過家族系統排列的人來說，「神聖空間的構成」、「處在神聖空間」到「重返世俗」，乃是一系列真實而不可思議的心靈（靈魂）旅程之宗教體驗，只有親身經歷，方能有所體會。

七、超越個人的意識與無為

家族系統排列和其他家族治療一樣關注家庭系統的議題，也運用系統觀和整體觀來解決當事人或家庭的糾葛。但家族系統卻有些獨特的現象，包含：「這些代表怎麼能夠體會到當事人不在場家人的感覺呢？」、「代表們為什麼會感受到很強烈的身體與心理上的力量，例如：晃動—憤怒—站不住等？」、「為什麼在家族系統排列時解決了某些事情的話，家庭的真實成員也會被影響而從此改變？」。

這些問題的提出，說明此療法已從「心理治療」踏進了靈魂和靈性的領域，引導人走向超意識療癒的世界。

關於家族系統運作的形態和動力，西方家族排列的實務工作者會以榮格的「集體潛意識」或「細胞記憶」稱之（黃漢耀譯，2004）。認為家族系統排列是一個藉由身體（細胞）記憶之處理，而產生改變的能量形式。

George S. Lair（1996）亦認為，每個人的內在，都有某種超越個人的本質存在。換言之，當人存在於意識狀態時是靈魂的存在，有著對錯好壞之分別心；但當人能存在於超意識時，則會出現天人合一、超越世俗的靈性狀態。

Ken Wilber（1993/1998）亦認為，超個人經驗往往暗示著巨大無邊的非物質次元是存在的。榮格因此認為，「無為」才是打開意識大門的鑰匙（申荷永，2004）。

八、家族排列的特徵與發展

海寧格發展出來的家族系統排列，整合有「家庭治療」（Satir, 1989/2006）、南非祖魯人對祖靈的敬重，並以現象學Brentano, Husserl, Heidegger等人的角度來關注排列時的現象，另外也納入包括Satir（1987）的家庭雕塑、米爾頓的催眠和Boszormenyi-Nagy與Spark等人（1973）所提出的對原生父母親「看不見的忠實」等觀念與作法。而排列方式最特別之處（Cohen, 2006），則在於：1. 代表在過程中主要依扮演角色時之直覺感受，來作為個人移動位置或簡短說話之依據；2. 排列的主要目的是確認並釋放由前世代所傳承之家庭系統制度中的負面投射（通常與不公平有關）經驗，而非進行一般心理治療所做的語言探索或過程敘述。

凡是家族排列的工作者都同意，人不僅是受到「家庭因素」的影響，更受到「家族」這個更大系統的糾葛；又由於其運作不是在「意識層面」而更深入「潛意識」範圍，因此，解決之道不僅是改變當事人的認知或宣洩情緒，更重要的是：要透過比家族潛意識更高、更整全的靈性力量來含納，這也就是海寧格所謂的「道」之律則（或何長珠所謂的「自然界的因果律—看不見的平衡」）；如此方能撥正糾結的家族動力，使家族的秩序恢復平衡。

到目前為止，「家族系統排列」在精神科醫生（Weber, 1993）、心理學家（Seagito, 2006）、生物學家（Browne, 2004）、組織諮詢顧問（Simon, 2004; Brick & Horn, 2005）的工作與研究中，仍持續被發現和探討。儘管如此，此法在美國家庭治療學系統中，仍非主流。Cohen（2006）認為可能原因之一，是因為家族系統採用的立場與美國DSM-IV（精神疾病診斷手冊）對心理或精神問題採疾病觀的客觀及量化研究之立場相距甚遠之故。

第三節　家族治療的本土模式——華人家族心靈排列

　　何長珠於2001年親自體驗過該模式之效用後，亦依據個人三十餘年來在第一線從事個別諮商及團體諮商教學與實務督導之助人體驗；及十年之間帶領過家族系統排列團體500人1000場次之經驗爲主體，梳理海寧格家族系統排列之理論基礎及背景脈絡，並加入中國傳統儒家祖先崇拜之觀點、佛教地藏經之懺悔消業和解之實踐、心理劇之角色扮演、表達性藝術治療中投射性繪畫之象徵解說，與靈性治療中感應道交——靈魂和解之做法，努力設計出一個更切合華人心靈內涵的操作模式，稱爲「華人家族心靈排列治療」（Chinese Family Constellation of Spirituality，以下簡稱CFCS），以有別於德國海寧格（Bert Hellinger, 1998）所創發的家族系統排列（Family Systemic Constellation, FSC）。

　　其與海寧格做法不同之處，可區分爲如下幾項：

（一）排列前之資料蒐集

　　由於熟悉表達性藝術治療，何長珠在排列前會讓當事人先繪製「自我畫像」、「家庭動力圖」，作爲瞭解及準備當事人進入工作的暖身活動，並對即將進行之工作提供「描述性資料」（Machover, 1949）。據研究，「自我畫像」依繪畫圖形所代表的象徵，得以瞭解當事人的內在心理狀況，甚至可用以界定某種人格之特徵（Groth-Marnat, 2004）；而「家庭動力圖」之描繪，則可探討更多的家庭動力（Burn & Kaufman, 1972），例如：家中角色與排行間之關係，是否出現逾越狀態（小孩做大人之事，或大人失能）等有意義的資料。

（二）過程中加入心理劇情緒表達及宣洩之容許

　　排列過程中，何長珠會加入心理劇成分，以增加團體治療之成效。何長珠（2005）認爲，家族排列和心理劇兩者都是「行動演出」，探討「家庭關係」或「關係聯結的破壞」等議題；兩者都有「鏡映技術」，會回到當事人

創傷點或是關係中斷的發生點，修通、整合；也都是重視團體成員的「自發性」與「創造力」的「團體治療」。雖然海寧格的家族系統排列也融入了心理劇，但在處理對象範圍上，海寧格著眼於與個人直系血親或抽象問題（海寧格有時會找代表扮演秘密、疾病、死神、恐懼等）的互動；何長珠則增加當事人與其現存社會環境的互動，排列時會傾向於將相關的家庭成員都排出來，以瞭解家庭問題所引發的互動之糾結型態之過程；透過排列，將可清晰看出家庭中之動力、聯盟、次團體、投射、代罪羔羊等現象的運作。此外，運用心理劇之作法（獨白），亦可補足海寧格家族排列所不強調的情緒宣洩（容許哭泣、顫抖、敵意、後悔之表達），其目的在藉著重現因創傷而引發的情緒殘渣，以催化修通整合的過程。

（三）排列後之感受分享以擴充認知架構與得到歸屬

另一個不同是在排列結束後，何長珠會進行家庭動力過程之分享與解說，讓扮演的成員分享其心情、感受，並回饋給當事人其原先所不知道之感受。從團體治療的立場出發，這些做法可協助當事人看清楚「盲目我」，並獲得團體成員「正向的人際支持」，而更活化其支持與改變系統。而實際作法上由於透過個人及家庭秘密之公開，團體往往因此更快得以建構強烈的互信與互賴聯結（凝聚力），從而形成對當事人極有意義的靈性成長經驗——逐漸由各人不同的故事中體會到存在的共同之脈絡，那就是：人中有我、我中有人的宇宙一體性（universality）；這也就是為什麼她要定名為「家族心靈排列」的原因之一，因為所有人的問題，在最根源之處都是相同的，那就是「自我保存」的需要以及因之而引發的自私自利與傷人保己之潛意識企圖；反過來說，也就形成了每個人都需要「被愛護」、「被公平對待」和「被承認」之做人的不二需求；而家排翻來覆去演出的不同故事與相同原則，更幫助學習者深刻瞭解每個人（包括你—我）的需求都是一樣的，而且一個作用力一定會帶來一個反作用力（物理的原則，也就是公平）。之後，人對自己所犯之錯誤和所遭受的挫折，才會真心道歉與接受，而這也就是宇宙更始以來的最終真理——愛、寬恕與接納。

（四）本土化和解方式之成形

何氏家族心靈排列的另一個特色是本土化和解方式之出現與發展。其來源是非常有趣的，有著說不清楚的文化脈絡之差異；也就是東西方的道歉與和解基本上在概念上和實踐上都是有所不同的。簡單來說，西方是個人主義，注重疆界；因此說：「我把屬於你的困擾還給你！」是可行的，但對東方家族主義的思考來說，哪有可能切割清楚的事呢？因此必須以另外一種方式來處理，也就是中國人幾千年來所依循的「禮與義」（胡秋原，2010），而這部分就使得祖先崇拜（保佑與懲罰，李亦園1985）、業力因果（前世業今生果）與功利主義（做好事保平安）之價值觀（董芳苑，1991），自然而然登堂入室了。因此可以說：要做中國人的家族排列而不納入中國人幾千年來潛移默化的信仰思考，是不可能的事，這也就說明為何每個文化的創新都必須立基於舊有基礎上的緣故！

另一方面，海寧格雖也承認「孤魂野鬼」以讓子孫遭致厄運、生病、不幸等騷擾方式來取得注意（Hellinger, 2002），並在2006年將系統排列工作法的稱謂，由「靈魂的移動」修正為「靈性的移動」，以符合人類關係網絡之成長由小我（靈魂）而大我（靈性）的發展方向。但在實際施作時，卻幾乎完全不提這件事，反而是一直強調「偉大的道」，做的只有鞠躬或道歉，置中國人的祖靈或民間信仰於一旁；出現一種可做不可講的矛盾，使人覺得非常困惑。

與海寧格相比，何長珠的家族系統排列，在開始時，增加了「自我畫像」、「家庭動力圖」的前置作業（在訓練團體中，還加上對家庭圖問題診斷情境之練習與說明）；過程中，結合心理劇並放大處理範圍，由個人之重要他人而走向全家之重要他人（包括死人與祖先）；並於結束後，增加團體之分享和解說（最後還會加上當事人自我心理狀況前後改變之10點評鑑）。而其主要特色，便在於承認中國人幾千年潛意識思考中的價值觀——祖先、因果與業力；何長珠的看法，這部分之資料，可統合稱之為「中國人的集體潛意識靈魂」；而家族心靈排列之所以有效的依據，則應是宇宙「最後的道」——一種包容萬有、沒有對錯的接納、中立與「無意識」（自性—涅盤）之存在；它雖然可以藉由治療師之立場與反應而顯現，但在實踐上，仍

必須走一個由集體潛意識靈魂之和解（與余德慧觀察乩童功能之觀點類似，2006）的過程，往集體潛意識靈性發展的過程，才能達到更完整的和解。因此在和解過程中，答應將於事後進行「設排位」或「念經超渡」等做法（以亡者及其家族之信仰與需求為主要依歸，不是非做不可，也不是一定不可以做），都是中國式和解中的適當做法。

總結來說：從靈魂之和解到靈性之成長是一條非常漫長的旅程；保持「開放的心」應該是每個人（你和我），都要常存於心的一個真理。

（五）相關研究之發現

為求將此一新的模式與傳統心理治療之專業內涵有所聯結與比較，自2010年以來，何長珠陸續與研究生推出幾個相關主題之探討。例如：與翁淳儀（2009）所做的臺灣家族系統排列團體心理效果之初探，用Yalom的11項療效因子來研究華人家排之療效，結果發現：1. 一學期家排（48小時）之主要團體療效因子為：家庭情境重現、情緒宣洩、人際學習與自我瞭解等四項，其中更以第一項為本模式所特具之優勢功能。2. 治療所需表達、宣洩及重新架構之時間與次數相對簡短（對低度問題者而言一次3小時之排列，便可解除約三分之一的問題狀況），顯示其具有短期治療之潛能。3. 此種家排模式還能迅速呈現一般心理治療所無法顯示的家庭動力（依賴—冷漠或衝突等），顯現其在潛意識部分之特殊貢獻。

另外，何長珠與朱貞惠（2010）以同樣48小時家排經驗，比較本模式與家族治療之異同，結果發現——1. 華人家族心靈排列擁有完整且系統性之操作概念與技術——像是在開始前，會先請當事人填寫華人家族心靈排列記錄表，以確認其問題程度之低—中—高；進行排列前會先進行調氣及觀光，以能量治療之觀點調整團體的準備度；解決問題排列過程前會先邀請當事人自我感應問題之主要來源（當事人中心原則）；排列過程中再由其他成員替代家族成員，以增加情境真實感並增加團體人我之間的凝聚力（互助與旁觀學習之綜合）；當事人排列後尚須進行問題改變程度之10點自我評估（現場及追蹤—客觀檢核）。2. 採納民間儒（祖先）—釋（懺悔／念經／消業）—道（牌位）複雜信仰之內涵，為中國人找出平衡客觀—科學與情感—習俗的解決問題之道。3. 發現宇宙之實相為作用力與反作用力間往復不斷之因果輪

迴之觀點；協助當事人成長其公平觀點——從一世當下之立場（家庭），擴充而成為家族三世（父—祖—孫）出世之廣角視野。

另外，朱貞惠（2010）的研究也發現家族系統排列中，運用到不少家族治療理論中之概念與技巧，整理標示（以◎表示）如表15-2。

表15-2 華人家族系統排列中所用到之家族治療理論概念與技巧（朱貞惠，2010）

學 派	家庭問題產生的重要概念	治療技術
心理動力	◎病態連鎖 ◎代罪羔羊 ◎內射 ◎投射認同 ◎家庭帳冊 　家庭倫理	對個人行為及口語的潛意識意義加以解釋，並說明其對家庭功能運作的影響。
經驗／人本	象徵性因素代表家庭的內在世界，並對外在世界的現實賦予意義。 ◎當下的自我覺察、自我價值	◎家庭雕塑（排列開始時） ◎家庭重塑（排列過程與結束）
Bowen取向	◎自我分化 ◎家庭三角關係 ◎核心家庭情緒 ◎家庭投射過程 ◎情緒截斷 ◎多世代的傳遞歷程 ◎手足位置	◎教導分化 ◎個別化的概念 ◎增進對目前家庭關係的覺察 ◎家族圖之繪製與解讀
結構	◎家庭次系統 ◎家庭規則 ◎界限 ◎同盟、權力和聯盟 ◎糾結與疏離	◎重新架構 ◎整合次系統創造彈性的界限
溝通／策略	◎重新框視 ◎家庭隱喻	◎尋找出具破壞性的互動模式 　重新標示 ◎指令的運用 　矛盾介入 　假裝技術

（續）

學　　派	家庭問題產生的重要概念	治療技術
米蘭／系統	◎假設形成 ◎中立之立場	◎正向解讀 ◎家庭儀式 ◎重新框架 ◎循環詢問
行為／認知 取向	行為分析 ◎認知重建	後效契約
後現代	◎沒有固定的真實，只有對現 　實的多元觀點，及對意義的 　建構	◎外化壓抑的問題 　語言改變

　　由上述表列可知，華人家族排列雖以靈魂和解爲主旨，但與目前家族治療之各派做法上，亦頗多相似與重複之處；相對比較少的，應該只有經驗及人本取向的某些理論與技巧而已。不過由於這只是對三位受訪者的資料分析結果，更多後續的研究與探討，絕對是最好的結論和建議！

　　最後，蔡淳慧的研究華人家族心靈排列之靈性探討（2011），則將重點完全放在靈魂與靈性異同之理論說明（詳見東方靈性治療一章之內文）。認爲絕大多數的助人者／被助者最大的問題就在於「知道問題的癥結但卻又做不到改變」，其眞正原因在於感受之下，每一個人都是個人「未竟事務」的奴隸。個人的終極神話不同，所形成的未竟事務當然也不同，未竟事務構成人的陰影，以榮格的話來說，就是「情結」。

　　人的存在核心其實是靈性，核心之外（可互相穿透）的一層便是靈魂。靈魂的議題實際上即是一個代間（家庭到家庭間）傳遞的故事。若從源頭去介入處理或透過中斷或是和解等方式，使其恢復原先的平衡階段，此即是所謂的「靈魂處理」模式。可見，家族動力之本身是走著一種「平衡—失衡—恢復平衡」之歷程的（海寧格稱之爲「道」）。這種動力觀，某種程度而言是把現行的西方家族治療致力一代觀點的家庭間（夫妻—親子）之動力平衡，提升到一個更完整（父方—母方之家庭影響及個體對此影響認同或投射議題之處理）和寬廣（一代到三代—意識到潛意識）的三代家族之觀點去處理，效果自然亦應有所不同。簡而言之便是追根究柢的一種探源模式，也就是從意識（靈魂議題之投射）處理走向潛意識（靈魂議題之根源）處理之做法。

　　第三個重要觀點，即是靈魂之糾結如何疏通與和解的問題。雖然坊間不乏很多書籍（如零極限—催眠—光療—芳療—音療—靈氣療法——乃至心理治療的各種模式等），從眼—耳—鼻—舌—身—意各處入手，放鬆—改善—或增強當事人的正面能量（光明—快樂—希望—自信），也都有其特定之效果；但疑問的是：解決問題，固然可因應當事人及治療者之狀況而各有所長（或所好），但若談到效用議題，難道不該回到概念化議題之探討？亦即問題之癥結（意識及潛意識的部分）到底出自何方嗎？二十世紀以來，心理治療之工作已在意識的部分做了很多的探討，也結出許多豐盛的果實（從精神分析—個人中心到認知—行為，乃至後現代—短焦—家族治療等宗派）；但進入二十一世紀，在愈來愈強調科學（物理學探討宇宙發生之理論）與靈性（意識最初起源與光及能的關係）的時代趨勢下，從心理治療的既有系統發展出新見，應該是一個自然且必然的趨勢——此即靈魂與靈性之探討介入目前心理治療模式之最好理由。靈魂觸動在今日已不再只是少數靈媒或修行者之專擅（雖然這裡面同樣存有程度高低與功力成正相關的事實），藉著過去累積出來的經驗，助人系統中已有愈來愈多的模式（催眠—心理劇—深層溝通—家族排列等）知道運用呼吸或感受或不斷的重複某一感受語句或純粹只是角色扮演等做法，便可跨越意識與潛意識之界域，而得以更深入的處理當事人的問題；就此而論，海寧格的家族排列是具有深遠的里程碑之意義的，而華人家族心靈排列強調尊重傳統信仰（重男輕女—祖先牌位），並將部分民俗儀式（念經懺悔）導入於現行心理治療模式內含之立場，也當然具有強烈的本土—多元文化及先驅之革命色彩。

　　第四個主題是提出一個與靈魂議題和解之新模式，這部分的資料是承續上段概念而來。二十世紀的心理治療主要係採用語言溝通模式——諮商員與個案在不斷交流的概念與感受中，經由表達／被接納—宣洩／被承接之情緒再生歷程，重整旗鼓，看到新的選擇和可能。事實上，這也是大部分人生活和成長的模式，有其不可磨滅之價值；但在處理的深度和廣度上，主要仍受限於「一世存有」之哲學觀，因此亦存在其不得不有之「意識為真」的價值判斷上之限制。二十一世紀之心理治療，則主要得力於二十世紀末期的後現代與多元化觀點，傾向認為當事人主觀的真理才是個人存在與改變之依據，因此自然而然拓寬了知見的視域——意識隨著潛意識的開發而更深入並互

融。以前若說：某人因為手足早夭而產生要幫對方活出一次的潛意識，而使得自己後來變得更優秀（如讀出兩個博士學位等）；這種說法之前可能會被認為是有點荒謬，但時至今日則是一般人可以接受的解釋（以何長珠的課堂實驗為例）！因此把靈魂議題與和解的觀點納入心理治療或成為所謂的心靈治療的範疇，並接受靈魂和解當下感應互通後所產生的新能量，才是心理治療感受改變之初基〔或稱關鍵點（critical point）〕等觀點，都將是二十一世紀今後有待進一步探討的重要議題。

提問討論

1．個體潛意識和集體潛意識的定義？

首先要瞭解我們的意識有很多層次意識。分別是，意識─前意識─潛意識，潛意識又分：集體潛意識／個人潛意識，假如你夢到媽媽要出事，或夢到去世多年的爸爸來找你但卻不說話，這些都屬於「個體潛意識」的範圍。這種時候的直覺大部分都是對當事人有意義的，因為人在世界上所互動的人際類型，通常不會超過六種─妳最愛／討厭的對方（2人）─最愛／討厭你的對方（2人）─又愛又討厭的對方（1人）─不愛不討厭的對方（1人）（6為化學分子的基本組合單位）。

因此理論上來說，你現在這一世的重要他人，在前一世通常都與你有關。在修行的情況下，人的修行唯有超過跟重要他人之間的恩怨時，才可以有新的選擇與命運。換句話說就是──命的質地改變後，人的運勢才會跟著改。

集體潛意識指的是種族或家族，歷經累劫累世之長期經驗後所留下的深刻記憶之痕跡；例如：中國人急難時會喊觀世音菩薩、西方信仰者則喊主與上帝，其代表的便是一種集體的潛意識記憶。家族系統亦復如是，累世殺豬或賣魚為業者之後代，可能比較會有容易緊張及驚恐之個性或甚至疾病（何長珠家族排列經驗中之觀察）。而這種現象，總括來說亦可與共業（集體潛意識）之觀點聯結並加以瞭解。

2．靈魂與靈性的定義是什麼？

前者是一種強烈影響我們本身主要感覺的無形存在，那像是氣一般的存在，在我們的身體裡面，充滿我們的身體，卻也保護、影響著我們。一個人靈魂狀態的改變，會使得自己的生命有不同的感覺，靈魂的存在不是只屬於這一世的你，而是你前好幾世，一直以來累積下來的你，有時候那種感覺並非真正是你的，因為大部分人生命中的主要感覺，大都是靈魂的主要感覺，然而我們很容易會被牽著走，以為當下的感受就是自己真正的感受。所以我們要學會分辨，自己的當下感覺，會不會是前幾世所留下的感覺。靈魂也像是一種會移動的光，會隨著意識遊走，如果你的心都不在自己身上，你的靈魂可能就不會跟自己在一起，然而靈魂大多受到自己所認同的家中祖先的靈魂影響，而產生複演的現象。

靈性則是要通過了自己在個體潛意識和集體潛意識中的障礙，才能得到的比較純粹的意識。何長珠（課堂分享—20110505）稱之為「純意識」，指的是「沒有汙染的，中立的，超越文化、超越環境經驗影響之知覺狀態」，佛教稱為「自性」，也就是一般人所謂之「靈性」。我們每一個人的核心都有靈性，再壞的人死前只要願意懺悔就可以得救，就是因為人到要死的最後一剎那只剩下光和能的轉換。靈性是生存的核心，但我們沒有一個人能夠只活在靈性中，因為人一生下來就會進入各種社會系統和文化家庭的影響之中，因此我們大部分人彼此比較看得到的，應該是對方的靈魂狀態，也就是帶有特殊經驗所組成的善惡是非之價值觀（或亦可稱之為動機—神話及投射）。

靈性之提升主要可以用靜坐、念經或行善來改進。念經是為了幫自己身上的黑（業）氣削減，請宇宙中修行更好之光（在佛法中稱菩薩、西方稱神），幫忙讓自己更有力量；而靜坐則是藉由無念、放空，自在之覺察，來想像並觀看提升自己心中光明的一面。靈性的提升主要在於修行（心一行），必須倚靠修行來使得自己走向更光明的生活。靈性也是藉由一些方式在和自己的靈魂溝通，像是與自己對話、或是多觸摸覺察自己的人身可貴、多做一些助人的工作，去小我為大我，都是一種對待自己，使自己靈性更提升的一種方式。

3．家族排列之主要功能為何？

重點就是要「和解」。其實人們之所以發生種種的不愉快或遇到種種不好的挫折，其根源都是有因果關係的──假設你跟你的父母關係不好，可能是上輩子跟他們有所過節。但問題不是他們的錯也不是你的錯，而是互相影響所造成，它具有互相傷害的本質，所以雙方都各自有一半的錯。但今生吾人在表面所能覺察到的意識，卻往往不知道問題在於過去前世曾發生的種種因果，因此雖然在心理治療的系統中也有所謂的家族治療，來處理當事人與其現世家庭間的困擾，但效果往往只能做到表達──宣洩或諒解，而家族排列因為是藉由回到可能的問題根源對象來做和解，相對的較能追根究柢從根源處做處理，使得當事人不必訴諸理性而自然而然就因為靈的和解，化糾結於當下之間。因此家族排列的主要功能是處理問題的出世觀與潛意識層面，而且一旦和解完成（其所需進行次數依問題的高低而定，平均是1-3次即可看到明顯的改變），通常便不會再復發（除非有隱藏的秘密議題之存在），可以算得上是經濟又有效的一種解決問題之模式！

4．和解的原則

可以分為入世跟出世兩種，在入世的層次，通常會想辦法讓當事人能與其冤親債主彼此達到和解。比如說設牌位或念經迴向等方式，以商量的方式和解，這都是入世的處理方法，而重點則在於出世法公平原則之遵從。比如這一世好像是老公對不起你，但你有沒有想過對方為什麼要對不起你？大部分的人在解決問題時，總覺得問題的責任都是別人的，自己是受害者。出世的觀點則主要是讓人瞭解──受害者未必是受害者，加害者也不一定就是加害者（這種觀點等同於家族治療的加害者即受害者之觀點）。各位是否有真正聽懂這些話，就看你是否對自己周遭討厭的人或事，有沒有懺悔之心。你現在若終於能夠明白那些讓你痛苦的人或事都是你自己造的因，只不過不是這一世而已，瞭解到你現在所感受的好報或惡報，其實都是你自己的自報，這樣才算達到跟自己真正的和解。

重點在於明瞭──每件事都只是人心造作之結果，人心是很固執的，就是要公平，看到公平時，就可以真正放下。

結語

　　人類的困頓在於總認為自己的做法是對的，但這樣作當然會造成對方的不舒服，可是我們卻不甘心於要去修正自己很多的作為，總會覺得人生一場就是要去完成種種的未竟事宜；沒有做完就很不甘心，也不知道為什麼會有這個結。

　　實際上因為人們的根還在入世狀態裡，所以是非對錯的價值觀都是很表面的心裡感受，卻不知道感受的下面還有一世或累世情結之影響。聽懂以後還要慢慢的練習與覺察，讓這些真實智慧之觀點，能逐漸成為自己內在真實的信念才行。所以說：一個人的知見愈客觀完整，過新（好—智慧）生活的能力就愈大。

　　總而言之，人生其實就是貪、瞋、痴忙一場，而每個人的一生其實也不過就是一場體驗與修正的旅程而已。

實務示範

一、華人家族心靈排列

　　排列之流程及需注意之事項：

1. 在排列中，一個人站表示功能還可以；坐代表無力感（可能已經得憂鬱症），在家裡做不了什麼事；躺下來則代表全家都要來養他了（或想死／已死之可能）。

2. 自覺或不自覺，我們都會複演自己的家庭氣氛。

3. 介入的原則：「跟下一代的切割」。鬼魂也需要被教育，鬼魂會習慣「我不怨你，我怨誰」，所以有時候介入是清楚的讓祖先知道，其實這不關後輩子孫的事。

4. 我們只能跟隨現象，但我們不能控制現象，排列的過程即是家庭情境呈現的現象。

5. 宣洩的效果去除以後，家庭的潛在動力才會再度回到實相，這就是為什麼一個議題要相隔一個月才能再做處理的緣故。

6. 我們每一個人都帶著自己靈魂中不愉快的業力在行為，而糾結的關係常是未經介入處理之結果。

7. 去角的方法：喊對方的名字，然後說出不舒服的症狀，然後說把這個還給對方。例如：「×××，我把不屬於我的心痛還給你，並觀想不舒服的負能量都從腳底徹底排除。」

8. 逆時鐘轉所代表意義：能量磁場從潛意識走到意識的方向；所以當代表被死去的人上身時，往往會出現倒退走圓圈的現象。

二、懸念與和解

本練習係何長珠依據實施家族排列500餘場之經驗與心得整理而成，目的在應用家族排列的基本觀念——靈魂與未竟事務有密切相關，以簡單有效的靈魂溝通模式，來和解或增強對當事人最有意義的關係。

（一）活動進行方式說明

在人與人之間的互動中，每個人心中都有一位重要的影響人物，那個人可能是父親、母親、丈夫、妻子、情人、兒子、女兒等。請閉上眼睛想想浮在心頭上的人物是誰？當人物出現後，在以下的分類中找出與心中浮現的人物相關之類型，並就同一類型的伙伴，兩人互相練習。

步驟：

1. 請閉上您的眼睛，想想浮在心頭上的人物是誰（只能選一人）？
2. 選出與重要的影響人物在表格內的關係類型與內心感覺。
3. 找出同一類型的伙伴，兩人相互練習。
4. 站立好該姿勢。
5. 閉眼後做3次深呼吸，當準備好時再睜開眼睛。
6. 輔導員請當事人說出重要的句子，必要時引導重複或大聲或慢慢地說出重要的句子，直到有感覺為止。

（二）懸念或和解之分類表

關係類型	內心感覺	學員資料舉例
照顧對方的關係	滿意	例如：母／某（滿意80%，無奈20%）
	無可奈何	
受對方照顧的關係	感恩、懷念（已死）	例如：父／某
	沉重壓力	
相互依賴的關係	互補共生	例如：夫
	束縛牽絆	
互相衝突的關係	又愛又恨	例如：子
	對立仇視	
冷漠的關係	想證明價值	例如：妹
	排擠─忽視	
已結束的關係	告別	例如：前情人

參考書目

王慧玲、連雅慧譯（1998/2002）。家族治療的理論與方法（原作者：Nichols, M. P. & Schwartz, R. C.）。臺北：洪葉。

申荷永（2004）。心理分析入門。臺北：心靈工坊文化。

伍育英、陳增穎、蕭景容譯（2003/2006）。諮商與心理治療——理論與實務（原作者：Capuzzi, D. & Gross, D. R.）。臺北：臺灣培生教育。

林佳蓉（1995）。莊子靈性哲學之結構。華夏學報，**29**，11859-11874。

汪文聖（1995）。胡塞爾與海德格。臺北：遠流。

余光弘（1985）。A. Van Gennep生命儀禮理論的重新評價。中央研究院民族研究所集刊，**60**，229-257。

余德慧（2006）。臺灣巫宗教的心靈療遇。臺北：心靈工坊。

朱貞惠（2010）。從家族治療的觀點來探討家族系統排列之內涵——以何氏家族心靈排列為例（未出版碩士論文）。嘉義：嘉義大學輔導諮商學系。

何長珠、翁淳儀（2009）。家族系統排列團體之心理效果初探。論文發表於國際心理治療研究學會臺灣分會成立暨第一屆地區性國際學術研討會，南投。

余德慧（2006）。臺灣巫宗教的心靈療遇。臺北：心靈工坊。

利翠珊（1999）。家庭心理學的系統觀點與研究。應用心理研究，**2**，21-40。

李亦園（1985）。中國家族與其儀式：若干觀念的探討。中央研究院民族學研究所集刊，**59**：47-61。

周鼎文譯（2005）。家族系統排列實務入門。臺北：海寧格管理顧問。（Bertold, U.）

黃漢耀譯（2004）。細胞記憶（原作者：Browne, S）。臺北：人本自然文化。

胡茵夢譯（1993/1998）。一味（原作者：K. Weber）。臺北：先驗文化。

胡秋原（2010）。古代中國文化與中國知識份子。臺北：中華。

翁淳儀（2009）。臺灣家族系統排列團體之心理效果初探（未出版之碩士論文），嘉義：南華大學生死學研究所。

曾慧嘉（2005）。家族治療理論簡介。基層醫學，**20**（10），244-252。

游淑瑜（2003）。華人家庭孩子問題產生觀點與治療介入觀點——與結構家庭治療的對話。國立臺灣師範大學教育心理與輔導研究所博士論文。

楊連謙、董秀珠（1997）。結構：策略取向家庭治療。臺北：心理。

楊憲東（2001）。大破譯。臺北：宇河文化。

楊素娥譯（2001）。聖與俗：宗教的本質（原作者：Eliade, M. 1959）。臺北：桂冠。

趙文滔（2006）。臺灣婚姻與家族治療實務之發展：十一個案例的比較分析。本土心理學研究，**26**，73-107。

鄭志明（2006）。道教生死學。臺北：文津。

蕭雅竹（2002）。靈性概念認識與運用。長庚護理，**13**（4），345-351。

賴錫三（2004）。神話、老子、莊子之「同」、「異」研究——朝向「當代新道家」的可能性。臺北文史哲學報，**61**，139-178。

韓文穎譯（2004/2007）。心與科學的交會——達賴喇嘛與物理學家的對話（原作者：Arthur, Z）。臺北：橡樹林文化。

翁樹澍、王大維譯（1999）。家族治療——理論與技術。臺北：揚智。（原作者：Goldenberg I., & Goldenberg, H., 1996）

董芳苑（1991）。原始宗教。臺北：久大文化。

鄭志明（2006）。道教生死學。臺北：文津。

Bell, L. G., & Bell, D. C. (1979). Triangulation: Pitfall for the development Child. *Journal of group psychotherapy, psychodrama and sociometry, 32*, 150-155.

Broszomenyi-Nagy, I., & Spark, G. M. (1973). *Invisible loyalties: Reciprocity in intergenerational family therapy*. Hagerstown, MD: Harper & Row.

Cohen, D. B. (2006). Family constellations: an innovative systemic phenomenological group process from Germany. *The family journal: counseling and therapy for couples and families, 14* (3), 1-8.

Corey, G. (2001). *Theory and practice of counseling and psychotherapy*. (6th ed.). Belmont, CA: Wadsworth Publishing.

Eva, M. & Barbara, I. (2004). *Entering inner images*. Heidelberg: Carl-Auer-systeme.

Groth-Marnat (2009). *Psychological assessment*. (5th ed). Wiley & Com.

Hellinger, B. (1998). *Love's Hidden Symmetry: What Makes Love Work in Relationship*. Zieg Tucker & Theissen, Inc.

Hellinger, B. (2006). *No Waves Without the Ocean*. Heidelberg: Carl-Auer-systeme. Zieg Tucker & Theissen, Inc.

Horn & B. Brick (2005). *Invisible dynamics-systemic constellations in organizations and business*. Zieg Tucker & Theissen, Inc.

Kerr, M. E. & Bowen, M. (1998). *Family evaluation: An approach based on Bowentheory*. New York: Norton.

Lawson, E. Thomas (1984). *Religions of Africa: Traditions in Transformation*. San Francisco: Haper & Row.

Minuchin, S. & Fishman, C. (1981). *Family Therapy Techniques*. Cambridge: Harvard University Press.

Machover, K. (1949). *Personality projection in the drawing of a humam figure*. Springfield, IL: Charles C Thomas.

Smith, G. B. & Schwebel, A. I. (1995). Using a cognitive-behavioral family model in conjunction with systems and behavioral family therapy models. *American Journal of family therapy, 23*, 203-212.

第十六章
東方靈性治療之理論與實務[1]

　　本章之靈性治療主要是依據印度、中國的文化、哲學及宗教的觀點而來（普羅巴‧阮將‧沙卡，1998；索甲仁波切，1996；袁煥仙、南懷瑾，2001）。東方傳統認為，心理健康最好的特徵就是平靜的心，東方系統提到二個重點，一是開悟，二是活在當下。因此，東方心理治療常引用到和佛法有相關的理論，如靜坐、冥想、瑜珈等方法，來轉化對自我的態度或進一步達到開悟與解脫。而「天人合一」則是東方文化的顯著特徵，其中之一個深邃系統，即是所謂的「靈命」系統，係因生命含括身、心、靈三個層面，想要保持健康就必須維繫這三方面的衡定。換言之，當心智愈來愈精細時，則身體也必須相對的精細；反之亦然，否則會導致身心的失衡；而靈性的提升亦源自身心的平衡而來。因此，東方心理治療認為在靈性修持道路上，三者缺一不可。

　　自從達賴喇嘛於1987年與美國「心靈與生命協會」進行一系列宗教與科學的對話場次開始，加上2000年在麻省理工學院召開一場名為「檢視心靈」的會議，討論禪修與大腦的關係，並以腦波儀檢驗禪定者腦波的變化，證實禪定對人體有健康與精神層面的提升，從而開啟了西方文化對東方治療的認識。開啟東方治療中之靜坐、禪修，在西方國家漸形成風潮，不但用來開發大腦潛能，也用來治療憂鬱、焦慮乃至精神疾病種種現代人的困擾（楊淑貞，2007），使得與靜心有關的種種組合模式如認知行為正念模式（MBCT）逐漸開始加入心理治療之領域。

---

[1]　　本章資料感謝以下學生之資料整理：賴慧峰、張美雲。

第一節　名詞釋義

一、心理與心靈

　　人的「內在我」有兩個狀態，一個是心理狀態，另一個是靈性狀態。大多數人直接體認到的往往是與心理有關的情緒經驗，例如：痛不欲生、漠不相關、愛屋及烏、人同此心等；這些詞彙在文化、家庭及時代的影響下，形成了個人與團體彼此之間瞭解和溝通時的心理色板，也是吾人每天心中無時不在的一種情緒溫度計。心理狀態，如同佛洛依德的潛意識，榮格定義的情結，或阿德勒提出的終極神話，都是用來描述人終其一生未必不自覺卻畢生追求之實現（realization）動機（如名、利、色、權等）而已。

　　事實上，凡是人也都會經歷到「理性不受感受支配」的現象，且往往造成「想做卻做不到」和「不想做卻改不了」的行為結果；從心理學的角度來解釋，這可能是來自個人外在經驗（成功或失敗，順利或挫折）和內在動機（如自我觀念—人生理想等）之影響；而對榮格等分析心理學立場的工作者來說，則可能稱之為是一種「情結」糾纏發展的結果。當滿足時即可感到不虛此生，但那只是這一世的靈魂滿足了當世情結之需求，未必達到靈性的層次；換言之，心理和心靈的境界仍是有所不同的。

　　心理和心靈到底有何不同呢？心理是心靈的表象，它不斷演出我們心靈裡所相信的事情，所以即使其外顯的價值觀是終極神話，仍舊屬於心靈狀態的一種效標；換言之，只有心靈狀態有機會提升，終極神話的內涵才能跟著改變。心靈的靈性狀態雖然是每個人與生俱有的，但大部分人都生活在強烈的物質世界中，根據「原生家庭」給我們的特殊靈魂經驗，選定自己這一生的靈魂議題，於是不知不覺地忙出忙入於世間生活，彷彿這就是人生的所有意義！但正如哈佛的Havinghurst（1972；引自張素紅，1995）之研究所發現，多數人在40-50歲左右會給自己一個內在的審判，判定自己這一生算是成功還是失敗，並逐漸開始質疑，這種追求外在物質（包括功成名就）成功的生活，真是我所想要的嗎？因此，這時候才有機會發現功名利祿似水流，因而才能超越一般社會成功的定義，亦即更有可能產生人生新的選擇，例如：「大隱隱於世」或「不如歸去」之新方向等！

當開始有這種存在意義上的思考時，才會有心靈世界出現的可能。這雖是大部分人會經歷的人生發展曲線，但有些人還是錯過而無法重新抉擇，導致庸碌一生或懷怨以終！不過只要有機會遇到人生中較大的衝擊，如大病初癒或忽逢車禍，大部分的人還是有機會可以重新思考，選擇他這一生到底要怎麼過。總之，只有當生命價值開始重新思考的時候，人才有可能遇見靈性的召喚。

二、靈魂與靈性

靈魂（soul）與靈性（spirituality），常被一般人所混用。靈魂（soul）可定義為個人非物質性的一種基本要素，與精神性之存在有關，也是人存在的全有狀態；亦可看做是一種「尚未處理完畢的業」，所以常帶有較強烈的情緒色彩（正向或負向的）；如果用心理學名詞來瞭解，則類似或等同於榮格所說的「情結」，一種與個人重要情緒經驗（不一定只限於今生，且包含個人及集體潛意識）有關的糾結，所以它往往成為個人一生的生命神話（如名利富貴等），而且通常無法用理性來處理或控制。

靈性（spirituality）則可定義為一種超自然、非實體的與個人能量或生命力有關之狀態，也常與神性或超自然力相聯結。指的是每個人生而具有、最初（出生時）和最後（死亡時或修道成功時）的「光」（一切萬有的開始與結束），其本質是一種虛擬的實體，只有經過長期修練或得到內在寧靜時才能體驗或覺察。它基本上是真善美兼具的一種精神狀態，也可以看做是「已通過考驗的業」。靈性也是每個人存在的核心，是激發生命意義與超越自我的內在能量，藉由內在的修練（靜心）而得以與他人、環境及宇宙產生和諧相處之關係，並因此催化自我實現，達到人性存在的最高境界。是聯結個人與萬有的一種「超越性的經驗」（和諧─寧靜與完整感）、價值（超越個人而天人合一）與實踐（禱告、冥想─素食─環保─布施）（Griffith & Elliott Griffith, 2002）。它可以是與信仰有關或無關的，也往往帶有家庭和文化經驗傳承之特殊內涵。

綜觀而言，每個人生而皆具有靈魂及靈性。前者是各人今生今世的特殊使命或挑戰；有時雖讓人難以承受，如破產─失去親人─屢戰屢敗等，但事實上只要願意面對痛苦、通過挑戰、超越自己原有價值觀的人，就有機會

成就往靈性之路更邁進一步的光輝！因此，靈魂與靈性好比是人生意義的必要條件，只不過靈性是存在的本體，靈魂則是其在每一世輪迴中所出現的表象。

西方的心理學多半從「今生此世」來解釋事件可能的原因，但東方的佛道教信仰則將此一現象之解釋，擴增到「前世今生」而形成所謂的因果觀或「業」之輪迴。當思考的立場如此定位時，情結便與靈魂畫上等號，吾人也才會明白何以會出現「靈魂伴侶」或「天雷勾動地火」、「前世冤家」之類的強烈不能控制的人際相遇，與造成很多人一生在其內心或外在世界中上演不斷的種種愛恨情仇。而通常也唯有當事人能自其個人一生特殊的（靈魂）歷練中走出時，情結才有可能得到淨化並再度回到更包容接納的靈魂狀態，而那時的靈魂也才能與靈性的狀態（自性—空—無條件的愛—光），相提並論與等值。

總之，每個人都有特殊印記的靈魂（業），影響一生外表所顯現的價值與喜惡；而人生在世的主要目的，便是在靈魂演出的過程中得到體悟，使靈性最後得以恢復生命初始（而非這一世的出生）既有的光輝狀態！

三、靈性的層次與特質

（一）靈性的層次（何長珠，上課講義）

要瞭解靈性的層次，可以從大家較為熟悉的意識狀態來說明，意識有四個程度，分別是有善有惡、純惡無善、純善無惡、無善無惡。而意識中之純善無惡、無善無惡二個程度，即是靈性的二個層次，亦涵蓋了東西方系統在宗教與修行上的主要範疇。

意識的四個程度中，第一個程度是有善有惡，也就是靈魂的狀態。大多數的人都能接受自己有缺點，也因為能夠接納自己是有缺點的人，才能接受別人也會有缺點，只是缺點的範圍不一樣。所以，我們必須超越這個狀態，瞭解到所謂的惡人也是跟我們一樣——只是想讓自己活的好一點，他跟我們的生存原則是完全相同的，如此思考便能把靈魂部分的資料變得較為平衡。如果有人一輩子得不到所愛、或者永遠都被某人占盡便宜等，其在意識部分就會出現負面能量；又假設在心態上非常憤恨不平的話，那就是所謂的「情

結」或「業力」在展現了（其最極端之表徵爲純惡無善），例如：爲什麼我爲家人付出很多，但媽媽還是不愛我？這種種的人生大問，若不能從現實狀況中得到瞭解，再繼續往下追溯，才會發現潛意識的資料。潛意識的狀態其實也就是靈魂狀態的一種，例如：一般人認爲死前不安的人和死前安心的人，他們會去不同的地方，但那個地方其實並不是眞的指涉一個天堂或地獄的空間，而是一種比喻，說明一個心安的人，無論身處何種境遇，心都能夠處在天堂的一種美好狀態，因此並不需要等死後才去天堂。

意識的第二個程度是純善無惡，亦即全然是光的狀態，是宗教所謂的靈性狀態，也是靈性二種分級中的較低層次之狀態。就西方之系統而言，它與基督、天主教聖母或天主等神祇是等義的，代表一種無所不在的接納與神能之存在方式；但在東方系統的佛道教觀點中，最高的位階是超越意識的「自性—本體—光」狀態的無意識之混沌狀態，並非只是無所不在的接納與神能而已。換言之，西方之系統強調正向與光明，東方之系統則更強調跨越價值判斷的範疇，走向「不思善、不思惡」的終極中立狀態。

意識的第三程度是無善無惡，是所有靈性和靈魂的起源，也是靈性二分級中的高層次狀態，此較接近東方系統定義的靈性。無善無惡，即包容好壞、善惡的無分別境界，也就是道家所謂的「道」、修行中所謂的「空」或「涅槃」狀態。而從物理學的觀點來說，眞正亮和暗的本質都只是「能」的運作方式，例如：在宇宙「黑洞」理論中發現黑洞的力量有愈來愈大的現象，且它會吸掉很多的能量，而一個能夠吸掉很多能量的東西，它難道沒有能量嗎？當代物理學大師霍金的假設是——相對於一切物質，永遠還有一個反物質的存在。所以，眞正的修行到最後之境界是修無善無惡（阿羅漢—去我執），人心必須到此狀態才能平等對待惡人與善人。

（二）靈性的特質

總結來說，靈性的特質有三：分別是：1.回到「中心」（得定）；2.天人合一（天心似我心）（大慈大悲）；與3.無意識（混沌）三種狀態。

靈性的第一個特質是回到「中心」（Center或Ground），說明靈性是生而有之，如同大家都很喜歡小嬰兒，因爲他就像一團光、一團靈性，但小嬰兒只要一旦長大，進入社會化，靈性就會逐漸被靈魂之需求所取代消減了。

此時，唯有靠修行才能逐漸再回到靈性的狀態。這也就是一般修行人所體會到的「回到家」之感覺！當一個人能夠長期打坐或練習氣功舞蹈，導致氣輪通暢，到心輪能打開的時候，就會出現「平靜喜樂」的快樂狀態，這時小我會縮小、大我會增加，為人處事也會日趨善道，即成為世俗所謂的賢人、善人，也是一般人較易達到之境界。

靈性的第二個特質是天人合一（天心似我心），此時呈現之呼吸及做人處事，都更為「平、順、鬆、靜」，同時由於喉輪及眉心輪也逐漸打開，而出現「隨機應教」、「創意無限」及「天眼—天耳—他心通」等一般人認為的神通能力，也就是講什麼話都讓人聽起來覺得很有道理，很容易契入人心的一種狀態。但其表現方式之特徵仍屬於「光明燦爛」之靈性第一層次，也就是一般人所以為的宗教之標準，如基督—聖母—指導靈—天使—菩薩等之境界。

靈性的第三個特質，據筆者之瞭解，是到達一種無意識的混沌狀態，也就是修行所謂的「實相歷程」，也是信仰最終所欲達到之共同境界，如道家所說「大道無情、無名、無形」的接納一切之正、負狀態的混沌境界。肯恩威爾伯（K. Wilber，胡茵夢譯，2000）則強調整個宇宙其實都只是「一味」，不論它是展現在肉體、心智或靈魂上；萬物皆來自於「一味」，亦歸返「一味」——存在於其中的，就只是當下這一刻的故事而已，這也可以看作是人類從修行（修心）到覺醒的旅程之終極目標。圖16-1的圖表即協助說明上述之概念。

上述資料，也可以用一個圓錐體的圖表達，上端頂點的部分，是今世靈魂呈現聚焦的樣態，是身心靈三合一的呈現方式，肉體的欲望、心智的理念與靈魂的了悟都是宇宙神性的完美展現，也是一種大圓滿的莊嚴神態，只是一般人大多由意識主導，選擇自己要的終極神話或獨特人生；而下面大範圍的基礎則是靈性，靈性可以說是宇宙潛意識，潛藏宇宙萬有共同的能量與訊息，如同肯恩威爾伯所言的「一味」。然而，對一般人而言，靈性仍是存而不有的未開發狀態。若人能夠逐漸往靈性深入，則大多數人會先感受到和宗教有關的靈性光明和正向價值之感受；再繼續深入，才有機會體察宇宙混沌實相的歷程，感受到人類真正的意識其實是來自無善無惡、可善可惡的混沌，是涵容一切的無限，而每個人這一生的行事為人之作風，則決定其此生

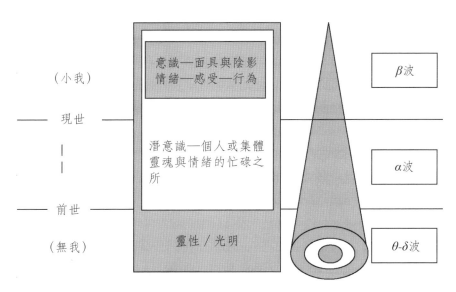

圖16-1　靈性關係圖

備註：α波8-14赫茲／1秒內振動8-14次；β波14赫茲以上；θ波4-8赫茲；δ波
　　　0.4-4赫茲。
資料來源：何長珠，上課講義，2011年9月23日。

內在的光與愛之程度而已。

　　若問靈魂存在哪裡？不如問說，心中有沒有愛？有沒有恨？有沒有情緒？有沒有遺憾？這種種答案都是出自於心的，所以有人就說因為心是情緒的所在，就可以說「心是靈魂的住所」。其實這只是一個比喻的說法，在細胞學的研究（鐘清瑜譯，2009）裡面，發現人體具有一百兆的細胞，而且每個細胞都有它的獨特功能；此外細胞裡面的細胞核，還能分辨刺激的好壞並反應，進而釋放能量並透過神經聯結的突觸做出反應與聯結。

　　又因為人體內的細胞都可以獨自運作，所以假設肝有問題，則觀想相關部位當然能有所幫助，若能配合正確呼吸時，在觀想中向肝懺悔則更好，為什麼這會有用呢？因為人基本上是個意念的產物，但因為我們的意念無法克服或控制不了情結之干預，才會形成種種的「有瑕人生」（潘同菉，2012）。

四、呼吸與腦波

每個人都有情結，而且某種程度上是無法被意志所控制的，所謂「立心行善由不得我」，那要怎麼做，才是我們可以控制的呢？

第一，要學會控制自己的呼吸，因為只要維持常態呼吸，腦波就是在β波（每秒振幅約為16-24 Hz）狀態，當在β波時，就一定會受情結控制（見圖16-1）。例如：雖然意識和意念想做好人，但每個人背後都有一個情結，情結就是業力，就是靈魂的焦點。當腦波在β波時，意念就容易受到個人已自動化的情結所控制，因此出現由不得我之現象。

為什麼打坐可以有效改善呢？因為打坐的練習可以讓呼吸變慢，讓腦波由β波轉換成α波（每秒振幅約為8-16Hz），而只要腦波進入α波，就有可能控制情緒之波動而達到平靜，因為激動和平靜剛好是互相對抗之呼吸現象。當腦波到達α波時，因為平靜，心裡面種種新仇舊恨都會漸漸減敏感，多次之後，就可淨化新仇舊恨了。因此，當情緒很激動的時候，如果能提醒自己做幾次深呼吸，情緒就會受到控制。若再加上正確的知見，常常觀看自己的內心，看到自己的錯、執著（主觀）在哪，並儘量懺悔行善，透過多次的呼吸靜坐練習（例如：每天一次20-30分鐘，維持一個月才能穩定此一練習之效果）與增強自己的正確知見（例如：閱讀宗教經典，瞭解因果不過是作用力與反作用力之關係，並非迷信之言）後，就能夠逐漸超越潛意識中的負面情結與靈魂需求的驅迫。事實上，人只要老實打坐，遲早都會到達α波的狀態，那這就叫做「初禪定」，就是你第一次體會到打坐真的能夠幫助你，這種快樂的覺受是你從以前到現在的快樂都比不上的快樂，這就是打（靜）坐；若再加上規律長期的練習，就可能進一步經驗到θ波（每秒振幅約為4-8Hz），甚至δ波（每秒振幅約為0-4 Hz）之體驗，但當然時間要更久。

δ波是一種靈性、光明的狀態，呼吸的次數會在1分鐘中逐漸減少，終致達到與宇宙呼吸接近一致的程度，而這是一個長年逐漸進步的過程，除了練習，絕無捷徑。

α波及β波是粗鈍次元的產物；θ是精微次元的產物；δ則是自性次元的產物。或者我們可以說，α波及β波顯示的是自我的狀態，θ波顯示的是靈魂狀態，δ波顯示的則是靈性的狀態。

更高階的禪修者在睡眠時會顯示「α、θ和δ腦波同時出現的現象。」（Marc Kaufman，2005）。

被測試者宣稱自己在夢境中是「清醒」的，而腦波測試儀器似乎也支持這樣的說法，因此α波（白天清醒放鬆時）、θ（夢境）、與δ（深睡）腦波都同時出現在當下，亦即覺知不斷地貫穿三種狀態。然而，思想（如閱讀）只可能改變人的α波及β波（屬於粗鈍次元），唯有深刻的禪定練習（西藏喇嘛的閉關是以年而非月或日來計算的）才可能帶領你進入θ波和δ波精微（光明次元與自性次元），並讓三種狀態都同時出現。

修行的消業步驟，就是從不斷努力淨化當前狀況到淨化此生，進而回溯到前世，甚至累生累世的不斷努力淨化的過程。舉例來說，某位居士曾經請問淨空法師說：請問如果有人把你的光碟、錄影帶拿去複製、販賣，來養活他的家人，這事如法不如法？如果有人把你演講的內容翻譯成書來販賣取財的話，如法不如法？如果是我們一般人的回答，一定會說不如法。但法師的回答則說：因為書要出版就牽涉國家的法律，而且書會影響的人很多，所以這事是不如法的；但假設是因為自己很貧窮而把光碟複製拿去販賣，而買光碟的人也只是一心求學佛的話，這樣做就等於幫助自己也幫了別人，因此是如法的。

這個例子就是讓我們看到：同一個問題卻會因為修行境界的不同，而有不同的處置之道。換句話說，人的狀態在β波就有β波的境界，在α波就有α波的境界，所以境界不同，智慧也不同，大我境界之大我愈大，小我境界之大我愈小，到了超意識的時候，就一定是達到靈性了，這時才是純然向光的存在，孔子所說的「從心所欲而不逾矩！」庶幾近乎！

五、森田治療法的應用

森田治療法是1921年左右，由日本醫學專家森田正馬所創，是因應日本傳統文化的社會背景而來的方法。日本是一個很集體主義但又很有人際距離的民族。他們可以為了在社區生存，每年按櫻花節等好幾個節日，與鄰居交換差不多價值的禮物，卻從來不知道對方到底有幾個小孩，或者對方到底有沒有離過婚。再者設身處地想一想，如果家裡只有五個榻榻米的面積，卻要住十個人，相處上就必須要既客氣又疏離，才能夠保有自己的內心世界。另

外，日本非常強調合作、非常強調沒有自己，這種沒有自己的終極神話，會使人活得很沒有自我，而產生焦慮和憂鬱。總之，森田治療法之出現是反映當時（二十世紀）傳統日本文化的焦慮心理之需求，不過，隨著時代轉變，現在的社會系統或許已經不適合使用森田治療法了（靜臥整天）。

　　一般來說，森田治療法適用於精神官能症之處理，如憂鬱、焦慮或類焦慮，但不適用於反社會人格之處理。以前我們以為若是將人的心理功能狀態分為三等級，我們一般人會位於第一等級；第二等級是反社會人士，也就是為自己的利益可以傷害別人且不以為意者，如犯罪殺人、經濟犯罪，或政治犯罪；最下一等級則是精神分裂者，因為精神分裂算是做人的最後自殘狀態。但何長珠從二十年來分析整合臨床投射性繪畫的資料中，卻發現反社會性人格的負面心理顯示出來的「地獄」狀態，似乎還遠高於精神患者。以此為例，反社會性人格雖然也有焦慮，但其焦慮較多是導向對社會的價值需求或反叛，追求錢、色而反對既定制度，所以並不適合森田治療法。

　　人人多少會有焦慮，一般人會把正常的焦慮帶到積極的方向。但精神官能症會採取自我防衛的態度，刻意迴避焦慮情境則容易產生反效果，如引起頭痛、記憶力衰退、注意力不能集中以及雜念等。當這些固著化為一種心理症狀且伴有重重解不開的焦慮情結時，就是森田治療法所說的神經質症患者。他們往往具有強烈的生存欲望，但由於自我觀察過多，容易陷入於不斷的焦慮反應之中，導致生命原有的流轉能量停滯而失去平衡。因此，「思想的矛盾」是森田治療法對神經質焦慮患者防衛機制的獨特用語，意即「希望如此」、「應該如此」的思想與「事實如此」的事實之間，剛好是相反或矛盾的。

　　思想的矛盾可能在日常生活中使我們陷於自欺，一切症狀都是患者主觀部分以感情為基礎產生的，之後才加上邏輯的批判或客觀的說明，因此無論在問題末梢如何去探索，都無法產生合乎事實的邏輯。精神官能症有一個特徵就是「沒事找事」。精神官能症者會拼命的思考到底要怎麼解決問題，於是變得很焦慮、很憂鬱，但不管是焦慮或憂鬱，都有一個共同現象，就是過分思考某一個特定對象，也就是「想個不停」。他們的困難就是每天都在想、每分鐘都在想、每秒都在想，即使把焦慮的人關在牢裡，他都不會停止思考，所以才需要用森田治療法來對治。

　　森田治療法的第一個步驟就是要讓病人完全放鬆到接近強迫放鬆的階段，讓你什麼都沒得想，什麼都沒得看，所以會請你去睡覺，睡到受不了了，就起來種茱、澆花，用一個禮拜左右的時間，讓你停止原來思考或存在的習慣。再沉溺的人，也會有終點；再快樂、再痛苦的回憶也有終點，所以焦慮也會有終點的時候。如果讓你可以整天想，大概可以想三天，三天後就會進入百般無聊的狀態，表面上是百般無聊，但內在的安靜正一點一滴的建立，大約在第三天到第六天，你會進入意識轉化的開悟經驗，會發現你思想不一樣了，就像禪宗書裡描寫的法喜或禪喜。而你必須要很安靜、很安靜才能跳脫世間存在的經驗，才能出現創造性，看到一些個人前世重要的經驗。

　　所以，森田治療法就是把內觀和短期出家結合，最先從什麼都不讓你做，到你受不了時，突然之間你會有新境界，因為焦慮是過度的思考，等你過度思考的結緩解之後，就會慢慢進入另一狀態，也就是每天只做一點點簡單的工作，都可以感受到快樂，讓你有機會遇到真正的自己，此後，你的價值觀會慢慢轉變，會慢慢瞭解到世界上還有另外一種不需依賴物質的生活方式。因此，靈命的灌注對每個人來說都是一種禮物，沒有靈命的啟發就只能過原來的生活；有了靈命，就不會再像從前一樣。

六、內觀療法

　　內觀療法（Naikan therapy）是1943年由日本人吉本伊信所創的心理治療法。可說是直接受了日本淨土真宗觀點影響，代表一種不飲不眠、體悟生死無常、轉迷開悟的修行方式。這點與佛使比丘（1999）所言的禪修法不同，他指出南傳佛教中的內觀指的是觀察事物的本來面目，是一種如實覺察自己身心實相，而達到淨化心靈的過程。從觀察自己的呼吸開始，使心專注，而後用這種逐漸敏銳的覺知，去觀察身上的感受，體驗無常、苦、無我的真諦。

　　內觀療法強調人性暗淡的一面，要求患者學習正確的反省方法。認為「無明」是精神官能症的根源。神經質症狀來自於欲望太大，過分執迷而拘泥於此的欲望。只要無明消失，欲望將轉為欲生，精神官能症之狀況就可以治癒。內觀療法以欲望為精神官能症的根源，這種觀點與現代精神醫學的理念不謀而合。吉本伊信說：內觀的目的在於袪除「我執」。要袪除「我

「執」，在內觀上需要先察覺自己的「我執」，如果以內觀的自我省察三個觀點來說，就是要察覺到自己得到別人的恩惠太多，卻一直未注意及此，不但未感恩圖報，反而帶給別人太多的麻煩，自己的自我本位、放任、傲慢、匱乏體貼心，是這些罪惡的根源。

對施與受之間，內觀法的基本課題是「瞭解他人對自己照顧多少，自己又對這些人回報了多少」。亦即檢討過去到現在的具體事實，去體會在過去的人生過程中，那些人關愛我，或別人為我做了哪些事情，物質的！勞力的！還有精神層面的。在內觀的過程中，感受愛最強烈的，莫過於洞察到「別人對我提供獻身的或犧牲行為的愛，而自己卻對之產生背叛性行為，儘管如此，別人仍然寬恕自己」。從體會寬恕、愛的可貴，從正面去內觀他人的愛，就能回憶過去自己所遺忘的愛，並且開始能感受到別人給予自己的愛，因此，過去認為自己未被愛而有被害意識者，一旦想起自己被愛的事實，心理上會受到很大的衝擊，而使內觀加深。

一個人到了這個境界，就會放棄對周遭人的偏見，融為一爐，稱為「人我一體感」。內觀愈深，則人際關係也愈明確而有分寸。內觀者可發現到過去太固執己見的自己，於是儘量從共鳴的立場去瞭解對方。「共鳴的瞭解」就是站在對方的立場去看，此即同理心。

 # 第二節 提問討論

一、「靈魂焦點」對個人的影響為何？

我們每個人都有自己靈魂的一個焦點，例如：從墓誌銘就可以看出每個人的終極神話，終極神話決定了我們的生活方式和生命目標，例如：你的終極神話是要在這世界上求名利、求智慧，或者要在世界上找到一個愛你的人，那都是靈魂的需求，也就是靈魂的焦點。透過「自由聯想」和「夢」，我們可以發現自己靈魂的焦點。自由聯想和夢的功能是很像的，但夢更自由自在，所以它更不容易被大家直接解讀或瞭解，但自由聯想比較聚焦，譬如昨天做了一個夢，可以在敘述夢的情節中，找出夢境中印象深刻的一件事或一個詞，也就是任何一個你現在腦海出現的那一個字，例如：紅色的紅，然後經過大概10到15個（出現重複概念時即可停止）自由聯想字詞的練習以

後，最後就會遇到自己的一個內在問題，發現自己現在真正關心的焦點在哪裡，這就是靈魂的焦點，也就是榮格所說的情結。

靈魂的焦點會影響什麼呢？主要是影響我們大部分時候的起心動念，假設「要有錢」是你的靈魂的焦點，那麼你大部分的起心動念就會跟錢有關，逃不了那件事，因為那是你存在的焦點。而每個人的靈魂焦點至少受到三件事的影響：第一是童年經驗，第二是前世議題，第三則是重大的生命事件。西方心理治療的工作，主要是提到童年和重大事件，卻很少覺察到前世議題所具有的決定性影響（因為它埋在最深處屬於個人或集體潛意識的範圍，所以幾乎無法覺察），因此其探討的深度就相對受到限制。其實根據何長珠近年來對多位個案的工作經驗發現：靈魂的焦點最初的來源癥結應該出自前世，而不是童年記憶。換言之，影響靈魂議題中的重要經驗，是受到自己家庭（今生）和家族（累世）的影響。

二、為什麼東方的思想都強調「入靜」？

為什麼東方的思想家都主張入靜求智呢？道德經甚至還說：「為學日增，為道日損。」說明「知」和「智」是有差別的，聰明的人學到很多知識，發現很多本來就知道的事，那叫聰明，那叫「知」；而智慧則是超越知識的，因為其功能在於知道如何分辨世間知識的真假，它的差別就在知是不斷累積世間上的所知，而智則是對種種之「知」進行分析判斷與運用之工作。有經驗的前行者，多半主張「靜能生慧」，認為智必須在靜中才能顯現，才能明辨真假、清楚身內身外之別。這也是古老歷史的東方文化之所以比較年輕的西方文化，提早走入精神界追求之原因。

一般人的習性就是往身外求，所以都只看到外在而沒有進到內心裡面，因此，無從瞭解自己的起心動念是多麼紛雜！唯有當人靜下心來，才能夠回歸到自己的內在，才可以深入的看到裡面更真實之自己。例如：剛學打坐，會感覺到不打坐、雜想還那麼多；一打坐，全都是雜想妄念，這時才知道自己裡面有多亂！察覺到思緒紛飛雜亂並沒關係，因為你現在總算知道自己的真相了。但若心一直只知道往外求的話，就真的看不到自己的真實內在了。有道是「紛飛是常態，安息是能耐。」所以，靜下來，進到裡面，才能知道自己真正在想的是什麼。如果將「靜」的內涵畫成三個部分，最上面指的是

意識，中間是潛意識，下面的是無意識。大部分的人可說都是在意識和潛意識之間過完一生，例如：我講什麼，你都是用意識在想，因為你會想起過去的經驗，那就是潛意識的作用。現在的心理學發展也只到達意識和潛意識之下的意識，叫做超意識之研究。而關於從潛意識到無意識之探討，目前全世界都沒有學位在教導，但卻有兩種系統在應用，也就是宗教和修行的系統，但在宗教系統若是不花時間學靜，不實修學打坐，那麼學到的也只是名相而已；這也是目前臺灣學術界與修行界的一種怪現象，研究學問而不實修心性；反之亦然。

實修有兩種，一種是在入世中過出世的生活，第二種就是純粹出世。實修者會花很多時間處理潛意識流通到無意識的事情，而且實修者也不一定是師父或神父，若是一個在家人或農夫，雖然沒有打坐，但是每天都到田裡或深山裡工作，常常一待就是四、五個小時都沒有跟人接觸，一年當中或許只收成一點點筍子或龍眼，但因為長年在寂靜中，這樣的人反而可能是實修者，易與宇宙相通。

什麼叫宇宙的天道？實修最重要的就是要碰到無意識，無意識的一個標準就是碰到宇宙的訊息、宇宙的波動、宇宙的存在。這裡有兩個簡單的階段，第一個階段就是「離欲入自然」，方式就是過簡單的生活和吃素，吃素的理由是淨化血液，血液淨化後，思考也就較易淨化，如果吃素能和修心合在一起，到某個程度就自然會有能力感應外界，第一個階段它先可以感應到人的心理，感應對方真正的狀態（感受或健康狀況）；第二個階段則可感應到動物之需要；第三個階段可以感應到植物的波動。當你能夠愈來愈安靜時，你就愈來愈能夠感應到跟自己相同／類似頻率的其他存在之狀況。我們偶而也會在剎那間都曾體會過這種感應（例如：家人遇難時等）。老實修行者的差別是，其感應的頻率與準確度會日漸提高，其實我們每個人都有機會可以碰到天心——當你逐漸能夠瞭解動物的心、植物的心到礦物的心時，你其實已經碰到了天心！

天心就是宇宙，到那程度的人，是可以預感到即將發生大事的，因為他內在極度的安靜，所以和宇宙是同頻率。因此預言本身並非迷信，只是我們修練未達此境界而已，所以為什麼要入靜？因為靜才能安身—立命—聯結天心。

三、禪修、專注與活在當下

我們每一個人都有一個「不容易專注」的現象。當我們社會化愈深，就愈不容易專注；愈不容易專注，就愈容易落入每天生活的煩惱中；而正因為受這個煩惱所困擾，所以才會去想它，但我們的煩惱卻又因為我們只用現在存在的層次來解決遇到的困難，所以沒辦法真正解決它。到底要如何才能解決煩惱呢？其實要解決自己的苦很簡單，就是先要超越自己的境界。那麼要怎麼超越自己的境界呢？

假設我們的煩惱不是世間智慧可以解決的呢？這通常都牽涉到我們內在的靈命（靈性／靈魂狀態），我們每個人都有靈命，但是大家因為因緣不同，所以每一個人靈命狀態呈現的都不一樣，而表現在外的世間命也不一樣。假設現在上帝給你一個願望，這個願望真的實現了，你的靈命會不會改變？不會，改變的只是靈命的「渴望」部分之內容而已。所以表面而言，如果你的願望是要有很多錢，那也只是你靈命裡的一種渴求，仍然屬於靈魂之層次；可是那個渴求的背後還有東西，只有當我們開悟，碰到我們自己的最後靈命（也就是靈性）時，我們才有能力，能夠真正的活在當下。這個靈命的層次是決定人要變成為誰的主要來源，如果有一天你能察覺到外在的東西都是會過去，都不是真的；而裡面的東西雖抓不出來，但你知道它存在，所以是真的，你就走在修行道上了。

那要怎麼抓呢？就要靠打坐、靠每天固定的半個小時到一個小時打坐，讓自己有機會離開現存的世界，才有機會碰到自己內在的真正狀態；慢慢練下去，有一天就真的不會太在意外面的東西了。所以，修行的好處是讓你在每一個剎那都活得很真實，做每一件事都很專一，且做完就放下了。修行的人並不是沒有欲望或仇恨，只是他們更能察覺自己現在是在欲望中，並且瞭解欲望是會過去的，慢慢就會把握當下，專注現在，清楚此時此刻才是唯一的機會。例如：上課時，老師會要求關手機，代表的意義就是關掉塵世心，但實際上老師還是關不了你的心，除非你學會安住當下，知道要專注於此時此刻。

禪是指集中心意、思慮真理的一種修行方法。但禪又是不思慮，思就是一直想，慮是想的時候還要加上分辨。我們一天之中總是在思慮很多事情，

但今後可以學習的一種狀態就是：你是一個整體，思慮只是你的一個部分，例如：你身體不舒服，但不舒服不等於你，你可以試著把不舒服換算成一個比率，整體的你是，你的內在有一小部分不舒服，你告訴自己：我現在有一小部分不舒服，但我有很大的部分要在教室裡上課要專心，這樣的存在就是禪的存在。

那內觀要怎麼做呢？譬如說你現在靜坐一個小時，要內觀內在發生了什麼事，這時可能會遇到一個過程：有些部位會癢！平時很癢的時候，抓一抓就不癢了，也因此我們無法產生內在的控制力。所以，內觀叫你體驗：有哪個地方很癢的時候，你就把那覺察力輕輕地移到那個位置，然後隨著自然的呼吸，體會那個癢的變化，細微的變化。這個工夫學會了，就可以用來應付其他更大的執著與習性。所以對內觀來說，就是用呼吸和觀照這兩件事，來重整我們存在的狀態，那這存在的狀態又是什麼呢？

第一步要體會整體和部分的差別，再來要進入重整。重整什麼？重整你覺察自己不自覺卻一直在關心的事情，其實是一種幻象，為什麼要說是幻象？凡事有生有滅，不是永恆不變的，就可稱為幻象。例如：我們聽說哪家綠豆冰好吃就想去買來吃，不買就會後悔，可是如果連續吃過幾次，就又會覺得沒那麼好吃了。所以，很多事情看多了、經歷多了，就不會太執著！為什麼不執著？不是你不愛對方了，而是你瞭解不管你對他的愛或他對你的愛，其實都只是一種情境性的存在——緣起與緣滅而已。

四、東方治療的貢獻

東方系統治療對現代人最大的貢獻，就是先以放鬆放空，對治二十一世紀人們緊湊壓力所帶來的焦慮不安、茫然無措，甚至是行屍走肉的膚淺靈魂，令其瞭解人生存在還有其他選擇的方式與方向。換言之，我們每個人都有兩個我，一個是習性沾染的我，一個是沒有受沾染的我，而假設每個人都有兩個我，你可以決定誰做主人，如果你沒有區別心，你就沒辦法做主了，你如果有區別心，你就會發現其實你是有選擇權的，這是東方哲學的觀點，就是不管你現在多糟、多壞，你還是總是有一半的機會可以不糟也不壞的。

東方系統治療讓我們進一步瞭解，生而為人除了生命所展現出的靈魂狀態之外，還有一個尚待開發的靈命系統。縱使我們的人生看似波濤起伏，

變化萬千，時而順遂，時而力不從心，但每個人的心中永遠有一個清醒的東西——它在清醒、夢境或深睡中，一直都維持著的。那永遠存在於當下的覺知，就是我們的靈性，而那份潛伏的、持續的不覺知（不二的覺察），就是靈性的不滅之光，也是我們通往「究竟眞理」的唯一管道。

第三節　重要技巧

一、靜（打）坐

　　對付焦慮最好的方法其實就是靜坐，雖然大多數人不一定察覺自己有焦慮，但其實都存在有焦慮的本質。再者，一般社會性功能較好的人其實都是比較焦慮的，所以焦慮的意義回到核心衝突而言，即是「不能夠做自己」，而一定要做自己以外的東西才能得到安定感。

　　所以，爲什麼要靜坐？靜坐以後你就能將那個「眞做自己」，和做「自己以爲的自己」合在一起。靜坐是使人進入冥想的方法之一，也是瑜珈中最簡單的一種。其步驟如下：

一、活動名稱：靜坐
　　1. 活動人數：可以由個人或與團體一起進行。
　　2. 活動時間：不限——可以以10分鐘爲起點，目標是30分鐘。

二、活動目標
　　1. 體驗放鬆的感覺
　　2. 瞭解呼吸與身心靈之關聯
　　3. 學習無念之道

三、活動的理論基礎
　　1. 能量醫學
　　2. 身心靈理論

四、活動流程
　　1. 在安靜不受打擾的環境中進行，先關閉掉一切外在接觸（手機——光線）。
　　2. 輕鬆暖身或做拜日式20次後，盤腿坐在稍硬之墊子上（可散盤或單盤），閉上眼睛。
　　3. 放鬆全身肌肉，逐漸觀想氣由頭頂而下，一直放鬆到腳底中央的湧泉穴。

（續）

4. 鼻吸嘴呼，慢慢地進行，每次呼氣時，心中默數「1-10」並保持自然呼吸。

5. 約持續20到30分鐘即可達到血液循環全身之效果。

6. 結束時，以雙手互相摩擦生熱；按摩全臉／脖—左右手臂／肩膀—後腰背的命門穴—伸直腿腳搖晃幾分鐘後才睜開眼，不要立刻站起來。

7. 打坐時一切順其自然，當有分心狀況發生時不要理它，繼續保持默數呼吸數即可。

8. 每天練習1至2次，持之以恆。但注意飯前／後1小時內不要練習。

五、活動器材

適合個人之坐墊及蓋腰布或毛毯

六、活動過程釋疑

1. 腳如何才能盤起？

每天打電腦、看電視或晚上要放鬆的時候，就跟自己商量，把腳練習盤上來打坐。其方式可以就從散盤坐到單盤到雙盤，一直到你能夠雙盤坐下來30分鐘，而腳都不會麻，這樣的功夫大概要花一年（每天半小時）。到那時候你的境界就自然會變了。雙盤可以很快進入全身血液循環的狀態，剛開始血管受到壓迫過不去，腳就會麻，受不了時可以放下來，當你受得了的時候，血通過以後叫作通關。打坐時身體形成一個三角形，全身血液循環就可以縮短一半的距離與時間，所以打坐真正的原因就是要幫助你能夠循環的更好。循環好有什麼好處？氣血全身打通——由心臟—海底輪往下走繞過尾椎，從背後走通到頭上頂輪，再往下走到心臟時，就是所謂的「通任督二脈」，此時才能夠打通全身之脈輪而打開與宇宙相通的靈性關竅。

2. 打坐會走火入魔？

打坐時會遇到各式各樣的境界和狀態，佛法認為那是心之造作。而打坐時如果看到東西，代表我們的情結已經現形了。瞭解這些都只是自己的幻想和投射之後，就可以讓所有的想法都只是經過而不執著了。就像河裡面有很多飄落的花瓣，飄過去就好了！當你覺察到你在看的時候就放掉，它對你就沒有障礙，打坐主要是要練這個。

假設你是比較會想東想西的或敏感的人，就可以把你相信的菩薩或神，不管是基督教、天主教，什麼教都可以，只要你真正相信，就把它放在面前，打坐前後跟它問安一下，請求保護便可。

3. 打坐的過程變化

打坐前30分鐘的變化，可簡單分為調身心→妄想（粗）→妄想（細）→好時光（從點到片到面的發展過程）。

前30分鐘裡的第一個5分鐘其實主要都是在調身——隔壁好吵！天氣很熱啊等，都在忙你的煩腦。譬如你在打坐過一會兒，你會先從外面體會到溫度、光線、身體的舒服度，身體有沒有氣漲，有沒有放屁，前面5分鐘都在忙這些。然後你只要繼續坐，你的呼吸就會慢慢平順；之後愈來愈平，就會開始進入幻想階段。

到第一個10分鐘，你就開始進入妄想階段，就會想：老師說不會有鬼

（續）

來，我應該不要害怕。你會開始想到跟這個議題有關的事情，而這個妄想是由粗走到細，走到15分鐘或者20分鐘，可能還是在妄想。所以，忽然有一個念頭來，你覺得你看到一個桃花，也許有人會覺得：我前世也許是桃花女！這樣你就又跟著幻想去旅行了，遊了一圈以後，自己覺察後再回來。如果你前世修行的經驗多一點，你就不會繞一大圈。當你看到桃花，你還是會直接讓意念過去。因此，妄想一定要慢慢消滅，所以想像力愈豐富的人，其實他在那個二和三的階段，要花的時間愈多。

到最後30分鐘，我們一般人，大概覺得只有到20到25分鐘，而且奇怪我怎麼什麼都沒有想時間就到了，這就叫做「好時光」，如果常常坐，好時光就從一個點變成一片，就是這樣一直練習下去的。

二、自發功（林孝宗，2004/2011）

自發功是體內氣機流動時，自然產生一些動作的現象，可促進身體健康、心情愉悅平靜。氣機啟動以後會隨個人的身心狀況產生不同的動作，或快、或慢、或溫和、或強烈。

自發功無招無式，完全因人而異。隨著練習時間與練習次數增多，動作會由靜到動，再由動到靜。也可以配合靜坐，一動一靜，互輔互成。練習自發功，最重要的是看待自身動作的心態要正確。

（一）活動名稱

1. 活動人數：可以由個人或團體一起進行。
2. 活動時間：不限，隨個人時間而定。

（二）活動目標

1. 體驗放鬆的感覺。
2. 體會人體本有的能量，氣在身體啟動的感受，以及氣在周身運行的作用。
3. 體會自身能量與外界能量的互動。
4. 學習從有感覺到放下不執著，乃至放空對身體的執著。

（三）活動的理論基礎

能量醫學。

（四）活動流程

1. 在安靜不受打擾的環境中進行，可關閉手機或電話以免受打擾。
2. 放鬆身心。
3. 姿勢採站姿，如無法站立者，可坐著練習。

 第四節　實務說明

一、曼陀羅之製作

一、活動名稱：曼陀羅繪畫
　1. 活動人數：可以由個人獨自完成或與伴侶、團體共同完成。
　2. 活動時間：不限。

二、活動目標
　1. 透過靜心之後的繪畫，表達內在心靈狀況。
　2. 藉由畫中圖形、色彩的象徵意義，瞭解心理動力。

三、活動的理論基礎
　1. 榮格主張輪圓象徵我們內在本質我與性格的全部，若輪圓俱足，我們
　　的生命則呈現調和之象。
　2. 西藏的曼陀羅繪製融合了圓形及四方形，再加上數字、象徵及圖案等
　　排列，作為冥想默想的視覺輔助工具；並將之視為特定心靈實現的圖
　　案，同時也將曼陀羅作為往返各種意識狀態的一種路徑。
　3. 艾丁格（Edinger）表示，心靈生活終其一生均處於「自我—本我分
　　離」及「自我—本我結合」的循環關係中，而曼陀羅的圖形則反映了
　　「自我與本我」的分合模式。

四、活動流程
　1. 找一個不會受到打擾的空間，並有平坦的作畫區域。
　2. 可播放音樂促進靈感，也可以點一盞蠟燭或焚香，使自己更能專注作
　　畫。
　3. 作畫前閉目靜心、暫時停止思考和判斷，讓內心的意念去引導。
　4. 畫出心中的感受。
　5. 完成後，為曼陀羅命名，並註明創作曼陀羅的日期。
　6. 注視著圖案來產生聯想，並將自己的靈感記錄下來。
　7. 敘述或分享作畫歷程中的心得。

（續）

五、活動器材（結構性曼陀羅─對稱式的畫法）
1. 約40×40公分白色或黑色圖畫紙
2. 油蠟筆、色筆或廣告顏料。
3. 鉛筆、橡皮擦、畫筆。
4. 長尺及圓規。

六、分析方式舉例（非結構性曼陀羅─圓內任意繪畫）
藝術治療師凱洛格（Joan Kellogg）在1970年代，為了要識別曼陀羅的圖形特徵，分析及詮釋了數千幅曼陀羅畫而提出大圓十二原型階段，是有系統的將個體化的自然循環歷程以十二原型的模式來表現。總計十二個階段的名稱分別為：1.空無期；2.喜悅期；3.迷宮期／螺旋期；4.開端期；5.目標期；6.矛盾衝突期／蛟龍相爭期；7.圓內外加四方形期；8.自我功能期；9.結晶期；10.死亡之門期；11.分裂期；12.超越狂喜期（Susanne F. Fincher；引自游琬娟，2008）。

七、範例
1. 非結構性曼陀羅──第六期：矛盾衝突期。需要自我整合的狀態。

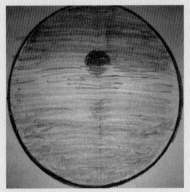

資料來源：賴慧峰（2000）。教師生命意義與曼陀羅圖形的相關研究─以佛光山生命教育研習營教師為例（未出版碩士論文）。嘉義：南華生死學研究所。

（續）

2.結構性曼陀羅

「豐富」由8×6個花瓣，意涵象徵對立的衝突達到平衡的境界，此現象往往是生命即將產生重大變化的前兆。

資料來源：張美雲（2000）。一個淨心學習者自我敘說之探究（未出版碩士論文）。嘉義：南華生死學研究。

參考書目

丁乃竺譯（2002）。修行的第一堂課（原作者：達賴喇嘛）。臺北：先覺。

何長珠、賴慧峰、張美雲（2011）。曼陀羅繪畫治療之理論與實務。表達性藝術治療13講。第四章。臺北：五南。

李震宇譯（1998）。瑜珈心理學（原作者：普羅巴・阮將・沙卡）。臺北：阿南達瑪迦。

胡茵夢譯（2000）。一味（原著者：K. Wilber.）。臺北：先驗文化。

袁煥仙、南懷瑾（2001）。定慧初修。臺北：老古文化。

張美雲（2010）。一個淨心學習者自我敘說之探究（未出版碩士論文）。嘉義：南華生死學研究所。

張素紅（1995）。老人寂寞與自覺健康狀況、社會支持之相關研究（未出版碩士論文）。高雄：高雄醫學院護理學研究所。

陳麗昭譯（1999）。地球生命課程（原著者：Jose Stevens）。臺北：世茂。

楊淑貞（2007）。禪坐之自我療癒力及其對壓力、憂鬱、焦慮與幸福感影響之研究（未出版碩士論文）。新竹：玄裝大學應用心理系。

游琬娟譯（2008）。曼陀羅小宇宙（原著者：Susanne F. Fincher）。232-256頁。臺北：生命潛能。

游琬娟譯（1998）。曼陀羅的創造天地——繪畫治療與自我探索（原著者：Susanne F. Fincher）。82-89頁。臺北：生命潛能。

項慧齡譯（2004）。西藏心瑜伽——關於瑜伽哲學和實修的古老佛教教法（原著者：Geshe Michael Roach）。臺北市：橡樹林文化出版。（原著出版年：2004）

楊克平（1998）。護理實務中之靈性照護。護理雜誌，**45**（3），77-83。

廖世德、游琬娟譯（2002）。呼吸重生療法（原著者：Dowling, C.）。臺北市：生命潛能。（潘同菉，2012）

趙可式（1998）。精神衛生護理與靈性照護。護理雜誌，**45**（1），16-20。

賴維淑（2002）。晚期癌症病患面對臨終事件之感受與身、心、社會及靈性的需求（未出版碩士論文）。臺南：成功大學護理學研究所。

賴慧峰（2009）。教師生命意義與曼陀羅圖形的相關研究——以佛光山生命教育研習營教師為例（未出版碩士論文）。嘉義：南華生死學研究所。

鐘清瑜（2009）。從心靈到細胞的療癒（原作者：Joyce Whiteley Hawkes）。臺北：

橡樹林。

鄭振煌譯（1996）。西藏生死書（原作者：索甲仁波切）。臺北：張老師。

Marc Kaufman (2005). 2005-1-3. www.washingtonpost.com

第十七章
諮商倫理

隨著臺灣社會的變遷，心理諮商受到社會大眾的關注。然而，諮商是專業的助人工作，諮商員與當事人進行互動及諮商時，為了提供專業、合理、滿足當事人需求的諮商服務，避免產生雙方的糾紛，必須由專業的法令來規範，例如：醫療法、精神衛生法、醫事人員人事條例、心理師法等。然而，法律只是概括性及原則性的規範，無法包含所有的細節，況且，在諮商過程中，諮商員仍需道德、合乎情理的內涵和修養來引導，否則徒法不足以自行，而有組織性、系統性的融合道德、情、理、法律的論述，就是諮商倫理。事實上，諮商倫理規範諮商員及當事人的權利與義務，讓專業諮商人員有明確、安全、合理的專業行為標準作為參照標準，提供當事人應得的保護，以提升諮商服務品質。因此，諮商專業倫理不管在諮商員的養成、執行心理諮商業務時是十分重要的準則。

牛格正（1991）認為：諮商倫理是諮商員在諮商實務工作中，根據個人的哲學概念、諮商倫理守則、服務機構規範、當事人的福祉及社會的期待，做出合理、公正、道德的系統性論述，因而，諮商倫理應包含個人人生觀、價值系統、專業倫理守則、法令規章和政策等。現今的社會是一個多元化、複雜的工商社會，每個人身處在不同的環境，因而造就不同的價值與信念，因此，我們需要開放討論，陳述價值與信念，共同討論諮商倫理並建立共識及諮商倫理準則，提升諮商成效。

 ## 第一節　諮商倫理的意義

「諮商倫理」是指諮商員從事諮商工作所應遵守的倫理準則。諮商倫理可以幫助諮商員、諮商雙方對某議題意見不同或倫理困境時，得到良好的解

決。因此，諮商員在面對複雜的倫理情境中，應審視自己的角度，秉持中性的價值立場去瞭解不同的價值觀，擴展自己的社會文化視野，避免歧視與偏見，以確保當事人獲得最佳福祉的對待。

一、諮商倫理的定義和目的

「倫理」的意義有兩種，第一種意涵是「人倫道德的常理」，人倫是指人類倫常的次序，例如：君臣有義，夫婦有別，父子有親，長幼有序，朋友有信；道德是指人類共同生活時，行為舉止應合宜的規範與準則；第二種意涵是指「事物的條理」。綜合言之，倫理可說是人與人相處次序準則和事物的順序理路；也就是人們待人接物時所遵循的道理。

倫理的形成受到個人價值觀、專業價值觀、社會價值觀、團體及文化價值觀的影響。個人價值觀是指個人成長過程中所見、所聞、學習的生活經驗；專業價值觀來自於各專業人員、專業團體共同認為的執業規定和規範的要求；社會價值觀指受到社會風氣或社會變遷的影響，而產生的社會經驗。社會或文化對人或行為會有預期的要求，不同的社會文化對該事件的預期或觀點有所不同，相同社會文化的次團體和主流團體有時也會有衝突，同時社會文化的價值觀也會因社會變遷而改變。

透過諮商倫理準則的指引，讓諮商員在處理自己和當事人之間事務的遵循標準，可以協助諮商員與當事人或當事人家屬彼此尊重，建立良好的互動關係及溝通模式，讓雙方達到合理且較可行的共識。Mappes、Robb與Engels（1985）認為，專業倫理有下列的目的：

（一）保護當事人

諮商員及當事人藉由遵守諮商倫理的守則及精神，可以讓當事人免於受到傷害或不當對待。

（二）提供諮商員或專業人員的引導

專業倫理守則讓諮商員或專業人員有遵循的標準，可以表現出合宜的言語和行為。

（三）保證專業人員的自主性

專業倫理守則提出諮商員、當事人或其他相關人需遵守的原則，可以確保諮商員避免受到行政或政治的干擾。

（四）增加諮商員的專業威信

諮商員藉由專業倫理守則，提升專業。

（五）增加當事人對諮商專業的信任與信心

當事人可藉由諮商專業倫理守則的保障，對諮商員建立起信任感及諮商帶來福祉的信心。

（六）說明諮商員的適切行為

諮商專業倫理守則說明諮商員應表現的適當行為準則，讓諮商員有可遵循的依據。

根據以上，諮商倫理守則使諮商員覺察其行為是否合乎倫理及法規，提供一個結構性的引導和預警機制，協助諮商員避免涉入險境、面對各種倫理問題或兩難困境有依循的處理標準。此外，也能讓當事人安心，讓相關人等或單位依循的行事準則，其目的在於保障諮商員、當事人及相關人等的權益。

二、諮商倫理的功能

專業倫理守則有其重要性，諮商倫理守則的功能如下（陳文玲，1991）：

（一）規範的功能

諮商倫理守則闡明諮商員的專業能力、資格及應有的作為，規範諮商員或專業人員在執業時所發揮的角色或資格。

（二）指導的功能

諮商倫理提供諮商員或專業人員在實務工作中，遇到是否倫理議題或倫理兩難時，可以提供一個依循的準則。

（三）保護的功能

諮商倫理記載當事人、諮商員及機構之權利義務關係，可保護彼此的權益，避免受到傷害或干擾。

（四）專業的功能

諮商倫理守則除可維護諮商員的專業形象，也代表該專業團體及其所屬的專業人員具有專業成熟的指標。

因而，諮商倫理守則不僅規範諮商員的執業範圍及工作的準則，讓諮商員在面對當事人及遇到問題時，具有指導或引導的功能，也能夠增加諮商員的專業功能，除了法律的保障專業功能外，亦能增加社會大眾認可的專業功能。

三、臺灣地區諮商專業倫理的發展現況

臺灣地區的諮商專業倫理發展可追溯到1989年，「臺灣輔導與諮商學會」初次公布「諮商專業倫理守則」，並經多次的修訂；1999年「臺灣心理學會」通過「心理學專業人員倫理準則」，目前「臺灣諮商心理學會」並沒有訂定相關的倫理守則。臺灣輔導與諮商學會除訂有諮商專業倫理守則之外，還有「臺灣輔導與諮商學會專業倫理委員會設置要點」、「臺灣輔導與諮商學會專業倫理委員會倫理申訴案件處理程序」、「臺灣輔導與諮商學會會員申請諮商專業倫理守則釋疑案件處理程序」、「臺灣輔導與諮商學會倫理申訴案件正式申訴」等文件，足見諮商專業倫理在臺灣，已有多年的發展經驗。

臺灣地區目前約30所學校的研究所培育諮商員，都有開設諮商倫理課程，主要是教育學生增進倫理辨識能力，乃至倫理判斷能力，進而執行適當之倫理行為的過程。而其主要目的是：

1. 培養諮商員對倫理議題的思考能力。
2. 引導諮商員覺察自己的行爲是否合宜。
3. 培養諮商員對於道德感的培養。
4. 提升諮商員對特殊族群的倫理議題之判斷。
5. 提升諮商員對於倫理議題的判斷。

　　總而言之，提升學生對倫理議題的敏感度與覺察力開始，藉由教導培養及建立學生對於倫理議題的判斷能力，在不斷的討論及實踐過程中，逐漸培養學生整個諮商倫理的基礎，進行鼓勵學生倫理議題培養的決策力與行動力。

第二節　諮商倫理的内容

　　倫理諮商的內容十分廣泛，國內外的文獻對於專業人員可能遇到的倫理議題大致如下：一、個人價值觀的涉入；二、專業原則與個人情誼；三、當事人的利益或專業人員的利益；四、過程導向與結果導向；五、專業關係的有限性；六、保密與違背隱私權原則；七、當事人自決與父權主義；八、當事人表達性的需求與專業人員規範性的需求；九、優先服務與當事人需要原則；十、同儕關係間的慈愛與公義原則；十一、公平正義與成本效益；十二、當事人福祉與機構政策；十三、當事人自決與保護當事人或第三者安全；十四、對當事人的忠誠與對第三者的忠誠；十五、當事人的利益或案家其他成員的利益；十六、當事人自主與社會控制；十七、對其他機構的忠誠；十八、不同專業之間的衝突（牛格正、王智弘，2012）。

　　本章節將許多的諮商專業倫理議題分爲：從諮商當事人的權利、諮商員的專業倫理、機構的專業倫理等三部分來探討。

一、諮商當事人的權利

　　諮商當事人是諮商服務的消費者、被服務者和獲得福祉者，爲確保當事人能獲受益，因而具有許多的權利，茲論述如下：

（一）自主權（Autonomy）

當事人有自由決定諮商的權利，這種權利屬於完全的自我決定，可以選擇進入或退出諮商歷程，保留或揭露諮商資料。

（二）受益權（Beneficence）

當事人在諮商過程中，擁有受益的權利，當事人的福祉通常應被列為優先考量。

（三）避免受傷害權（Nonmaleficence）

當事人有免於遭受諮商員或機構在諮商過程中的任何傷害，諮商過程中應受到諮商員或機構的保護。

（四）公平對待權（Justice）

當事人有被公平對待的權利，不因種族、性別、信仰、黨派或社經地位而被不同的對待，有權參與針對個人需要的諮商計畫，有權尋求適合自己的輔助資源。

（五）忠誠權（Fidelity）

當事人有要求諮商員或機構忠實且真誠對待的權利，例如：尊重、保密、諮商過程被正確的記錄。

二、諮商員的專業倫理

諮商員為整個諮商過程中的主導者，其所言、所行將會影響諮商過程的成效，也關係著當事人是否能獲得福祉。因此，實為專業倫理討論的重點。諮商員的專業倫理分為個人價值信念與修為、專業諮商倫理、法律知能等三方面來探討。

（一）個人價值信念與修為

諮商員在諮商輔導過程中，需要有些個人的基本價值及信念，才能提

供當事人良好的諮商服務。諮商員的基本價值與信念，應本著相信每個人的尊嚴及價值都需要被尊重與維護，協助當事人或弱勢群體激發其潛能，以正義、仁慈及尊重自主的態度，讓當事人能夠獲得福祉，促進社會關係的和諧與圓滿。

此外，諮商員也必須有個人的修為，才能落實價值信念，並在諮商實踐的過程中，提供當事人及群體良好的服務。

1. 諮商員應保持自己的身心健康狀態，若身心健康狀態不好，應該適度休息。
2. 扮演好自己角色，盡力而為，若因為各種因素無法處理當事人的問題，就應該適當的轉介當事人。
3. 諮商員的家人及周遭親友願意支持這個工作，也能夠得到同儕團體的支持。
4. 諮商員具有同理當事人的能力。
5. 諮商員有自我進修或參與繼續教育的動力，也願意敞開心胸向前輩及督導請益或諮詢。
6. 自己能做好壓力調適，避免在自己壓力過大的狀況下工作。

（二）專業諮商倫理

1. 知後同意

知後同意是指諮商過程中，當事人有權被告知充分資料，並由當事人做抉擇，以決定是否進入和持續諮商關係（Corey, 1991）。知後同意在保障當事人自由決定進入或退出諮商的自主權、獲得諮商福祉的受益權（DeKraai & Sales, 1991），因此，諮商員應以維護當事人的權益為優先考量。所以，在當事人尋求諮商時，應該讓當事人知後同意，諮商員應該告知當事人的權益及諮商員的職責，心理諮商是什麼？接受諮商時的利弊得失與風險，專業保密的範圍與限制。最後，由當事人考慮是否接受心理諮商。

求助的當事人中，時常伴隨著心理痛苦、情緒不穩定、殷切期盼的情形下尋求諮商，因而容易對諮商員有很多不切實際的期待，或過度相信諮商員所說的話，而這樣的錯誤期待或誤解不澄清的話，將會影響日後的輔導成效。因此，對第一次求助諮商的當事人，諮商員應加以適當的說明與解釋，

並尋求當事人的知道後同意進行諮商。

Corey、Corey與Callanann（1998）認為諮商員對當事人提供諮商之前，最好事先告知個案下列事項：(1) 接受心理諮商是自願的；(2) 諮商員可以做什麼？諮商師的角色是在幫助個案自我瞭解；(3) 諮商員不能保證完全解決個案的問題；(4) 接受諮商時可能的風險是什麼？(5) 說明專業保密的方式，萬一被迫透露個案資料，會如何處理；(6) 專業保密的限制，例如：當事人企圖自殺、殺人或虐待兒童的事情是不能保密的，這是為了保護當事人及無辜第三者的生命安全；(7) 諮商師的訓練背景、理論取向、證照種類等；(8) 諮商費用是多少，如何收費，以及是否接受健康保險？

當事人若為未成年或智能不足等需要監護時，需同時徵求當事人及其家長的知後同意，並向當事人說明保密原則有家長監護權的限制。不過，諮商員應注意，雖然應尊重家長監護權的行使，但諮商員不應採取任何不利於未成年福祉的行動，即使是受到家長或監護人的要求也是如此（DeKraai & Sales, 1991）。但若當事人的問題是來自家長的虐待時，諮商員應以當事人的福祉為優先考量，採取緊急行動以保護當事人（王智弘，1995）。

2. 諮商員的專業能力

臺灣輔導與諮商協會的諮商專業倫理守則指出：「為有效提供諮商專業服務，諮商師應覺知自己的專業知能限制，不得接受或處理超越個人專業知能的個案。」因此，專業人員需要瞭解自己的專業知能能力，專業優勢在哪裡？專業不足的部分在哪裡？能夠妥善處理哪些類型當事人？諮商員在諮商過程中是否有反移情的狀況發生？

此外，諮商員應謹守身分，執行其專業知能所及之業務範圍，以保障個案的免受傷害權。依據心理師法第十四條，諮商心理師業務範圍如下：

(1) 一般心理狀態與功能之心理衡鑑。

(2) 心理發展偏差與障礙之心理諮商與心理治療。

(3) 認知、情緒或行為偏差與障礙之心理諮商與心理治療。

(4) 社會適應偏差與障礙之心理諮商與心理治療。

(5) 精神官能症之心理諮商與心理治療。

(6) 其他經中央主管機關認可之諮商心理業務。

前項第五款之業務，應依醫師開具之診斷及照會或醫囑爲之。在此，也對應出心理師法第十六條所言：「心理師執行業務發現個案當事人疑似罹患精神官能症、精神病或腦部心智功能不全疾病時，應予轉診。」

諮商員處理的當事人問題，有可能爲心理師法所未規定的疾患，例如：厭食症、兒童虐待、藥物濫用、人格障礙、自殺傾向、暴力問題，或精神疾病等，必須先確認，當事人問題是否爲執行業務範圍，若確定爲非執行業務範圍，則應予以轉介，若爲執行範圍內則諮商員方可處理。諮商員運用專業能力幫助當事人時，合乎諮商倫理的做法包括下列四點：

(1) 接受相關的專業訓練或研習：當事人可利用閒暇之餘閱讀諮商專業的文獻、參加工作坊、重返學校進修。

(2) 向資深諮商員或專家學者尋求諮詢：諮商員針對自己在實務上遇到的特定困難與問題，向專家請益並學習更有效的諮商方法。

(3) 接受專業督導：年資較淺或自己覺得有需要的諮商員，可以接受定期的專業督導，來提升諮商的專業能力。

(4) 適時轉介：如果在上述三種方式都試過之後，仍然幫不上個案的時候，諮商員應該將個案轉介給更適合的專業人員。

3. 諮商員的保密

諮商員有義務對於當事人的晤談內容保密，保密也是建立信任諮商關係的基礎，隱私權而是憲法所保障的基本人權。然而，當事人企圖自殺、殺人或虐待兒童的事情是不能保密的，這是爲了保護當事人及無辜第三者的生命安全。

臺灣輔導與諮商學會的諮商專業倫理守則指出，當事人具有保密的責任，保密責任是指尊重當事人的隱私權，當事人有權要求諮商師爲其保密，諮商員也有責任爲當事人保守諮商機密。此外，諮商員也有積極的作爲，那就是預警的責任。當事人的行爲若對本人或第三者有危險時，諮商師有向第三者預警的責任。

然而遇到特殊狀況時，保密原則可以放棄，說明如下：

(1) 隱私權爲當事人所有，當事人有權親身或透過法律代表決定放棄。

(2) 保密的例外爲在涉及當事人有緊急的危險性或危及當事人、第三者的行爲時。

(3) 諮商員遇到當事人自我傷害或傷害他人危險時，有向當事人或他人預警責任。

(4) 當事人涉及刑案或依法律規定需放棄保密的情況。

(5) 當事人有致命危險的傳染疾病。

諮商員對於未成年當事人諮商時，保密問題可能是難題，未成年人的隱私權應被尊重，未成年當事人又在監護人的監護之下，因而衍生隱私權與溝通特權的保密倫理，在某些情況之下，保密是有限制而非是絕對的，因此，何種情況下不維持保密，這是諮商員要面對的課題。

未成年當事人的保密，預警責任和舉發是重要的例外。諮商員有理由懷疑兒童受虐待的情事發生時，則可舉發或通報，隨著兒童虐待案件增加及「兒童及少年福利法」的實施，當諮商師懷疑兒童可能遭受了情緒上或生理上的傷害時，必須依法在24小時內向主管機關報告（王智弘，2009）。因此，舉發兒童虐待案件是諮商員必須面對的倫理與法律責任。

基於上述的保密限制，諮商師必須透露諮商資料時，應先考慮當事人的最佳利益，謹慎考量或找資深督導討論，再決定是否提供相關資料。

4．諮商員的價值觀影響

諮商員與當事人對事情或行為可能抱持不同看法，通常遇有價值衝突時，諮商員除對當事人尊重，檢視是否違反諮商倫理守則，若僅是對於某事件的觀點不同時，應協助當事人探討澄清信念和價值觀，必要時才會提出對問題的看法，與當事人共同討論，協助當事人解決問題，因為諮商不是建議，也不是萬能，有時諮商員也可考慮轉介（管秋雄，1990）。

諮商專業倫理守則指出：「諮商師應尊重當事人的價值觀，不應強為當事人做任何的決定，或強制其接受諮商師的價值觀。」因此，諮商員應儘可能保持中立價值觀，抱持諮商專業立場，瞭解當事人求助的態度與目的，討論當事人想法和行為，幫助當事人瞭解及面對問題（牛格正，2008）。

5．諮商員的雙重關係

雙重關係是指諮商員與當事人間，存在著諮商之外的另一種關係，此關係可能發生在諮商前或諮商後，雙重關係之所以會違反專業倫理，主要理由是常會妨礙諮商員的中立態度、專業判斷、有損及當事人利益、造成危險的疑義，致使治療關係的專業性受到扭曲，界限模糊，並造成個人需求和專業

需求的混淆（王智弘，1995）。

雙重關係可能發生在學校諮商員與諮商未成年學生之間時，又必須面對當事人的家長或老師，而處於雙重角色之中（Huey, 1996）。此外，未成年當事人也可能爲諮商員授課的學生，因而產生雙重關係的缺失。

雙重關係發生的情形還有很多，例如：一位當事人親近的向諮商員表示，你是我目前最好的朋友；一個未成年的當事人半夜12點打電話給諮商員或親到住處，因他剛被父親趕出來；當事人對於諮商員有喜愛之情；諮商員與當事人的親屬有愛慕之情；當事人送給諮商員價值不低的禮物；諮商員被監護人要求與其子女諮商，以改變其同性戀的傾向。

6. 諮商員的預警及舉發責任

諮商員在執行業務過程中，觸及法律問題時，依法需要向相關機關通報，而在通報的過程，諮商員的角色上也可能面臨一些兩難，影響通報意願（黃翠雯，2000；余毓琦、楊志宏，2006；牛格正、王智弘，2012）：

(1) 諮商員不熟悉法律規定，以致錯過舉發及通報時機。

(2) 對於當事人受到監護人或家人的虐待，對於當事人處境是否嚴重或危急？研判尚未達到需通報的標準，或諮商員所掌控的證據不足。

(3) 諮商員缺乏相關資訊，使得專業人員無法清楚瞭解兒童虐待的徵兆，也是造成其不通報的原因。

(4) 諮商員不願意破壞保密原則。

(5) 諮商員在諮商過程中，產生害怕、羞恥和同情的反移情，因而未去舉發。

(6) 諮商員無法區分當事人的情形屬於被虐待或被管教，對於虐待行爲的界定不清楚。

(7) 諮商員不確定事件的眞實性且擔心舉發後，會升高家庭壓力。

(8) 諮商員認爲通報後的保護服務，是否能發揮效益？

(9) 通報是否會觸怒施虐者而造成當事人更嚴重的被虐待行爲。

(10) 通報可能造成需出席法庭，作爲剝奪施虐父母監護權的專家證人。

(11) 施虐父母親有暴力攻擊傾向或爲黑道分子，造成諮商員面臨恐嚇與暴力攻擊的威脅。

總之，諮商員在發現當事人遭受虐待或被性侵害等法律規定需要通報的

事項時，即負有法律與倫理上的責任，必須立即向主管機關報告。

7. 諮商員處理關係結束或轉介

諮商關係總是會面臨結束的時候，通常發生在結案或轉介，諮商員與當事人經歷晤談後，當已完成階段目標時，諮商關係就會進入結束階段。當諮商員無力處理當事人的問題或諮商師因為與當事人有雙重角色衝突，或因諮商員個人因素，無法再提供服務時，就會產生諮商員轉介當事人尋求他人的協助。

(1) 理想的關係結束

諮商員評估諮商過程已有成效，且當事人有實質進步，在以當事人的最大福祉下，由諮商員與當事人開放的討論，最後取決於當事人的意見，結束共同諮商的關係。

(2) 關係結束的分離焦慮

當諮商達至成熟時，當事人或諮商員抗拒終止諮商關係，諮商員應察覺這種不適當分離焦慮的背後原因，並加以澄清處理，以順利的結束諮商關係。

(3) 不成熟的關係結束

不成熟的諮商關係結束有時會發生在諮商過程中，當事人或諮商員都有可能觸及這個議題。不適當的結束諮商關係，不僅減損諮商成效，甚至會對諮商員或當事人造成傷害。

當事人覺得在諮商過程中，已得到內心的安慰所需或內在滿足，然諮商員並不同意當事人的結案是健康的做法；此外，有時諮商員不願去執行有意義的改變，而想終止諮商關係來逃避不適的症狀。

諮商員覺得諮商過程已處理完當事人的問題，然當事人並不同意這種看法，有時諮商員不喜歡當事人而想以結束諮商關係來逃避當事人。

(4) 轉介的時機

諮商過程中，諮商員判斷與當事人的諮商關係不再具生產性，抑或無法協助更多的協助時，例如：諮商員個人因素需退出、諮商員的專業知能不足、產生雙重關係，那麼，諮商關係需結束，此時，諮商員有義務建議適合轉介，並提供資源，若當事人拒絕，諮商員需結束此一關係（DePauw, 1988）。

(5) 依照當事人需求，適時做轉介

當事人在進入諮商關係後，對於諮商員有各種評價，包含專業知能、性別、運用的諮商學派、諮商次數等，若當事人有各種需求無法滿足時，可以在適當的討論下，由諮商員加以轉介（Corey et al., 1993）。

8．諮商員應誠實揭露訊息

諮商員在運用廣告及媒體來招攬生意或執行業務時，應該避免揭露錯誤、不實和欺騙的訊息，例如：誇大專業資格、宣稱不實的治療成效、隱瞞諮商員的執業範圍、諮商可能帶給當事人的風險，才能善盡諮商員的倫理責任，增進諮商專業的公共信任。

總之，諮商員除了熟讀相關的倫理守則與法律規定外，應閱讀倫理相關書籍、注意近期修訂的狀況，面臨潛在倫理情境時隨時加以查閱，同時應廣泛閱讀期刊上倫理相關文獻，以瞭解最新之倫理狀況，對倫理問題保持敏感性。此外，面臨倫理問題尋求機構督導、同儕及相關倫理、法律、醫療專業人士之意見，維持同儕間彼此之提醒與監看，才在專業倫理上能更加精進。

（三）法律知能

專業倫理是專業自律及專業修為的表現，諮商員在執行助人專業工作時，還需遵守相關法律的規定，以下為與諮商相關的法令：

1．心理師法

心理師法是規範諮商師的定義、執業範圍、開業程序、違法的罰則、公會的組織及運作等，為諮商員取得專業人員地位及實際的法源依據，也闡明諮商員的權利及義務。

2．兒童及少年福利法

兒童及少年福利法為促進兒童及少年身心健全發展，保障其權益，增進其福利，規範兒童及少年在成長過程中，政府部門及相關機構應提供教育、救助、輔導、工作保護、身心發展、醫療等福利服務，並規範如何落實保護措施。兒童及少年福利法第三十四條規定，執行兒童及少年福利業務人員，知悉兒童及少年有施用毒品、非法施用管制藥品或其他有害身心健康之物質等，應立即向直轄市、縣（市）主管機關通報，至遲不得超過24小時。24小

時內通報的規定，乃為因應兒少受保護之緊急需求而定。違反該規定而無正當理由者，處新臺幣六千元以上三萬元以下罰鍰。

3. 兒童及少年性交易防制條例

兒童及少年性交易防制條例為防制、消弭以兒童及少年為性交易對象事件而訂定，規範兒童及少年性交易的救援措施、教育、安置輔導及罰則。

兒童及少年性交易防制條例第九條規定，臨床心理工作人員知悉未滿十八歲之人從事性交易或有從事之虞者，或知有本條例第四章之犯罪嫌疑者，應即向當地主管機關或第六條所定之單位報告。本條例報告人及告發人之身分資料應予保密。

4. 家庭暴力防治法

家庭暴力防治法為促進家庭和諧，防治家庭暴力行為及保護被害人權益而訂定，內容規範家庭成員和家庭暴力的定義、家庭暴力處理流程、民事保護令及措施、刑事程序、父母子女與和解調解程序、預防與治療、罰則等。

家庭暴力防治法第八條規定，政府及相關機構人員應保護被害人之權益並防止家庭暴力事件之發生，給予被害人之心理輔導、職業輔導、住宅輔導、緊急安置與法律扶助。給予被害人24小時緊急救援、協助診療、驗傷及取得證據。

家庭暴力防治法第五十條規定：社會工作人員、臨床心理人員等執行家庭暴力防治人員，在執行職務時知有疑似家庭暴力情事者，應立即通報當地主管機關，至遲不得逾24小時。前項通報之方式及內容，由中央主管機關定之；通報人之身分資料，應予保密。違反者，處新臺幣六千元以上三萬元以下罰鍰。但為避免被害人身體緊急危難而違反者，不罰。

5. 性侵害犯罪防治法

性侵害犯罪防治法為防治性侵害犯罪及保護被害人權益而訂定，內容規範性侵害加害人的心理評估及處遇、提供性侵害被害人相關協助、安置與輔導處遇、性侵害案件的預防及防治宣導。

性侵害犯罪防治法第八條規定，諮商員於執行職務時知有疑似性侵害犯罪情事者，應立即向當地直轄市、縣（市）主管機關通報，至遲不得逾24小時。通報之方式及內容，由中央主管機關定之。前項通報內容、通報人之姓名、住居所及其他足資識別其身分之資訊，除法律另有規定外，應予保密。

三、機構的專業倫理

　　機構為直接提供當事人服務的地方，也是諮商員接案所在地，同時機構也培訓諮商員的知能並提供督導的責任。因此，機構的專業倫理將會決定晤談的成交及諮商員是否能提供良好的服務。機構除了聘請專業人士之外，也需注意到下列事項：

　　㈠ 擬定完善的諮商服務處理程序及品質的掌握，讓當事人能夠安心及信任的接受諮商服務。

　　㈡ 定期舉辦諮商員的在職訓練或研討會，提供合格專業服務、專業個人經驗、專業倫理信念與行為，讓諮商員的諮商專業知能、諮商倫理訓練、個人的修為都能提升。

　　㈢ 聘請專業之倫理、法律、醫療之專業人士擔任顧問，以提供諮商員更完善的資源。

　　㈣ 組成機構處理倫理問題之小組或委員會並訂定處理之程序，以提升諮商倫理的處理及因應能力。

　　㈤ 購置倫理專書、訂閱期刊、蒐集相關倫理文章及法令。

 # 第三節　諮商倫理的特殊議題

一、家庭暴力與性侵害議題

（一）家庭暴力的諮商

　　家庭婚姻暴力問題有逐年增多的傾向，大部分受害人因為個人、家庭、社會文化及現實情況等因素選擇持續隱忍。受暴者複雜的認知、負向的自我認定及自我歸因、對未來不實際的期待、欠缺他人的關愛與親密關係的需求、自己以及家中幼子在離婚後的經濟生活等問題都需要瞭解，在瞭解受暴者所面臨的問題之後，專業人員就可以針對他們真實的需要以及考量相關的倫理議題來提供服務。

　　家庭暴力防治法為防治家庭暴力行為及保護被害人權益，而所謂適用對象為配偶或前配偶、現有或曾有同居關係、家長家屬或家屬間關係者、現在

或曾經是直系血親或直系姻親、現爲或曾爲四親等以內之旁系血親或旁系姻親。及其未成年子女而使用的家庭暴力：指家庭成員間實施身體或精神上不法侵害之行爲，包括：騷擾、打擾、警告、嘲弄或辱罵他人之言語、動作或製造使人心生畏怖情境之行爲、跟蹤，通常依第五十條諮商員在執行職務時知有疑似家庭暴力情事者，應立即通報當地主管機關，至遲不得逾24小時。

世界衛生組織（WHO）針對家暴婦女的相關研究中，有幾項必須考量的倫理議題：

1. 將當事人的傷害減至最低。

2. 確保當事人之安全。

3. 保護隱私權和保密原則。

4. 將個案的痛苦減至最低。

5. 爲了使個案獲得照顧和支持，而尋求轉介單位。

6. 將可能造成相關研究人員的傷害減至最低。

因此，從價值觀的介入與干擾、多元文化觀點的衝擊、受暴者的相關權利與協助者的責任、保護受暴者隱私和協助者將面臨的保密與通報等議題來探討諮商倫理。協助者所面臨受暴者資料的保密原則，以及向相關單位通報以保護受暴者身心安全的抉擇時，將考量到法律及相關的倫理責任。

1. 價值觀的介入與干擾

早期臺灣社會中，大部分的人認爲家庭暴力是「家務事」、「家醜不可外揚」，對於受暴婦女則以「床頭吵、床尾和」、「嫁雞隨雞，嫁狗隨狗」來規勸受暴者要忍耐；處理人員（警察、法官、檢察官等）的觀念上，則是以「清官難斷家務事」和「法不入家門」等觀念來看待家庭暴力；同時親戚、街坊鄰居、朋友亦多以「夫妻勸和不勸離」，讓家庭暴力的危害性未被正視。

美國諮商學會（American Counseling Association, 1995）的諮商倫理守則提到：「諮商師必須瞭解自己的價值觀、態度、信念和行爲，以及其如何應用到多樣的社會中，並避免將價值觀強加到案主身上」（王志寰，2004）。臺灣輔導學會諮商專業倫理守則針對諮商關係也說到：「價值影響：諮商師應尊重當事人的價值觀，不應強爲當事人做任何的決定，或強制其接受諮商師的價值觀。」如果諮商員在處理家庭暴力事件，不能體認到自己價值觀或

是過去受到前置事件的影響，將無法以中立態度維護案主身心健康及最大福祉的立場來做出適當的判斷及晤談，甚至可能在語言或態度上傷害到當事人。

　　身為一個諮商員若接觸到此類當事人，應先檢視自己數十年的價值觀。因為，諮商員自身生長的家庭背景、過去受到的教育、周遭他人的家庭事件和專業的心理諮商訓練，將養成他對婚姻暴力事件的看法與處遇方式。

2. 多元文化觀點的衝擊

Corey等人（2003）認為，主張心理健康專業人員具有道德和專業的責任，表現在三個面向：

(1) 覺察自己在諮商過程中有礙的偏見、刻板印象及假設。

(2) 覺察不同文化群體當事人主要的價值觀和世界觀。

(3) 考量社會、文化、歷史及環境對不同文化當事人的影響，進而發展適當的介入策略。

　　早期的父權社會中除了施暴者認為毆打受暴者是常態，可能連受暴者也贊成這種觀點，男尊女卑的社會文化價值觀也認為「家庭暴力」不構成嚴重問題、離婚婦女可能教育程度低、經濟依賴男人等偏見。此時，在不同文化的體系下，諮商員能看到多元文化的不同觀點，考慮在法律上的正當及當事人的最大權益及福祉，破除價值觀的迷思並提供支持及求助管道。

3. 受暴者的相關權利與協助者的責任

　　臺灣輔導學會諮商專業倫理守則提到：「諮商師的首要責任是尊重當事人的人格尊嚴與潛能，並保障其權益，促進其福祉。」諮商員在面對家暴事件中的受暴者時，不應只是針對暴力事件做處理，更應以受暴者心理健康及相關權益的最大福祉為考量，因此，考量到當事人自決權與保護案主需注意到以下兩點：

(1) 優先維護案主及其周遭第三人的生命安全。

(2) 必須尊重案主自我決定的權利，但實際的行為決策應採納案主重要他人的意見。

　　在家庭暴力事件中，案主雖有決定的權力，但諮商員有責任依實際情況，考量是否已危及到當事人或第三者的生命安全，而決定是否立即採取行動。另外，諮商員在當事人開始接受諮商時，需告知當事人相關知後同意

權，因為家暴事件的細節往往並不會在初期就坦露於諮商情境中。諮商員有責任告訴諮商員將針對當事人的行為或事件做出哪些行動、案主可以有哪些決定和權力。

4. 諮商員面臨的保密與通報議題

臺灣輔導學會諮商專業倫理守則規定：「基於當事人的隱私權，當事人有權要求諮商師為其保密，諮商師也有責任為其保守諮商機密。」為了保護案主免於受到傷害，諮商員必須做出適當的處置，諮商員面臨考驗通報與否的抉擇時，往往是因為當事人本身求助的意願不高，因為實際生活層面或個人的因素而並不真的想離開暴力情境，另外也因為對通報後採取協助行動的成效之期待有不同的看法，所以在違反保密原則與通報與否之間勢必將會產生矛盾和衝突。此時，諮商員應瞭解相關法律的規定，違反了諮商的保密原則而通報相關單位來採取對受暴者的保護措施，但是仍應在保護案主隱私及身心安全都能兼顧的情況下而行動，也就是儘可能以最少的資料公開來維護案主的人格尊嚴及最大權益。

諮商人員面臨家暴個案時，應具有判斷能力來區分個案面臨之家暴事件是否狀況緊急，如果情況緊急就應立即採取行動來通報相關檢警、家暴中心等相關單位；但狀況如果不危急，可與個案討論後，再考慮是否申請通常保護令，以確保未來的身心安全無恐懼、擔憂之虞。

（二）受虐兒童少年的諮商

未成年當事人在法律上為無行為能力或限制行為能力權力，因此，必須考量法律的規定，諮商未成年人是一項需考慮監護人的實務工作，然而，究竟未成年當事人擁有多少的自我決定權及隱私權，這不僅是倫理上的問題，更要考量法律的規定。基本上對未成年提供諮商服務，應考慮未成年當事人有多少權利？監護人有多少權利？父母親的衝突與離婚所衍生對當事人的監護權、機構的全盤性考量、知後同意權、保密及溝通特權與紀錄的保管、保密的例外及預警責任舉發、性方面的問題及雙重關係等（王智弘，2009；牛格正、王智弘，2012）。

對未成年人知後同意權的行使有複雜性，因為需考量未成年者的權力

認定和家長監護權範圍等問題。雖然未成年人的行為能力有其限制，在考慮對未成年當事人進行知後同意程序時，仍應衡量法律上賦予家長監護權的範圍。諮商員雖然尊重家長監護權，但諮商員應儘可能採取有利於未成年當事人的行動，即使受到家長或監護人的要求。假如未成年當事人的問題來自家長虐待行為，更應以未成年當事人的福祉為優先考量，採取緊急行動以保護當事人。此外，包括緊急事故及兒童健康的情境，已脫離父母監護權或已成熟的未成年人、父母不合理拒絕同意時，仍可以做出對未成年當事人有利的決定（王智弘，2009；牛格正、王智弘，2012）。

諮商員在面對弱勢的兒童被虐待時，心中常有許多的掙扎與考慮。何時、如何舉發兒童虐待案件，常會造成倫理兩難困境之一。無論如何，面對兒童虐待問題，諮商員應有敏感度、適時舉發和配合司法調查，諮商員平日必須關心此一議題，才能夠在當有兒童虐待情事發生時，迅速確實的回應以保護兒童。

（三）性侵害的諮商

遇到性侵害問題時，諮商員常會面臨通報的倫理議題，諮商員與個案進行諮商會談時，性侵害議題較難處理。在與性侵害被害人或加害人會談時，諮商員就遇到要不要通報的衝突。諮商員猶豫是否通報的因素有下列項目：

1．擔心通報會對個案及其家人造成傷害

諮商員會擔心通報的舉動是否會激怒加害人，因而對被害人造成不利的後果，通報結果可能使未成年被害人被帶離安置到保護機構，諮商員會擔心這樣的處置對整個家庭或被害人造成負面的影響。

2．違反保密原則

諮商員提供個案諮商服務時，應尊重當事人隱私權及保密的責任，但若諮商員決定通報時，會擔心通報會洩露出當事人的身分及隱私，違反保密的原則。

3．傷害諮商關係

諮商員通報性侵害案件時，可能會對諮商關係造成負面的影響，當事人可能覺得被出賣、不被尊重，因此對諮商失去信心，不願繼續接受治療。

4. 缺乏明確的證據

在諮商關係過程，因個案不願談論詳細案情，抑或缺乏有利、明確的證據時，諮商員就會陷入是否應通報的問題。

5. 諮商員對法律要求缺乏瞭解

諮商員的培訓過程中，法律相關知識的修習過少，或是社會發展迅速，法律也時常修改調整，諮商員在不完全瞭解法律的狀態下，造成通報上的缺失。

6. 法律的規範定義不明確

性侵害相關的部分法律條文僅指出大方向，但事件若相當細微與複雜，法律規範定義不明時，也會影響諮商員的通報。

7. 對目前的安置機構缺乏信心

個案一旦通報，即有緊急實施安置會轉介其他保護機構介入的可能，諮商員會考量到目前安置保護機構是否能確實給予完善的服務，若缺乏信心，可能影響通報。

事實上，就法律或倫理的觀點來看，諮商員都有責任保護當事人的權益，因此，通報原則上是保護被害人必要的程序。

二、墮胎、自殺與安樂死議題

（一）墮胎

墮胎是指在人為刻意的作為下，導致懷孕終止的一種行為，要協助當事人處理墮胎的議題，必須先瞭解墮胎議題的爭論，目前有三種觀點：

1. 認同生命權

指一般人是否認同胎兒擁有生命？法律對生命所賦予的權利為何？支持胎兒生命權的觀點認為胎兒為一個生命，墮胎終結了胎兒生命，是一種謀殺行為，總之，觀點的爭議處在於生命的起點何在。

2. 認同自主權

指一般人是否認同懷孕的婦女擁有處置自己身體的權力？支持婦女有自主權的觀點認為法律不應該輕易地剝奪婦女的這項權力，立法規定不能墮胎

等同是侵犯個人的自主權。總之，觀點的爭議處在於婦女有無掌控自己身體的自主權。

3. 例外之取向

指的是在某些例外的情況下，墮胎是一個可以被接受的選擇。然而如何去界定「例外」的定義卻也少有共識。支持此觀點認為，當胎兒危害母親的生命安全或健康、受孕是出於強暴或亂倫可墮胎，然而在婚姻關係中「意外」的，或是未經女方同意之懷孕，是否包含在「例外」的定義中。

面對墮胎的當事人，諮商員可能需要引導當事人思考，墮胎可以為當事人解決問題嗎？墮胎或許可以為不願承擔懷孕、生育與撫養的伴侶快速解決問題，可以一了百了。但若推論墮胎是否可以為當事人解決問題，則又是不得而知。因此，諮商員可以引導當事人並澄清終止懷孕的理由為何，也可能在墮胎後承受重大的心理煎熬，反而可能是持續而蔓延的痛苦，以便引導案主做最適切的決定。

（二）自殺

當事人的自殺行為，常可能造成諮商員的諮商倫理兩難，當事人是否有權利決定自己的死亡？當事人想要結束生命時，諮商員是否需繼續尊重當事人自主的權利？對於一個有自殺企圖的當事人，諮商員應該如何因應？因應到什麼程度？諮商員可否透露當事人想自殺的企圖給他人？如果諮商員判斷錯誤而未預防當事人自殺行動，當事人自殺身亡時，諮商員應否負責任？

Pope與Vasquez認為諮商員遇到有自殺企圖的當事人，應注意如下：

1. 第一次接案時就對所有當事人做自殺危機評估，在療程中持續注意可能性。
2. 與當事人討論及選擇一個不易取得自殺途徑的生活環境。
3. 與當事人創造一個有主動關懷支持的社會環境。
4. 謹慎看待當事人問題及死亡的想法，發掘當事人的優點，鼓勵繼續活下去。
5. 盡一切努力溝通。
6. 考慮建立諮商員與案主的工作契約。有些案主會願意接受這類的做法，諮商員與案主訂立契約，案主同意要抑制自殺，或者至少在下

次會談前不採取自殺行動。這類的契約可以使案主多一個要活下去的理由。

7. 表明案主心中一切與自殺有關的幻想。幫助案主重新評估與自殺相關的非現實信念，看哪些可能實現？哪些不可能實現，可以讓案主更願意活下去。

8. 諮商員應檢視自己對自殺危機的溝通是否清楚？評估目前處境可能的影響，不要對當事人進行過多的模糊不清談話。

9. 當事人考慮住院時，可提供正反兩面的觀點供當事人參考。

10. 諮商員要覺察自己對當事人是否有負面情感反轉移或行為。

11. 向當事人表達諮商員的真誠關懷。

在諮商關係中，當事人自殺的責任若與諮商員的不當診斷、完全沒有預測到自殺危機、沒有採取應該預防的自殺監督措施，那麼明顯的過失或疏忽職守可能會有法律及責任問題。而面對自殺危機的當事人，諮商員的工作、情緒的壓力與負荷，可能影響到諮商員的專業判斷，在診斷與因應過程中應多向機構督導詢問或尋找更多的資源，若還是無法處理，則應轉介。

（三）安樂死

安樂死是指醫療人員對於患不治之症的病人或受重傷垂危的人，為解脫其痛苦，而實施的一種人工死亡。人是否有權利決定自己在平靜安詳下死亡？反對安樂死的人認為此有違醫療道德，不尊重生命；支持的人則認為病人面臨死亡或病痛時，有權選擇終結生命。

對患有不治之症、瀕臨死亡的人，在當前醫療無法解決其痛苦的條件下，是否能由患者本人或親屬提出，經過一定的程序，使他在無痛苦的狀態之下結束其生命，這樣的議題一直有爭論。贊成安樂死的理由有：與其痛苦地活，不如安然地死去、解除親屬照料病患的壓力和紛爭，使家屬和國家減少無謂的花費，醫療資源合理用於需要這些的病人，是一種對社會負責、理智的行為。

而反對安樂死的理由有：人類並無權利奪取他人的性命，醫學應不惜一切人力、物力、財力來救人，對任何患有絕症的親人，應該照顧盡孝心，安樂死給不願奉養老人的子女有藉口，使老年人產生消極心理，產生精神負

擔，加重社會的複雜化及不安定因素。此外，容易讓民眾感到醫生無能，增加患者家人對醫護人員的不信任感，而生命是無價的，經濟上的負擔是其次的問題。

綜合以上，本單元著重於生命倫理議題教育及生命教育的認知，現實生活中的生命倫理議題包括了：墮胎、安樂死、死刑犯器官捐贈、死刑、自殺、複製人等，對於我們來說是十分切身相關及重要的議題。

對於這些議題，我們必須學習接受有贊成與反對兩方，且雙方都各有道理，要完全獲得社會大眾的認可是一件難事。然而，生命倫理議題及生命教育應該引導學生培養這類議題的分析能力，瞭解贊成方與反對方的立場及依據觀點？最後，諮商員能夠清楚地知道自己所持的立場及所依據的觀點，以開放的態度、溫和的姿態語氣來相互學習，與當事人以共同關切的態度來探討生命倫理的議題。

從「生命倫理」的角度去看上述的議題，認為每個生命都是獨一無二的個體，不應該任意受到殘害。儘管無可避免，但傷害都必須要有正當性的理由支持，而新科技帶給生命的傷害是我們沒有辦法預知的，因此，擺盪在能做與不能做，甚至是如何做之間，我們應該怎麼因應呢？

Beauchamp及Childress兩位學者提出四個倫理原則，可以作為我們面對生命議題時的倫理思考：

㈠ 自主原則（The Principle of Autonomy）：尊重有自主能力的個體所做的自主選擇，因為有決定能力的人有權選擇及決定其行為。

㈡ 不傷害原則（The Principle of Nonmaleficence）：保障每一個人在不被傷害的情況之下，避免傷害的風險與遵守不傷害的義務。

㈢ 行善原則（The Principle of Beneficence）：在不被傷害的情況下，關心並致力提升他人的福祉與幫助他人。

㈣ 公正原則（The Principle of Justice）：每個人都有應得的權利與待遇，讓各種利益、資源與義務能公平合理分配。

生命議題的倫理思考提供我們反省生命的價值與存在的方式，當我們在面對生命議題的時候，可以提供我們思考與分析各種倫理的考量，幫助我們做出合乎倫理判斷的決定。

三、藥物成癮與愛滋病議題

（一）藥物成癮

　　藥物濫用的當事人多非志願性個案，對接受諮商的動機不高，他們幾乎是由公部門或其他強制手段轉介而來。然而當事人的知後同意權亦應尊重，諮商輔導人員除了要能處理他們的抗拒與敵意，如何實施知後同意的重要倫理問題也常困擾著諮商員。

　　諮商過程中，當事人有權利知道充分的訊息，包括諮商員的角色、專業資格、專業能力、保密原則、當事人的權益或刑事問題等的訊息，通常諮商員可以處理的步驟如下：

1. 當事人是否需要先做戒毒治療？若有需要，諮商員應先進行轉介。
2. 當事人若有多次戒毒失敗的經驗，可能對改變或他人協助不抱期望。諮商員除接納及鼓勵之外，應提供實際的可行目標及程序方法，以提升當事人的動機。
3. 當事人可能因為擔心法律議題而對諮商有顧忌，諮商師除了可提出相關的法律條文供當事人參考外，應事先適時表明在面對法律與當事人權益發生衝突時的可能處理方式。
4. 針對藥物濫用的未成年當事人，諮商員仍有必要向其合法監護人提出預警和告知。此外，需考慮未成年當事人的知後同意權，即便其監護人父母同意諮商，但當事人始終拒絕諮商，諮商員亦不應強制諮商。

　　諮商員對於藥物濫用當事人應特別注意告知有關保密的規定及限制，例如：當事人在吸食毒品或戒斷過程中，可能因意識知覺障礙而做出自傷或傷人行為，或罹患愛滋病可能傳染給第三者時，諮商員有預警責任的需要，以保護當事人或第三者安全；必須讓當事人知道，當事人的案件進入法律訴訟時，諮商員有可能會被要求出庭作證，此情況下，諮商員並無法完全保密；若當事人未成年，就其藥物濫用及其他有關的行為問題上，諮商員都有必要告知其父母，讓父母親共同協助當事人。

　　此外，兒童福利法規定，婦女於懷孕期間應禁止吸菸、酗酒、嚼檳榔、吸食或施打迷幻藥、麻醉藥品或為其他有害胎兒發育之行為。因此藥物濫用

者懷孕，諮商員將以採取保護兒童措施為首要考量。

（二）愛滋病

愛滋病危害人類的程度為世界矚目的公共衛生議題，但愛滋感染者的生病經驗或生活軌跡，仍異於其他疾病的人，因為愛滋病為被社會烙印的疾病，使得諮商員在諮商服務的過程中，常會面臨許多倫理的困境。

若愛滋病的當事人需要聯結其他資源時，是否告知對方其感染的身分；若得知愛滋病當事人最近新結交的異性朋友，有可能發生性關係，諮商員不知道是否需跟當事人女友預警？愛滋病當事人長期在某些特種場所上班，諮商員不知是否要報警？愛滋病當事人因害怕工作的體檢，長期不敢去找工作，積欠大筆的健保費，不知如何處理？愛滋病因意外住院並需要立即開刀治療，醫院的外科醫師不願意配合等。

諮商員或許可以藉由對愛滋病當事人諮商經驗增加、實務技巧成熟，但涉及社會制度、結構、歧視等面向，則表現出無能為力，或許還需要政府部門的改善，才能為弱勢族群服務。例如：「人類免疫缺乏病毒傳染防治及感染者權益保障條例」第四條：「感染者之人格與合法權益應受尊重及保障，不得予以歧視，拒絕其就學、就醫、就業、安養、居住或予其他不公平之待遇，相關權益保障辦法，由中央主管機關會商中央各目的事業主管機關訂定之。」立意雖良善，但實際上社會民眾對這類人仍多有異樣眼光，可能淪為宣示口號。第九條：「感染者有提供其感染源或接觸者之義務；就醫時，應向醫事人員告知其已感染人類免疫缺乏病毒。主管機關得對感染者及其感染源或接觸者實施調查。但實施調查時不得侵害感染者之人格及隱私。」但當愛滋感染者主動告知醫護人員時，被醫護人員以各種理由婉拒治療的案例時有所聞，況且主管機關對愛滋病當事人實施調查時，又如何不侵害其人格及隱私呢？

四、與性別相關議題

美國心理學會（APA）倫理守則認為，性別取向的諮商倫理提到：諮商應知道並尊重文化、個體與角色差異，包括性別、性別認同……等，因此，

諮商員應儘可能消除對性別或性別認同當事人的偏見，避免在諮商過程中給當事人不舒服的感覺。美國諮商協會（ACA）倫理守則對性別諮商時提到：

㈠ 禁止諮商員與當事人、當事人伴侶或家庭成員有性或愛戀關係的發生或互動。

㈡ 諮商專業關係結束後的五年間，禁止諮商員與前當事人、伴侶或家庭成員有性或愛戀關係的發生或互動。因為這有可能會造成具有剝削性的問題，也可能對該當事人有潛在傷害。

㈢ 諮商員不應該縱容或涉入性別、性別認同、性取向、婚姻狀況／關係……等歧視。

㈣ 諮商員不應涉入或縱容性騷擾，例如：性教唆、身體的接觸，具有性意涵的口語或與非口語的行為，造成不受歡迎的、令人不快的或令人覺得不友善。

㈤ 諮商員在使用測驗及其常模對照時，應特別謹慎常模的建立是否適用於性別、性取向等，並瞭解該因素對於測驗的實施與解釋的影響。

㈥ 督導禁止與受督導者（諮商員）有性或愛戀的關係。

㈦ 諮商督導不應對受督導者有任何形式的性騷擾，諮商教育工作不應對受教學生有任何形式的性騷擾。

㈧ 禁止與當前學生有性或愛戀的互動或關係。

㈨ 禁止諮商員與研究參與者有性或愛戀的互動或關係。

㈩ 研究人員不應與研究參與者有任何形式的性騷擾。

參考書目

牛格正（民80）。諮商專業倫理。臺北：五南。

牛格正（2008）。助人專業倫理。臺北：心靈工坊。

牛格正、王智弘（2012）。助人專業倫理。臺北：心靈工坊。

王志寰(2004)。諮商倫理。臺北：桂冠。

王智弘（1995）。諮商中涉及法律的倫理問題。輔導季刊，31（2），53-59。

王智弘（1995）。諮商中涉及法律的倫理問題。輔導季刊，31（2），53-59。

王智弘（2009）。學校工作情境中易遭遇的諮商倫理議題。臺灣輔導與諮商學會2009年會暨國際學術研討會。臺北，臺北市立教育大學。

余毓琦、楊志宏（2006）。幼兒保育相關人員對兒童虐待事件與「責任報告制」的態度、信念與認識之研究。幼兒保育研究集刊，2：1，69-82。

陳文玲（1991）。倫理守則在諮商實務中所扮演的角色。測驗與輔導，105，2105-2107。

陳文玲（1991）。學校輔導教師諮商倫理信念之調查研究。國立彰化師範大學輔導研究所碩士論文。

黃翠雯（2000）。警察工作壓力之探討。中央警察大學學報，37，99-124。

管秋雄（1990）。諮商過程中諮商員價值影響的倫理問題。測驗與輔導，95，1876-1878。

Beauchamp, T. L. & Childress, J. F. (1983). *Principles of Biomedica Ethics*, Oxford University Press, Oxford.

Corey, G. (1991). *Theory and practice of counseling and psychotherapy* (4th ed.). Pacific Grove, CA : Brooks/ Cold.

Corey, G., Corey, M., & Callanan, P. (1993). *Issues and ethics in the helping professions* (4th ed). Pacific Grove, CA: Brooks/Cole.

Corey, G., Corey, M., & Callanan, P. (1998). *Issues and Ethics in the Helping Professions* (the 5th edition). Pacific Grove, CA: Brooks/Cole.

Corey, G., Corey, M., & Callanan, P. (2003). *Issues and Ethics in the Helping Professions* (6th ed.). Pacific Grove, CA: Brooks/Cole.

DeKraai, M. B., & Sales, B. D. (1991a). Legal issues in the conduct of child therapy. In T. R. Kratochwill & R. J. Morris (Eds.), *The practice of child therapy* (2nd ed.)

(pp.441-458). Needham Heights, Allyn and Bacon.

DeKraai, M. B., & Sales, B. D. (1991b). Liability in child therapy and research. *Journal of Consulting and Clinical Psychology, 59*, 853-860.

DePauw, M. E. (1988). Avoiding ethical violations: A timeline perspective for individual counseling. In W. C. Huey & T. P. Remley (Eds.), *Ethical and legal issues in school counseling* (pp. 40-49). Alexandria, VA: American School Counselor Association.

Huey, W. C. (1996). Counseling minor clients. In B. Herlihy & G. Corey(Eds.), *ACA Ethical standards casebook* (5thed.) (pp. 241-250). Alexandria, VA: American Counseling Association.

Pope, K. S., & Vasquez, M. J. T. (1998). *Ethics in psychotherapy and counseling: A practical guide* (2nd ed.). San Francisco: Jossey-Bass.

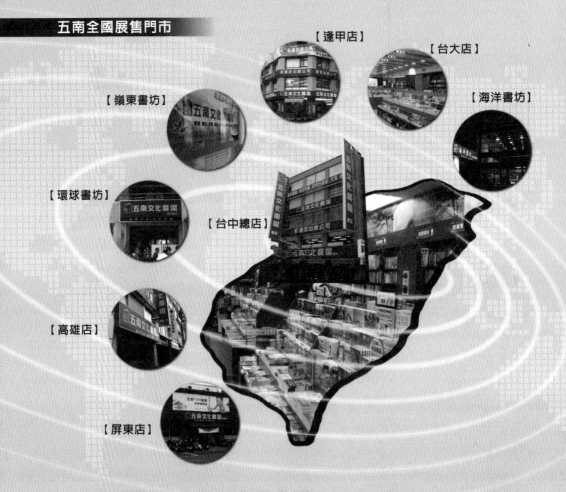

國家圖書館出版品預行編目資料

諮商與心理治療：理論與實務／何長珠等著.
－－初版.－－臺北市：五南，2013.01
　面；　公分
ISBN 978-957-11-6903-3（平裝）
1.諮商　2.心理治療
178.8　　　　　　　　　　101022400

1BWR

諮商與心理治療理論與實務

作　　　者 ― 何長珠（50）　林原賢

校 訂 者 ― 釋慧開

發 行 人 ― 楊榮川

總 編 輯 ― 王翠華

主　　　編 ― 陳念祖

責任編輯 ― 李敏華

封面設計 ― 童安安

出 版 者 ― 五南圖書出版股份有限公司

地　　　址：106台北市大安區和平東路二段339號4樓

電　　　話：(02)2705-5066　　傳　　　真：(02)2706-6100

網　　　址：http://www.wunan.com.tw

電子郵件：wunan@wunan.com.tw

劃撥帳號：01068953

戶　　　名：五南圖書出版股份有限公司

台中市駐區辦公室/台中市中區中山路6號

電　　　話：(04)2223-0891　　傳　　　真：(04)2223-3549

高雄市駐區辦公室/高雄市新興區中山一路290號

電　　　話：(07)2358-702　　傳　　　真：(07)2350-236

法律顧問　元貞聯合法律事務所　張澤平律師

出版日期　2013年1月初版一刷

定　　　價　新臺幣680元